Ullstein

ÜBER DAS BUCH:

Diese neue, von Alan Leo geschaffene Astrologie ist weniger am Horoskop der Persönlichkeit und mehr am Horoskop der Seele interessiert. Alan Leo hat in dem vorliegenden Werk wesentliche Grundlagen für eine praktische esoterische Arbeit geschaffen, indem er den »Individuellen Stern« und den »Stern der Persönlichkeit« in die astrologische Deutung eingeführt hat. Es ist bis heute mit diesen Sternen sehr wenig experimentiert worden, die eine Basis für die Differenzierung zwischen dem Horoskop der Seele und dem Horoskop der Persönlichkeit liefern. Hier will dieses Buch, das bis heute in der Reihe der bedeutendsten astrologischen Werke dieses Jahrhunderts steht, Abhilfe schaffen. Seine grundlegenden Erkenntnisse sind Voraussetzung für eine sinnvoll angewandte esoterische Astrologie.

Alan Leo

Esoterische Astrologie

Vom Wesen des Menschen

Ullstein

Ullstein Buchverlage GmbH,
Berlin
Taschenbuchnummer: 35752

Ungekürzte Ausgabe
(auf der Grundlage der bearbeiteten Fassung
der deutschen Erstveröffentlichung von 1927)
Oktober 1997

Umschlagentwurf:
Vera Bauer
Unter Verwendung einer Abbildung
G + J Photonica/Masaaki Kazama
Alle Rechte vorbehalten
Die deutschsprachige Ausgabe erschien
im Verlag Hier & Jetzt, Hamburg
© der deutschsprachigen Ausgabe
by Heinrich Hugendubel Verlag, Hamburg
Printed in Germany 1997
Gesamtherstellung:
Ebner Ulm
ISBN 3 548 35752 0

Gedruckt auf alterungs-
beständigem Papier mit
chlorfrei gebleichtem Zellstoff

Die Deutsche Bibliothek –
CIP-Einheitsaufnahme

Leo, Alan:
Esoterische Astrologie: vom Wesen des
Menschen/Alan Leo. [Aus dem Engl. von
Gerhard Naumann]. – Ungekürzte Ausg.,
(auf der Grundlage der bearb. Fassung der
dt. Erstveröff. von 1927). – Berlin:
Ullstein, 1997
(Ullstein-Buch; 35752)
ISBN 3-548-35752-0

Inhalt

Vorwort

Alan Leo war der Astrologe, der im ausklingenden Viktorianischen Zeitalter die Astrologie aus Degeneration und Stagnation befreit und auf ein neues Fundament gestellt hat, auf dem auch heute noch, einhundert Jahre nach seinem Wirken, die moderne Astrologie aufbaut. Die »Esoterische Astrologie« erschien erstmals in deutscher Übersetzung 1927 und ist seit 1977 nicht mehr aufgelegt worden. Dieses Buch, Band VII seines Gesamtwerkes, gilt seit seinem Erscheinen als Klassiker der Esoterischen Astrologie.

In der »Esoterischen Astrologie« hat Alan Leo eine Synthese zwischen der indischen und der abendländischen Astrologie geschaffen. Diese Synthese ist die Grundlage einer Astrologie, die erst in der Gegenwart, zum Ende des Jahrtausends, sich zu entfalten beginnt und die in der Lage ist, die »Königin der esoterischen Wissenschaften« auf eine neue, höhere Ebene zu heben. Diese neue Astrologie ist die sogenannte Esoterische oder Spirituelle Astrologie.

Wo geht nun diese neue Astrologie über die heute weitverbreitete Psychologische Astrologie oder entstehende Astrologische Psychologie hinaus? Zwei wichtige Merkmale sind hier zu nennen:

1. Die Esoterische Astrologie befaßt sich mit den Energien, die hinter den Einflüssen der Tierkreiszeichen, Planeten und Häuser wirken und diese bedingen: mit den Sieben Strahlen, Qualitäten oder Kräften, aus denen die gesamte Schöpfung hervorgeht. Alan Leo gibt in diesem Buch eine erste Einsicht in die Lehre von den Sieben Strahlen und ihr Verhältnis zur Astrologie.

2. Die Esoterische oder auch Spirituelle Astrologie öffnet Tore, durch die der Mensch gehen kann, um sich aus den Einflüssen des persönlichen Horoskops zu befreien. Während das Thema heutiger astrologischer Praxis ist, die im Horoskop angezeigten Kräfte bewußtzumachen und für die persönliche Entwicklung umzusetzen, geht die Esoterische Astrologie einen Schritt weiter. Hier geht es darum, die Einflüsse des Horoskops Schritt für Schritt zu überwinden, um von den Beschränkungen der astrologischen Einflüsse frei zu werden.

Diese neue Astrologie ist also weniger am Horoskop der Persönlichkeit und mehr am Horoskop der Seele interessiert. Alan Leo hat in der »Esoterischen Astrologie« wesentliche Grundlagen für eine praktische esoterische Arbeit geschaffen, indem er den »Individuellen Stern« und den »Stern der Persönlichkeit« in die astrologische Deutung eingeführt hat. Es ist bis heute sehr wenig experimentiert worden mit diesen beiden »Sternen«, die eine Basis für die Differenzierung zwischen dem Horoskop der Seele und dem Horoskop der Persönlichkeit liefern. Wir hoffen, mit der Neuauflage des vorliegenden Buches diese Forschung zu beleben.

Wie Alan Leo selbst schreibt, sind Offenbarungen immer dreifacher Natur; auch diese neue Astrologie offenbart sich in drei Phasen, die durch folgende Werke zum Ausdruck kommen:

– Alan Leo schuf in der »Esoterischen Astrologie« die Basis, die für das grundlegende Verständnis der siebenfachen Natur der Schöpfung und die Unterscheidung des Horoskops der Seele und der Persönlichkeit maßgeblich ist.

– Alice A. Bailey hat in ihrem gleichnamigen Buch »Esoterische Astrologie« die Lehre von den Sieben Strahlen und ihr Wirken durch den Tierkreis und die Planeten auf den Menschen und die übrigen Naturreiche differenziert, weiterentwickelt und um vieles verständlicher gemacht.

– Den dritten Aspekt dieser Offenbarung finden wir dargelegt in dem Buch »Spirituelle Astrologie« von Ekkirala Krishnamacharya, der erstmals konkret die genauen Schritte beschreibt, wie der Mensch auf dem spirituellen Pfad sich aus den Beschränkungen seines Horoskops befreien kann und wie die Horoskope der feinstofflichen Körper des Menschen erstellt werden können.

Der Inhalt dieser drei Bücher ist eine Einheit. Daher ist es dem Leser/der Leserin zu empfehlen, sich nach dem Studium der im vorliegenden Buch dargestellten Grundlagen den beiden anderen Werken zuzuwenden – die Schlüssel zur neuen Astrologie sind hier zu finden.

Die Übersetzung aus dem Jahre 1927 wurde bearbeitet, der Text neu abgesetzt, die Zeichnungen und Tafeln neu gestaltet. Nicht alle Daten der in Teil II verwendeten Beispielhoroskope konnten noch ermittelt werden, so daß wir einige der Horoskopdaten ohne Überprüfung übernehmen mußten. Alan Leo war Theosoph. Viele der verwendeten Ausdrücke und angesprochenen Zusammenhänge bedürfen zum besseren Verständnis esoterischer Grundkenntnisse. Wir möchten hier auf »Die Geheimlehre« von H. P. Blavatsky sowie auf theosophische Wörterbücher verweisen. Die Ausdrucksweise Alan Leos erscheint aus heutiger Sicht manchmal etwas umständlich und antiquiert: Es muß berücksichtigt werden, daß das Buch vor fast 100 Jahren geschrieben wurde – die Qualität der »Esoterischen Astologie« jedoch ist zeitlos.

Wolfgang Bartolain, Herausgeber

Vorwort

von Alan Leo

Erst nachdem ich zum zweiten Mal Indien aufgesucht hatte, konnte ich Zugang zu der zentralen Idee finden, die alle meine Gedanken über Esoterische Astrologie zusammenfaßte. An einer der heiligen Stätten traf ich einen Weisen, mit dessen Geist der meine in vollendeter Harmonie stand. Ich brauchte diesem bewunderungswürdigen Pundit nur wenige Gedanken zu entwickeln, dann verfolgte er mein Denken selbst weiter und verflocht diese Ideen mit einigen Worten zu einem logischen Ganzen, um dessen Vollendung ich mich viele Jahre bemüht hatte. Bei einer unserer Begegnungen sprach er nur ein paar Worte; aber damit schenkte er mir Erkenntnisse, die mein Denken derartig erhellten, daß mich augenblicklich Erleuchtung überkam, für die ich bis dahin blind gewesen war. Einmal fuhren wir meilenweit in einem alten Karren zu einer Tempelruine, und während er unablässig seine heiligen Gesänge betete, erfüllten mich erhabene Gedanken und kamen mir Fragen, die nur ein Weiser beantworten konnte.

Wenn ich nun die Gedanken sammele, die mich seit vielen Jahren, ja seit vielen Leben – dann diese Erkenntnis wurde mir verliehen – beschäftigt haben, und sie in diesem Buch veröffentliche, so leitet mich vor allem das Motiv, einmal auszusprechen, was ich für die wahre Astrologie der neuen Zeit halte, die jetzt auf Erden anbricht. Es liegt mir nichts daran, der exoterischen Schule der Astrologie diese Ideen aufzuzwingen. Sie mag sie annehmen oder ablehnen, wie sie es für richtig hält; ich kann mich jedenfalls an eine zahlreiche Schülerschaft und einige ernste Kollegen wenden, denen diese Form der Astrologie mehr zusagt als jede andere.

Für viele werden die hier vorgestellten Ideen eine Offenbarung der Gesetze bedeuten, die die Evolution der Welt leiten: unfehlbare Gesetze, die unaufhörlich zum höchsten Heil der

Menschheit arbeiten. Die dargestellten Lehren sind keine Phantasien; sie können jedem bewiesen werden, der sich denkend mit den Methoden befaßt, die die Erlangung von Urwissen erfordert.

Ganz persönliche Erlebnisse führten mich zur Beschäftigung mit diesem Gegenstand, den ich ein Vierteljahrhundert lang ununterbrochen studiert habe. Daraus sind Untersuchungen entstanden, die ich ganz unabhängig von Meinungen und Einflüssen anderer durchführte.

Meine Eltern waren Puritaner von strengen moralischen und religiösen Grundsätzen. Sie erzogen mich in dem Glauben, daß man entweder zur ewigen Seligkeit erwählt sei oder der ewigen Verdammnis verfalle. So war es natürlich, daß mir die Probleme des Lebens in meiner Jugend sehr schwierig erschienen und mich tief und ernst beschäftigten. Jahrelang mühte ich mich um eine Erklärung, warum ich in diese Welt geboren worden war, offenbar ohne daß ich es gewollt hatte, und oft besuchte ich die verschiedensten religiösen Persönlichkeiten. Schließlich kam ich zu der Überzeugung, daß entweder die religiösen Lehren von Himmel und Hölle falsch seien oder daß der Gott, von dem man mir erzählt hatte, ungerecht sei; ich konnte nicht glauben, was ich nicht verstand und als wahr erkannte, und daher hielt ich mich zuletzt für eine der verlorenen Seelen. Meine liebe gute Mutter war eine fromme Christin, die im Alter von 11 Jahren bekehrt worden war und es sich zur Lebensgewohnheit gemacht hatte, jeden Morgen nach dem Erwachen zwei Stunden zu beten. Sie flehte zu Gott um meine Errettung; aber ihre Gebete führten mich nicht auf ihren Weg des Denkens und Glaubens. Nach Jahren erst, in den dunkelsten Stunden meines Lebens, wurde mir das Licht der Erkenntnis durch die Astrologie zuteil.

Als ich im Alter von 9 Jahren auf der Höhe des Schlosses von Edinburgh stand und zum Carltonhügel blickte, hatte ich ein inneres Gesicht, das meine Seele von einer Fessel löste, die sie bisher gebunden hatte. Mit 17 Jahren hörte ich einem Gespräch zwischen meiner Mutter und einem Herrn zu, der gerade aus Indien zurückgekehrt war. Er erwähnte dabei die

Lehre von der Reinkarnation. Ich sagte zu meiner Mutter, das sei die einleuchtendste Hypothese, die ich je gehört hätte. Ich dachte nun darüber nach und bildete mir die Überzeugung, daß unsere Seelen mit den Sternen verbunden seien.

Bis zu meinem 25. Lebensjahr arbeitete ich in den verrufenen Vierteln Londons und stand den schwersten Problemen des Menschenlebens Auge in Auge gegenüber; meine Erlebnisse aus jener Zeit unter den ärmsten und verworfensten Menschenwesen würden genügend interessanten Stoff liefern, um die Seiten dieses Buches zu füllen. Die Anblicke, die ich täglich vor Augen hatte, und die Erkenntnis der hoffnungslosen Lage und Umgebung, in die Tausende meiner Mitmenschen geboren wurden, brachten mich zu fortwährendem Nachdenken über viele Lebensfragen, besonders über die erschreckenden Ungleichheiten unter den Menschen. Auf allen denkbaren Wegen suchte ich nach Lösungen. Damals litt ich schmerzlich; denn wenn ich auch die Möglichkeit, Wohltätigkeit und Idealismus zu entfalten, reichlich besaß, so machte doch der völlige Mangel an Lebensfreude und der Anblick der leidenden Brüder mir das Leben zu einer Qual. Endlich entdeckte ich, daß die wissenschaftliche Astrologie diese Fragen erhellen konnte, aber nur, wenn man sie mit der Wiederverkörperungslehre verband; denn bisher hatte auch die Astrologie die Ungleichheiten des Menschenlebens nicht völlig erklärt.

Vom 17. bis 25. Lebensjahr befriedigte die Astrologie mich in meiner Not; bis zum 28. Jahr erschienen mir Astrologie und Reinkarnation zusammen als glänzende Arbeitshypothesen; aber durch eine große Umwälzung in meinem Leben, die sich durch Astrologie und Reinkarnation allein nicht erklären ließ, wurde ich zu den Lehren geführt, die zum Gesetz des Karmas gehören. Da begann ich eine gründliche Prüfung der Horoskope aller Personen, deren Geburtszeiten mir zuverlässig bekannt waren, und besonders solcher von Kindern. Niemand erfuhr von meinen Resultaten. So sammelte ich Tatsachen, die genügen, um den dauernden Wert der Esoterischen Astrologie fraglos zu erweisen. Man könnte sie als die Wissenschaft der natürlichen Astrologie, der *astrologia sana*, verbunden mit den Lehren des Ostens von Reinkarnation und Karma, bezeichnen.

Noch viele Jahre nach der Veröffentlichung des »Astrologer's Magazine« setzte ich meine Forschungen in aller Stille fort und ließ die Ideen in meine Bücher, Schriften und in meine Praxis eingehen. Der Erfolg war, daß ich endlich bei meinem letzten Besuch in Indien erfahren durfte, daß diese Lehren einen Teil der antiken Mysterien der Astrologie bilden. Nunmehr steht und fällt mein ganzer Glaube an die Wissenschaft der Sterne mit den Begriffen Karma und Reinkarnation. Ich muß erklären, daß die Geburtsastrologie ohne diese alten Lehren keinen Dauerwert besitzt. Wenn die Gesetzmäßigkeit der Welt der einen Seele ein Horoskop mit günstigem Milieu verleiht, in dem Lebenssteigerung, Entfaltung und sittliche Gesundheit herrschen, und einer anderen Armut, Krankheit und Unsittlichkeit mitgibt – so ist sie ganz offenbar mindestens ungerecht, ganz abgesehen davon, daß man keinen Zweck darin sieht.

Selbstverständlich kann man jeden Zweig der Astrologie studieren, ohne die Begriffe von Reinkarnation und Karma zu verwenden; etwa so, wie man den physischen Körper des Menschen ohne Bezug auf seine Seele studieren kann. Aber wer das Wesen des Menschen tiefer erforscht, weiß, daß auch die Physiologie wesentlichere Bedeutung erlangt, wenn man die Psychologie dazu heranzieht.

Einleitung

Es wird künftig, ich weiß nicht, wo oder wann, noch bewiesen werden, daß die menschliche Seele auch in diesem Leben in einer unauflöslich verknüpften Gemeinschaft mit allen immateriellen Naturen der Geisterwelt steht, daß sie wechselweise in diese wirkt und von ihnen Eindrücke empfängt.

Kant »Träume eines Geistersehers«

Alles Bestehende hat zwei Seiten, die spirituelle und die materielle, die inhaltliche und die formale. Wir leben in einer Welt des Dualismus, in der beständig ein subtiles, undefinierbares Etwas webt und wirkt als Wesen oder Prinzip aller Dinge, die diese zwiefache Manifestation haben. Man kann das passend illustrieren an dem Gegensatz von Tag und Nacht, die durch Sonnenaufgang und -untergang, Mittag und Mitternacht wieder unterteilt werden, wobei der Zustand der Erde sich stets völlig ändert und umkehrt. Hier ist der einzige äußere Faktor die Rotation der Erde um ihre eigene Achse, der Sonne gegenüber. Aber welches ist die Ursache dieser Rotation und dieses veränderten Einflusses von Sonnenaufgang und Sonnenuntergang?

Frühling, Sommer, Herbst und Winter sind die vier verschiedenen Jahreszeiten, die durch die jährliche Revolution der Erde um die Sonne entstehen. Kindheit, Jugend, Mannes- und Greisenalter entstehen ganz entsprechend aus Geburt, Wachstum, Verfall und Tod. Aber warum gibt es Geburt und Tod?

Auch Millionen exoterische Tatsachen genügen nicht zur Beantwortung dieser Fragen. Sie hängen zusammen mit unserem esoterischen Erforschen von jenem subtilen, undefinierbaren Etwas, das Wesen und Ursache aller Manifestation ist. Dieselbe Sache bietet stets einen höheren und einen niederen, einen feineren und einen gröberen, einen abstrakten und einen konkreten Aspekt – jede Erscheinung der Natur hat eine Ursache in der Vergangenheit und eine Wirkung in der Zukunft. Man kann sie daher von zwei korrespondierenden Standpunkten aus erkennen und studieren.

Von diesen Gedankengängen aus können wir behaupten, daß auch die Astrologie einen zweifachen Ausdruck zeigt, den man als ihren esoterischen und ihren exoterischen Standpunkt bezeichnen kann. Die Esoterische Astrologie befaßt sich mit der abstrakten Ursache, mit der Philosophie und dem innerlichen, subtileren Standpunkt. Dagegen begnügt sich die Exoterische Astrologie mit der praktischen Wirkung und dem konkreten, äußerlichen Bilde. Sie zieht das Greifbare und Sichtbare dem Spekulativen und Theoretischen vor. Wer dabei einen extremen Standpunkt einnimmt, hält entweder nur die esoterische Seite oder die exoterische Seite für beachtenswert. Für hochgeistige und vorurteilsfreie Menschen aber besitzen beide Seiten den *gleichen* Wert. Es ist eine reine Temperamentsfrage, welcher man den Vorzug gibt.

Man kann die Esoterische Astrologie auch als die Seite definieren, die alle Planetenerscheinungen unter dem Gesichtspunkt der Einheit betrachtet. Die Exoterische Astrologie hingegen beginnt ihr Studium auf der Seite der Verschiedenheit und Trennung. Die Esoterische Astrologie betrachtet die Ausdrucksformen des Lebens als Ergebnisse einer zentralen, primären Quelle. Sie sucht also ihrem Gegenstand gerecht zu werden vom Standpunkt der Einheit aus, die sich in Vielheit ergießt. Im Sonnensystem ist die Sonne das allgemeine Zentrum und der Ausgangspunkt ihrer Philosophie; denn für sie geht alles von der Sonne aus. Im Sonnenleben allein leben und existieren alle Dinge. Von diesem Zentrum strahlen die Lebensströme aus, die durch die leiblichen Organismen alles Lebendigen auf Erden hindurchgehen. Dieses Leben steigt herab und hinauf, durch jeden der sieben Planeten, und formt sich in diesem Prozeß um, um die Dinge zu entfalten; es paßt sich dem Stadium an, das diese im Gang der Entwicklung erreicht haben. Dabei sind die sieben Planeten direkt oder indirekt verbunden mit den sieben Hauptsubstanzen im menschlichen Körper. Der Mensch, wie wir ihn kennnen, setzt sich aus den großen Elementen Feuer, Luft, Wasser, Erde und Äther zusammen. An der Spitze von jedem dieser Elemente steht eine lebendige, bewußte Wesenheit (Entität), deren vitale

Kraft und deren Bewußtsein in dem Element als Emanation wirkt.

Im Laufe der folgenden Kapitel werden wir uns vom esoterischen Standpunkt aus mit diesen Kräften und Stoffen befassen. Wir werden zunächst die Begriffe herausarbeiten und erweitern, die in exoterischen Forschungen mit ihnen verknüpft werden. Denn wenn diese Elemente auch seit Jahrhunderten schon den Astrologen bekannt sind, so ist ihre esoterische Bedeutung doch nie völlig enthüllt worden. Und doch beruht der wahre Sinn jedes Horoskops fundamental auf den sieben Grundteilungen des Tierkreises in Feuer-, Luft-, Erd-, Wasser-, kardinale, veränderliche und feste Zeichen. Wir werden diese Zeichen und Planeten betrachten. Vorher richten wir aber unsere Bemühungen noch darauf, tieferen Einblick in die Urprinzipien zu gewinnen.

Die Urprinzipien

Wenn wir versuchen, die Welt des Noumena zu erforschen, die hinter dem Außenreich der Phänomene steht wie das Spirituelle hinter – oder besser: vor – dem Materiellen, so müssen wir notgedrungen die Sprache und die Termini der physischen Welt dazu benutzen. Jeder Denker, der diesen Versuch gemacht hat, mußte die Beschränkungen und Mängel empfinden, die einer solchen Darstellung anhaften; denn es ist stets schwierig und sogar gefährlich, in der Sprache des Alltags Gedanken und Ideen auszusprechen, die an sich über das Materielle und Alltägliche hinaus transzendent sind. Das Leben der höheren Reiche wird verhüllt und verzerrt, wenn man es in konkrete Formen kleidet; jemand, der über diese Dinge schreibt oder spricht, mag dann mit Erschrecken bemerken, daß er seinem Leser oder Hörer eine ganz abwegige Idee übermittelt hat. Deswegen trifft niemand ein Tadel, und es ist auch nutzlos, über die Mangelhaftigkeit der Sprache zu klagen. Wenn wir uns mit großen, weitreichenden Ideen oder gar mit sehr abstrakten Gedanken und Gefühlen befassen, dann bleibt offenbar stets ein letzter Rest, der jeden Ausdrucks in jeder Sprache spottet und der nur auf dem Wege lebendiger persönlicher Erfahrung erfaßt und begriffen werden kann.

Die Liebesempfindung einer vollendeten Freundschaft läßt sich auch nicht völlig erklären, und wenn man die beredtesten Worte und die passendsten Gesten und Handlungen wählte, die aus einem völlig spontanen Impuls hervorgingen. Trotz aller Vollkommenheit unserer Ausdrucksversuche geht stets etwas Undefinierbares verloren.

Denn wie Natur, so auch die Worte – halb enthüllen,
Und halb verbergen sie die Seele uns, das Innere
wie Tennyson vom Ausdruck der Trauer über den Verlust eines geliebten Menschen schrieb.

Wir verstehen die Gedanken und Gefühle anderer nur in dem Grade, wie wir selbst ähnliche Erlebnisse gehabt haben. Fehlen diese aber, dann wird im selben Maße auch unser Verständnis für den Gegenstand fehlen. Wir verstehen nur insoweit, als wir erlebt haben, auch wenn es sich um Tatsachen dieser physischen Welt handelt; in noch stärkerem Maße ist dies der Fall, wenn es sich um die Hintergründe des Seins handelt, die man nicht mit den fünf Sinnen erfassen kann. In Erkenntnis dieser Tatsachen haben die Weisen aller Zeiten bekannt, daß es unklug ist, über das Unerforschliche zu spekulieren. Denn wenn wir das erkennten, würden wir eins sein mit GOTT, und dann verharrten wir in völligem Schweigen.

In der wahren Philosophie und den meisten Religionen ist stets die Eine absolute und höchste erste Ursache postuliert worden, die sich aus der unerforschlichen Selbstheit erhebt, die die wurzellose Wurzel alles Entstandenen ist. Diese eine und letzte Ursache von allem ist der wahre GOTT, das namenlose Wesen, aus dem die lebendigen Wesenheiten des ganzen Universums entstanden sind. In dem endlosen Ozean des Wesens und Stoffes, dessen Zentrum und Umfang zugleich das Absolute ist, leben und weben Millionen von Welten und Sonnensystemen. Es sind Einheiten mit einer Sonne, einem Logos, als Zentrum. Die Sonne ist die physische, sichtbare Glorie des höchsten Geistes oder der höchsten Bewußtheit; ihr Sein in toto ist das Sonnensystem mit seinen Planeten und Bewußtseinszentren, ob sie nun dem physischen Auge sichtbar sind oder nicht.

Um unser Denken zu klären, wollen wir uns die Sonne oder den Sonnenlogos als den sichtbaren Ausdruck des Gottes unsere Universums denken. Dann sind die Planetenkörper die Welten oder Wohnungen der ihm dienenden Engel, und jede Welt lebt und webt in Seinem Leben und unendlichen Wirkungsfeld.

Auch unser Weltenköprer, die Erde, ist eine Einheit und hat seine Stelle im großen Universum des Lebens. Er hat ebenso seinen herrschenden Geist, den sie einen als den Erdgeist, die anderen als Herrn der Welt bezeichnen. Rund um die Erde ist das große Äthermeer, ein feiner Stoff, in dem Myriaden feinerer Stoffteilchen schweben, die eine weite Hülle bilden, deren Zentrum die Erde ist. Dieser Stoff ist die Aura der Erde, und in ihr reflektiert sich alles, was die Erde und ihre Umdrehung betrifft. Diese Aura und die Tierkreiszeichen stehen in einem engen Verhältnis zueinander, und daraus stammen die verschiedenen Schwingungsarten, die dem indischen Astrologen als die *Tattwas* bekannt sind.

Vom Standpunkt derer, die das Sternenwissen der Astrologie von einer inneren oder esoterischen Seite her studieren, ist der Tierkreis als begrenzender Zirkel der Erdaura das Feld und der Speicher all dessen, was war, ist und sein wird. Der Tierkreis ist das Kampffeld Arjunas[1], das Spielfeld des Logos und die Bühne, auf der das große Drama des Lebens gespielt wird. Wer in seine Geheimnisse eindringen will, muß den Schleier der Isis lüften.[2]

Die Planeten sind die wichtigsten Schauspieler. Ihre Bewegungen auf der Riesenbühne bestimmen das Thema des Orchesters, die verschiedenen Farben der Kostüme, den notwendigen Gang derer, die dort ihre zugeteilten Rollen spielen müssen. Nur Einer ist der Autor des Stückes. Sein machtvolles Wollen und Denken haucht den Personen des Dramas, die von seiner majestätischen Phantasie gruppiert und bewegt werden, Leben ein. Aber der Zweck des Ganzen und das Ende des Spiels sind vorläufig nur denen bekannt, die wieder das kosmische Bewußtsein besitzen, das den anderen verlorengegangen ist.

Zur Darstellung der »Göttlichen Komödie« des universalen Lebens sendet GOTT gewisse spirituelle Verkörperungen der Kraft, Liebe und Weisheit von sich aus. Die Planetengeister oder Intelligenzen, die Seinen Willen ausführen, sind Offenbarungen Seines Bewußtseins, und ihr strahlendes Leben und Wirken überstrahlt auch das umfassende Bewußtsein eines Übermenschen. Diese Kerne oder Zentren im kosmischen Leben erzeugen gewisse Schwingungsenergien, die als Planeteneinfluß bekannt sind. Jede Schwingungsart belebt und beseelt einen bestimmten Bezirk, ein Reich der Natur, über das der Planetengeist herrscht. Jeder besitzt aber auch einen Untereinfluß in den anderen Bezirken und Reichen.

Die Gunas

Es gibt nur eine materielle Substanz im Universum, den Anfangs- oder Urstoff. In diesem bewirkt das All-Leben, das in drei Wellen schwingt, seine drei Grundarten von Bewegung, die Stabilität, die Flexibilität und die Harmonie. Sie erscheinen unseren Sinnen als rotierende, pendelnde und vibrierende Bewegung. Die extremen Schwingungen rufen in unseren Körpern der Stabilität oder Hemmung und der Flexibilität oder Nachgiebigkeit Unlustgefühle hervor, aber ihr Gleichgewicht, ihre Harmonie erzeugt Lustgefühle. Seit Urzeiten sind diese drei großen Modifikationen des Stoffes in der indischen Philosophie als die drei Gunas – *Tamas, Rajas, Sattwa* – bekannt.[3] Sie entsprechen den drei Qualitäten der Tierkreiszeichen: fest, kardinal, veränderlich. Durch Kombination modifizieren sie sich wieder so, daß sieben Energieformen, sieben Bewegungs- oder Vibrationsarten entstehen, die in der stofflichen Seite des Universums zum Ausdruck kommen. Vom Standpunkt der Astrologie aus sind dieses die sieben abstrakten Grundteilungen der Tierkreiszeichen, die wir als die drei Vierheiten der kardinalen, festen und veränderlichen Zeichen und als die vier Dreiheiten der Feuer-, Erd-, Luft- und Wasserzeichen kennen.

Die Tattwas

Die hinduistischen Astrologen der Vorzeit schufen eine Synthese dieser vier Dreiheiten in einer fünften, die das Wesen der Vierer und der Dreier in sich faßte. Sie stellt den höchsten Äther dar, die sublimierteste Form des Stoffes, und heißt *Akasha Tattwa*. Es ist potentiell dreifach, und daher schließt es die Vierheiten wie die Dreiheiten ein. Die anderen vier Tattwas, die den vier Dreiheiten entsprechen, sind *Agni, Prithivi, Vayu und Apas;* von ihnen lehrten die alten Astrologen und Weisen:

Das Universum geht aus von den Tattwas; es geht ein in die Tattwas; es verschwindet in die Tattwas.

Über jedes dieser Tattwas, die wir als Bewegungsformen oder als Modifikationen des Stoffes oder als Qualitäten bestimmter Tierkreiszeichen ansprechen können, regiert ein Herrscher, der direkt mit der planetaren Einflußsphäre zusammenhängt. Sie bestimmen den Grad der Bewußtheit und die Art und Richtung der Schwingung des Stoffes, die man als *tanmatra* bezeichnet.

Die Tierkreiszeichen

Somit stellt jedes Tierkreiszeichen: 1. einen besonderen Zustand der Materie, 2. eine charakteristische Form der Bewegung und 3. einen entsprechenden Typ des Bewußtseins oder des Selbst dar. Diese drei – Materie, Bewegung und Bewußtsein – entsprechen sich und stimmen überein. Sie sind auch Korrelate der fundamentalen Einteilung in Selbst, Nicht-Selbst und der Beziehung zwischen beiden. Das Leben der Schöpfung geht aus vom Selbst und durchläuft die beiden anderen Formen, und auf dieser Tatsache basieren alle Gesetze der Astrologie. Die Planetengeister oder Intelligenzen zeigen in ihren zahlreichen Wesen oder Mittlern die verschiedenen Bewußtseinszustände; die Tierkreiszeichen stellen in ihren vielen Kombinationen die Formen der bewegten Materie heraus, in denen das Bewußtsein wirkt. Daraus folgt, daß eine Veränderung des Bewußtseinszustandes auch einen Wandel der Form bedingt und umgekehrt.

Über den ganzen Tierkreis, das *Akasha,* herrscht *Indra.* Er ist der Herr aller Devas, aller Leuchtenden. Diese Wesen gestalten die Kombinationen der Elemente und leiten die Schwingungen, die in den verschiedenen Formen der Materie herrschen, entsprechend den Teilungen des Tierkreises in kleine Abschnitte wie Grade und Bruchteile von Graden.

Über die Luftdreiheit der Zeichen herrscht *Vayu* als Herr der Luft. *Agni,* der Herr des Feuers, herrscht über die Feuertriplizität. *Varuna* ist Herr des Wassers und der Wasserzeichen; endlich ist *Kshiti* oder *Kubera* Herr der Erde. Die Scharen der niederen Devas, Engel und Elementargeister waren vor Zeiten bekannt als Sylphen (Luftgeister), Feuergeister, Wasser- und Erdgeister; das Wissen um diese Naturgeister ist jedoch in unserer Zeit geschwunden und damit auch die tiefere Erkenntnis in der Astrologie.

Beim Studium der Esoterischen Astrologie, die in den folgenden Kapiteln entwickelt werden soll, werden wir uns mit den in dieser Einleitung erwähnten Dingen weiter beschäftigen, um diese Lehren klarer verständlich zu machen. Zu diesem Zwecke sollte man sich stets folgende drei Grundgedanken vor Augen halten:

1. Es wirkt nur ein Leben im Universum – das höchste Leben Gottes, das sich durch die Sonne ergießt.

2. Dieses Leben kommt in verschiedenen ideellen Bewußtseinszuständen durch die planetaren Einflußsphären zum Ausdruck.

3. Kraft und Stoff des Universums wirken sich in unzähligen Modifikationen durch die verschiedenen Gruppen und Teile der Tierkreiszeichen aus, die den Äther oder die Hintergründe der Materie darstellen, und werden in unser materielles Universum herniedergestrahlt.

Teil I
Esoterische Astrologie

I Astrologische Symbolik

Der Mensch ist ein Geistwesen, das verkörpert worden ist, um in der unteren Welt Erfahrungen zu sammeln und diese zu meistern und zu beherrschen. Schließlich soll er in künftigen Zeiten seinen Platz in den schöpferischen, herrschenden Stellen des Universums einnehmen.

A. Besant *»Das Rätsel des Lebens«*

Das Gebiet der Esoterischen Astrologie ist hauptsächlich die Wissenschaft vom Wesen des Menschen. Durch ihre einzigartige Symbolik sucht sie die Tatsachen oder Grundprinzipien zu erklären, die die Menschheit unter der Herrschaft der Himmelskörper leiten.

Die herkömmlichen Symbole, die man für die Tierkreiszeichen, die Planeten und ihre Beziehungen anwendet, hatten die Wirkung, daß der innere Sinn der Astrologie sicher bewahrt wurde, auch in den dunklen Zeiten des Materialismus, aus dem sich die menschliche Rasse erhebt. Was die Planeten betrifft, so sind deren Symbole aufgebaut auf dem Kreis, dem Halbkreis und dem Kreuz, die entweder allein oder in verschiedenen Kombinationen stehen.

Nimmt man den *Kreis* allein, so bedeutet er die unerforschliche Einheit, die aller Offenbarung zugrunde liegt. Wendet man das auf das ganze ungeheure Universum an, dann steht er für das Absolute, die verborgene Gottheit, die all-einige Quelle, die in allem gleich gegenwärtig ist, in der Materie wie im Geiste, im sogenannten Bösen wie im Guten. Auf unser Sonnensystem angewandt, steht der Kreis für das all-eine Leben, das alle Formen der Offenbarung in dem System umfaßt, das schon bestand, ehe ein einziges Atom des Sonnensystems vorhanden war, und das weiterleben wird, wenn alles vergangen ist. Da es absolute, ungeteilte Einheit und weder Selbst noch Nicht-Selbst ist, übersteigt es unsere Fassungskraft, und man kann es in keinem gewohnten Terminus irgendeiner Denkform erfassen. Es ist auch ohne Grenzen in Raum und Zeit und geht keine Relationen ein; daher dürfte man logisch überhaupt nicht sagen, dieses absolute Leben habe ein Symbol, denn schon der leere Kreis erinnert durch seine Peripherie an Begrenzung und ist ihm daher strenggenommen unangemessen. Aber unser menschliches Denken verlangt stets Symbole, um darin große Konzeptionen mit Hilfe einer treffenden Synthese zusammenzufassen und auszudrücken, und in der Symbolik geometrischer Formen ist der Kreis doch die angemessenste von allen. Im Reich der Zahlensymbolik wäre es die Ziffer Null; in der von Licht und Farbe ist es die Finsternis; in der Symbolik des Klanges und der Musik entspricht die Stille, das Schweigen. Als Faktor in der astrologischen Symbolik repräsentiert der Kreis den Geist im allgemeinen, der abstrakt und unindividualisiert ist und in Begrenzung und Kombination erst Selbstbewußtsein erlangt.

Setzt man in die Mitte des Kreises einen Punkt, so tritt aus den Tiefen des unergründlichen Nichts her etwas in Erscheinung. Licht beginnt aus der Finsternis zu scheinen. Klang ertönt aus dem Schweigen. Sein entsteht aus Nichtsein. Die Zahl Eins, die relative Einheit alles Offenbarten, tritt in Erscheinung. Auf das Universum als Ganzes angewandt, bezeichnet es die Offenbarung Gottes in seinen Attributen, zwar als universelle Manifestation, aber doch faßbar für den, der sein Bewußtsein mit Ihm vereinigen kann. Auf unser Sonnensystem angewandt, bezeichnet es den Sonnen-Logos, den *Einen* höchsten Gott des Systems. Im ganzen Sonnensystem gibt es keine Lebensform, die nicht *Sein* Leben wäre, und keinen Bewußtseinszustand, der nicht ein Aspekt Seines Bewußtseins wäre. *Er* schuf das ganze System im Anfang aus *Seinem* eigenen Wesen, und *Er* wird es am Ende zerstören, indem *Er* es wieder in sich aufnimmt. Das Sonnensystem als Ganzes genommen kann man als *Seinen* Leib ansprechen. Dann sind die Planeten bestimmte Zentren oder Organe in diesem Leib, und jeder zeigt einen anderen Typ der Vitalität und des Bewußtseins. Die Sonne ist das Herz, und für die Bewohner dieses Weltenkörpers ist die Erde das Haupt. *Sein* Leben und Wirken ist zwar allgegenwärtig, es wird aber in speziellem Sinne in der Sonne manifestiert. Daher repräsentiert das Symbol der

Sonne astrologisch dieses große Licht. Kosmische Lebenskraft strömt auf die Sonne herab von höheren Seinsebenen der sogenannten vierten Dimension des Raumes. Von da wird es auf jeden Weltenkörper innerhalb des Systems übertragen. Die Lebenskraft strömt durch den Äther wie das Blut durch den Körper oder wie Prana in den Nerven und hält jeden Planeten in Beziehung zu jedem anderen und zur Sonne.

Teilt man den Kreis mit einem Durchmesser in zwei Hälften, so bedeutet das, daß der abstrakte Geist sich in der Polarität von Geist und Stoff offenbart. Dabei trennen sich der Geist einerseits und die Materie andererseits nicht in zwei Gegensätze, sondern bleiben dennoch vereint und bilden eine Zweiheit im Rahmen der Einheit. In der Sphäre des Bewußtseins kann man dies umschreiben als Selbst – Nicht-Selbst. Es enthält also beide Möglichkeiten: Die Welt des Bewußtseins oder die innere und die Materie oder die äußere Welt. Es verkörpert daher einen Zustand des Dualismus, ein Mittel zwischen zwei Extremen, das zwei Zustände verbindet und keinem ausschließlich angehört. In dieser Form verwendet man es als Symbol der Seele, als Mittelglied zwischen Geist und Körper. Schreibt man diesen von einem Durchmesser halbierten Kreis so wie den Buchstaben Theta im Griechischen, dann stellt das Symbol in der Astrologie den Horizont dar. Nimmt man es aber in der Form des Halbkreises, so bedeutet es den zu- und abnehmenden Mond in seinen zweifachen Phasen von hell und dunkel. Dann repräsentiert dieses Symbol die menschliche Seele in ihren verschiedenen Stimmungen, die aufsteigen und mit dem bewußten Geist eins werden oder absteigen und sich an den Körper binden kann. Der Neumond, die Konjunktion von Mond und Sonne, symbolisiert die Einigung von Seele und Geist, von Persönlichkeit und Individualität, die entweder nach dem Tode in der Geisterwelt oder zu Lebzeiten im Trancezustand des Körpers stattfindet.[4] Der Vollmond, die Opposition der beiden Lichter, repräsentiert die Erleuchtung der Persönlichkeit durch die Sonne oder den Geist, und da der Mond sein empfangenes Licht auf die Erde strahlt, körperliches Bewußtsein.

Teilt ein zweiter Durchmesser den ersten rechtwinklig, so entsteht das Kreuz im Kreise. Das ist in der Astrologie und auch sonst ein sehr gebräuchliches, oft angewandtes Symbol. Es ergibt die Grundlage des gewöhnlichen Horoskops mit der Horizontlinie, die vom Aszendenten im Osten zum Deszendenten im Westen verläuft, und der Vertikale des Meridians vom Zenit zum Nadir. Es umschließt die ganze Offenbarung und das ewige Wirken, denn es kann sich nicht bilden, bevor Selbst und Nicht-Selbst, aktiv und passiv, positiv und negativ, polarisiert sind und in Wechselwirkung miteinander stehen. Diese Wirkung und Gegenwirkung zwischen beiden hat verschiedene Folgen und Inbegriffe:

1. Sie unterteilt die beiden Hälften in vier Viertel.
2. Sie erkennt in sich unaufhörliches Wirken, denn wenn die Wechselwirkung aufhören sollte, würden die Quadranten verschwinden und nur die beiden Halbkreise des vorigen Symbols übrigbleiben – die Quadranten bestehen nur so lange, wie diese Wirkung anhält.
3. Daraus folgt ein um den Kreis verlaufender Einflußstrom, der der Richtung von Wirkung und Gegenwirkung folgt und den Kreis in drehende Bewegung um seine Achse versetzt, genau so, wie es die Erde tut.

Dies wird gewöhnlich durch das Symbol der *Svastika* (Hakenkreuz) dargestellt, ein Kreuz, das schnell herumzuwirbeln scheint und dabei am Ende von jedem der vier Arme eine Spur hinterläßt. Diese kleinen Endstücke zeichnet man gewöhnlich als kurze, gerade Linien rechtwinklig zu den Armen. Offenbar ist dies unkorrekt, denn wenn man das Kreuz wirklich in Umdrehung versetzte, würde es einen Kreis beschreiben, die Spur würde eine Kreislinie sein und diese Endstücke kleine Kreisbögen, nicht gerade Linien. Dieses Symbol ist durchaus dasselbe wie das Kreuz im Kreis, nur daß Teile des Kreisumfangs weggelassen werden. Es wird sehr vielseitig angewandt. Es kann die Wirbelbewegung von Atomen, sowohl als Ätherwirbel wie als Schraubenbewegung, um eine Zentralachse bedeuten. In größerem Maßstabe stellt es die Achsendrehung der Erde dar, die derjenigen eines Atoms ganz analog ist. Es steht für die Spiralenbewegung der Elektrizität um eine magnetische Achse, die Serpentinenbewegung der feurigen elektrischen Lebenskraft namens *Kundalini* und das Wirbeln der Chakras oder Kraftzentren im ätherischen Gegenspiel des physischen Körpers. Es steht im besonderen für eins der Zentren, die folgendermaßen beschrieben werden.[5]

Das erste Zentrum, an der Basis der Wirbelsäule, legt seine Schwingungen so an, daß es die Wirkung seines Wesens in Quadranten geteilt weitergibt, wobei Lücken bleiben. Dadurch erscheint es wie das Symbol des Kreuzes, und aus diesem Grunde verwendet man das Kreuz oft, um dieses Zentrum zu symbolisieren. Manchmal benutzt man auch ein flammendes Kreuz, um das Feuer der Schlange darzustellen, das in ihm lebt.

Wenn ein Kreis während der Rotation in der Richtung seiner Achse bewegt wird, beschreibt er nicht einen Kreis, sondern eine Spirale. In allen diesen Fällen deutet die *Svastika* eine Art spiralförmig bewegte Kraft an, die in der Materie wirkt, sie formt und in Bewegung versetzt – vom Weltenkörper bis hinab zum Atom. Im Menschen bezeichnet das Kreuz den Körper im Unterschied zum Kreis, dem Geiste, und dem Halbkreis, der Seele.

Astronomisch wird das Kreuz im Kreis als Symbol der Erde verwendet, wofür es offenbar durchaus paßt. Läßt man den Kreis weg, so daß nur das gleicharmige Kreuz übrigbleibt, dann hat man in gewissem Sinne den geistigen Ursprung des Symbols vergessen oder unberücksichtigt gelassen und erkennt nur die Kraft, die in der Materie wirkt.

Zeichnet man die *Svastika* in Rotation von rechts nach links, so steht sie für die Richtung der Erdumdrehung um die Sonne und auch für die axiale Erdrotation. Stellt man sie in Drehung von links nach rechts dar, so bezeichnet sie die scheinbare Richtung der Bewegung von Sonne, Mond und Planeten in ihrem Auf- und Untergang, von der Erde aus gesehen.

Die Planetensymbole

Von diesen drei Zeichen des Kreises, Halbkreises und Kreuzes können die astrologischen Planetensymbole folgendermaßen abgleitet werden:

☉ *Sonne:*   Einheit, Leben oder Bewußtsein – das individuelle Selbst – Geist.

☽ *Mond:*   Dualismus, Beziehung – das formende Prinzip – das persönliche Selbst – die Seele.

♂ *Erde:*   Vielgestaltigkeit – Wirken in der Materie – das materielle Selbst – der Körper.

♀ *Venus:*   Das geistige Selbst oder die Individualität, die sich über die Materie erhebt.

♂ *Mars:*   Der Stoff, der den Geist behrrscht – der durch stoffliche Kräfte wirkende Geist.

♃ *Jupiter:*   Die über die Materie hinausgreifende Seele, die aber eine materielle Form behält.

♄ *Saturn:*   Die konkrete Seele, in materiellen Zuständen befangen.

☿ *Merkur:*   Das Kreuz unten bedeutet astrales Bewußtsein, Wunschleben, der Kreis in der Mitte mentales Bewußtsein. Der Halbkreis oben zeigt an, daß die Entwicklung über das Mentale hinaus fortgeschritten ist und Erkenntnis reflektiert, die von einer noch höheren Ebene, der alles beherrschenden *buddhischen* Ebene, stammt. Das Symbol kann auch als »Stab des Hermes« erklärt werden: Zwei Schlangen winden sich

34

um einen Stab, womit die Kraft des Feuers
(Kundalini) angedeutet wird, deren volle Beherrschung zu einem prakatischen Magier
gehört.

♅ *Uranus:*   Individuelle Selbstbewußtheit.

♆ *Neptun:*   Persönliche Selbstbewußtheit.

Die Esoterische Astrologie ist aber nicht nur eine symbolische
Ausdeutung des menschlichen Wesens, sie ist auch eine Philosophie, durch die die innersten Gesetze der Natur erklärt
werden. Ebenso wird durch sie das ganze System, in dem wir
leben, verständlicher.

Die Sonne ist mehr als ein Symbol des Geistes. Sie ist der
wirksame Brennpunkt oder das Lebenszentrum unseres Sonnensystems, das Herz des Sonnenlogos. Die Planeten sind die
Welten oder Leiter seiner Geistesboten, und jeder ist der Mittelpunkt einer großen geistigen Hierarchie. Jeder Bezirk der
Natur wird von einem der großen Planetengeister beherrscht.
Saturn regiert das Mineralreich, Jupiter und Mond das Pflanzenreich und Mars Tiere und Menschen. Dabei führt jeder den
Willen der höchsten Intelligenz aus. Diese Planetengeister
sind Strahlen des Einen großen Lichtes und stehen ihrem eigenen Bezirk im Universum vor. Dabei beherrschen sie
ebenso die großen Prinzipien wie die kleinsten Einzelheiten
des Lebens. Jede Rasse und jeder Teil einer Rasse, jede Nation
und jede Kolonie dieser Nation wird ebenso wie jede Religion
in ihren Verzweigungen von einer dieser mächtigen Intelligenzen beeinflußt. Sie kennen den Willen Gottes und arbeiten mit diesem Willen zusammen bei der Leitung der Geschicke der Welt.

Die Esoterische Astrologie lehrt die Immanenz Gottes und
versucht, in den wechselnden Stellungen der Himmelskörper
die Wandlungen in der Natur zu entdecken, die wir als Gesetze Gottes kennen. Sie erkennt die wichtige Rolle an, die
diese göttlichen Intelligenzen im Schicksal des Menschen

spielen müssen, denn sie sind seine himmlischen Prototypen. Je mehr sich der Mensch daher der Vereinigung mit seinem Vater im Himmel[1] (seinem wahren Stern) nähert, desto näher ist er dem Heil oder individuellen Bewußtsein. Je weiter er sich davon entfernt, desto gefährlicher, schicksalhafter und disharmonischer wird sein Leben. Hierin liegt der Hauptunterschied zwischen Esoterischer und Exoterischer Astrologie. Die Esoterische Astrologie beschäftigt sich mit dem inneren Tun des Menschen und mit seiner Kraft, sich in Einklang mit den Naturgesetzen zu bringen. Die Exoterische Astrologie hat mit Impulsen des Menschen zu tun, die aus den Einflüssen der Außenwelt entstehen. Die Esoterische Astrologie zeigt die in jedem Menschen ruhenden Möglichkeiten der Einswerdung mit dem göttlichen Willen, oder, wie die alten Astrologen es ausdrückten: »Der Weise beherrscht die Sterne, der Narr gehorcht ihnen.«

Helen P. Blavatsky, die Verfasserin der »Geheimlehre«, hat diesen Gedanken in schöner Sprache zum Ausdruck gebracht:

Ja, unser Schicksal ist in den Sternen geschrieben. Je enger die Einheit zwischen dem sterblichen Abbild des Menschen und seinem himmlischen Prototyp, um so weniger gefahrvoll sein äußeres Leben und seine späteren Reinkarnationen. Es gibt äußere und innere Bedingungen, die unseren Willen zu unseren Handlungen determinieren, und wenn der Mensch auch seinem herrschenden Schicksal nicht entgehen kann, so hat er doch zwischen zwei Pfaden die Wahl, und es steht in seiner Macht, einem von ihnen zu folgen. Wer an Karma glaubt, muß an das Schicksal glauben, das der Mensch von der Geburt bis zum Tode um sich herumwebt wie eine Spinne ihr Netz. Dies Schicksal wird entweder geleitet von der himmlischen Stimme des unsichtbaren Prototyps oder von unserem astralen inneren Menschen, der nur zu oft unser böser Geist ist.

In diesem Werk soll der ernste Versuch unternommen werden, gewisse Ideen vom Einfluß der Planetengeister und der Tierkreiszeichen auf die Menschheit zu klären. Es soll gezeigt werden, wie eng alles Offenbarte durch das Bindeglied der Tierkreiszeichen auf Sonne, Mond und Planeten bezogen ist. Man muß jedoch von vornherein klar sehen, daß nicht die physischen Planeten selbst auf die Menschheit einwirken, sondern höchste Intelligenzen, die die Planetenkörper gewissermaßen als ihre physischen Träger benutzen.

Jeder Planetenkörper hat eine eigene spezielle Einflußsphäre, und jeder vermischt seine Eigenwirkung mit der aller anderen. Im Reich der Farben wäre das am besten damit ausgedrückt, daß das weiße Sonnenlicht beim Durchgang durch die Planetensphäre in der Farbe des besonderen Planeten gebrochen wird: Indigo, Violett und Blau von Venus, Mond und Jupiter werden reflektiert im Gelb, Orange und Rot von Merkur, Sonne und Mars und ausgeglichen durch das Grün Saturns, die Mittelnote und -farbe. Körper, Seele und Geist des Menschen absorbieren diese Farben durch einen geistigen Vorgang, der die reine, ursprüngliche Farbe, die er physisch, psychisch und spirituell ererbt hat, in eine dunklere oder hellere Schattierung verwandelt, entsprechend seiner gedanklichen, gefühls- und willensmäßigen Wesensart. All das hoffen wir in späteren Kapiteln zu erklären.

II Okkulte Astronomie

Keine Feder kann den ganzen Gehalt der Wahrheit beschreiben. Es wäre ein vergebliches Mühen, wenn der Mensch nicht im Heiligtum seines eigenen Herzens, in den innersten Tiefen seiner göttlichen Ahnung ihren Widerhall fände.

H. P. Blavatsky »Die Geheimlehre«

Die Astrologen sprechen vom Planeteneinfluß mit einer derartigen Gewißheit, daß sie manches Mal denjenigen peinlich ist, die sich dem Gegenstand nicht von der mystischen oder okkulten Seite der Forschung her nähern, sondern die entweder mit den Methoden der konkreten Wissenschaft oder mit gewöhnlichen, praktischen Nützlichkeitserwägungen mehr vertraut sind. Wenn unser Wissen vollkommen ist, wird man letztlich jedoch finden, daß alle diese Methoden, an die Astrologie heranzugehen, in eins verschmelzen. Der Mann der Tat wird ihren praktischen Wert im Alltagsleben erkennen; der Gelehrte wird erkennen, daß sie eine genauso sichere Wissenschaft ist wie alle anderen und daß sie in einem grandiosen, umfassenden philosophischen Plan ein Kapitel bildet; der Mystiker aber wird entdecken, daß ihr religiöser Gehalt transzendent und erhaben ist, denn sie gehört zu einer der sieben Methoden, sich dem Geiste zu nähern. Heutzutage sind wir allerdings erst beim Alphabet der Wissenschaft, so zahlreich sind die noch zu lernenden Kapitel, und es ist nicht immer leicht, das Unerforschte in vertrauten Ausdrücken zu erklären, eine Himmelskarte zu zeichnen, als handele es sich um eine Vorstadt Londons.

Die »drahtlose Telegraphie«, mit deren Hilfe die Himmelskörper den Menschen beeinflussen, kann man von verschiedenen Standpunkten betrachten; als ein System von Schwingungen, wobei jede ihre Eigenart hat und einen Sondertyp von Energie vermittelt, die ihre Wirkung auf uns auszuüben vermag; als Methode, durch die die spezialisierte Vitalität eines Planeten an alle anderen ausgestrahlt wird, um von ihnen und ihren Bewohnern je nach ihrer Empfangsfähigkeit benutzt zu werden; als Relation, durch die der bestimmte Bewußt-seinstyp eines jeden Weltenkörpers an alle anderen im Sonnensystem seine Willenskraft, sein Denken und Fühlen versendet, um von allen im Austausch für empfangene Energie verwandt zu werden.

Welcher Ansicht wir nun auch zuneigen mögen, jedenfalls erreicht uns und die Erde jeder Einfluß allein durch den Tierkreis, der alles, was ihn passiert, modifiziert und sich assimiliert. Die ursprüngliche und unveränderte Form der Planetenkräfte erleben wir nie, sondern nur die gemischte und verbundene Art, die durch ihre Anpassung an die besonderen Eigenschaften des Tierkreiszeichens und der Erdaura entstehen. Wir erhalten z. B. niemals den reinen Jupitereinfluß, denn dieser ist immer verbunden mit dem Einfluß des Tierkreiszeichens, in dem er in irgendeinem Horoskop steht. In Wirklichkeit ist die Komplexität sogar noch größer, weil bekanntlich auf jeden Himmelskörper Aspekte anderer Planeten eine stark modifizierende Wirkung ausüben. Jupiter in Opposition zu Saturn ist durchaus nicht derselbe wie Jupiter im Trigon zu Mars; die Ereignisse, die er verursacht, und der Charaktertyp, den er ergibt, sind durchaus verschieden in beiden Fällen. Wenn man sieht, daß ein Planet in einem Horoskop oft in Aspekten zu einem halben Dutzend anderer steht und daß jeder von ihnen durch das Zeichen modifiziert wird, das seinen Einfluß auf die Erde übermittelt, so ist die resultierende Komplexität größer, als man im allgemeinen denkt oder manche Astrologen zugeben möchten. Am nächsten kommt es der Einfachheit noch, wenn der Planet frei von Aspekten ist, was aber sehr selten vorkommt; und doch ist auch hier vollkommene Einfachheit oder sozusagen »atomistische« Isolation nicht erreicht.

Die Resultate dieser Mischungen scheinen mehr chemischen Verbindungen vergleichbar als bloßen Mischungen. Wasser z. B. bildet sich aus der chemischen Kombination der Gase Wasserstoff und Sauerstoff; es besitzt aber Eigenschaften, die keine seiner Komponenten allein zeigt. Oder wir können auch die musikalische Harmonie zum Vergleich heranziehen. Schlägt man die beiden Töne *c* und *g* zusammen an, hört man noch etwas mehr als den Ton *c* mit *g*; man hört die besondere Art Harmonie, die für das musikalische Intervall, die Quinte, charakteristisch ist. So ist leicht einzusehen, daß ein Mensch, der immer nur musikalische Akkorde gehört hätte, den Eigenklang eines Tones nur sehr ungenau einschätzen könnte.

Das ist aber die Lage, in der sich jeder Astrologe befindet: Er lernt den Einfluß eines Planeten stets nur in Kombination mit dem Einfluß des Tierkreiszeichens kennen. Daraus stammen zweifellos viele der Irrtümer, die in der Zuordnung von Wirkungen und Merkmalen zu Zeichen und Planeten unterlaufen sind. Jeder Astrologe tritt an den Gegenstand zunächst vom Gesichtspunkt seines eigenen Horoskops mit seinen besonderen Verwicklungen und Verflechtungen und dann von dem einiger Horoskope ihm gut bekannter Menschen heran; daher erlebt man dann das Schauspiel, daß die verschiedenen Forscher ganz verschiedene Ansichten über dieselbe Sache vertreten. Der eine hält Neptun für einen Übeltäter; der andere für einen Wohltäter. Einer betrachtet den Saturn als den Repräsentanten des Priesters, ein anderer als den des Politikers. Der eine bezeichnet die Waage als Zeichen der Isolierung und Unabhängigkeit, der andere sagt, sie stehe für die Vereinigung und gegenseitige Abhängigkeit. Solche und andere auseinandergehende Ansichten werden heutzutage vertreten und ausgesprochen.[7]

In genau derselben Art nimmt ein Mensch, der am Anfang des Hellsehens steht, die Aurafarben anderer nur durch seine eigenen, modifizierenden Schattierungen hindurch wahr. Daher spricht er ihnen leichte Merkmale zu, die in Wirklichkeit ihm selbst zugehören oder die sich dadurch verändert haben, daß er sie durch die besonderen Farben, die ihn umgeben, hindurch sieht. Der Astrologe versucht diese Schwierigkeiten praktisch dadurch zu überwinden, daß er seine Erfahrungsgrundlage erweitert und aus einer größeren Anzahl Beobachtungen einen Durchschnitt zieht. Es ist richtig, daß Mars im Widder am Aszendenten nicht denselben Typ der Persönlichkeit ergibt wie Mars im Stier, und diese unterscheiden sich wieder beide von demselben Planeten in den Zwillingen. Aber auf jeden Fall geht doch Mars in alle diese Kombinationen ein, und wenn es gelingt, ihn vom Einfluß der verschiedenen Zeichen zu abstrahieren, dann muß der dem Planeten eigene Typ übrigbleiben, und zwar in jedem Falle derselbe. Hellseher und Okkultisten behaupten nun, Täuschungen, denen man auf der einen Ebene unterliegt, könnten nicht völlig ausgeschaltet werden, bis das Bewußtsein in eine höhere Ebene aufsteigt und die niederen von dort aus überschaut. Die unendlichen Verflechtungen und Verwicklungen der Astralebene z. B. könne man in ihren wahren Ausmaßen nur mit Hilfe einer Intuition erfassen, die zur nächsthöheren Ebene gehöre. Und die Wahrheit über die Persönlichkeit, ihre Entstehung und Auflösung und ihr Schicksal in den verschiedenen Welten, in die sie gehört, könne man erst völlig verstehen, wenn sich das Bewußtsein überhaupt über die Persönlichkeitsform erhebt. In ähnlicher Weise kann den Jupitereinfluß z. B. kein Astrologe klar erfassen, der den störenden und verwirrenden Bedingungen wie jeder Erdenbürger unterliegt. Nicht einmal die Erde selbst kann man in der richtigen Stellung zu den anderen Weltenkörpern sehen, ehe man die Grenzen der Erde oder sozusagen die Erdpersönlichkeit überwunden hat. Den Tierkreis kann man nicht verstehen, bis in der Entwicklung ein Bewußtseinsstand erreicht ist, der die Möglichkeit gibt, den Kreis des Schicksals von einem höheren, jenseitigen Standpunkt aus zu erforschen. Die Planetenkette, in deren Zusammenhang wir uns entwickeln und von der die Erde ein Teil ist, wird erst dann wahrhaft erkannt, wenn die Seele eine Entwicklungsstufe erreicht hat, von der aus sie sich über die Ebene erheben kann, der der höchste Planet der Kette angehört. Erst dann wird man sie in ihren wirklichen Verhältnissen sehen und die wahre Funktion jedes einzelnen verstehen.

Man kann als ganz allgemeinen Grundsatz aufstellen, daß jede höhere Ebene oder höhere Welt eine relative Einheit darstellt im Vergleich zu der nächsttieferen Ebene, die eine relative Mehrheit ist. Verstehen heißt, verstreute Sinnesein-

drücke oder verhältnismäßig vereinzelte Ideen zusammen-
zusuchen und das ihnen Gemeinsame, die ihnen allen zugrundeliegende Einheit entdecken. Die Einheit stellt die
höhere Ebene oder Welt, den höheren Standpunkt dar, die
Vielheit den niederen Standpunkt. Das letzte Wort der Geheimnisse unseres Sonnensystems – ob vom Gesichtspunkt
des Astrologen oder einem anderen – kann man nicht verstehen, bis die letzte Einheit des Systems im Bewußtsein erreicht ist; das ist der Grund, warum man auf der mystischen
Schau der Dinge und auf Metaphysik bestehen muß als Mittel zur Zusammenschau und Vereinigung dessen, was sonst
nur verstreute und ungeordnete Gesetze und Erfahrungen
wären. Die Wissenschaft hat ihre Existenzberechtigung in
sich selbst und bedarf keiner Verteidigung. Aber sie kann
nicht zur Vollendung vordringen, ehe die Seele gelernt hat,
über die Schwelle der äußeren Welt der Erscheinungen in die
innere, transzendente Welt einzugehen.

Ein Bewußtsein, Ein Leben, Eine Energie durchwaltet das
ganze Sonnensystem, die des erhabenen Wesens, das es im
Anfang schuf und noch erhält, des Sonnenlogos. Jede Ener-
gieform, die in der Materie der verschiedenen Systemebenen
wirkt, leitet sich direkt von Ihm her; seine Vitalität, von der
Sonne ausgestrahlt, beseelt die Körper aller Lebewesen, und
jede Bewußtseinsform, ob menschlich oder außermenschlich,
hat ihren Ursprung in Ihm. Er ist die zugrundeliegende Einheit, die die ungeheure Vielfältigkeit des ganzen Systems
transzendiert und zusammenfaßt, im Reiche des Bewußtseins,
der Kraft oder des Stoffes.

Jede Einheit, die materielle wie die spirituelle, muß
während ihrer Manifestation als Sonderexistenz auf jeden Fall
drei Aspekte bieten:

1. Sie wirkt auf ihre Umgebung, verhält sich ihr gegenüber
   positiv, bewirkt Veränderungen in ihr.
2. Sie unterliegt der Einwirkung der Umgebung, verhält sich
   negativ zu ihr und entspricht ihr in von außen empfangenen Anstößen.

3. Sie gleicht diese beiden Aspekte in einem neutralen Mittel zwischen den zwei Extremen aus.

In ähnlicher Weise zeigt der Sonnenlogos während seiner Manifestation die drei Aspekte oder »Personen« der göttlichen Dreieinigkeit, die drei Logoi: Er tritt zur Manifestation aus der unerforschten Tiefe des Jenseits heraus als transzendente Einheit, zeigt aber während des Lebens im Sonnensystem drei Formen:

1. Der dritte Logos gestaltet materiell das System der Zukunft, formt es zu Atomen, von denen es sieben Typen gibt, die als Träger von sieben verschiedenen Bewußtseinsformen dienen können und in sieben großen Ebenen angeordnet sind, deren niederste die physische Ebene ist. Hier ist der Grundton die Vereinzelung oder Schöpfung.
2. Der zweite Logos entwickelt Träger bzw. Körper verschiedener Stufen, die von Leben beseelt und von Bewußtsein bewegt sind. Hier herrscht als Grundton die Harmonie, der Ausgleich, die Vereinigung verstreuter Atome und getrennter Lebensformen.
3. Der erste Logos schließlich entwickelt das Selbst in den Trägern und verleiht eine Art Selbstbewußtheit, die in Trennung und Vereinzelung innerhalb der Körper beginnt, aber in der Erkenntnis der lebendigen All-Einheit endet.

Die drei Vierheiten der Tierkreiszeichen illustrieren in einer entfernten Analogie diese drei hohen Offenbarungsformen des Logos; die kardinalen oder *Rajas*-Zeichen entsprechen dem dritten Logos, die veränderlichen oder *Sattwa*-Zeichen dem zweiten, und die festen oder *Tamas*-Zeichen dem ersten Logos.

Freilich darf man nicht irrtümlich annehmen, daß diese Zeichengruppen wirklich die drei Logoi selbst wären, denn dies gilt weder von Zeichen noch von Planeten. Da aber Energie, Leben und Bewußtsein Gottes auf jeder Ebene des Universums durch die Materie verstreut sind, ist es angemessen, mitten in der Verschiedenheit der Außenwelt die zugrundeliegende Einheit zu suchen.

Das Sonnensystem

Das Sonnensystem kann man als den Leib des Logos betrachten. Jede seiner Ebenen, von der niedersten physischen bis zur höchsten geistigen, wird von Seinem Leben und Bewußtsein mit Energie und Seele erfüllt, wie der menschliche Körper durch Leben und Bewußtsein des Menschen erfüllt ist.

1. Die materiellen Dinge auf jeder Stufe werden von Ihm geleitet und entwickelt in Seiner Form des dritten Logos.
2. Das Leben jedes Reiches, einschließlich des unsichtbaren Lebens der Elemente, stammt direkt aus Ihm als zweitem Logos.
3. Jede Form der Selbstbewußtsein hat ihren Ursprung in Ihm als erstem Logos.

Von Ihm als dem Einen Vater des Alls gehen sieben erhabene Wesen, die Erzengel oder Planeten-Logoi, aus, die allein Ihm dienen, aber alle anderen Wesen im Sonnensystem beherrschen. Jeder herrscht über ein Siebtel des ganzen Systems und ist das Oberhaupt von einer der sieben Entwicklungsebenen. Diese sieben Wesen sind die *wahren* »Sieben Herrscher« und nicht die physischen Weltenkörper, auf die man sich oft bezieht. Es sind mächtige geistige Intelligenzen, die Energie, Leben und Bewußtsein von dem einen erhabenen, zentralen All-Leben, dem Sonnenlogos, empfangen: Jede Intelligenz offenbart eine andere Seite von Ihm, entsprechend der Aufgabe, die ihr zugeteilt ist und der Ebene, über die sie herrscht.

Jeder der sieben Planetenlogoi hat unter seiner Herrschaft Tausende und Abertausende von Seelen in allen Stadien der Entwicklung: solche im Elementar-, Mineral-, Pflanzen- oder Tierreich; menschliche Seelen wie wir selbst und andere schon jenseits der menschlichen Sphäre. Sie sind die ursprüngliche Quelle der sieben Prinzipien des Menschen aus dem Sonnenlogos. Sie wirken durch die niederen zwölf Schöpfungsstufen des geistigen Tierkreises (zum Unterschied vom physischen); zusammengenommen stellen sie das »Siebenfache Wort« dar. Sie sind die eigentlichen Schöpfer des siebenfältigen Universums und wirken gemäß dem Weltenplan des weißen, drei-einigen Sonnenlogos, dessen sieben schöpferische Strahlen, Kräfte oder Zentren sie sind. Dem einen oder anderen dieser Sieben gehört geistig jede Seele auf Erden.

Sie selbst existieren in hohen Gefilden des Geistes und überwachen die Entstehung und Entwicklung jedes Weltenkörpers, der sichtbaren wie der unsichtbaren, im Sonnensystem. In jedem ihrer sieben Reiche gibt es Scharen niederer Intelligenzen, die ihrem Befehl gehorchen, die Welten und Reiche der Natur erbauen, den Sinn darstellen, der in den sogenannten Naturgesetzen herrscht, und die Strömungen leiten, die von jedem Planeten zu jedem anderen fließen. Diese untergeordneten Scharen, die im Ablaufe der Naturgesetze wirken, haben ganz verschiedene Namen bekommen; man nannte sie Götter Engel- oder Elementar- und Naturgeister, je nach ihrem Entwicklungsstadium und der Ebene, auf der sie wirken. Zur Zeit, als die Götter auf Erden wandelten, waren sie und ihre Aufgabe in der Natur völlig bekannt; jetzt aber kennt man sie nicht mehr, und für die meisten sind sie vergessen. Nur wenige wissen noch um die Rolle, die sie im Wirken der Natur spielen.

Die Planetenketten

Jeder Planetenlogos herrscht über eine bestimmte Entwicklungssphäre, die sich auf sieben verschiedenen Weltenkörpern der drei unteren Pläne des Sonnensystems abspielt, wie es Zeichnung I veranschaulicht.

Eine derartige Gruppe von sieben Weltenkörpern wird »eine Kette« genannt. Im Sonnensystem gibt es sieben solcher Ketten, und jeder sichtbare Planet gehört zu der einen oder anderen. Im Falle unserer Erde existieren die Welten A und G auf der Mentalebene, die Welten B und F auf der Astralebene; diese vier sind für das gewöhnliche physische Auge unsichtbar. Der Weltenkörper C ist der Planet Mars, D ist unsere Erde und E ist der Planet Merkur. Von den sieben sind also drei sichtbare, physische Planeten; die anderen vier sind unsichtbar.

DIE KETTE DER WELTENKÖRPER

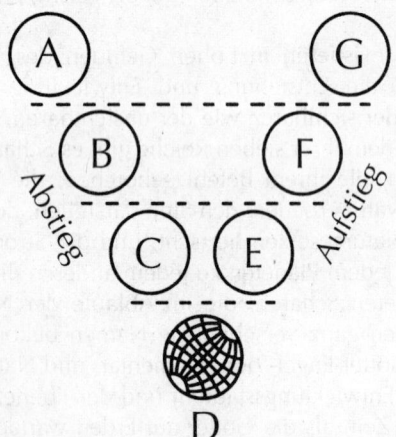

Zeichnung 1

Es gibt nur noch eine siebengliedrige Kette, die auch drei physische Planeten hat: die Neptunkette; denn jenseits von Neptun existieren zwei physische Planeten, die zu seiner Kette gehören. Diese Tatsache zeigt, daß die von der Erde und Neptun repräsentierten Entwicklungen spirituell im selben Stadium stehen, nämlich dem vierten Manvantara, weil nur in diesem Stadium in einer Kette drei physische Planeten stehen. Die erste und die siebte Inkarnation einer Kette haben keinen Planeten unterhalb der Mentalebene. In der zweiten und sechsten Kette ist der niederste Planet astral; in der dritten und fünften ist ein Planet physisch; nur in der vierten gibt es drei physische Planeten.[8]

46

Die sieben Planetenlogoi werden auf der physischen Ebene dargestellt durch die Planeten Vulkan, Venus, Erde, Jupiter, Saturn, Uranus und Neptun. Jeder von ihnen ist Welt D in einer siebengliedrigen Kette. Daher gehören Erde und Neptun, obwohl im selben Entwicklungsstadium, zu ganz verschiedenen Typen. Die Sonne als achter Weltenkörper ist der erhabene »Vater« der »sieben Väter«; denn jeder dieser sieben Planetenlogoi ist für die Seelen, die seinem Typus spiritueller Entwicklung angehören, der »Vater im Himmel«.

Unser Sonnensystem ist ein organisches, lebendiges, bewußtes Ganzes, und im ganzen Universum gibt es Millionen solcher Systeme, manche kleiner, manche auch viel größer. Es empfängt einen besonderen Typ des Lebens und Bewußtseins durch den Sonnenlogos, der in Bewußtseinseinheit mit dem riesigen, jenseitigen Universum steht, von dem er Leben empfängt und in das er Leben zurückstrahlt, genauso, wie jeder Planet innerhalb des Systems empfängt und strahlt. Dieses von außen empfangene Leben ist einem Strahl weißen Lichts vergleichbar; es ist einfach und in sich einheitlich, wird aber sofort entsprechend den drei Aspekten oder Personen des Sonnenlogos in drei Grundfarben zerlegt und dann, analog den sieben Planetenlogoi, in die sieben Farben des Spektrums aufgelöst. Jede dieser Farben erhält vom Sonnenlogos einen anderen Typ Leben und Bewußtsein als Ergebnis dieser Zerlegung und Auflösung.

Die sieben Ebenen

Gehen wir von diesem Punkt aus weiter, so können wir uns jeden Planetenlogos vorstellen, wie er eine besondere Form Leben und Bewußtsein erhält und sie zu den Zwecken derjenigen Entwicklung benutzt, die auf der Weltenkörperkette vor sich geht, über die er herrscht. Zum Beispiel hat der Planetenlogos unserer Erd-Kette seine eigene spezielle »Färbung«, und der Strahl, den der Logos erhält, wird wieder in sieben Unterstrahlen zerteilt, deren einer zu je einem der Weltenkörper in der Kette gehört. Auf unserem gegenwärtigen

Stand der Erkenntnis scheint es so, daß jeder derartige Weltenkörper selbst beseelt ist von einem Wesen, dem Planetengeist, dessen Körper anscheinend der physische Planet ist und der den vom Planetenlogos empfangenen Teilstrahl aufnimmt und dem betreffenden Entwicklungstyp anpaßt.[9] So wie der Sonnenlogos an die sieben Planetengeister seiner Kette sieben Unterstrahlen aussendet, so herrscht zwischen den Strahlen und Unterstrahlen eine ständige Beziehung, entsprechend der siebenstufigen Skala. Was die sieben Weltenkörper für die Kette als Ganzes sind, das sind die sieben Planetenketten für das Sonnensystem als Ganzes. Über den genauen Sinn der Entsprechung haben wir noch nicht Einsicht genug, um ihn zu durchschauen.

Das Sonnensystem ist ein organisches Ganzes, und in einem untergeordneten Grade ist auch jede Kette von sieben Welten ein organisches Ganzes. Jedes Ganze setzt sich aus Teilen zusammen, die aber gegenseitig voneinander abhängig sind. In den Ketten bewegt sich stetig ein Kreislauf physischer und anderer Kräfte, ein Strom von Vitalität zwischen den sieben Weltenkörpern. Dabei ruht aber der Schwerpunkt größter Aktivität bald auf dem einen, bald auf dem anderen Körper, je nach der erreichten Entwicklungsstufe. Daher sind die sieben Körper einer Kette enger miteinander verbunden, im Austausch von Lebens- und Bewußtseinsströmen abhängiger voneinander als die verschiedenen anderen physischen Planeten. Das ist ein Bezirk okkulter Astrologie, von dem bis jetzt praktisch so gut wie nichts bekannt ist. Aber in geheimnisvoller Weise sind Stellung und Zustand der sieben vorher erwähnten physischen Planeten der Schlüssel zum Verständnis der Art und der Kräfte der sieben Planetenketten.

Bei den sieben Ebenen, aus denen sich das Sonnensystem zusammensetzt, findet sich eine ähnliche Unterteilung und Entsprechung. Die physische Ebene ist die niederste, dann folgt die Astralebene, die nächste ist die Mentalebene, dann kommt die buddhische Ebene der Intuition, dann *Atma* oder die spirituelle Ebene und schließlich die transspirituellen Ebenen *Anupadaka* und *Adi*. Jede höhere Ebene ist ätherischer, subtiler und umfassender als die jeweils niedrigere. Wie wir schon sahen, liegen auf den drei unteren Ebenen alle sieben Welten der Erd-Kette. Jede Ebene zerfällt wieder in sieben Unterebenen, die für die ganze Ebene dasselbe sind wie die sieben Ebenen für das Sonnensystem als Ganzes, und die Unterebenen jeder Hauptebene entsprechen in ihrer Ordnung den sieben Ebenen. Im folgenden muß man nun genau unterscheiden, ob sich Angaben auf die Ebenen oder auf die Unterebenen beziehen.

Auf der physischen Ebene sind die ersten vier Unterebenen (von unten gezählt) das Feste, das Flüssige, das Gasförmige und das Ätherische; sie entsprechen den Elementen Erde, Wasser, Feuer und Luft. Diese vier gehen in den Aufbau jedes physischen Planeten ein und werden dabei in bestimmter Art spezialisiert, denn man nimmt an, daß die Atome ihre Kombinationsverhältnisse auf jedem Planeten ändern. Die drei höheren Unterebenen der physischen Ebene, die man manchmal als das höhere Ätherische bezeichnet, die aber auch die Namen transätherisch, unteratomistisch und atomistisch tragen, wobei diese letztere die höchste ist, spezialisieren sich nicht derartig; sie sind dem ganzen Sonnensystem gemeinsam und bilden die Kanäle, durch die die verschiedenen Formen von Energie und Vitalität von einem Planeten zum anderen übermittelt werden, einschließlich des astrologischen Einflusses, so weit er physischer Natur ist.

Die Lebens- und Bewußtseins-Typen, die die sieben Ebenen des Sonnensystems charakterisieren, fließen zusammen in sieben erhabenen Intelligenzen, den Herrschern der Ebenen, die den sieben Planetenlogoi entsprechen und ihre verschiedenen Aspekte sind. Zwei dieser Ebenen, die beiden höchsten, liegen im gegenwärtigen Stand der Entwicklung völlig jenseits unserer Erkenntniskraft und gehen nicht in unser Entwicklungsstreben ein. Man kann also nur fünf Ebenen als wirklich für uns vorhanden betrachten. Es handelt sich um die:

physische Ebene	Erde	*Kubera*
Astralebene	Wassers	*Varuna*
Mentalebene	Feuer	*Agni*
buddhische Ebene	Luft	*Vayu*
atmische Ebene	Äthers	*Akasha*

Diese Entsprechungen stehen auch in Beziehung zu den *Tattwas,* den Bewegungsformen in der Materie, die Gestalt und Bezirk der letzten Atome auf jeder Ebene bestimmen, die den fünf platonischen Körpern entsprechen und uns durch unsere fünf Sinne ansprechen:

Erde	–	Geruch	*Wasser* – Geschmack
Feuer	–	Gesicht	*Luft* – Gefühl
Akasha	–	Gehör	

Die vier Zustände oder Ebenen werden universell durchflutet von dem fünften, dem Äther oder *Akasha*, das in gewissem Sinne selbst wieder dreifach erscheint; denn *Akasha* umfaßt auch die beiden höheren Ebenen, auf die wir nicht unterscheidend reagieren können, die sich jenseits der fünf beschriebenen Ebenen beefinden. In diesem *Akasha* hinterbleibt ein Eindruck von allem, was in der Natur vorgeht, von jedem Gedanken, jedem Wort und jeder Tat auf jeder Ebene. Die fünf Ebenen haben gewisse Eigenschaften, die sich nur äußerst schwer beschreiben lassen. Sie ergeben sich natürlich aus der Struktur der Materie der betreffenden Ebene, die in den letzten Atomen und den *Tattwas* zum Ausdruck kommt. Man kann sie in Ausdrücken der materiellen oder auch der geistigen Art umschreiben:

Erde: Kontraktion und Kohäsion, Tätigkeit;

Wasser: Gleichgewicht von Expansion und Kontraktion, Gefühlsleben;

Feuer: Expansion, Spaltung, Individualisierung, Selbstbewußtsein;

Luft: Durchdringung, Beziehung, Weisheit;

Akasha: Raum, Einheit, Wille.

Jeder der fünf Zustände oder Elemente polarisiert sich und ist positiv und negativ, ausatmend, absteigend und aufsteigend, so daß sie zehnfach erscheinen; mit den beiden jenseitigen Sphären gibt das zwölf, entsprechend den Tierkreiszeichen.

Ebenen und Unterebenen

Man wird finden, daß z. B. der Ausdruck »Erde« für einen Zustand der Materie, teils auf die physische Ebene als Ganzes und teils auf ihre niederste Unterebene angewandt wird. In ähnlicher Weise ist »Wasser« manchmal gleichbedeutend mit der Astralebene und manchmal auch mit der zweiten, flüssigen Unterebene der physischen Ebene. Das kommt daher, weil Ebenen und Unterebenen einander genau entsprechen. Man kann tatsächlich in einem gewissen Sinne sagen, das »Wasser« der physischen Ebene stammt von der Einwirkung der Astralebene auf die physische Ebene ab. So stehen die Unterebenen jeder Ebene in direktem Zusammenhang mit der höheren Hauptebene als Ganzem, und man kann aus einer in die andere übergehen.

Die siebenfache Gliederung ist der Schlüssel zum Sonnensystem, im Reiche des Geistes wie der Materie. Sie ergibt sich aus den drei Aspekten alles Offenbarten und führt zu der zwölfgliedrigen Ordnung, wie sie uns vom Tierkreis her vertraut ist. Es wurde schon festgestellt, daß die vier niederen Unterebenen der physischen Ebene in den Aufbau der physischen Welten eingehen und die drei höheren Ebenen dem ganzen System gemeinsam sind. Der Einfluß der drei höheren Ebenen in ihrer Wirkung auf die vier niederen ergibt ihre jeweils drei verschiedenen Ausdrucksformen, zusammen also zwölf. Dasselbe Prinzip kann man umfassender so anwenden, daß es die Ebenen des Sonnensystems und die Körper der Menschen umschließt. Wenn man von der Zahl der Planeten ausgeht, so herrscht gegenwärtig auf der physischen Ebene der Einfluß des Duodezimalen vor; denn einschließlich Vulkans und der beiden jenseits von Neptun befindlichen Planeten beträgt die Zahl der physischen Planeten elf, und die

Sonne macht die Zwölfzahl voll. Anscheinend variiert diese Zahl indessen in verschiedenen Perioden der ungeheuren Geschichte des ganzen Systems, und in ungeheuer langen Rhythmen, die die Wissenschaft bisher noch nicht überblickt, machen sich Veränderungen bemerkbar. Unsere Erd-Kette zeigt drei ihrer Planetenkörper auf der physischen Ebene, und dasselbe gilt von der Neptunkette. Aber das war in ferner Vergangenheit nicht der Fall und wird auch in weiter Zukunft nicht immer so bleiben.

III Einflußsphären
Planeten und Prinzipien

Die drei großen Wahrheiten: Die Seele des Menschen ist unsterblich.
Das lebengebende Prinzip lebt in uns und außerhalb von uns, ist un-
sterblich und ewig gut. Jeder Mensch ist sein eigner, absoluter Ge-
setzgeber.

M. Collins »Licht auf dem Pfad«

Im gegenwärtigen Stadium astrologischer Forschung haben
wir nur sehr wenig unmittelbares Wissen von den Funktionen der Geisterschar, die die planetaren Einflußsphären beherrschen. Manche wertvolle okkulte Einsicht wurde dem
Verfasser von Gelehrten des Okkultismus übermittelt, die auf
einem anderen Wege der Forschung als dem der Astrologie
vordringen. Die feineren Schwingungen jedes Planeten sind
nun zum größten Teil auf dem Wege praktischer Erfahrung
entdeckt worden. Faßt man diese beiden Methoden zusammen, so bekommt man ein System, das eine gute Darstellung
der Planetenbeziehungen zu den Prinzipien des Menschen
ergibt.

Könnten wir noch mehr Klarheit über die sieben Strahlen, die sieben Unterstrahlen jedes einzelnen und ihren Zusammenhang mit den sieben Planeten gewinnen, so würden wir beträchtlich mehr über Esoterische Astrologie
wissen.[10] Aber diese Klarheit ist durchaus fragmentarisch.
Das wenige, was unsere ursprünglichen Lehrer bis jetzt verkündet haben, wurde so vorsichtig ausgedrückt, und sie
hüllten sich so tief in Schweigen, daß man klar erkennt,
ein Wissen um die sieben Strahlen rührt an die innersten
Geheimnisse.

So weit das ein Uneingeweihter beurteilen kann, ist es
wahrscheinlich, daß nur einer der großen Strahlen auf unser
Sonnensystem einwirkt. So heißt es in der zweiten Stanze der
»Geheimlehre«:

Sein Herz hatte sich dem Einen Strahl noch nicht eröffnet, um denselben als Dreiheit in die Vierheit, in den Schoß der Maya, fallen zu lassen.

Und in Stanze I lesen wir:
Die Dunkelheit strahlt das Licht aus – und das Licht sendet einen einzelnen Strahl in die Wasser, in die mütterliche Tiefe.

Dieser Eine Strahl ist der Logos unseres Sonnensystems, der für uns in der Astrologie durch die Sonne symbolisiert wird. Seine sieben Unterstrahlen, die sieben schöpferischen Strahlen in unserem System, sind die planetarischen Logoi bzw. Baumeister.

»Raum und Zeit sind eins.« »Raum und Zeit sind namenlos, denn sie sind das unerforschliche Etwas, das man durch seine sieben Strahlen empfinden kann – die die sieben Schöpferkräfte, die sieben Welten und die sieben Gesetze usw. sind.«

Unzählig sind die Strahlen dieses Einen reinen Strahls; aus ihm fließt die Einheit in die Vielheit. Astrologisch beschäftigen wir uns nun mit den sieben Unterstrahlen dieses Einen großen Sonnenstrahls, von denen jeder einzelne seine eigenen sieben Unterstrahlen hat, so daß sich zusammen 49 Grundstrahlen ergeben, die direkt mit den Planeten zusammenhängen. Diese Strahlen sind in den Formen und Körpern, die sie durchdringen, stets erkennbar, und die ganze Menschheit gehört dem einen oder anderen an.

Um diesen Gedanken vom astrologischen Gesichtspunkt aus zu verdeutlichen, können wir etwa den »Marsgeist« als Herrscher des Tierreiches heranziehen. Alle Tiergattungen stehen unter dem beherrschenden Einfluß des Mars, aber offenbar kann man einige Tiere unter verschiedenen Übereinflüssen einordnen. Z. B. untersteht der Elefant einem saturnischen Untereinfluß des Mars, das Pferd einem Jupiter-Unterstrahl. So wird der Impuls des universellen Lebens, der jetzt einen Elefanten oder ein Pferd beseelt, sich weiterhin in derselben Spezies offenbaren, bis eine Wandlung zur menschlichen Entwicklung eintritt. Man kann das auch illustrieren, wenn man den in einem beliebigen Horoskop herrschenden Planeten als den persönlichen Strahl ansieht. Ist Venus Herrscher bei einer Stellung im Zeichen Widder, so haben wir einen Venusstrahl mit Untereinfluß von Mars. Das kann man ebenso auf Rassen, Religionen und Sekten, Politik und Parteien, schließlich auf jedes Reich der Natur in all seinen Haupt- und Nebenteilen anwenden.

Um den Gegenstand noch klarer zu machen, können wir die sieben Strahlen in drei Klassen teilen. Der erste Strahl bildet die erste Klasse, den Willen; der zweite Strahl die zweite, das Wissen, und die anderen fünf Strahlen bilden die dritte Klasse, das Handeln. Die dritte zeigt den astrologischen Strahl, der alle vier unter sich enthält und an der Spitze der fünfstrahligen Gruppe steht. Die ersten und höchsten beiden nehmen eine Sonderstellung ein und regieren Sphären über der menschlichen, denn die Menschheit als Ganzes wirkt jetzt an einer fünffältigen Entwicklung; die zwei anderen von den sieben liegen gegenwärtig noch über und jenseits des Durchschnittsmenschen.[11] Nun können wir diese sieben von den Planeten repräsentierten Strahlen horizontal und die sieben Unterstrahlen jedes einzelnen vertikal einordnen. Dann steht jeder Planet einem Strahl vor, der sieben Unterstrahlen hat, wie die Zeichnung 2 verdeutlicht.

Die Sonne symbolisiert hier den Einen einzigen Strahl, der für das Eine, alles durchdringende Leben steht. Sie symbolisiert das kosmische Leben oder Bewußtsein, das sich dann in das Leben von Körper, Seele und Geist gliedert. Sie steht jenseits und über der Formseite der Offenbarung und wirkt durch die Materie der feinsten und sublimiertesten Art als Licht, Leben und Bewußtsein der Welten. Ebenso wie die Luftzeichen des Tierkreises die anderen Triplizitäten (Dreiheiten) in Synthese umfassen, so faßt die Sonne den Einfluß der Planeten in ihrer Beziehung zu diesen Dreiheiten zusammen.

Vom Standpunkt der Form oder der Bewußtseinsträger allein ist Jupiter der große »Synthetiker«. Wenn z. B. der physische Körper im Tode verfällt, wird alles in den Erdzeichen La-

PLANETEN UND PRINZIPIEN

Symbolische Entsprechung	♅	☿	♀	♄	☽	♂	♃	Entsprechendes Symbol
Geist	♅							**Wassermann** Der Mensch *Willensstrahl*
Geistseele		☿						**Zwillinge** *Weisheitsstrahl*
Menschliche Seele			♀					**Waage** Die harmonische Seele. *Manas*
Kritischer Punkt				♄				**Die Brücke** zwischen Oben und Unten
Persönliches Denken					☽			**Niederes Manas** Gehirn *Mentaler Zustand*
Persönliches Fühlen						♂		**Kama** *Die Triebseele*
Physische Bedingungen							♃	**Der Körper** *ätherisch und physisch*

Theosophische Einteilung:
♅♒ Geist = Atma; ☿♊ Geistseele = ♀♎ Buddhi; Menschliche Seele = Manas; kritischer Punkt ♄ = das Ich; persönliches Denken ☽ = Kama-Manas, Mentalkörper; persönliches Fühlen ♂ = Astralkörper mit Kama; Triebseele; ♃ = Ätherischer und Physischer Körper.

tente im Jupitereinfluß aufbewahrt und auf den nächsten Träger der Offenbarung übermittelt, so daß wir auf der Astralebene den Einfluß ihrer eigenen Triplizität plus den Jupiter haben. Er ist der »Sämann« der physischen Ebene.

Vom Standpunkt des Lebens oder der Bewußtseinszustände ist Uranus der Planet der Synthese. Er stellt den »heimatlosen Wanderer«, das völlig individualisierte und selbstbewußte Leben dar. Zwischen diesen beiden mächtigen Planeten steht Saturn als der individualisierende Planet.

Man wird jetzt erkennen, warum die Sonne in der Esoterischen Astrologie stets als Symbol für die Individualität gebraucht wurde, und auch, warum sie als Substitut für einen anderen mystischen Planeten bezeichnet wird.[12] Das ist also Uranus, der Planet des wahren Willens. Für die meisten Seelen in Entwicklung wird die Sonne stets die stärkste, die zentrale Stellung im Horoskop bedeuten, denn sie bringt das Zeichen, das sie in dem betreffenden Monat besetzt, zum Aufleuchten und zum Ausdruck. Aus dem Zustand der Latenz weckt sie die Zeichen und Planeten, die im Bereich der wirksamsten Sonnenaspekte liegen, zu aktiver Manifestation. Aber im eigentlichen Wortsinne ist sie nicht der Planet der Individualität. Die Frage ist schließlich, ob man den Unterschied zwischen den Begriffen »Leben« und »Bewußtsein« versteht. »Bewußtsein nach *innen* gewandt ist Leben, Leben nach *außen* gewandt heißt Bewußtsein.«

Die Monade wird in der Esoterischen Astrologie durch die Dreiheit von Uranus, Merkur und Venus repräsentiert.[13] Jeder von ihnen kann, der Entwicklungslinie entsprechend, an der Spitze des Dreiecks stehen. Alles, was unter ihrem Einflußbereich liegt, muß erst die individualisierenden Wirkungen Saturns erfahren, bevor das Ich oder die Individualität stark genug wird, um auf ihre feineren Schwingungen zu reagieren. In sehr hoch entwickelten Individuen lebt Uranus als Genie und Originalität; Merkur als Anpassungsfähigkeit und Vollendung menschlicher Prinzipien; Venus als Verfeinerung und Schönheitssinn, der sich in den schöpferischen Künsten ausspricht. Der Durchschnittsmensch erreicht, kurz gesagt, keines dieser Prinzipien; er schwingt sozusagen dauernd unter der Sphäre Saturns. Schon um die höheren Schwingungen Saturns zu empfangen, muß man über den Durchschnitt entwickelt sein. In unserem jetzigen Entwicklungsstadium kann man den eigentlichen Einfluß von Uranus, Merkur und Venus als mehr oder weniger latent bezeichnen, denn vollendetes *Manas*-Bewußtsein, frei von *Kama* oder Wunsch, offenbart sich auf der physischen Ebene nur in hochentwickelten Individuen, die die Materie in solchem Maße überwinden und beherrschen, daß sie ihren Körper selbstbewußt beherrschen und sich nicht von ihm beherrschen lassen. Als solche leben sie Weisheit und Tüchtigkeit in allen ihren Taten.

Bei den meisten aber wirken diese Planeten auf den ätherischen Körper ein und nicht auf den physischen, und da ihre Wirkung ätherischer Art ist, brauchen sie zu deutlicher und günstiger Auswirkung einen sensitiven Körper. Sie wirken hauptsächlich durch das Unterbewußtsein, und bei Uranus ist das überhaupt ausschließlich der Fall, denn seine Schwingungen sind so subtil, daß sie im physischen Körper nicht gefühlt werden, wenn nicht ein hochorganisiertes Nervensystem vorliegt. Abstrakt repräsentiert Uranus die Willensseite des Geistes, seine Motive und Ziele im Leben. Er ist zwar mit keinem Tierkreiszeichen direkt verknüpft, aber der Wassermann und die Luftzeichen mit den festen Zeichen als Untereinfluß sind für ihn die Zeichen des geringsten Widerstandes und der größten Affinität. Steht Uranus bei der Geburt nicht in einem Eckhaus oder Luftzeichen, so kann man sich ernstlich fragen, ob sein Einfluß besonders zu spüren sein wird. Auch möchte er in Aspekt zu den Lichtern oder mindestens zu Merkur und Venus stehen. Uranus wird als Planet der Astrologen bezeichnet, weil er mit Wille und Magie oder Okkultismus in Verbindung steht.

Auch der Merkur ist ein Planet, dessen Einfluß man mehr ätherisch als physisch spürt. Seine Schwingungen sind viel zu fein und subtil, um von denen wahrgenommen zu werden, die nicht sehr entwickelt und empfänglich sind. Nur durch das Nervensystem kann sein Einfluß frei wirken. Seine physischen Wirkungen empfindet man häufiger durch seine Beziehung zu anderen Planeten und ihren Aspekten. Der Merkur beherrscht die reine oder abstrakte Vernunft, die wahrhaft menschlich und von den tierischen und gröberen Seiten der Natur völlig frei ist. Dieser Zustand ist aber für die Mehrzahl übermenschlich. Er ist besonders der Planet des Rhythmus und der Harmonie. Daher verwirren ungünstige Stellungen oder Aspekte dieses Planeten die Vernunft und die höheren, reineren Gedanken und Intuitionen im Menschen. Am besten kommt er durch die Luft- und die veränderlichen Zeichen zum Ausdruck – mit der Jungfrau, dem ätherischsten der Zeichen, als Untereinfluß. Allein und losgelöst von den Zeichen spüren seinen Einfluß nur Eingeweihte.

Venus steht in viel engerer Affinität zum Tierkreis, obwohl auch ihren Einfluß, gelöst von dem anderer Planeten, nur die höherentwickelten Menschen spüren, die ein bewußtes Leben führen. Sie ist verwandt mit der Waage, dem Anfang des Tierkreises für das Menschenreich, dem Zeichen des Ausgleichs und des Gleichgewichts. Die Venus ist der Planet, der die »Gnade Gottes« bedeutet, aber um diesen Ausdruck zu verstehen, muß man erst den Einfluß Saturns voll erfaßt haben. Wenn ihre Wirkung auch im Reich des Äthers kräftiger ist als im Physischen, so bringen die Offenbarungen der Venus in den Schöpfungen der Kunst und in der Verfeinerung von Denken, Fühlen und Wollen uns ihren Einfluß doch näher als den Merkurs und Uranus. Die Venus ist der Planet des Gleichgewichts und repräsentiert die klaren Erkenntnisse des Denkens. Wenn sie alles zum Ausdruck gebracht hat, was auf physischer Ebene wahrzunehmen ist, dann wendet sie den Blick nach innen, um auf den inneren Gebieten des Seins zu forschen. Sie stellt daher die menschliche Seele dar.

Der Planet, der jedes offenbarte Ich repräsentiert, mag seinen Platz an der Spitze des Individual-Dreiecks erhalten, das folgende Entfaltungsrichtungen zeigt: Wenn Uranus auf der Willenslinie steht, dann befindet sich Merkur auf der Wissens- und Venus auf der Schaffenslinie.

In bezug auf die sieben Prinzipien des Menschen ist Saturn von den sieben Planeten der mittlere. Er beherrscht das kritische Stadium zwischen den individuellen und den persönlichen Bewußtseinsformen. Man könnte ihn »die Brücke« zwischen den höheren und niederen, den abstrakten und den konkreten Formen des *Manas* nennen. Er ist daher der Pfad, der vom Niederen zum Höheren führt.

Saturn ist der große Sichter in der menschlichen Entwicklung. Bildlich gesprochen kann niemand den Einfluß dieses Planeten durchlaufen, der nicht dem Schicksal oder Karma bis auf den letzten Heller seine Schuld bezahlt hat. In jeder Krise, in allen kritischen Stadien der Entwicklung des Menschen entscheidet der Saturneinfluß über den Ausgang. Er ist daher der Planet der reinen Gerechtigkeit, der die Schalen der Waage, das völlige Gleichgewicht, in der Hand hält. Dieser Planet ist Richter und Gesetzgeber und repräsentiert die Gerechtigkeit Gottes. Keinem wird Verzeihung und Vergebung zuteil, wenn der Saturn nicht seine Zustimmung gibt. Wie erwähnt, bezeichnet Venus die »Gnade Gottes«; zwischen diesen beiden mächtigen Wesen wird jeder Mensch auf der Waage gewogen, die in den ägyptischen Mysterien so oft durch die Waagschalen, den Altar und das Kissen des Neophyten symbolisiert ist.

In der christlichen Lehre ist Satan, der »Versucher«, die Personifikation Saturns, der das Geistige in den materiellen Erlebnissen prüft und sichtet. Saturn als Planet der Individualisierung gibt allem Dauer, bindet alle Formen, prüft und beherrscht die Lebensäußerungen durch Beschränkungen, die stets erst zum Erlernen einer Lektion veranlassen, ehe die nächste in Angriff genommen wird. Saturn ist der Planet des *Dharma*, der Pflicht oder Verbindlichkeit, für jedes Menschenwesen. Saturn errichtet das Gerüst um die Jugend jeder Seele und behütet das zu errichtende Bauwerk, bis Sicherheit, Beharrlichkeit und Selbstbeherrschung erreicht werden. Anscheinend der niederste, ist der Einfluß Saturns in jedem physischen Erleben doch er höchste, den der sterbliche Mensch erreichen kann. Saturn festigt das Bewußtsein durch Realisierung und bestimmt den Stand jeder Seele auf ihrer Wanderung durch die Zeit zur Ewigkeit. Er ist deshalb das »Mittlere Prinzip« zwischen den materiellen und den spirituellen Seiten. In jeder Triplizität von Zeichen gibt es ein Zentrum oder einen Gleichgewichtspunkt, in dem zwei Kräfte einander begegnen und im Gleichgewicht ruhen. Es ist der neutrale Punkt in einem Zentrum, von dem Kräfte ausgehen und in den sie verschwinden. Die erkannten neutralen Punkte zwischen fest, flüssig und gasförmig sind die *Laya*-Zentren, die dem kritischen Planeten Saturn unterstehen. So wie der physische Planet Saturn Ringe aufweist, so bezeichnet sein Einfluß den unüberschreitbaren Ring zwischen jeder Bewußtseinsebene.

Diese *Laya*-Zentren sind die Wasser des Lethe, in denen die Erinnerung an das andere Ufer vergeht. Sie stehen zwischen Schlafen und Wachen, Leben und Tod, und ohne diesen Ring, diese Schraube der Natur, würde es keinen Bruch im Bewußtsein geben. Nur die Brücke Saturns erlaubt es uns, aus einem Bewußtseinszustand in den anderen überzugehen, ohne durch die Leere der Bewußtseinslosigkeit zu schreiten. Vollendet kann man dies nur tun, wenn man die Gesetze seines Wesens und die okkulten Pfade des Schreitens aus der Finsternis ins Licht ganz erfaßt.

Unter Saturn steht in der Planetenordnung der Mond, der die Feuerdreiheit als Krönung der Persönlichkeit zusammenfaßt. Er sammelt das persönliche Bewußtsein in Kopf und Hirn, die er beherrscht; er repräsentiert den physisch-intellektuellen Menschen, dessen Mittelpunkt der Kopf mit seinen sieben Toren ist. Daher kommt so außerordentlich viel auf die Kontrolle des Denkens an, damit die Stimme des Geistmenschen, dessen Sitz das Herz ist, gehört wird, wenn das ruhelose Hirn gestillt ist.

Wir sagten, der Strahl der Monade werden durch die Dreiheit von Uranus, Merkur und Venus repräsentiert, und sahen, wie wenige auf ihren eigentlichen Einfluß reagieren, und daß daher die Sonne für die meisten die Individualität darstellt. Das von der Sonne verliehene Bewußtsein hat seinen Brennpunkt im Herzen, dem Teil des Körpers, der zuletzt stirbt. In derselben Art nun, wie die Sonne als Repräsentant des individuellen Bewußtseins durch den Genius der erwachten Individualität in Uranus ruht, so ruht der Mond, der Planet der Persönlichkeit, in Saturn, der den Pfad der Strebenden oder die Freiheit von der Verantwortungslosigkeit beherrscht. Da wird man erkennen, wie wichtig es ist, in jeder Nativität Stellung und Aspekte des Mondes zu studieren.

Die nächste Ebene unterhalb der mentalen ist die der persönlichen Gefühle, die der Planer Mars beherrscht. Er verkörpert den animalischen Menschen in seiner vollen Stärke, eine nicht zu verachtende oder gar zu ignorierende Macht, die aber ungeformt und weise angewandt werden muß, denn Mars umfaßt das Bewußtsein aller Körperzellen einschließlich des Gehirns, aber ohne das Herz. Kontrolle des Wunschlebens ist vonnöten, ehe das Animalische überwunden ist und nützliche Dienste leistet. Das Kleinhirn ist der Speicher aller kamischen (kama), leidenschaftlichen Kraft, und Mars, sein planetarer Vertreter, liefert den Stoff zur Ideenbildung, während die Stirnlappen des Gehirns dieses Material glätten und vollenden, aber nicht schaffen. Jetzt erkennt man die Verwandtschaft zwischen Mars und Venus: Mars regiert den animalischen Sinn, Venus die Seele; stehen beide in harmonischer Anziehung, so ergibt sich Zuneigung; stehen sie sich gegenüber, so entsteht Widerstreit und Antipathie zwischen ihnen.

Wir schließen nun diese kurze Übersicht über die Planeten mit einer Betrachtung Jupiters ab. Dieser Planet beherrscht alle Körper des Menschen, die seine Aura umschließen, vom feinsten materiellen Häutchen um das »Bruchstück Gottes« bis hin zum physischen Körper, und diesen regiert er völlig, durch das Blut und die Sinne. Indessen trifft es nicht zu, daß Jupiter allein den physischen Körper beherrscht, denn alle Planeten haben Einfluß auf ihn. Aber als Herr oder König des Leibes spielt Jupiter eine wichtige und geheimnisvolle Rolle, nämlich die, der Grenze des Karma im gegenwärtigen Leben Expansion zu verleihen. In dieser Hinsicht herrscht er über die Atome und Zellen des Körpers.

So weit es das wirkliche physische Bewußtsein betrifft, unterstehen dem Jupiter: 1. das Sinnenhafte, 2. das Instinktive, 3. das Physiologisch-Emotionale, 4. das Leidenschaftlich-Emotionale, 5. das Mental-Emotionale, 6. das Spirituell-Emotionale.

Letzteres erklärt, warum Jupiter orthodoxe Religion und überhaupt jede Religiosität bedeutet, in der die Gefühle eine wichtige Rolle spielen. Hier ist das Gefühl aktiver als der Verstand, und dabei muß man sich daran erinnern, daß das astrale und das physische Bewußtsein vertauschbar oder wechselwirksam sind. Dieser Teil unserer Untersuchung wird später noch ausführlicher dargestellt werden, wenn wir die Beziehung des Planeten Jupiter zur menschlichen Aura behandeln.[14]

IV Die Bedeutung der Kasten und sozialen Unterschiede

So heißt es, daß jede Rasse in ihrer Entwicklung unter dem direkten Einfluß eines der Planeten geboren wird; die erste Rasse erhält ihren Lebensodem von der Sonne; dagegen soll die dritte Menschheit – die von Androgynes her männlich und weiblich wurde – unter dem Einfluß der Venus gestanden haben.

H. P. Blavatsky »Die Geheimlehre«

Es gibt verschiedene Möglichkeiten, die göttliche Herkunft des Menschen und seine lange Pilgerschaft von der Gottgleichheit durch die weiten Lebenskreise der Menschheit bis zur selbsterlebten Erkenntnis seiner Unsterblichkeit zu erklären. Um sie aber zu verstehen, muß sich das Auge des Geistes der Erkenntnis des göttlichen Funkens im Inneren öffnen und die Notwendigkeit erkennen, diesen in Harmonie mit der Außenwelt zu bringen.

Die Esoterische Astrologie lehrt diese Wahrheit vom Göttlichen Erbe des Menschen an einer alten Symbolik, deren Hauptsymbol die Sonne ist. Diese Sonne spiegelt sich durch ihre unzähligen Strahlen in Myriaden kleiner Sonnen, deren Strahlungen sich wieder im großen Meer des Lebens spiegeln. Jedes Individuum ist eine Sonne im kleinen, die in den vielen Formen der Materie mit ihrem eigenen Licht leuchtet. Durch die Rückstrahlung auf sich selbst erkennt sie sich als Licht einer inneren Sonne. Die Astrologie weist diese Ausstrahlungen auf die große Welt der Materie und ihr verschiedenen Formen in den Tierkreiszeichen nach und zeigt ihr Wirken in den Planetenstrahlungen als unterschiedliche Bewußtseinsformen. Mit Hilfe des Horoskops studiert sie die mannigfaltige Identifizierung des ewigen Lebens mit den sich wandelnden Formen. Sie hilft damit denen, die den Kampf um die Rückkehr zur Ur-Sonne aufgenommen haben, von der alles Leben nur ein schwacher Widerschein ist.

In den alten Kulturen, deren Reste noch heute in Indien bestehen, gliederte der Fürst der Rasse, der *Manu* oder Göttliche König, die Menschen in Gruppen ein, die als Kasten oder, wie wir im Abendland sagen würden, als Gesellschaftsschichten bekannt sind. Dadurch wußten die Menschen, wo sie in der Entwicklung standen, und bis sie der Kaste, in die sie geboren wurden, entwuchsen, erfüllten sie die zu ihr gehörenden Pflichten.

In bestimmten Entwicklungsperioden kommt einmal die Zeit, wo alle Kastensysteme zugunsten einer Neuordnung aufgehoben erscheinen. Das tritt ein, wenn über die Kasten- (gesellschaftlichen) Pflichten Unklarheit besteht und man »Rechte« fordert, die sich mehr auf die äußere Form als auf das innere Leben beziehen. Ein Hindu kann diese Unklarheit treffender erklären als ein abendländischer Astrologe, da er mit dem Kastenwesen völlig vertraut ist und enge Beziehungen zur Astrologie hat. Wir begrüßen es daher besonders, daß wir eine einfache und umfassende Erklärung der Frage besitzen: in einem vorzüglichen Kapitel über »Kastenverwirrung« im ersten Band der »Studien zur Bhagavad Gita« von dem »Seher«.[15] Diesem entnehmen wir den folgenden, umfangreichen Auszug und glauben, daß er den Astrologen des Westens zeigen kann, wie man diese Frage im Osten beurteilt. »Der Seher« behandelt den »Yoga der Unterscheidung« und sagt in Kapitel II:

Wir wollen also erfassen, was die Kaste ist, und uns fragen, ob zwischen Kaste und Pflicht irgendeine Beziehung besteht. Der Herrscher in der Bhagavad Gita faßt die Kaste oder Färbung als Folge des »Guna« oder »Karma« auf. Diese bilden bei der Kastenteilung die differenzierenden Faktoren. Daher ist die Kaste, auf der niederen Ebene, der Ausdruck der karmischen Erbmassen und der vom Ich entwickelten inneren Qualitäten. Mit anderen Worten. In eine normalen gesunden Gesellschaft besteht stets eine feste Regel, die die Stufen des individuellen Wachstums beherrscht. Sie hängt ab von den Eigenschaften und Grenzen des Individuums.

Gehen wir dem Ursprung des Individuums nach, so finden wir etwas, das uns zur Klärung helfen kann. Wenn das Individuum, oder wie man auch sagt, das individualisierte Selbst, ins Leben tritt, ist es ein weißer Funke des Göttlichen Lichts, eingeschlossen in ein farbloses, materielles Häutchen. Es ist ein Emanationsfunke der Göttlichen Flamme und begreift in sich alle Eigenschaften seines Erzeugers. Die Saat wird in den Boden der Erscheinungswelt ausgeworfen, um zu wachsen und ihrem Vater gleich zu werden. Betrachtet man den Funken des Lichts an sich, so ist er überall dasselbe Göttliche Licht – immer aus der Substanz, die in der Gita als »Daivi Prakriti« bezeichnet wird.

Vom Standpunkt dieses Lichtes aus gibt es aber keine Differenzierung oder Entwicklung; wir können ihm auch keinen Anfang in der Zeit zuschreiben, denn es ist ewig. Wir müssen also die Wurzel der Entwicklung an anderer Stelle suchen.

Obwohl es in seinem Wesen anfangs ungefärbt ist, wandelt es sich doch in seiner aktiven Ausprägung. Der göttliche Funke kann den Boden der Materie nur durch vermittelnde Träger, die Strahlen des Lichts, erreichen, die auch »Söhne des Geistes« genannt werden. Bei der Offenbarung des Universums aus dem Zustand des »Pralaya« wirkt das Göttliche Licht nicht direkt auf den Stoff ein, sondern nur durch bestimmte »Strahlen«. Diese Strahlen des Lichts fangen das Bild des Logos wie in einem Linsensystem auf und spiegeln es in den verschiedenen »Upadhis« (Trägern) wider. Der Charakter dieser Strahlen ist verschieden, und ebenso unterschiedlich sind ihre Funktionen. Die Strahlen, die der kosmischen Materie Kraft und Leben geben, so daß mehrere Stoffebenen von wechselnder Dichte entstehen, werden in der Theosophischen Literatur oft als »erste Lebens-Welle« bezeichnet. Dann kommen die Devas, die den Aufbau der Formen und die Gestaltung des Heiligtums im Menschen bestimmen, aus der »zweiten Lebens-Welle«. Ist das Heiligtum erschaffen, dann ergießt sich aus dem Logos herab die »dritte Lebens-Welle«. Das ist die Geburt des Individuums.

Studieren wir nun genau die »Shastras«, so finden wir, daß dieser Eintritt des Menschen, oder genauer: diese Schöpfung des Trägers der Individualität, durch das Wirken jener Strahlen des Göttlichen Lichts hervorgerufen wird, die die theosophische Terminologie »die Söhne des Geistes«, die »Manasaputras des Brahma« nennt. Diese mächtigen Wesen eines vergangenen »Kalpa« haben ihre individuellen »Upadhis« entwickelt – sind Individualitäten geworden: Nun stellen sie die Kanäle dar, durch die das eine Göttliche Licht sich zum Zwecke der Evolution individualisiert.

Jeder dieser großen »Söhne des Geistes« hat seinen eigenen individuellen Charakter. Wie der vollendete Mensch ist er von Natur siebenfältig, hat aber ein besonderes Grundprinzip, in das die anderen eingehen, ohne die Grundharmonie zu stören. Diese Grundharmonie drückt sich in einem besonderen Ton, einer Farbe und anderen Entsprechungen aus. So kann man seine Grundfarbe als die Farbe des Strahls im Zustand der Offenbarung bezeichnen. Wenn sich diese ursprünglichen Strahlen zerlegen, erleidet die Grundfarbe keine Störung, wenn auch die anderen Prinzipien als leicht zu unterscheidende Schattierungen eindringen, ohne aber jemals die Harmonie aufzuheben. Diese erhabenen Wesen, die in den vorhergehenden »Kalpas« Geist und Bewußtsein entwickelt haben, die sogar den Segen des Geistes im vollen Bewußtsein eines »Gnanin« erlangten, sind daher die gegebenen Glieder, um den Geistfunken und die materiellen Körper zu verbinden, sie sind die Brücke zwischen Stoff und Geist. So lesen wir in dem Yoga »Vashistha«, wie sie vor dem Logos erschienen, in stolzem Selbstbewußtsein ihrer geistigen Freiheit ihm den Gehorsam verweigerten, und wie sie verdammt wurden, sich im Menschen zu verkörpern und sie mit wohlgeordneten und gut ausgerüsteten mentalen Körpern zu versehen, die die Formen und Gesetze des Denkens beherrschen. Sie sind es, die höheren »Pitris«, die die erschaffenen Men-

schen-Monaden mit dem Kausalkörper beliehen. Diese Wesen sind den sieben Farben vergleichbar, in die das einheitliche weiße Licht zerfällt, wenn es durch das Prisma des Buddhi-Prinzips hindurchgeht. Die verschiedenen individuellen Züge, die so den Kausalkörpern der Monaden mitgeteilt werden, verleihen diesen Körpern, die aus dem zarten Gewebe kausaler Materie bestehen, die weichen Linien der Differenzierung. Die dadurch entstehenden Farben des Kausalkörpers zeigen gewissermaßen die Linien des geringsten Widerstandes an, die Linien, auf denen der göttliche Funke seine latenten Kräfte am besten entfalten kann.

Die ein Menschenleben beherrschenden astrologischen Planeten sind nur andere Namen für die Einflüsse dieser »Sieben Herrscher des Lichts«; sie bedeuten das Wesen, die Anordnung und den Ausgleich der Prinzipien in dem bestimmten Erdenleben. Diese Farbe ist also das geistige Plasma, die Grundlage der geistigen Erbschaft des Funkens, der sich offenbart; sie bezeichnet die Grenzen des Wachstums, die Richtung des Handelns usw. des inneren Menschen. Es ist sozusagen der Grundton dieses Menschenlebens, und alle anderen Töne vermischen sich so mit ihm, daß eine Harmonie entsteht. Wenn die Differenzierung fortschreitet, wird die Grundfarbe von den Farben der anderen Prinzipien modifiziert, so daß ein vielfältiges Farbenspiel entsteht, welches aber stets in der Grundharmonie beharrt. Die Analogie der Musik mit ihren sieben Haupttönen macht dies verständlich. In der indischen Musik haben wir jetzt sechs konkrete Ragas oder Haupttöne und einen abstrakten, und jeder hat seine eigenen charakteristischen Eigenschaften. Die Ragas bilden Untertöne namens Raginis; jeder von ihnen hat besondere Merkmale, und doch hat er auch etwas mit dem Raga gemeinsam, aus dem er entstanden ist, obwohl er sich in der äußeren Form wie in Ton und Unterton unterscheidet. Die höhere Harmonie zwischen den Ragas und den Raginis wird gewöhnlich nicht erkannt; diese grundsätzliche Identität übersieht der Durchschnittsmusiker meist, der mehr die äußeren Formen als das innere

Wesen beachtet. Wenn sich die Ragas in Raginis differen-
zieren, bleibt die Grundharmonie ungestört; aber in gewissen Grenzen ordnen sich die anderen Noten verschieden
an zu vielerlei Melodien, die stets als Grundharmonie das
Kennzeichen des ursprünglichen Raga zeigen. Die Raginis
können sich dann auch wieder mischen und noch größere
Vielfältigkeit hervorrufen, wenn die Noten und Teilnoten in
den unzähligen Möglichkeiten angeordnet werden; aber
das Ergebnis ist stets Harmonie.

Dasselbe gilt für den Menschen. Zwar kümmern sich die
Hindus wenig um die wahre Bedeutung dieser Begriffe,
aber sie sind mit dem sogenannten »gotra« und dem »pra-
bara« des Individuums vertraut. Danach hat jeder ein »pra-
bara«, die Grundfarbe seines Wesens, erhalten; exoterisch
gesprochen hängt diese von dem herrschenden Planeten, in
Wirklichkeit aber von dem Eigenstrahl der zentralen Sonne
ab. Diese Grundfarbe differenziert sich dann in den Grenzen der Harmonie, bis ein besonderes »Rishi« erreicht
wird, das die eigentliche Quelle des Geist-Plasmas im Menschen ist. In dieser Richtung muß sich das Individuum bewegen, um das Ziel mit der geringstmöglichen Energiever-
schwendung zu erreichen. Man erkennt leicht, daß dies das
sogenannte »Guna« des Individuums ist; es bestimmt das
Gesetz des Wachstums für das Individuum bis zum Kausalkörper. Deswegen verliert der Mensch, der die Grenzen des
Kausalkörpers überwunden und das Stadium des »Parama-
hansa« erreicht hat, die charakteristischen Merkmale der
Kaste. Deswegen wird er auch, wenn er so aus dem »Ka-
rana Sharira« herauszutreten fähig ist, von einem Strahl auf
einen anderen überführt, um nun, in Kraft und Ebenmaß gestärkt, die Qualitäten jedes anderen Strahls zu assimilieren
und damit wieder einzugehen in das weiße Licht der
Sonne, aus dem er kommt – bereichert um die Früchte der
Entwicklung. »Die Natur macht keine Sprünge« – alle ihre
Werke sind folgerichtig.

Soviel über das »Guna«. Nun wollen wir das andere Element, das »Karma« des Individuums, betrachten. »Karma«

ist die Ausprägung des Lebens auf einer gegebenen Ebene. So ist es die Ordnung, Anordnung und Harmonie zwischen den sechs übrigen Prinzipien, die das innere Leben des Individuums prägen. Es ist der Ausdruck dieses Lebens in Begriffen der übrigen Prinzipien. Wie in der Musik das Hinzutreten der sekundären Noten und Unternoten den Klang fördert und die Harmonie des Raga oder Ragini bildet, wie sie bei der Differenzierung des einen Raga in Myriaden sekundärer Ragas und Raginis mitwirken; ja, genau so wie die harmonische Anordnung der Noten zur Gestaltung und Ausprägung des Raga beiträgt, so tun es die Anordnungen der Prinzipien bei der Differenzierung der Individual-Wurzel in ihre Untergruppen – die Spezies und Individuen. Um in astrologischen Begriffen zu sprechen, symbolisiert sich das karmische Element in der Koordination der anderen Prinzipien. Wie die sekundären Noten in der Musik nötig sind, um durch ihre harmonische Einfügung eine vollere Harmonie und eine wohlklingende Melodie zu erzeugen, als es mit der öden Monotonie einer einzigen Note möglich wäre, so sind auch bei der Inkarnation des Individuums die sekundären Prinzipien stets so eingegliedert, daß »die« Harmonie erklingt, die dem Individuum und dem echten Ausdruck des wirklichen Lebens am besten entspricht. In der Astrologie haben wir als Grundton – unter dem ein Mensch geboren ist – den Planeten der Geburt und daneben andere Planeten, die verschiedene Häuser besetzen. Der Grundplanet gibt das »Guna« des Individuums an, während die Anordnung der anderen Planeten und die von ihnen besetzten Plätze die Ordnung und verschiedene »Wirkungskraft« der übrigen Prinzipien zeigen. Der Grundplanet verbindet ihn mit der spirituellen Quelle seines Wesens, während die Anordnung der anderen als Entwicklungsstadium und die entwickelten Fähigkeiten, kurz, das »Karma« des Individuums, zeigt. Die harmonische Anordnung der Planeten verhilft zur Offenbarung des inneren Lebens in der Richtung der in der Vergangenheit ausgebildeten Linien des geringsten Widerstandes, und so fördert sie die Differenzierung des individuellen Strahls. Daher können mehrere Menschen denselben Grundplaneten als Geburtsherrscher haben, aber ihr Leben als Individuum liegt in der Anordnung der übrigen. Diese Anordnung und Rangfolge der sekundären Planeten zeigt das »Karma« des Individuums; sie zeigt einem dafür geschulten Geist die physischen, mentalen und höheren Kräfte wie die Geschicke eines Menschenlebens. Sie zeigt Qualität, Kraft und Fähigkeiten der verschiedenen menschlichen Körper an und hilft dadurch beim harmonischen Ausdruck des inneren Lebens in den Bezirken dieser Körper.

Nebenbei sei hier erwähnt, daß auch bei den Einweihungsformen von dem Geschlecht der »Guru«, die unter den Hindus vorherrschen, zunächst das Horoskop eines Menschen gestellt wird, um Ordnung und Stärke seiner sekundären Planeten festzustellen, ehe man ihm das »Mantram: verleiht. Jede Familie besitzt ein besonderes »Mantram«, aber seine Form hängt von der Ordnung und Stärke der sekundären Planeten ab. Wenn das manchem als Beschränkung erscheinen mag, so sind solche Beschränkungen doch in Wirklichkeit notwendig zum wahren Ausdruck des inneren Lebens. Sie dienen dem inneren Menschentum als Wachstumshilfen, indem sie ihm geeignete, festliegende Möglichkeiten zur Manifestation des inneren Lebens liefern.

So haben wir, über die ursprüngliche Färbung des Kausalkörpers hinaus, den Körper des individuellen Menschen bekommen, der aus Materie der »Arupa-Schichten« der mentalen Ebene gebildet ist; dazu die in diesem Körper reflektierten Farben, die Farben der vom Menschen entwickelten Prinzipien und die den Prinzipien entsprechenden Kräftesteigerungen. Da sich nun ein Körper nach dem anderen desintegriert und ein Prinzip nach dem andern in Latenz übergeht, gehen die individuellen Färbungen in die Aurahülle ein, wo sie als karmische Saat in latentem Zustand verharren, bis sie wiederauftauchen, wenn das Ich von neuem seine niederen Kräfte und Körper weckt. Daher

kommt es, daß man auch die Aurahülle als den Kausalkör-
per bezeichnet. Alle in einem Erdenleben entwickelten
Kräfte und gewonnenen Klarheiten bleiben also als Färbun-
gen im Kausalkörper erhalten. Wenn sie sich auf den nie-
deren Ebenen als Bewußtseinskräfte offenbaren, kann man
ihre Synthese mit Recht als die »Färbung«, die »Tönung«
des Individuums – als seine Kaste bezeichnen.

Ein voll entwickelter Kausalkörper ist etwas Wunderbares
durch die feinen Tönungen, die ihn durchziehen, etwas er-
haben Strahlendes; in den niederen Stadien dagegen er-
scheint er oft wie ein Nebel, zerrissen und haltlos, ohne
sich offenbarende Lebenskraft – eher ein etwas kaum Be-
gonnenes als ein bestimmter Organismus.[16]

Der Verfasser fährt fort:

Die von er modernen Astrologie so erhellten Tatsachen ber-
gen noch wichtige Ausblicke, wenn man weiter darüber
nachdenkt.

Er fügt auch noch folgende Bemerkung hinzu:

Die unendlichen Unterteilungen von Kasten, die sich im
modernen Indien finden, sind das Ergebnis von Entwick-
lungsnotwendigkeiten auf dem Wege der Verfeinerung des
Individuums.

Die hinduistische Einteilung des Tierkreises

Der Astrologe des Ostens erkennt die wichtige Entsprechung zwischen den verschiedenen Teilen des Tierkreises und den Formen der Materie; er hat zur Auffindung dieser Teile und Unterteile der Zeichen mehr getan, als viele Astrologen des Westens bis jetzt wissen. Der indische Astrologe sieht im kleinsten Teil des *Lagna* oder aufsteigenden Zeichens, der nur den Bruchteil einer Zeitsekunde umfaßt, ein Saatkorn, das in den Boden des Kosmos, den Äther, ausgeworfen wird, um seine geheimen Eigenschaften zu entfalten. Wird in diesem Augenblick ein Individuum geboren, so glaubt er, daß es davon mehr oder weniger absorbiert, je nach seiner Kraft der Empfänglichkeit und der Stufe seiner seelischen Entwicklung.

Oberflächlicher Betrachtung erscheint der Hindu als Fatalist; aber individuell gesehen besitzt er einen starken Glauben an die Willensfreiheit, allerdings in ganz bestimmten Grenzen. Der wohlbegründete Glaube an Reinkarnation und Seelenwanderung macht ihn insofern zum Fatalisten, als es Lohn und Strafe vergangener Leben betrifft; auf Ursachen, die in einer früheren Inkarnation entstanden sind, führt er das unausweichliche Geschick des gegenwärtigen Lebens zurück. Er faßt die Gesetze des Karma überhaupt weiter als die westliche Astrologie.

Es gibt, wie in früheren Kapiteln schon ausgeführt, drei Grundformen der Materie und vier verschiedene Anordnungen dieser Grundformen; so entstehen sieben Charaktertypen. Die Erscheinungsformen des Denkens, Fühlens und Wollens sind, auch bei ähnlichen Bedingungen, in jedem Typ anders; die Kenntnis dieser Gesetze ermöglicht es, aus den verschiedenen Teilen des *Lagna* oder aufsteigenden Zeichens bestimmte Resultate vorherzusagen.

Der Glaube an Schicksal oder Willenskraft ist nur ein Teil-Gesichtspunkt, denn kein Mensch ist ganz schicksalsbedingt, und keiner ist ganz frei. Die einzige Möglichkeit, das Ausmaß seiner Beschränkung zu bestimmen, ergibt sich aus dem Bemühen, seine Verfassung des Wissens oder Nichtwissens zu erkennen. In einer klar gegliederten Gesellschaft würde dies ihn in die Kaste oder Gesellschaftsschicht einordnen, zu der er von Natur aus gehört. Ein Mensch des Wissens wird stets mit jemandem zusammenarbeiten wollen, der ihn fördern kann; ein Mensch des Nichtwissens aber wird sich an einen Geldmann wenden, der einen hohen Prozentsatz Zinsen verlangt, und dadurch seine Lage immer hoffnungsloser machen.

Der indische Astrologe besitzt offenbar kostbare Kenntnisse vom Werte der Unterteilungen von Zeit- und Bogenminuten für den Planeteneinfluß. Er gruppiert sie unter die Namen *Trimsamsas, Dwadasamsas, Asterismen, Navamsas, Drekka-*

nas und *Horas*; sie bilden einen vollständigen Tierkreis, wie ihn die Zeichnung 3 auf S. 391 dieses Buches veranschaulicht.

Für den indischen Astrologen bildet der Himmel den Makrokosmos und der Mensch den Mikrokosmos. Der Mensch ist ein genaues Abbild des Universums, eine kleine Welt, eine Miniaturdarstellung der großen Welt um ihn herum.

Leider liegt die große Schwierigkeit, östliche und westliche Wissenschaft zu vereinigen, in der genauen Messung des *Ayanamsa*; das ist die Differenz zwischen dem Anfangspunkt des Tiekreises, dem sog. *Nirayana Sphutam*, und den Frühlingsäquinoktien am Beginn der Ekliptik, dem sogenannten *Sayana Sphutam*. Die indische Astrologie berechnet die Planetenplätze vom *Nirayana Sphutam* aus, und die Schwierigkeit, die Länge des *Ayanamsa* genau zu messen, macht ein indisches Horoskop unzuverlässig, wenn wir es mit westlichen Maßstäben beurteilen. Einige wenige Astrologen des Abendlandes haben sich dafür interessiert und bemüht, die Interpretationen des indischen Tierkreises auf das westliche System anzuwenden, aber bis jetzt ohne rechten Erfolg.[17] Nun glaube ich, daß diese Deutung des Tierkreises durch die Hindus Grund zu der Hoffnung gibt, daß die Esoterische Astrologie als einzigartiges System der Kunst der Horoskoperstellung wieder zu ihrem rechtmäßigen Platz kommen kann, und zwar mit eigenen Methoden und ohne die jetzige unglückliche Vermischung mit der Stundenastrologie.

Betrachtet man die Indische Astrologie in großen Umrissen, so zeigt sie drei Hauptmethoden, den Tierkreis und seine Teile zu ordnen:

1. die 27 Asterismen, über die hauptsächlich der Mond herrscht;
2. die 12 Zeichen und ihre zahlreichen Teile, die vor allem der Sonne unterstehen;
3. die 9 Planeten in ihren Beziehungen als Herrscher über die beiden ersten Gruppen.

Wenn man diese Systeme der Tierkreisordnung, auf die sich die Deutungen der Hindus beziehen, nun betrachtet, muß man im Auge behalten, daß wir stets von der angenommenen Stellung des Fixsterns Revati (angeblich das Zeta in den Fischen) vom Anfangspunkt des Zeichens Widder ausgehen, von dem aus die verschiedenen Grade in der Zeichnung gemessen sind.

Erklärungen zu Zeichnung 3

Auf den ersten Blick erscheint diese Zeichnung sehr kompliziert; sie ist aber in Wirklichkeit ganz einfach, wenn man sie zuerst unter dem Gesichtspunkt eines einzigen Zeichens betrachtet und ihre Einteilung genau verfolgt, indem man vom Mittelpunkt ausgeht und nach der Peripherie fortschreitet.

Kreis A: Nimmt man zum Beispiel den Widder (Aries), so findet man in Kreis A eine Teilung des Zeichens in zwei Hälften, eine positive und eine negative, beherrscht von Sonne und Mond. Ein unter 15 Grad Widder geborener Mensch wird mehr positiv als negativ, mehr maskulin als feminin sein, soweit diese Ausdrucksformen in Frage kommen, und dasselbe gilt, wenn ein Planet bei der Geburt in diesem Grade steht oder ihn nach der Geburt erreicht. Die positive Hälfte ist die zentrifugale, elektrische, willensmäßige, subjektive, lebendige Seite der Offenbarung; die negative ist die zentripetale, magnetische, formgebende, objektive und plastische Seite.

Kreis B: In diesem Kreis zeigt das Zeichen Widder drei Teile von je 10 Grad, die *Drekkanas* oder Dekanate, die von Mars, Sonne und Jupiter beherrscht werden.

Kreis C: Dann kommt die Einteilung in die Navamsas von je 3$\frac{1}{3}$ Grad, die die Natur der Tierkreiszeichen und ihrer entsprechenden Herren haben.

Kreis D: Darauf folgen die *Asterismen* von je 13¹/₃ Grad.

Kreis E: Der nächste Kreis enthält die *Dwadasamsas,* bei denen jedes Zeichen in zwölf gleiche Teile von je 2¹/₂ Grad geteilt ist. Über jeden dieser Teile herrscht eins der Tierkreiszeichen mit dem Herrn jenes Zeichens, wodurch der Einfluß aller zwölf Zeichen in jedem einzelnen wirkt.

Kreis F: Dieser Kreis enthält die *Trimsamsas* oder Grade, die äußerst wichtig sind. Sie sind etwas unregelmäßig nach Art der Ptolemäischen »termini« gruppiert und nicht so leicht zu überblicken wie die anderen Teile.

Kreis G: In dem äußeren Kreis findet man die Zeichen mit ihren Sanskrit-Bezeichnungen.

Diese komplizierte Methode der Einteilung eines Zeichens in zahlreiche Teile veranlaßte die indischen Astrologen, eine Anzahl *Slokas* zu verfassen, die in Form von Aphorismen alle zu jeder Untereinteilung des Tierkreises gehörenden Regeln und Gedanken enthalten. Aber infolge der Verwirrung, die durch die verschiedenen Messungen des *Ayanamsa* entstanden ist, sind viele dieser *Slokas,* besonders die über das *Lagnam* und seine Teile, nicht mehr anwendbar. Der echte indische Astrologe wünscht sich daher, daß sein abendländischer Bruder das alte Wissen vom Tierkreis und seinen Teilen mit Hilfe einer genaueren Berechnungsmethode wiedererwecken wird.

Der Verfasser dieses Werkes glaubt nicht daran, daß der Sternbilder-Tierkreis (nicht zu verwechseln mit dem im Westen gebräuchlichen Ekliptik-Tierkreis; Anmerk. d. Herausgebers) – auf welche Weise auch immer – auf ein Menschenwesen einwirken kann, außer in der politischen oder Mundanastrologie, wo allerdings eine Betrachtung der Sternbilder und genaue Kenntnis der Präzession des Frühlingspunktes wesentlich ist; in der Geburtsastrologie hat das offenbar kaum Bedeutung.

Die Ekliptik (die zwölf Tierkreiszeichen; Anmerk. d. Herausgebers) ist eine Reflektion der Sternbilder unter Berücksichtigung der Präzession. Bis die Ekliptik und die Sternbilder wieder zusammenfallen werden, wird die Menschheit immer wieder in andere der unzähligen Kreise gezogen werden, die sie durchwandern muß auf ihrem Wege zu dem Ziel der Vollendung, das sie schließlich erreichen soll. Wenn wir das indisch-hinduistische System der Tierkreiseinteilung auf die abendländische Astrologie anwenden, können wir unsere Kenntnis vom Einfluß des Tierkreises auf das menschliche Leben und Schicksal jedenfalls wesentlich bereichern.

Vor allen Dingen können wir Nutzen ziehen aus der Teilung jedes Zeichens in eine positive oder männliche und eine negative oder weibliche Hälfte, die von Sonne und Mond beherrscht werden. Außerdem können wir das erprobte System der Dekanate übernehmen; über diese Teilungen hinaus sind wir noch auf Experimente und Erfahrungen angewiesen. Wenn wir diese wichtige Teilung eines Zeichens in *Horas* und Dekanate annehmen und sie auf jeden Grad eines Zeichens anwenden, dann haben wir die Einteilung soweit geführt, wie man gegenwärtig mit Sicherheit gehen kann. Aber schon da wird die Anwendung unsicher, wenn das Horoskop nicht sorgfältig korrigiert und jeder Irrtum in der Geburtszeit ausgeschaltet ist.

Jeder Grad hat 60 Bogenminuten, die bei der Teilung also 30 Bogenminuten positiv und 30 Bogenminuten negativ ergeben. Wendet man das in der Reihenfolge der Zeichen an, so findet man, daß die erste Hälfte des ersten Grades Widder männlich und die zweite weiblich ist. Die erste Hälfte des zweiten Grades wird weiblich, die zweite Hälfte männlich sein usw. durch alle 30 Grade des Zeichens Widder. Die erste Hälfte des ersten Grades Stier wird weiblich, die zweite Hälfte des ersten Grades männlich sein; dagegen die erste Hälfte des zweiten Grades männlich, die zweite Hälfte weiblich usw. Also ist die erste Hälfte des ersten Grades bei einem positiven Zeichen männlich, die erste Hälfte des ersten Grades jedes negativen Zeichens weiblich – durch den ganzen Tierkreis.

Was die Dekanate betrifft, so werden die ersten 20 Bogenminuten jedes Grades die Natur des Zeichens selbst besitzen, die nächsten 20 Bogenminuten werden die Natur des zweiten Dekanats jenes Zeichens haben, die letzten 20 Bogenminuten die Natur des dritten Dekanats. Allerdings kann man sich auf diese minutiöse Teilung, wie schon bemerkt, nicht verlassen, wenn das Horoskop nicht besonders korrigiert worden ist. Und auch dann gehört eine mehr als durchschnittliche Urteilskraft dazu, ihren wirklichen Wert zu verstehen.

Höchstwahrscheinlich wird die Astrologie der Zukunft den genauen Wert jedes Grades im Tierkreis erforschen, statt sich wie bisher mit der Kenntnis von nur einigen Graden zu begnügen. Der Wert der Grade im Tierkreis – sowohl einzeln wie zusammengenommen – ist der Astrologie weitgehend verlorengegangen. Es wird daher die Aufgabe des Forschers der Zukunft sein, sie wiederzuentdecken und zum Nutzen der Geburtsastrologie ihren Einfluß aufzuzeichnen.[18]

Wellenlängen

Den meisten Lesern wird der Gedanke vertraut sein, daß der Ekliptik-Tierkreis die Erdaura darstellt und daß seine Vierheiten, Dreiheiten und Zeichen die Unterteilungen sind, die von den in der Materie dieser Aura wirksamen elektrischen, magnetischen und anderen feinen Kräften erzeugt werden. Nun bleiben aber noch viele derartige Kräfte von verschiedenen Graden und Eigenschaften für die Wissenschaft zu entdecken. Daher scheint es sicher, daß noch mehr Teilungen des Tierkreises als Ganzes und der einzelnen Zeichen sich auf die Schwingungen dieser Kräfte in der ätherischen, astralen oder sonstigen Materie, die sie durchdringen, aufbauen werden.

Selbst die längsten dieser Schwingungen müssen natürlich im Vergleich zum Ganzen des Erdumfangs außerordentlich klein sein. Durchdringt aber eine Anzahl Schwingungen verschiedener Art den Tierkreis gleichzeitig, so werden sie sich in

Gebieten der Harmonie und der Disharmonie auswirken. Wo zwei oder mehr Schwingungsarten zusammenfallen, wird Harmonie herrschen; wo sie aber voneinander abweichen oder interferieren, wird Disharmonie entstehen. Selbst wenn also die Materie, die diese Kräfte durchdringt, ursprünglich einheitlich war, wird sie sich dann in Gebiete spalten, die in Zahl und Eigenschaften variieren, entsprechend der Natur der Kräfte, ihren Schwingungszahlen und der aus ihnen resultierenden Harmonie oder Disharmonie.

Die ganz kleinen Unterteilungen eines Grades entstehen durch Schwingungen, die vereinzelt oder nur selten gleichzeitig auftreten. Größere Teile, wie die eines Zeichens, entstehen aus einer großen Anzahl kleinerer Teile, die in Gruppen zusammentreten und dabei eigene Harmonie- und Disharmoniepunkte schaffen, genauso, wie es bei den ganz kurzen Wellen der Fall ist. Treten diese ihrerseits dann wieder zusammen, so bilden sich nicht nur Zeichen, sondern Zeichengruppen wie die Dreiheiten und Vierheiten.

Wäre ihr Zahlenwert bekannt, so würden mehrere einfache Schwingungsformen uns Raumteile mit verschiedenen Eigenschaften darstellen, wie wir sie tatsächlich im Tierkreis finden. Wie viele solcher Kräfte letztlich in Rechnung zu ziehen sind, wissen wir noch nicht, und wir können auch nicht mit Sicherheit angeben, wie weit sich Zeichen und Grade praktisch teilen lassen. Aber die wissenschaftliche Theorie bietet uns ein klares Bild von Schwingungsknoten und -zwischenknoten, die nicht nur denkbar, sondern notwendig sind. Der Tierkreis ist ein ungeheures Musikinstrument, und in seinem ganzen Bereich gelten die Gesetze musikalischer Harmonie, die wir einst mit den bekannten Eigenschaften der Zeichen und Planeten werden in Parallele stellen können.

Das folgende Beispiel soll zeigen, wie Teilungen entstehen, sobald man Kräfte verschiedener Schwingungszahl in einem zuvor einheitlichen Stoff wirken läßt.

Hier werden sechs verschiedene Schwingungssysteme unterschiedlicher Kräfte dargestellt.

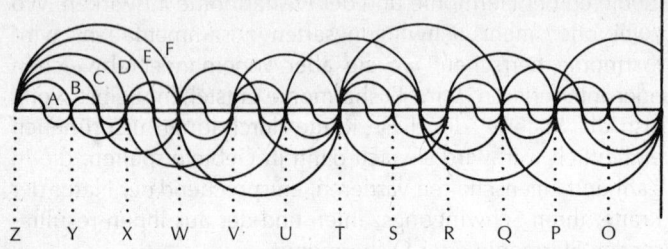

Die Kraft A schreitet in gleichförmiger Schwingung vor, so daß man zwölf ihrer Wellen sieht, die von den Ziffern 1–12 längs der Horizontalen bezeichnet werden.

Die Kraft B hat eine doppelt so lange Wellenlänge, und nur sechs ihrer Wellen umfassen den Bereich der zwölf Wellen von *A. B* harmoniert mit A an den mit *Z, X, V, T, R, P* bezeichneten Vertikalen, während sie an den Zwischenpunkten von *A* abweicht. Diese Harmonien und Disharmonien zwischen *A* und *B* entsprechen dem Unterschied von geraden und ungeraden Zeichen.

Die Kraft C hat die dreifache Wellenlänge von *A,* und die beiden fallen bei *Z, W, T, Q* zusammen; diese Punkte entsprechen den Dreiheiten. Mit *B* stimmt *C* nur in den beiden Punkten *Z* und *T* überein.

Die Kraft D hat die vierfache Wellenlänge der Kraft *A,* und sie fällt mit ihr nur in drei Punkten, *Z, V, R* zusammen, die in dieser Übersicht den Vierheiten entsprechen. Mit *B* stimmt *D* an denselben Punkten überein; sie ist aber deutlich unharmonisch mit *A* und *B* bei *X, T, P.*

E und F, die beiden letzten Kräfte der Übersicht, erklären sich von selbst. Zieht man alle sechs Kräfte in Betracht, so harmonieren vier davon bei *T.* Das entspricht der Teilung des Tierkreises in zwei Hälften, eine nördliche und eine südliche.

80

Würde man die Übersicht so anordnen, daß die Kräfte auf einem Kreis und nicht horizontal verliefen, dann würde sie den Tierkreis besser symbolisieren. Man müßte auch die Zahl der Kräfte vermehren und sie so darstellen, daß sie im Kreise zu sich selbst zurückkehren. Dadurch würden sich noch mehr Knoten und Zwischenknoten, zum Teil von beträchtlicher Komplexität, ergeben, die den Unterteilungen der Zeichen entsprächen. Aber das würde die Übersicht unerwünscht komplizieren, und eine derartige Darstellung wie die gewählte ist zwar unvollständig, aber leichter zu begreifen.

Es steht praktisch fest, daß es noch andere Einteilungen der Zeichen als die in dem zitierten Buch erwähnten gibt. Man mag sich auch fragen, ob die dort angegebenen Teilungen in allen Fällen zutreffend angeordnet sind, besonders weil einige dieser Anordnungen in den Werken verschiedener Autoren voneinander abweichen. Die Einteilung in sieben Teile z. B. paßt zu einem in Band III des »Neuen Handbuchs der Astrologie« von Sepharial beschriebenen System, das sich mit dem Gesetz des Geschlechts befaßt, wobei jeder Quadrant des Tierkreises in sieben Abschnitte geteilt wird. Die dann entstehenden achtundzwanzig Teile stimmen mit den sogenannten »Mondhäusern« überein, die von einigen älteren Autoren benutzt werden, in modernen Werken aber in Vergessenheit geraten sind.

Alle diese Unterteilungen sind in gewissem Sinne Eigentümlichkeiten des Tierkreises wie seiner einzelnen Kräfte. Zieht man z. B. irgendeinen Schluß aus der Lage des Aszendenten in einer der Unterteilungen, so hängt er von den Wesensmerkmalen des Bogens ab, der sich aus der in ihm wirkenden Art von Kraft ergibt. Zieht man außerdem den Einfluß eines Planeten in Betracht, so ändert sich das Bild. Die Schwingungen der von dem Planeten ausgehenden Kraft werden harmonieren oder disharmonieren mit den Kräften, die an sich in jedem Teil des Tierkreises vorhanden sind. Daraus folgt ohne weiteres, daß jeder Planet seine Stellungen der Stärke oder Harmonie und der Schwäche oder Disharmonie hat. Wenn unser Wissen dazu ausreichte, könnte man auch diese

Stellungen serienweise abstufen; von der vollendeten Harmonie (seinem »Haus«) über die Teilharmonie (Erhöhung) usw. zur teilweisen Disharmonie (Fall) und völligen Disharmonie (Vernichtung), ganz entsprechend der musikalischen Harmonielehre.

Überwindung der Kaste

Auch wenn wir uns mit den vielen Einzelheiten der Teilungen und Unterteilungen beschäftigen, dürfen wir nicht die Tatsache aus dem Auge verlieren, daß hinter allem das wahre Selbst als ungeteilte, harmonische Einheit steht und sich ewig im Lichte der einen Sonne spiegelt. Es entsteht Verwirrung der Kasten, wenn die innere Harmonie nicht ihre Entsprechung in der äußeren Welt findet; oder, wie der »Seher« sagen würde; »wenn das Ich nicht zwischen dem Wirklichen und dem Unwirklichen unterscheiden kann«.

In den exoterischen Regeln der Astrologie findet man eine harmonische Anordnung der zwölf Häuser einer Nativität mit den zwölf Tierkreiszeichen und den Planeten als ihren Herren oder Herrschern, und man kann beobachten, wie leicht eine geringfügige Änderung diese harmonische Ordnung stört. Aber die Exoterische Astrologie versagt gänzlich, wenn es gilt, in der auftretenden Disharmonie der Untereinflüsse der Zeichen, wodurch die Störung der naturgegebenen Ordnung der Dinge deutlich vermehrt wird, die Harmonie aufzufinden. Dagegen versucht die Esoterische Astrologie zu zeigen, daß man unter Einsatz selbstbewußter Erkenntnis, die dem Individuum von Natur aus nicht verliehen ist, diese Harmonie wiederherstellen kann. Es wäre freilich zwecklos, wenn die Kasten oder die verschiedenen Gesellschaftsschichten den Menschen so in ihren mehr oder weniger starren, ungeschriebenen Gesetzen gefesselt hielten, daß er sich nicht durch individuelles Bemühen und Verdienst über sie erheben könnte. Während sich der Mensch in den Frühstadien seiner Entwicklung befindet, sind die Kasten der Gesellschaftsschichten notwendig, um ihm den Halt festgeordneter Gesetze und Sitten zu geben, ist aber ein Mensch sich selbst Gesetz geworden, und hat er in sich selbst den Wunsch befestigt, das Gute allein um des Guten willen zu tun, dann ist er nicht mehr daran gebunden, dem starren Einfluß der Tierkreiszeichen oder, wie man gewöhnlich sagt, »seiner Sterne« zu folgen. Sondern willig gehorcht er den Gesetzen, die er kennt und versteht; er arbeitet bewußt mit den Einflüssen, die er als ein vollkommenes Mittel zum Ziele der Vollendung erkannt hat.

Astrologisch hat er sich zuerst über die Bindungen durch das Kreuz der zwölf Häuser erhoben, dann über das Kreuz der zwölf Zeichen und endlich über das Kreuz der Planeteneinflüsse, die diese Zeichen beherrschen. Nun leuchtet seine Sonne in strahlender Glorie und erhellt den Pfad vor ihm. Sie wirkt nicht mehr als bloß reflektiertes Licht auf ihn zurück, denn er ist selbst zur Sonne geworden; nun leuchtet er anderen, um die dunklen Wege des Zweifels und der Verzweiflung zu erhellen, die er einst selbst gepilgert ist. Christus ist in ihm geboren; die Materie hält ihn nicht mehr in ihren Fesseln; er ist frei und geht den Weg des Triumphes über das Leben, da er zuvor über den Tod triumphiert hat.

V Die Bedeutung der Häuser

Wisset ihr nicht, daß ihr Gottes Tempel seid und der Geist Gottes in euch wohnet? Wer aber den Tempel Gottes verdirbt, den wird Gott verderben; denn der Tempel Gottes ist heilig und der seid ihr.

I. Kor. 3,16

Die Bedeutung der zwölf Häuser besteht darin, daß sie eine unmittelbarere Beziehung zu Schicksal und Ergehen in der äußeren Welt, zum Karma des gegenwärtigen Lebens haben als die Tierkreiszeichen oder Planeten, wenn man sie einmal gesondert von den Häusern betrachtet. Man kann die Häuser mit dem physischen Körper, die Planetenstellungen in den Zeichen dagegen mit dem inneren, diesem Körper innewohnenden Menschen vergleichen. Von diesem Gesichtspunkt aus ist die Stellung im Tierkreis höchst wichtig, weil sie die Kräfte und Möglichkeiten des inneren Menschen, seine Fähigkeiten, seine starken und schwachen Seiten zeigt; dennoch ist sie – in der praktischen Auswirkung – der Stellung in den Häusern untergeordnet.

Sei die Seele nun stark oder schwach, weise oder töricht, roh oder veredelt; sie kann auf unserer Ebene nichts erreichen, wenn sie keinen physischen Körper besitzt, durch den sie wirken kann. Für den Durchschnittsmenschen gilt das sicherlich, denn in körperlosem Zustand kann er sein Weiterleben nach dem körperlichen Tod so wenig erkennen, daß es vielen Menschen überhaupt fraglich ist, ob es etwas Überlebendes gibt und ob nicht der Körper selbst der wahre, ganze Mensch ist. Es gilt das selbst dann noch, wenn wir die Phänomene des Spiritismus und übernatürliche Eingriffe in die menschliche Sphäre in Betracht ziehen. In diesen Fällen geht das entkörperte Wesen entweder in den Körper irgendeiner lebenden, physischen Person ein, oder es hat die Kraft, soviel Materie an sich heranzuziehen, daß sie ihm vorübergehend als Körper dienen kann; und erst dann kann dieses Wesen physische Wirkungen ausüben.

Daher ist die Planetenstellung in den Zeichen zwar sehr bedeutsam für innere Kräfte und Wesenszüge, sie ist aber durchaus nicht ebenso wichtig in bezug auf Schicksale und Ereignisse in der äußeren Welt. Damit ist nicht gesagt, daß solche Ereignisse nie durch Stellung in den Zeichen angezeigt würden, aber sie ist nicht so wesentlich wie die Stellung in den Häusern. Steht z. B. in einem männlichen Horoskop der Mond gut aspektiert im 7. Haus und widerspricht dem nichts anderes, dann ist eine Ehe so sicher, wie etwas nur sein kann. Steht der Mond dagegen im 7. Zeichen statt im 7. Haus, dann kann man, selbst bei gleicher Aspektierung, die Ehe nicht mit derartiger Sicherheit vorhersagen. Der Mann mag den Wunsch haben zu heiraten, er mag die Anlage besitzen, eine glückliche Ehe zu führen, aber die Stellung im Zeichen wird nicht die Zwangsläufigkeit beinhalten wie die Stellung im Haus. Ehe man eine bestimmte Voraussage macht, sollte man den Einfluß jedes Planeten im 7. Haus oder, wenn keiner darin steht, die Stellung des Herrn des 7. Hauses zu Mond, Venus und dem Geburtsgebieter beachten.

Allerdings variiert diese Unterscheidung zwischen Zeichen und Häusern etwas gemäß des Alters der Seele und ihrem Standort auf der Entwicklungsskala. Wie schon gesagt, sind die jüngsten Seelen am tiefsten in das Körperliche versunken und unterliegen daher auch am meisten dem Einfluß der Häuser. Denn die zwölf Häuser entsprechen dem physischen Körper. Nimmt man diesen nur als Körper, so kann er der Körper eines Wilden sowie der eines Heiligen, der eines Idioten wie eines Genies sein; die Häuser bezeichnen ebenso den Körper des einen wie den des anderen. Im Falle einer jungen und unentwickelten Seele werden die Häuser von sehr großer Wichtigkeit sein, und ein guter oder schlechter Einfluß wird sich sicherlich praktisch auswirken. Im Falle eines starken und hochentwickelten Charakters, z. B. eines Genies oder Heiligen, werden sich die Umstände mehr oder weniger ändern. Seine Charakterstärke oder Seelengröße wird mit größerer Wahrscheinlichkeit durch Stellung und Aspekte in den Zeichen angedeutet als durch die in den Häusern. Die Häuser werden auch bei ihm noch zu erwägen sein, aber sie werden angeben, inwieweit der Körper befähigt ist, als Träger dieses Seelentyps zu dienen, und inwieweit das Karma des gegenwärtigen Lebens die inneren Kräfte der Seele fördert oder hindert. Die Hauser werden nicht so stark Einengung und Beschränkung ausüben; es wird nicht so viel Zwangsläufigkeit geben wie im Falle der jüngeren Seele.

Sieht man von Zeichen und Häusern ab, dann repräsentieren die Planeten den individuellen, geistigen Menschen, losgelöst von der zeitlichen Persönlichkeit wie vom physischen Körper. Die Menschen, die in der Entwicklung des Stadium des Übermenschen erreicht und eine oder mehrere der großen Einweihungen erlebt haben,[19] treten mehr unter den direkten Einfluß der Planeten und weisen Planetenmerkmale ohne Zeichen- und Haus-Einfluß auf. Aber auch diese müssen beim Abstieg in die Menschwerdung seelische Hüllen des Tierkreises und irdische Körper annehmen und sich bis zu einem gewissem Grade den natürlichen Beschränkungen unterwerfen. In einem solchen Fall zeigt die Zeichen-Stellung, welche seelische Kräfte in der Persönlichkeit inkarniert worden sind; die Haus-Stellungen zeigen dann die Art des Wirkens, die die Persönlichkeit übernommen hat, und die Umgebung, in der sie es auszuüben hat. Denn der Körper ist der Welt, in der er sich bewegt, angepaßt und spiegelt sie und den Zweck, zu dem er geschaffen ist, wider. Hier würde die Stellung des Planeten, dem die Seele angehört, der wichtigste Faktor, das Zentrum und Herz des Ganzen sein, und alles übrige wäre ihm untergeordnet: Körper, Schicksal und Charakter würden alle vom Geist im Inneren »beherrscht« werden.

Es gibt also drei Stufen der Entwicklung. Die junge, unerfahrene Seele steht unter der Herrschaft der zwölf Häuser und kann kaum mehr tun, als sich den Bedingungen, die sie ihr auferlegen, unterwerfen. Die stärkere und erfahrenere Seele hat eigenen Charakter und eigene Fähigkeiten, die sich vor allem in der Zeichenbesetzung ausdrücken (wenn auch die Tierkreiszeichen zu jedem seelischen Typus gehören und alle ihre Stimmungen und Phasen zeigen, von der animalischen bis zur höchstentwickelten menschlichen). Schließlich repräsentieren die Planeten, gelöst von den Zeichen, die übermenschliche Entwicklungsstufe. Ein Horoskop ist somit eine Mischung von Geist, Seele und Körper, und die zwölf Hauser bezeichnen die physische Seite des Ganzen.

Klassifizierung der Häuser

Wenn wir uns nun der Klassifizierung der Häuser zuwenden, so erkennen wir, daß sie genau wie die Tierkreiszeichen in dreifache und vierfache Gruppen zerfallen.

Kardinale bzw. Eckhäuser	1., 4., 7., 10. Haus
Feste bzw. folgende Häuser	2., 5., 8., 11. Haus
Veränderliche bzw. fallende Häuser	3., 6., 9., 12. Haus

Feuerhäuser	*Erdhäuser*	*Lufthäuser*	*Wasserhäuser*
1., 5., 9.	2., 6., 10.	3., 7., 11.	4., 8., 12.

Merkwürdig ist dabei, daß man bei der Anwendung der Ausdrücke »kardinal, fest, veränderlich« auf die Häuser diese umbenennt und »Eckhäuser, folgende und fallende Häuser« sagt; für »Feuer, Erde, Luft, Wasser« sind aber keine Umbenennungen für die Häuser üblich, so daß diese vier Ausdrücke für Zeichen und Häuser gleichzeitig gelten.

Außer diesen beiden Gruppen gibt es noch die bekannte Unterscheidung zwischen den Tag- und Nachthälften der Kreise, denn die Sonne geht an der Spitze des Aszendenten, dem Osthorizont, auf und an der Spitze des Deszendenten, dem Westhorizont, unter. Daher gehören die Häuser vom 12. bis zum 7. Haus zur Taghälfte, die übrigen zur Nachthälfte. Der Aszendent bildet zwar technisch einen Teil der Nachtseite, wird aber gewöhnlich zum Tag gerechnet, weil er das Haus der Morgendämmerung ist. Diese Tag- und Nachthälften halbieren den Kreis im horizontalen Durchmesser, der Horizontal-Linie.

Quer zu dieser verläuft eine andere Zweiteilung der Häuser, die der »aufsteigenden« und der »absteigenden« Hälfte des Himmelskreises. Die Spitze des 4. Hauses, der Nadir oder Mitternachtspunkt, ist der tiefste Punkt des Kreises; die Spitze des 10. Hauses, der Zenit oder Mittagspunkt, ist der höchste. Jeder Himmelskörper, der sich vom 4. zum 10. Hause bewegt, wandert von einer tieferen Stellung zu einer höheren – ist also in diesem Sinne »aufsteigend«. Jeder Himmelskörper, der vom 10. zum 4. Haus läuft, geht von einer höheren Stellung zu einer niedrigeren, ist also »absteigend«.

Die Taghälfte des Kreises bedeutet Manifestation, Enthüllung, »ans Licht bringen«, Schöpfung, Offenheit, Öffentlichkeit, Macht, *Manvantara*; die Nachthälfte bezeichnet Verhüllung, Latenz, Zurückgezogenheit, Auflösung, *Pralaya*. Die östliche oder aufsteigende Hälfte des Kreises ist die des Selbst, das Egoismus und seines Wachsens, der Individualisierung, der Trennung von anderen, der Entwicklung und Aneignung von Kräften oder Fähigkeiten; die westliche oder absteigende Hälfte ist die der »Anderen« der übrigen Welt im freundlichen oder feindlichen Sinne, der Vereinigung, der Zurücknahme des Selbst, der Verwicklung, des Altruismus.

Nimmt man diese beiden Achsen zusammen, so bilden sie das bekannte Kreuz im Kreis, das diesen in vier Quadranten teilt. Es ist die Grundlage des ganzen Horoskops. Man könnte tatsächlich sagen, daß es das eigentliche Horoskop ist und die übrigen acht Häuser nur Unterteilungen darstellen. Wie deutlich diese vier Teile des Kreises die Eigentümlichkeiten und Merkmale besitzen, die man ihnen zuteilt, erkennt man bei einer Prüfung ihrer Beziehung zu der scheinbaren Bewegung der Sonne in ihrem Auf- und Untergehen.

Die Spitze des Aszendenten ist der Punkt des Sonnenaufgangs, die Spitze des 10. Hauses der des Mittags; die Spitze des 7. Hauses ist der Punkt des Sonnenuntergangs und die Spitze des 4. Hauses der Mitternachtspunkt. Drei von diesen vier Punkten gehören zum Tag: der Sonnenaufgang, wenn der Tag beginnt; der Mittag, die Mitte des Tages und der Punkt der höchsten Offenbarung, und der Sonnenuntergang, wenn der Tag endet. Der letzte Punkt bezeichnet die Mitte der

Nacht; er ist in gewissem Sinne derjenige, aus dem die anderen während der Offenbarung am Tage auftauchen und hervorgehen und in den sie wieder zurückkehren, wenn der Tag endet und die Nacht ihre Herrschaft antritt. So ist von den vier Punkten einer, der immer verborgen bleibt, die Quelle der drei andern, die sich offenbaren; man kann die Vier einteilen in eine offenbarte Dreiheit und eine verborgene, synthetische Einheit.

Steht die Sonne am Mitternachtspunkt, dann herrscht Dunkelheit auf der Erde; das Treiben des Tages ist zu Ende, und alle Menschen schlafen. Selbstverständlich gehen in der tatsächlichen Welt, besonders in den geschäftigen Zentren des menschlichen Lebens, allerhand Tätigkeiten in jeder der vierundzwanzig Stunden vor sich; dennoch entspricht dieser Zeitraum kosmisch offenbar dem *Pralaya*, dem Zustand, bevor ein Sonnensystem entsteht oder nachdem es vergangen ist. Individuell bezeichnet er den ähnlichen Zustand des Ungeoffenbarten, bevor die Seele in einem Körper auf dieser physischen Erde geboren worden ist oder nachdem sie beim Tod dieses Körpers die Erde verlassen hat. Im Bild der Mondphasen entspricht er dem Neumond, wenn der Trabant unserer Erde unsichtbar ist, von der Offenbarung zurückgezogen, in der Mitte der »zwei dunklen Wochen«.

Wenn die Sonne aufgeht, beginnt der Tag und sein Wirken. Hier sind die Entsprechungen zur Entstehung eines Sonnensystems und zur Geburt eines Menschenwesens so deutlich, daß man sich nicht dabei aufzuhalten braucht. Etwas, was vorher latent war, wird jetzt offenbar. Dies ist das »Eckhaus des Selbst«, das besondere Zentrum, um das sich alle folgenden Erfahrungen, Handlungen, Gefühle und Erkenntnisse sammeln. Die *Pranava Vada* lehrt uns, daß, im Sinne des heiligen Wortes AUM, der Sonnenaufgang dem Buchstaben A, dem Selbst und der Erkenntnis entspricht. Da der Aszendent oder das 1. Haus mit dem ersten Zeichen Widder, mit dem Feuer und der Mentalebene verknüpft ist, so ist das angemessen.

Mittags ist das Treiben des Tages am geschäftigsten und stärksten. Der Punkt der höchsten möglichen Offenbarung ist erreicht, und die Analogie mit der mittleren Lebensperiode eines Sonnensystems, mit dem vierten Weltenkörper einer Kette (siehe Zeichnung 1) und der vierten Rasse liegt auf der Hand. Das Selbst entwickelt seine Kräfte als selbständiges Wesen aufs höchste, und seine Fähigkeiten, die am Anfang nur Möglichkeiten darstellten, sind jetzt Wirklichkeiten geworden. Dem entspricht der Buchstabe U, das Nicht-Selbst und das Handeln; Astrologen werden daran denken, daß das 10. Haus die Beschäftigung und den Beruf ausdrückt, das heißt das Handeln in der äußeren Welt und den Kulminationspunkt der individuellen Kräfte. Hierzu wird auch das Erdzeichen Steinbock gerechnet, das zur physischen Ebene und zum Handeln gehört.

Bei Sonnenuntergang neigt sich das Tun und Treiben des Tages seinem Ende zu. Die Sonne befindet sich jetzt auf dem Abstieg, den sie begann, als sie den Mittagspunkt überschritt. Der Zeitraum der Offenbarung geht zu Ende und der der Beruhigung und des Aufhörens von Aktivität beginnt. Das Selbst, das bei Sonnenaufgang und zu Mittag isoliert und selbständig war, verliert jetzt seine Selbständigkeit und verbindet sich unlöslich mit anderen und geht auf sie ein. Dabei erwirbt es Merkmale und Fähigkeiten, die im guten oder schlechten Sinne jenem Zustand entsprechen, d. h., Liebe und Haß, Freundschaft und Feindschaft und alle damit verknüpften Gefühls- und Gedankenkräfte treten hervor. Es ist das »Eckhaus der anderen« und entspricht dem Buchstaben M, der Beziehung zwischen Selbst und Nicht-Selbst, dem Wunschleben in der Persönlichkeit oder dem buddhischen Bewußtsein in der Individualität.

Diese vier Punkte sind zwar hier nur in Beziehung zur Sonne gesetzt worden, aber man kann dasselbe Prinzip auch auf das Aufgehen, Kulminieren und Untergehen jedes anderen Himmelskörpers anwenden. Wenn irgendein Planet aufgeht, kommt er als getrenntes Selbst zur Manifestation; kulminiert er, so nimmt er seine bedeutsamste Stellung ein und steht auf der Höhe seiner Offenbarung; wenn er untergeht, nimmt seine Sonderstellung ab und seine Vereinigung beginnt; steht er am unteren Meridian (IC), dann ist er ganz der Offenbarung entzogen.

Die vierfache Teilung des Kreises ergibt die vier Triplizitäten (Dreiheiten) von Feuer, Erde, Luft und Wasser. Setzt man in den Kreis ein gleichseitiges Dreieck ein, so ergeben sich die drei Quadruplizitäten (Vierheiten) der Kardinalen oder *Rajas*-Zeichen, der Festen oder *Tamas*-Zeichen, der Veränderlichen oder *Sattwa*-Zeichen. Auf den Tageslauf wendet man diese Einteilung gewöhnlich nicht an; sie wird hauptsächlich nur als Unterteilung des vierfachen Systems benutzt, so daß jeder Quadrant gedrittelt wird, wodurch sich zwölf Häuser ergeben. Die Einteilung des Tages in drei Perioden, die König Alfred der Große einführte, wurde bereits von den ägyptischen Sehern benutzt, wovon Dr. E. W. Budge in seinem Werk »Ägyptischer Zauber« berichtet. Die Erfahrung lehrt auch, daß die Teile des Himmels, die in mundanem Trigon zueinander an den Ecken gleichseitiger Dreiecke stehen, viele gemeinsame Eigenschaften haben und daß diese Einteilung der Wirklichkeit entspricht.

Die drei Ecken eines solchen Dreiecks und ihre Entsprechungen darf man aber nun nicht mit den Eckpunkten des Kreuzes verwechseln. Es besteht allerdings in gewissem Sinn eine Analogie zwischen ihnen, und man ist daher leicht versucht, sie zu verwechseln. Wenn man nämlich Tag und Nacht nicht als die beiden Hälften des Kreises, sondern jedes in einem vollen Kreis darstellt, wird die Analogie deutlich: Aufgang, Mittag und Untergang würden dann ein Dreieck bilden, ähnlich dem der Vierheiten und mit ähnlichen Entsprechungen. Wie die Dinge aber, besonders in der praktischen Astrologie, liegen, ist die Mitternacht ein vierter Punkt, der zusammen mit Sonnenaufgang, Mittag und Sonnenuntergang ein Kreuz bildet, so daß die Punkte die Ecken eines Quadrates sind und nicht wie die Vierheiten ein gleichseitiges Dreieck bilden.

Die drei Vierheiten sind auch subtiler als die vier Dreiheiten, denn diese entsprechen den Elementen Feuer, Erde, Luft und Wasser, also Zuständen der Materie, die voll in Erschei-

91

nung treten und *objektiv* sind; dagegen entspricht das Dreieck mehr Qualitäten und Formen der Bewegung, mehr abstrakten als konkreten Dingen, mehr der Seele als dem Körper, wenn sich diese Seele auch in unserer Welt stets in einem Körper manifestiert. Das Dreieck ist eine Dreier-Gruppe, und ihre Vereinigung oder Synthese führt in besonderem Sinne zur Vier; diese ist aber gänzlich verschieden vom Kreuz, in dem der vierte Punkt (wenn auch gewissermaßen Quelle und Ende der drei anderen) nur ein anderer Punkt im selben Kreis und von jedem anderen unterschieden ist. Kurz gesagt enthält das eine die Sympolik der Dreiheit, das andere die der Vierheit.

Der Einfluß der Häuser

Eckhäuser
An Bedeutung im Horoskop stehen die vier Eckhäuser 1, 4, 7 und 10 an erster Stelle; sie sind tatsächlich der wesentliche Teil des Horoskops, so daß die anderen Häuser fast nur wie Unterteilungen dieser vier erscheinen. Der Einfluß der Eckhäuser ähnelt dem der kardinalen Zeichen. Sie machen alles offenbar und greifbar, bringen ans Licht, enthüllen und manifestieren, was in der Persönlichkeit latent ist und von den mit ihnen verbundenen Zeichen und Planeten bezeichnet wird.

Allerdings sind die vier Eckhäuser in dieser Hinsicht nicht gleichwertig. Wir sprachen schon davon, daß die Taghälfte des Horoskops, einschließlich des Aszendenten, das Herausführen aus der Latenz in die Offenbarung betrifft und daß die Häuser unter der Erde zur Verhüllung, Verwahrung und Verborgenheit führen und in Latenz lassen. Aber die verhüllende Zurückhaltung der unteren Häuser ist nur relativ, nicht absolut, da sie alle verschiedene Lebensäußerungen betreffen; ihre Ruhe ist nicht gleichbedeutend mit völliger Bewußtlosigkeit. Allgemein kann man sagen, daß jedes Haus in der Nachthälfte des Horoskops in Reflexwirkung zu dem ihm in der Taghälfte gegenüberliegenden steht, so daß die beiden komplementär sind: das 1. und 7. Haus, das 2. und 8., das 3. und 9. Haus usw.

Von den Eckhäusern sind der Aszendent (1. Haus) und das Medium Coeli (10. Haus) die wirksamsten und aktivsten, und man übertreibt kaum, wenn man sagt, daß alles von Planeten in diesen Häusern angezeigte bestimmt irgendwie zum Ausdruck kommen muß und unumgänglich ist. Daher bedeuten Planeten in diesen beiden Eckhäusern vom astrologischen Gesichtspunkt aus ein gewissermaßen typisches Leben, das weder den Durchschnitt durch ungewöhnliche Willenskraft oder auffallende Entwicklung von Genialität bedeutend überragt noch irgendwie merklich durch Schwäche dahinter zurückbleibt. Es gibt freilich Fälle, in denen sich dann ein ungewöhnliches Schicksal rasch abwickelt und das Leben anomal mit Ereignissen angefüllt ist, aber diese lassen wir zunächst beiseite – die gegebene Behauptung bezieht sich nur auf »gewöhnliche« Menschen.

Das 7. Haus wirkt fast ebenso offen, bedeutsam und unvermeidlich wie das 1. und 10.; während aber die beiden letzteren das Selbst beherrschen, kommen die Erfahrungen des 7. Hauses durch andere. Es steht sozusagen zwischen Latenz und Aktivität, und dasselbe gilt in noch höherem Maße für das 4. Hause, das sich auf Dinge wie Heim, Häuslichkeit, Eltern, Alter, Vereinsamung bezieht; dennoch bringen beide zur Entfaltung, was sie bezeichnen.

Das 1. Haus ist in seiner Wirkung ganz persönlich, und es hängt von der Stärke der dahinterstehenden Individualität ab, wie seine Kräfte sich äußern. Hier herrscht im engeren und weiteren Sinne das Selbst. Dasselbe gilt vom 10. Haus, aber dabei haben die Gaben des Selbst einen weiteren Spielraum zur Entfaltung. Das 7. Haus steht mehr mit Erfahrungen des Nicht-Selbst in Beziehung, wenn man darunter »die Anderen« versteht: Freunde, Partner, Gesellschafter und alle, deren Interessen sich mit denen des Nativen – in Liebe oder Haß, Hilfe oder Gegnerschaft – berühren; Erfahrungen, zu denen dieses Eckhaus führt, stammen ebenso aus Taten anderer Menschen wie aus solchen des eigenen Selbst. Das 4. Haus ist in gewissem Sinne weder persönlich noch individuell, denn hier verliert oder verdunkelt sich die Getrenntheit des Selbst: bei jungen oder schwachen Seelen infolge mangelnder Kraft, die Fesseln zu sprengen; bei stärkeren Seelen durch freiwillige Unterordnung unter die Bedürfnisse anderer.

Diese vier Eckhäuser stehen in direktem Zusammenhang mit der physischen und äußeren Welt; sie stellen Strebungen dar, die vom Selbst ausgehen, aber direkt auf das Nicht-Selbst einwirken. Sie bezeichnen im allgemeinen offen sich auswirkende Dinge wie Ruf, Ansehen, öffentliche Stellung und Tätigkeit für die Allgemeinheit, und zwar deutlicher und bestimmter als irgendeins der anderen Häuser.

Folgende Häuser
Die »Folgenden Häuser« 2, 5, 8 und 11 stehen in Beziehung zu Wunsch, Gefühl, Empfindung und dem *Guna Tamas*. Sie wirken nicht so offen, ausdrucksvoll und aktiv wie die Eckhäuser; sie liegen weniger an der Oberfläche und sind auch viel weniger wandelbar. Erlebnisse und Wesenszüge, die auf Planeten in diesen Häusern beruhen, wirken meist lange Zeiten, bisweilen das ganze Leben hindurch, unverändert oder doch mit geringfügigen Änderungen. Charakterfehler, die aus solchen Planeten hervorgehen, sind weit schwerer zu überwinden als bei einer Eckhausstellung, und gute Eigenschaften verlieren sich nie. Solche Aspekte auf den Hyleg von diesen Häusern aus zeigen ernste Schädigungen der Gesundheit und bringen langwierige und unheilbare Leiden hervor; gute Aspekte aber verleihen große Widerstandskraft gegen Krankheit.

Das 2. und das 5. Haus sind eher konservativ, ihre Wirkungen weniger deutlich als die des 8. und 11. Hauses, da diese beiden mehr die Umsetzung des Wunschlebens in äußeres Handeln zeigen.

Fallende Häuser
Die »Fallenden Häuser« 3, 6, 9 und 12 wirken geistig und zeigen, wie das Denken sowohl das Handeln als auch das Fühlen

94

beherrscht und lenkt. Auswirkungen, die von diesen Häusern angezeigt werden, haben ihre Quelle mehr im Denken als im Fühlen oder Handeln. Hier handelt es sich um den Zustand des Geistes, das Arbeiten seines Denkens und die Kraft geistiger Reaktion. Es fehlt diesen Häusern etwas an Initiative, und es ist am besten, wenn die Menschen dann unter einem Vorgesetzten arbeiten oder dem Willen eines anderen gehorchen, wenn sie das auch nicht immer einsehen und manchmal dazu neigen, dies abzulehnen und sich selbst Macht und Ansehen verschaffen wollen. Aber sie tun nicht gut daran und haben kein Glück. Die Häuser 3 und 9 sind die eigentlich intellektuellen und auch die positivsten. Sie verleihen viele und verschiedene Interessen, bisweilen auch zwei oder drei Tätigkeiten, die gleichzeitig durchgeführt werden, sowie geistige Anpassungsfähigkeit. Die Häuser 6 und 12 beziehen sich besonders auf Arbeiten und auf Beschäftigungen, die in Zusammenhang mit den Volksmassen stehen. Sie sind auch ruhiger, zurückhaltender, schwerfällig und weniger ehrgeizig und unabhängig. Von ihnen ausgelöste Ereignisse sind entweder ganz persönlicher und privater Art oder oft auch von Geheimnis und Verschwiegenheit umgeben.

Diese Teilungen des Himmels in Eck-, folgende und fallende Häuser in ihrer direkten Analogie zu Handeln, Fühlen und Denken sind besonders interessant für diejenigen, die das Gesetz der Wirkung und der Gegenwirkung, des Karma, verstehen und die die Reinkarnationstheorie annehmen, da diese die Bedingungen aufdecken, unter denen jeder Mensch sein eigenes Geschick zu durchleben hat.

Der schnellaufende Mond und der energische, impulsive Mars sind die charakteristischsten Himmelskörper, die zum kardinalen Eckhäuser-Kreuz gehören, aber das heißt natürlich nicht, daß sie im strengen Sinne die Vierheit beherrschen. Jeder beliebige Planet, der in einem dieser vier Häuser steht, wird von *Rajas* beeinflußt, und je näher er den Spitzen der Häuser, den vier Ecken des Kreuzes, steht, desto stärker wird dieser Einfluß sich auswirken. Die Kennzeichen dieses Kreu-

zes sind: Schnelligkeit der Bewegung, häufiger Wechsel, Ru-
helosigkeit, Trennung, Individuation und andere Züge, die mit
Notwendigkeit aus diesen folgen und variieren, je nachdem,
ob sie weise oder unklug, zum guten oder Schlechten angewandt werden.

Das feste, folgende Kreuz betont einen Basiswinkel von je-
dem der vier Dreiecke, nämlich diejenigen, die die Spitzen
des 2., 5., 8. und 11. Hauses und Zeichens bilden. Sonne und
Saturn sind typische Vertreter dieser festen Vierheit, deren
Merkmale sind: Festigkeit, langsame Bewegung, seltener
Wechsel, Selbstsicherheit, Widerstandskraft gegen äußere
Einflüsse, Willenskraft, Zähigkeit und Entschlossenheit. Wie
alle anderen Kräfte kann man diese zum Guten oder zum
Schlechten anwenden und sie variieren, je nachdem, ob sie
durch Feuer, Luft, Wasser oder Erde wirken.

Das veränderliche, fallende Kreuz betont den zweiten Basiswinkel jedes der vier Dreiecke, nämlich diejenigen, die die
Spitzen des 3., 6., 9. und 12. Hauses und Zeichens bilden.
Merkur und Jupiter gehören von den Planeten hierher. Die
Merkmale dieser Vierheit sind rhythmische Bewegung, Einordnung, Ausgleich, Kraftübertragung, Ausstellung von Beziehungen, Ordnung, Zusammenhang, Gestaltung der Form, Zusammenziehung sonst getrennter Einheiten im Reich der
Materie wie des Geistes.

Die Beziehung von Zeichen und Planeten zu den Häusern

Wenn man den Gedanken erfaßt hat, daß die Häuser der konkrete Ausdruck des Lebens im physischen Körper sind, so wird
man leicht verstehen, daß ihre natürliche Bedeutung und Kraft
wächst oder abnimmt, je nachdem, ob die Natur der Zeichen
und Planeten den Häusern, in die sie fallen, ähnlich sind oder
nicht.

Jedes Zeichen kann an der Spitze eines jeden Hauses stehen, aber für unseren gegenwärtigen Zweck genügt es, die
drei Kreuze oder Vierheiten ins Auge zu fassen, von denen folgende Tabelle die möglichen Variationen wiedergibt:

Eckhäuser	folgende Häuser	fallende Häuser
kardinal	fest	veränderlich
fest	veränderlich	kardinal
veränderlich	kardinal	fest

Kardinale Zeichen an Eckhäusern werden die Neigung zu geistiger oder physischer Aktivität stark betonen; sie bringen den Geborenen durch seine eigenen Handlungen, den Ausdruck seines Selbst im guten oder schlechten Sinne vor die Öffentlichkeit. Steht auch noch die Mehrzahl der Planeten dort, dann ergibt sich ein Leben höchster Aktivität, voller Interessen und vielfacher Erfahrungen; sind die Aspekte aber schlecht, dann entsteht viel Streit und Zank, Neid, Opposition und Feindschaft, Verlust von Freunden und Bruch von Bindungen.

Feste Zeichen an den Eckhäusern setzen das Wunschleben in Handlungen um; vom Gefühl bestimmte Bewußtseinszustände drängen nach außen, und man darf dabei nicht vergessen, daß das Wort Wunschleben eine fast endlose Reihe hoher und tiefer, einfacher und komplexer Gefühle und Empfindungen umfaßt. Außerdem werden sich Abneigung gegen Veränderungen, die Äußerung eines gewissen Maßes Hartnäckigkeit, Starrheit, Konservatismus – oder Trägheit als Merkmale dieser Vierheit zeigen.

Veränderliche Zeichen an den Eckhäusern zeigen an, daß Erkennen und Handeln in Berührung treten. Handlungen entstehen aus Motiven des Denkens, weniger des Fühlens; es werden sich Züge dieser Vierheit zeigen wie Spaltung im Denken, Fühlen oder Handeln, Anpassungsfähigkeit, kritische Haltung, Gleichgültigkeit usw.

Der Mann der Tat, dessen Fühlen und Denken vor allem nach praktischen Erfolgen in der Außenwelt verlangt, kommt besser zum Ausdruck, wenn kardinale Zeichen an den Eckhäusern stehen. Für einen Organisatoren, Staatsmann, Kaufmann oder

Philanthropen ist es am günstigsten, wenn er unter festen Zeichen geboren ist. Ein Schriftsteller, Geistlicher, Verleger, Reisender, Seher, Arzt oder Pfleger wird am besten mit veränderlichen Zeichen an den Eckhäusern wirken.

In allen diesen Fällen sind natürlich die Planetenpositionen höchst wichtig. Unterstreichen sie die Angaben des aufsteigenden Zeichens, so verstärkt dieses das Horoskop beträchtlich; widerspricht sich aber beides, so erfolgt entweder eine Durchdringung, oder die Planetenstellung überwiegt den Aszendenten-Einfluß.

Es wäre überflüssig, hier alle denkbaren Kombinationen durchzusprechen. Kardinale Zeichen und Eckhäuser beziehen sich insbesondere auf Ereignisse in der Außenwelt, die entweder ganz selbstgewollt oder auch unvermeidlich sind. Feste Zeichen und folgende Häuser haben mehr mit Wunsch oder Willen und Streben nach Handeln zu tun. Veränderliche Zeichen und fallende Häuser wirken mehr auf das Denken als auf das Handeln.

Zeichen und Planeten, die bei der Geburt in folgenden oder fallenden Häusern standen, sind in den frühen Lebensjahren mehr oder weniger latent; sie kommen erst zur Auswirkung, wenn sie durch die Direktionsbewegung des Horoskops in die Eckhäuser fallen. Das macht – vom äußeren Standpunkt aus – die Eckhäuser zum wichtigsten Teil des Horoskops und vielleicht auch zum wünschenswertesten, bis wir erkennen, daß Handlungen im schlechten wie guten Sinne die Umgebung erzeugen. Das erkennt man deutlich, wenn man die beiden von Saturn, dem Planeten der Beschränkung und des Widerstandes, vertretenen Extreme ansieht. Der eine Mensch mit aufsteigendem Saturn wird alle Schwierigkeiten und Hindernisse als Gelegenheiten zur Willenssteigerung ansehen, Geduld und Ausdauer üben und dadurch Erfolg und Ehren erlangen. Ein anderer Mensch, der über seine Beschränkungen grollt und über seinen Leiden brütet, wird sich überholen und hindern lassen und in Schmerz und Verzweiflung versinken. Das wird von dem Charakter abhängen, die Tierkreis-Stellung und Aspekte zeigen. Beide werden Gelegenheiten zum Handeln haben, aber die geistige Haltung wird entscheiden, welchen Gebrauch sie davon machen.

Die folgende Ordnung der Zeichen beruht auf Anregungen der *Pranava Vada:*

Selbst	Nicht-Selbst	Beziehung	Summierung
Widder	Stier	Zwillinge	Krebs
Löwe	Jungfrau	Waage	Skorpion
Schütze	Steinbock	Wassermann	Fische

Zum Schluß sei betont, daß es zwei Hauptarten gibt, die Zeichen und Häuser zu klassifizieren. Man kann sie aus drei Kreuzen oder vier Dreiecken zusammensetzen. Nimmt man vier Dreiecke, so vergleichen sie sich den vier Elementen oder Formen der Materie: Erde, Wasser, Luft und Feuer. Dann legt man die Spitze des Feuerdreiecks nach Osten, die des Luftdreiecks nach Westen, das Erddreieck zeigt mit seiner Spitze auf den Zenit, das Wasserdreieck zum Nadir. Dieser Gedanke soll im nächsten Kapitel weiter erörtert werden.

VI Die Häuser

Die Engel des Lichtes offenbaren sich in: (I) Herrschaft, (II) Weisheit, (III) Sieg, (IV) Glaube, (V) Reinheit, (VI) Wahrheit, (VII) Vertrauen, (VIII) Geduld, (IX) Freimut, (X) Güte, (XI) Gerechtigkeit, (XII) Licht. Diese zwölf Engel entsprechen den zwölf Tierkreiszeichen.[20]

In diesem Kapitel werden wir den Gegenstand nach denselben allgemeinen Richtlinien behandeln wie im vorigen, aber dabei der praktischen Anwendung der dort ausgeführten Ideen besondere Beachtung schenken. Unter einem geometrischen Gesichtspunkt kann man jedes Horoskop so betrachten, daß es sich aus vier verflochtenen Dreiecken zusammensetzt, wobei an jeder der vier Ecken des Keuzes im Kreis die Spitze eines Dreiecks zu liegen kommt.

Das Erd-Dreieck hat seine Spitze am 10. Haus und seine Basis vom 2. zum 6. Haus. Es bezeichnet die eigentliche physische Einteilung und repräsentiert den Ruf und die Ehre, die Stellung und die physische oder körperliche Gesundheit als Ganzes; seine Grenzen sind weltlicher Ruhm und weitreichende Berühmtheit. Durch das 2. Haus repräsentiert es physischen Besitz, Reichtum und Geldanhäufung; durch das 6. Haus Arbeit, Beschäftigung, Ernährung, Untergebene und alle Arten von Diensten.

Das Wasser-Dreieck, das die physische und emotionale Wesensart repräsentiert, hat seine Spitze am 4. Haus, dem Haus der Häuslichkeit, der Kindheit, des Gefühls, der Empfindungswelt und aller seelischen Erlebnisse. Seine Basis liegt vom 8. zum 12. Haus; das 8. Haus bezeichnet die Kräfte der Zeugung und der Wiedergeburt, die Befestigung der Gefühle und den Einfluß anderer; das 12. bedeutet Läuterung der Empfindungen, Erkenntnis aus Gefühlsquellen und Selbstauflösung durch Mißbrauch persönlicher Gefühle.

Das Feuer-Dreieck hat seine Spitze am 1. Haus, dem Haus des Gehirns und des geistigen Habitus, und seine Basis vom 5. zum 9. Haus. Diese Häuser sollen die Vergangenheit (5. Haus), die Gegenwart (1. Haus) und die Zukunft (9. Haus) darstellen. Das beruht auf den Geistesverfassungen, die sie bedeuten:

5. Haus, *fest/Feuer:*   vererbte geistige Qualitäten – vergangenes Karma;

1. Haus,   Haus des neuen und noch ungeform-
Kardinal/Feuer: ten Geistes, der sich nach der Qualität des Rajas ändert;

9. Haus,   das Haus dessen, was sein sollte.
veränderlich/Feuer:

Daher zeigt das 9. Haus die Einsichten und das Streben nach dem Zukünftigen, die Möglichkeiten des höheren Denkens. Abgesehen von den Häusern bezeichnen dies auch die Herrscher der Feuer-Dreiheit der Zeichen: Die Sonne, Herr des fünften Zeichens Löwe, repräsentiert den in der Vergangenheit geschaffenen Charakter, die Individualität; der Mars, Herr des ersten Zeichens Widder, die gegenwärtige Persönlichkeit, und Jupiter, der Herr des neunten Zeichens Schütze, das philosophische Denken und die Sammlung der Frucht dieses Lebens in der Aura und als zukünftiges Karma.

Das Luft-Dreieck hat seine Spitze am 7. Haus, dem Haus der Vereinigung, der Wahrnehmung und Verfeinerung. Es ist das Dreieck der Intuition und hat seine Basis vom 11. zum 3. Haus, den Häusern der Vernunft und des Gedächtnisses.

Die Verflechtungen der Dreiecke besagt, daß sie komplementär oder Gegenstücke sind. In den Horoskopen, in denen bei der Geburt das Zeichen Widder aufsteigt, folgen die Zeichen in derselben Reihenfolge wie die entsprechenden Häuser; in anderen Horoskopen aber wird sich bei der Ausdeutung der Zeichen an der Spitze jedes Dreiecks manche Schwierigkeit ergeben.

Die einfachsten und am wenigsten komplexen Horoskope sind in der Regel diejenigen mit Widder-Aszendenten. Dann folgen alle die, in denen ein Feuerzeichen aufsteigt. Horoskope werden schon komplizierter, wenn sich am Aszendenten andere Zeichen finden. Am schwierigsten sind die, in denen Waage aufsteigt, denn dieses Zeichen kehrt die natürliche Entsprechung zwischen Zeichen und Häusern vollständig um; es bringt den ursprünglich westlichen Einfluß an die Ostseite und überträgt das Feuer-Selbst des Widders auf das altruistische Nicht-Selbst des 7. Hauses.

Die verflochtenen Dreiecke der Persönlichkeit

Die Zeichnung 4 illustriert die Verflechtung des physischen und des psychischen Dreiecks, wobei die Häuser in der natürlichen Entsprechung zu den Zeichen eingesetzt sind. In den Fällen, wo in regelmäßiger Ordnung Widder am 1. Haus, Stier am 2. Haus steht usw., stimmen Zeichen und Häuser ganz überein. Aber auch in Fällen, wo Zeichen und Häuser nicht so zusammenfallen, repräsentieren *die Häuser* stets diese Dreiecke:

Das 10., 2. und 6. Haus repräsentieren das physische Dreieck; das 4., 12. und 8. Haus das psychische Dreieck.

Planeten in diesen Häusern werden durch die repräsentierten Ebenen beeinflußt und wirken auf ihnen.

Die Spitze des physischen Dreiecks ist das 10. Haus; es bezeichnet die Zusammenfassung der physischen Bedingungen. Der Teil des pyhsischen Körpers, der dem Zeichen an der Spitze des 10. Hauses untersteht, ist der sensitivste, denn er zeigt den kritischen Punkt der Lebensströme an. Planeten in diesem Haus sind weniger abhängig von der Zeichen-Position als Planeten mit der gleichen Zeit-Position, die jedoch in einem anderen Haus wirken. Diese Regel gilt modifiziert auch

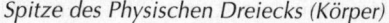

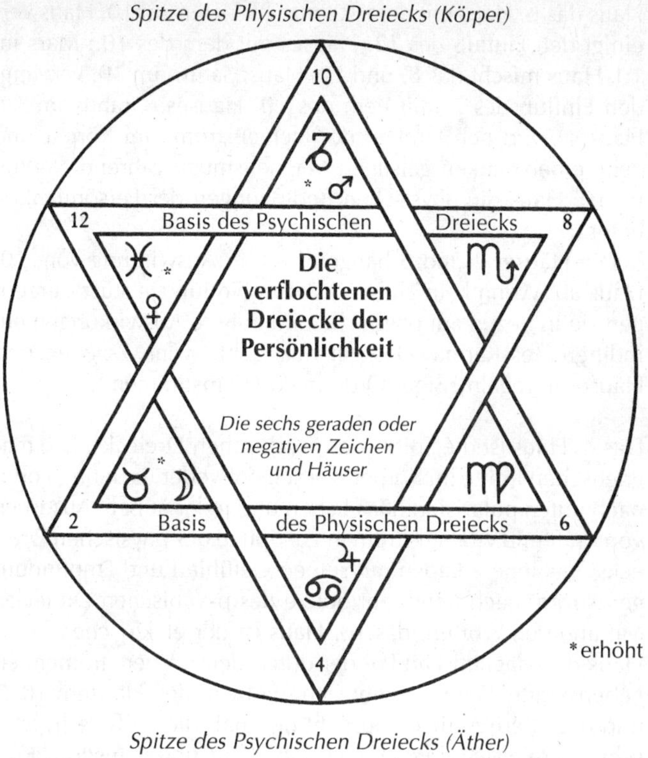
Spitze des Physischen Dreiecks (Körper)
10
12
Basis des Psychischen
Dreiecks
8
Die verflochtenen Dreiecke der Persönlichkeit
Die sechs geraden oder negativen Zeichen und Häuser
2
Basis
des Physischen Dreiecks
6
4
*erhöht
Spitze des Psychischen Dreiecks (Äther)

Zeichnung 4

für Planeten im 1. oder 7. Haus, noch mehr für Planeten im 4. Haus, denn die Eckhausstellung der Planeten ist unabhängiger vom Zeicheneinfluß, als es sonst der Fall ist.

Die Sonne hat im 10. Haus große Kraft und verleiht Lebensfülle. Sie mischt den Einfluß des 1. mit dem des 10. Hauses, weil die Sonne im Widder, dem normalen Zeichen des 1. Hauses, erhöht ist. Der Mond im 10. Haus vereinigt den Einfluß des 2. Hauses, mit dem des 10., weil er im Stier, dem regulären Zeichen des 2. Hauses, das Ruf und Geld bezeichnet, erhöht ist. Ähnlich kann man ableiten, daß Merkur im 10.

Haus das 6. Haus mit dem 10. mischt; Venus im 10. Haus vereinigt den Einfluß des 12. Hauses mit dem des 10.; Mars im 10. Haus mischt das 8. und 10. Haus; Saturn im 10. vereinigt den Einfluß des 7. mit dem des 10. Hauses. Uranus im 10. Haus steigert den Umlauf der Nervenströme im Körper und zeigt einen starken geistigen Magnetismus, während Neptun im 10. Haus die physischen Bedingungen der Persönlichkeit betont.

Die Häuser 2 und 6 hängen in ihrer Auswirkung vom 10. Haus ab. Wenn kein guter 10.-Haus-Einfluß sie stützt, erzeugen sie in bezug auf physische und äußere Auswirkungen ein indifferentes Karma. Das gilt nur nicht, wenn Zeichen und Häuser in regelmäßiger Ordnung übereinstimmen.

Das 4. Haus ist die Spitze des psychischen Dreiecks. Die magnetischen Kräfte im Körper werden entweder nach oben oder nach unten polarisiert. Das Leben und jeder äußere Ausdruck von Kraft und Vitalität strömen zur Spitze des physischen Dreiecks; das innere Leben mit seinen Gefühlen und Empfindungen strömt nach unten zur Spitze des psychischen Dreiecks. Mit anderen Worten, das 10. Haus ist der elektrische, das 4. Haus der magnetische Pol der durch den Körper strömenden Lebenskräfte. Daraus ergibt sich, daß von den Häusern 10, 2 und 6 größere Aktivität ausgeht und daß die größere psychische Energie sich durch die Häuser 4, 12 und 8 ausdrückt.

Diese Dreiecke sind die objektive und die subjektive Manifestation der zwei Wesenszustände; sie repräsentieren die zwei Hälften des Menschenwesens in den beiden Geschlechtern, die Mischung der männlichen und weiblichen Elemente.

In jedem Horoskop, in dem die Erdzeichen am physischen Dreieck erscheinen, gleichwohl in welcher Ordnung, wird die Kraftäußerung auf der physischen Ebene harmonisch sein. Dasselbe gilt für die Wasserzeichen am psychischen Dreieck.

Daß Mars im Steinbock und der Mond im Stier, also im pyhsischen Dreieck, erhöht sind, zeigt, daß sie den rein physischen Lebensformen nahestehen und im allgemeinen eine harmonische Mischung der physischen und der ätherischen

Ebene bedeuten. Beim Mond, dem Herrn des psychischen Dreiecks, zeigt sich eine enge Verbindung des Physischen und des Astralen, die sich schwer löst. Der Mond zeigt hier eine starke physische Erbschaft und gewöhnlich die Tatsache an, daß feste, kaum je gelöste Familienbande bestehen. Er gibt im allgemeinen eine ausgeglichene Persönlichkeit. Die Eröhung des Mars deutet an, daß sich der Körper nicht leicht auflöst.

Planeten im 4. Haus wirken auf das psychische Dreieck ein. Saturn steht in gewissem Grade feindlich zu diesem Dreieck, macht es leicht zu stofflich und zu sehr physischen Bedingungen unterworfen. Auch Merkur und Uranus sind hier nicht gut gestellt, da das Nervensystem dann zu sensitiv ist. Mars ist hier nicht gut für die Gesundheit und zerstört und zersetzt sie. Jupiter, der im 4. Zeichen erhöht ist, ist hier günstig und verleiht Expansion und Fülle. Man erkennt also, daß die guten Planeten Jupiter und Venus die stärksten in diesem Dreieck sind, da sie beide mit der emotionalen und physischen Natur sympathisieren.

Die verflochtenen Dreiecke der Individualität

In Zeichnung 5 sieht man die Verflechtung des höheren und des niederen geistigen Dreiecks. Diese betreffen mehr das Individuum und repräsentieren den objektiven und den subjektiven Geisteszustand, auch die männliche und weibliche Geisteshaltung des Menschenwesens.

Das 1. Haus ist die Spitze des Mentalkörpers oder Geistes,[21] da es sich durch das Gehirn äußert. Vom Dreieck selbst kann man daher sagen, daß es viel geistigen Stoff darstellt, der seine Färbung durch die Zeichen an Spitze und Basis erhält.

Die Häuser zeigen den Fluß des geistigen Materials, der durch das Gehirn und seine Verzweigungen bedingt ist. Er wird primär bestimmt durch das Selbst im 1. Haus, wirkt sich in der Zeugung durch das 5. Haus und als geistige Schöpfung durch das 9. Haus aus. Die Planeten in diesen Häusern haben direkten Einfluß auf den Geist des Geborenen; steht die Sonne

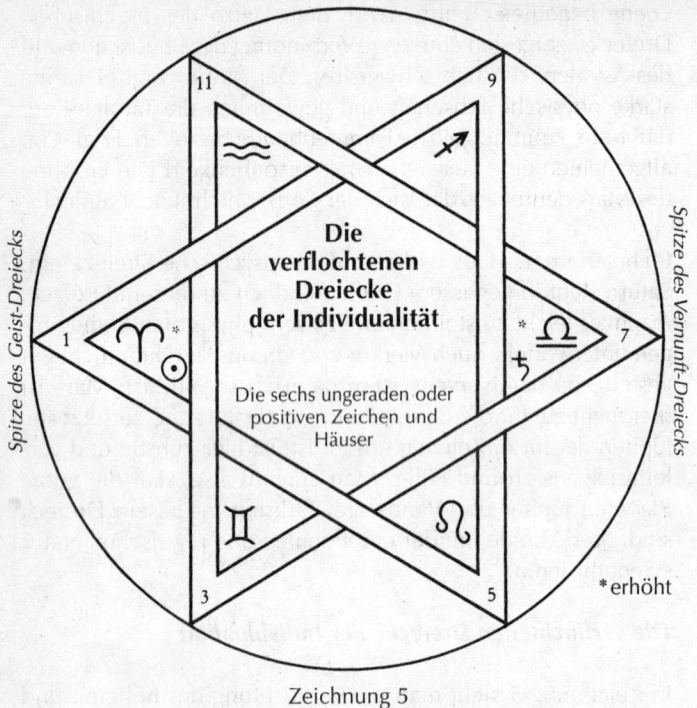

Die
verflochtenen
Dreiecke
der Individualität

Die sechs ungeraden oder
positiven Zeichen und
Häuser

Spitze des Geist-Dreiecks

Spitze des Vernunft-Dreiecks

11

9

1

7

3

5

*erhöht

Zeichnung 5

im 1. Haus, so erhellt sie das Denken im Gehirn; im 5. verleiht sie große Zeugungskraft, und im 9. Haus regt sie die schöpferischen Fähigkeiten an, denn die Sonne belebt jedes Dreieck, das sie besetzt. Der Mond in irgendeinem dieser Häuser ergibt eine psychische Geisteshaltung und stärkt die geistige Rezeptivität. Uranus verleiht dem Denken Originalität, und Neptun macht es träumerisch. Jupiter erweitert, Saturn verengt, Venus verfeinert es, während Mars die Neigung hat, das Denken bestimmt und nachdrücklich zu machen. Wenn ein Feuerzeichen in der Reihenfolge dieses Dreiecks steht, so ist das für die normale geistige Entwicklung günstig. In zweiter Linie ist es mit den Luftzeichen verwandt, nicht aber mit den Erd- oder Wasserzeichen.

Das Luft-Dreieck, dessen Spitze am 7. Haus liegt, betrifft das höhere, spirituelle Denken.[22] Es ist das Dreieck der Läuterung und Einheit und ist enger als die anderen Dreiecke mit dem Höheren Selbst verknüpft. In der Verflechtung mit dem Feuer-Dreieck zeigen sich subjektive und objektive Geisteshaltung, und die eine wirkt auf die andere zurück. Es hat eine sekundäre Verwandtschaft mit dem Wasser-Dreieck, aber kaum eine mit dem Erd-Dreieck.

Das Luft-Trigon hat von allen Dreiecken die stärkste Verwandtschaft zu Uranus. Saturn hat in der Waage, der Spitze dieses Dreiecks, seine Erhöhung. Wenn die Gerinnsel des niederen Geistes aufgelöst sind, wird die Individualität jedes Menschenwesens in der Waage gewogen, in jenem Zeichen, in dem die Persönlichkeit endgültig in die Individualität eintaucht.

VII Esoterische Betrachtung
des Tierkreises

Der Abstieg und Wiederaufstieg der Seele ist untrennbar von den Tierkreiszeichen, und es entspricht der Lage der Dinge mehr, an eine geheimnisvolle Sympathie zwischen der metaphysischen Seele und den hellen Gestirnungen und an den Einfluß der Sterne auf diese Seele zu glauben, als die absurde Idee zu vertreten, die Schöpfer des Himmels und der Erde hätten die Typen der zwölf jüdischen Stämme an den Himmel versetzt.

H. P. Blavatsky »Die Geheimlehre«

In der Esoterischen Astrologie ist der Tierkreis die Grenzlinie der irdischen Einfluß-Sphäre und die Bildergalerie dessen, was man als Astrallicht bezeichnet, die subtile Existenzform im Grunde unseres materiellen Universums. In diesem Astrallicht ist die ganze Weltgeschichte von Anfang bis Ende ihres Kreislaufes bildlich dargestellt, und der Tierkreis ist die Synthese der Substanz der Welt, in der die Erinnerung aller Geschehnisse der Vergangenheit, Gegenwart und Zukunft wie in einem ewigen Gedächtnis aufbewahrt bleibt. Er ist das Buch des Lebens, das am Tage des Gerichtes gelesen wird. Der esoterische Tierkreis ist daher eine empfindliche Schicht, die das Bindeglied zwischen der subjektiven und der objektiven Seite der Schöpfung bildet und Himmel und Erde oder Geist und Materie verbindet.

Obwohl der Tierkreis das Alphabet des Astrologen ist, aus dem er die Kraft erhält, seine astrologische Symbolik auszulegen, ist er doch ein Kreis des Geheimnisses und abgründiger als die Planeten. Die Lebenswichtigkeit des Tierkreises ist seit langem erkannt, und seine Natur ist so weit enthüllt, daß kein Zweifel mehr über seinen Einfluß auf das menschliche Leben und Schicksal besteht. Aber es heißt, der Schlüssel, der die Geheimnisse des Tierkreises aufschließt, müsse siebenmal umgedreht werden, und man erkennt die Wahrheit dieser Behauptung, wenn man weiß, daß jedes Zeichen ein Begriffszeichen, eine Ziffer, eine Farbe, ein Ton usw. ist und nur alles zusammen den vollkommenen Resonanzboden seines Wesens darstellt.

Mathematisch ist der Tierkreis in seiner vollendeten Form eine Einheit, aber sein ihm innewohnendes Wesen ist teilbar. Er ist der Mutterschoß des irdischen Universums, in den der Keim der ewigen Substanz gelegt wird und aus dem alle Formen und Gestalten geboren werden, so daß jeder Charakter in sich eine wesentliche Eigenschaft vom Zeichen seiner Geburt erhält.

Genauso wie die Strahlen der Sonne jeden Grad des Tierkreises durchleuchten und beleben, so geben die Strahlen der Monade, die in den mütterlichen Schoß der irdischen Welt eindringen, jedem Ich seinen eigenen Ton und seine besondere Färbung. Diese Strahlen sind zwar ewig rein und unbefleckt, werden aber an Ausdrucksformen oder -träger gebunden, die andere Töne und Färbungen in sich aufnehmen und das Ich in Verwirrung bringen und es so in Umgebungen führen, die die besondere Art seines Schicksals erklären.

Jedes individualisierte Selbst, das seine Sonderexistenz antritt, ist ein reiner Strahl des Göttlichen Lichtes, eingeschlossen in einem farblosen Häutchen reiner Substanz. Es ist eine in die Welt der Erscheinungen ausgeworfene Saat, die dem Vater im Himmel gleich werden soll. Ehe sie aber diese Welt erreicht, muß die Saat durch einen der Strahlen hindurch, die direkt mit den Herren der Tierkreiszeichen in Verbindung stehen, denn ohne dieses Bindeglied gibt es keinen wahren Eintritt in die irdische Welt. Diese Strahlen sind die »Söhne des Geistes«; jeder von ihnen hat einen besonderen Klang und eine Eigenfarbe, und diese vermitteln sie den unter ihrem Schutz und ihrer Leistung stehenden Individuen. Sie sind die ewigen Glieder zwischen Geist und Stoff, und durch diese Söhne des Geistes hat der Mensch sein Denkprinzip erhalten. Das geistige Erbe des Menschen leitet sich also von jenen Herrschern des Lichtes her, die die sieben Geister vor dem Throne Gottes sind, und sie führten ihn durch den Einfluß der sieben Planeten zu dem Zeichen, unter dem er geboren wird. Im Wesen, als einen »Bruchstück Gottes«, kommt der Geist des Menschen von der Ebene des

Logos mit seinen noch unentfalteten Möglichkeiten herab. Mit Hilfe der Göttlichen Strahlen zieht er auf der höheren mentalen Ebene um den Geist herum Materie an sich, in der er seinen Ausdruck sucht; so schafft er sich als Träger einen Kausalkörper, der in sich die Urfärbung des Vaters im Himmel trägt. Innerhalb dieses Kausalkörpers entwickelt sich das Ich, das Bewußtsein des Menschen, das sich selbst erkennt als »Ich bin ich«; von diesem Kausalkörper fällt dann bei der Geburt ein Strahl in den physischen Körper, der in der physischen Welt als die Persönlichkeit bezeichnet wird.

Auf der physischen Ebene erscheint uns der Mensch als ein aus Geist, Seele und Körper zusammengesetztes Wesen.

– Der Geist des Menschen ist ein Zentrum im Weltbewußtsein – eine Bewußtseinseinheit.
– Die Seele des Menschen ist spirituell, menschlich oder tierisch, je nach Ebene oder Qualität der Materie, mit der sich sein Bewußtsein für die Zeit des Seins vereint oder identifiziert.
– Es ist der Körper des Menschen, mit dem der Kausalkörper direkt auf der Ebene, auf der er arbeitet, in Kontakt tritt. Um auf der physischen Ebene zu wirken, braucht er daher einen physischen, festen Körper; auf der seelischen Ebene einen Astralkörper und auf der spirituellen Ebene einen sublimierten, rein geistigen Körper.

Diese Körper oder Bewußtseinsträger verfolgen wir in den Tierkreiszeichen; so ist der physische Körper auf der physischen Ebene der Träger für die Auswirkung alles dessen, was sich durch ihn von den subtileren Bewußtseinszuständen offenbaren kann, denn jedes Menschenwesen ist ursprünglich göttlich. Es ist daher eine Frage der Entfaltung des Individuums in einer Vielfalt von Formen, wobei das Temperament und die Art der Materie ihre lebenswichtige Rolle spielen.

Die Teilbarkeit des Tierkreises liefert eine Auswahl passender Träger für jedes denkbare Ich, und wenn auch die Grundprinzipien für alle die gleichen sind, so hat doch jedes Individuum, innerhalb gewisser Grenzen, genug Raum, um seine Eigenart frei auszudrücken. Es hat sozusagen viel Raum in der Vertikalen bei einer beschränkten Ausdehnung in der Horizontalen.

Diese Grundprinzipien sind an den Willens-, Wissens- und Handlungs-Aspekt des Bewußtseins gebunden und haben für den Ausdruck in der Welt der Formen ihre Linien geringsten Widerstandes in den festen, veränderlichen und kardinalen Zeichen. Jedes Zeichen, das zu diesen Qualitäten gehört, hat eine siebenfältige Ausdrucksform, wodurch unzählige Untereinflüsse entstehen. Diese Zeichen der Qualität verleihen jedem Körper auch seine Stabilität, Flexibilität und Reaktionsfähigkeit. Sie bilden die drei wichtigsten Vierheiten des Tierkreises, aus denen die vier Dreiheiten der Elemente gebildet werden. Durch diese sieben verschiedenen Gruppen erhält jedes einfache Tierkreiszeichen als Ideogramm (Begriffsbild), Farbe, Klang oder Zahl seine größte Komplexität. Sie beginnt damit, daß der Tierkreis in zwei Hälften positiver und negativer Zeichen geteilt wird, die durch ihre abwechselnde (alternierende) Stellung die unlöslich verschlungenen zwei großen Drachen des Lebens und der Form bilden.

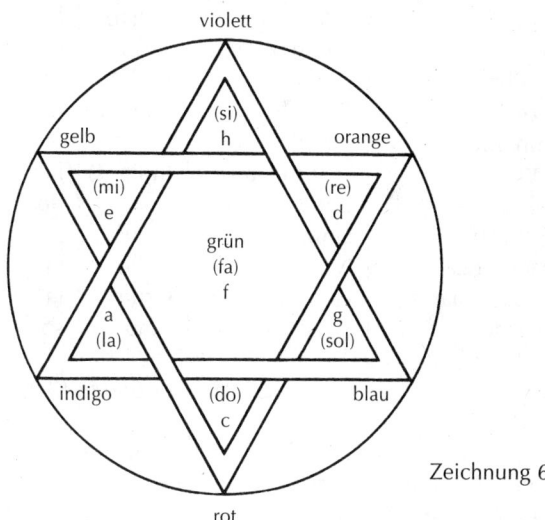

Zeichnung 6

Jedes Zeichen, ob positiv oder negativ, ist ein Ideogramm von hoher Wichtigkeit zur Enträtselung der Geheimnisse der Natur, wenn man nur seine Hieroglyphen richtig deutet. Vor allem mit dieser inneren Deutung beschäftigt sich die Esoterische Astrologie. Die Töne und Farben stehen in Beziehung zu der dreifachen Anordnung der Zeichen, denn primär erzeugt diese in den kardinalen, festen und veränderlichen Zeichen die Farben Violett, Indigo und Blau, mit Grün als Mittelfarbe (Obertöne in Klang und Farbe.) Umgekehrt erzeugen diese wieder die veränderliche, die feste und die kardinale Dreiheit in Gelb, Orange und Rot (Zeichnung 6).

Auch die Töne stehen in derselben Ordnung, aber da sich die Zahlen je nach dem im gegebenen Moment aufsteigenden Zeichen verschieben, kann keine *unbedingte* Ordnung für sie angegeben werden. Zu späterer Verwendung können wir diese Anordnung folgendermaßen aufzeichnen:

Zeichen	Merkmal	Farbe	Ton	
Widder	Intuition	Rot*)	do*)	(c)
Stier	Sektretion	Indigo	la	(a)
Zwillinge	Vernunft	Gelb*)	mi*)	(e)
Krebs	Gefühl	Violett	si	(h)
Löwe	Treue	Orange	re	(d)
Jungfrau	Zirkulation	Gelb	mi	(e)
Waage	Wahrnehmung	Indigo*)	la*)	(a)
Skorpion	Zuneigung	Rot	do	(c)
Schütze	Einblick	Blau*)	sol*)	(g)
Steinbock	Absorption	Grün	fa	(f)
Wassermann	Gedächtnis	Grün*)	fa*)	(f)
Fische	Empfindung	Blau	sol	(g)

*) *Obertöne in Klang und Farbe*

Esoterisch kann man eine genaue Entsprechung zwischen dem Menschen und dem Tierkreis feststellen. Dabei hat jeder Teil des Kreises seinen Höhe- und Wendepunkt, und Zeichen wie Triplizitäten von Zeichen erneuern sich laufend vom Licht zur Finsternis, von der Sublimation zur Verdichtung. Wenn man den Kreis an seinen vier Hauptpunkten teilt, ergeben sich all die Sonderfälle aus den primären drei Qualitäten, die immer, in dieser mystischen Vierteilung des Kreises, die mögliche vierte Qualität ahnen lassen. Alle steigen der Reihe nach auf, kulminieren und gehen unter. Unternimmt man die Teilung der vier Dreiheiten von Feuer, Erde, Luft und Wasser, so findet man, daß jede Dreiheit untrennbar ist von den drei Qualitäten. Daraus entsteht eine Vielzahl und Verflechtung von Ausdrucksmöglichkeiten, in die das menschliche Bewußtsein verstrickt ist und seinen göttlichen Ursprung vergessen hat.

Das Wissen um den göttlichen Ursprung des Bewußtseins ist der Mehrheit der Erdbewohner infolge des Materialismus unseres Zeitalters verlorengegangen. Die Astrologie hat nun zwar die dunkelsten Perioden überdauert, aber sie hat auch unter der Materialisierung gelitten. Schließlich fand man eine exoterische und objektive Darstellung für sie, die hinter der Wahrheit der Astrologie ebenso weit zurückbleibt wie der Bergsee unter dem höchsten Gipfel. Es bleibt zu hoffen, daß die Esoterische Astrologie durch Vereinfachung ihrer metaphysischen Deutung den göttlichen Ursprung des Menschen von den gröberen Formen der Offenbarung bis zu den sublimiertesten aufzeigen wird, bis man nicht nur sieht, daß nur ein Leben in der wundervollen Vielfältigkeit der Erscheinungen herrscht, sondern auch, mit welchem Recht die Astrologie den Satz betonte: »In *Ihm* leben, weben und sind wir.«

Die Astrologie als Wissenschaft erkennt Gut oder Böse nicht an. Sie beschäftigt sich nur mit Zuständen der Materie und des Bewußtseins. Was die drei Qualitäten in Wirklichkeit sind, können wir nicht beschreiben; es genügt aber die Feststellung, daß hinter diesen Qualitäten eine Substanz besteht, der die drei als homogenes Ganzes angehören. Ihre Auflösung in dreifachen Ausdruck bringt alles Geoffenbarte hervor. »Was sein kann, muß sein.« Diese Qualitäten sind: Stabilität, Wandlung und Harmonie oder Rhythmus. Sie sind wissenschaftlich bekannt als Trägheit der Materie, Bewegung und Vibration. Man kann sie auch ausdrücken als die drei Formen der Bewegung: die rotierende, die pendelnde und die vibrierende.

Die vier großen Teilungen der Elemente – jede Teilung eine Dreiheit, in der alle drei Qualitäten stets vereint sind – entsprechen gewissen Zuständen oder Aspekten des Bewußtseins, die sie vom astrologischen Standpunkt gewissermaßen repräsentieren.

Die Luftzeichen stehen an erster Stelle bei dieser Teilung. Sie enthalten die entwickelsten und wichtigsten der menschlichen Zeichen: Aquarius/Wassermann, Gemini/Zwillinge, Libra/Waage. Diese drei Zeichen stellen Harmonie und Synthese der drei anderen Dreiheiten von Zeichen dar. Sie bezeichnen auch die drei Qualitäten in ihrer subtilsten Form und sind daher die elementarsten und am wenigsten komplexen Zeichen des Tierkreises. Dennoch sind sie am schwierigsten zu deuten, da sie den unentwickelten Menschen täuschen und ihm nichts bedeuten und für den entwickelten oder wiedergeborenen Menschen die vielseitigsten und ausdrucksreichsten Zeichen sind. Sie entsprechen dem, was man als intellektuelles Selbstbewußtsein bezeichnet, dem Zustand des *Manas*, von indogermanischen *man* = denken.

Daher ist es klar, daß ein Mensch um so weniger auf diese Zeichen reagieren wird, je weniger unabhängig und selbständig er denkt, besonders, wenn es sich um stereotype und konkrete Gedanken handelt. Aber je mehr er denkt und den Geist in sich weckt und entwickelt, in dem er aus sich heraus im Abstrakten denkt, um so wahrscheinlicher findet er sein Bewußtsein auf dieser Stufe. Die Luft-Dreiheit entspricht dann dem Ideal der Abstraktion und Bildung, wie sie auch die Zeichen der wahren Kunst (Waage), der Musik (Wassermann) und der Literatur (Zwillinge) umfaßt. Es sind die Zeichen erhöhter Breite und größter Länge zugleich. Über diese Zeichen führt auch der Weg zu den höheren Sphären der Weisheit und zur Einheit (unio) des individuellen Willens mit dem Willen des Höchsten. Es sind die Zeichen des Gleichgewichts im Tierkreisfundamental und -spiral, an denen alle anderen Zeichen sich zwischen der objektiven und der subjektiven Seite der Natur wenden. In diesen Zeichen kehren sich die Tierkreis-Sphären um, und es öffnen sich der erleuchteten Vision des Sehers die höheren Planeten-Sphären. Es sind allgemein die Zeichen des Gedächtnisses, der reinen Vernunft und der klaren Erkenntnis. In jeder Dreiheit repräsentieren sie die drei dauernden, feinen Formen der Materie, die das Ganze der Weltsubstanz durchziehen. Jede Dreiheit hat, wie jedes Zeichen, einen hellen, einen ursprünglichen (primären) und einen dunklen Teil. Der primäre Teil, den stets das veränderliche Zeichen darstellt, ist der Angel- oder Wendepunkt, wo sich das feste Zeichen – der dunkle Teil – und das helle, kardinale Zeichen scheiden. Man darf aber diese Teilung der Zeichen nicht vom ethischen Standpunkt des »Gut« und »Böse« betrachten. Der Ausdruck »dunkel« soll Potential, Konzentration, verborgene Kraft umfassen, die auf Gelegenheit zur Äußerung wartet. Der Ausdruck »hell« bedeutet, was flüchtig, freiwillig, spontan, sich leicht äußernd oder überstürzt ist. Es sind die Zeichen des Vergangenen, Gegenwärtigen und Zukünftigen im ewigen Jetzt. Sie repräsentieren das *Sanchita, Prarabdha-* und *Vartamanam-*Karma (angesammeltes, angefangenes und kommendes Karma).

Eine Übersicht wird das Studium der weiteren Teilungen der vier Dreiheiten erleichtern (Zeichnung 7). Man sieht, daß in dieser Zeichnung die Luft-Dreiheit von den anderen Dreiheiten unter ihr ganz getrennt worden ist – durch die »Brücke«, die später noch zu erklären sein wird. Das soll nicht besagen, daß diese Zeichen keine Verbindung mit den übrigen Dreiheiten hätten. Im Gegenteil: Es sind die beziehungsreichsten Zeichen. In hohem Maße sind die anderen Dreiheiten Reflexe dieser Zeichen, was die Buchstaben a, b, c andeuten.

Die Dreiheiten der Feuer-, Erd- und Wasserzeichen kann man für alle praktischen Zwecke verwenden, um den gewöhnlichen, irdischen Menschen in seiner Dreiteiligkeit von Geist, Seele und Körper zu erfassen. Für die Erscheinungen auf der physischen Ebene genügen sie, um sein Wunsch-, Erkenntnis- und Willensleben und jeden normalen Ausdruck

ÜBERSICHT DER ESOTERISCHEN ASTROLOGIE

	Charakter und Richtung	Element und Qualität	Tatwa und Guna	im Bewußtsein existierend als	Drittelung oder Dekanate			Haus

SPIRITUELLE SPHÄRE

	Spirituell	**Luft**	**Vayu**	*Reines abstraktes Denken*	0-10°	10-20°	20-30°	Nr.
♒ a	Gedächtnis	fest	Tamas		♒	♊	♎	11
♊ b	Vernunft	veränderlich	Sattwa	*Synthese:* **Venus**	♊	♎	♒	3
♎ c	Erkenntnis	kardinal	Rajas	*Individualität*	♎	♒	♊	7

Kritisches Stadium

Saturn, der Planet der Individualisierung, trennt das Höhere vom Niederen, die Luft- von der Feuer-Dreiheit, und repräsentiert »die Brücke«, wo das Selbst in die Persönlichkeit eintritt durch die:

MENTALE SPHÄRE

	Mental	**Feuer**	**Agni**	*Niederes Denken*				
♈ c	Intuition	kardinal	Rajas	*Herrscher:*	♈	♌	♐	1
♐ b	Einblick	veränderlich	Sattwa	**Mond**	♐	♈	♌	9
♌ a	Treue	fest	Tamas	*Persönlichkeit*	♌	♐	♈	5

Kritisches Stadium

Die **Sonne** beherrscht dei Astralebene, das Bindeglied zwischen Feuer und Wasser durch die:

GEFÜHLS- UND EMPFINDUNGS-SPHÄRE

	Emotional	**Wasser**	**Apas**	*Gefühle*				
♋ c	Gefühl	kardinal	Rajas	*Herrscher*	♋	♏	♓	4
♓ b	Empfindung	veränderlich	Sattwa	**Mars**	♓	♋	♏	12
♏ a	Zuneigung	fest	Tamas	*Psyche*	♏	♓	♋	8

Kritisches Stadium

Der **Mond** beherrscht »Prana«, die Vitalität, durch Äther und Physis oder die:

PHYSISCHE SPHÄRE

	Physisch	**Erde**	**Prithivi**					
♑ c	Absorption	kardinal	Rajas	*Physis*	♑	♍	♍	10
♍ b	Zikulation	veränderlich	Sattwa	*Synthese:*	♍	♑	♍	6
♍ a	Sekretion	fest	Tamas	**Jupiter**	♍	♍	♑	2

a) Das Physische ist Reflex des Spirituellen, der Willenshaltung des Bewußtseins.

b) Das Emotionale ist Reflex des Spirituellen, der Wissenshaltung des Bewußtseins.

c) Das Mentale ist Reflex des Reinen Denkens, der Tathaltung des Bewußtseins.

Zeichnung 7

seiner Persönlichkeit zu beschreiben, über die der im Stier erhöhte Mond herrscht.

Die Zeichen der Erd-Dreiheit sind die synthetisch/physischen Zeichen und beziehen sich auf:

Steinbock: Ehre und Ansehen durch Handlung;
Stier: Besitz durch Wunschdenken;
Jungfrau: dienende Haltung und körperliche Gesundheit.

Der ätherische Körper, das Gegenstück des physischen, untersteht dem Stier, dem Zeichen der Sprachorgane und aller geheimen motorischen Kräfte. Das Bindeglied zum astralen oder physischen Körper stellt die Jungfrau dar, der das Kleinhirn und sympathische Nervensystem untersteht. Das »Fachwerk«, der Knochenbau gehört zum Steinbock, der durch das Willensleben auch Beziehung zur Mentalität und dem höheren Nervensystem hat und die Motive zum Handeln gibt. Also:

Stier: *Fühlen, Wünschen;*
Jungfrau: Denken, Erkennen;
Steinbock: Wollen,

gelangen durch diese Triplizität zu physischem Ausdruck im Handeln. Durch den Steinbock als Absorption wird die Persönlichkeit individualisiert. Die fünf Sinne summiert diese Dreiheit im Geruch, und ihr Weg zur Erweckung der inneren Sinne ist der des Ritus und der Zeremonie.

Die Wasser-Dreiheit umfaßt die Gefühls- und Empfindungsseite des Menschen. Sie beherrscht alle Triebe, Gefühle und Empfindungen, von der beschränktesten persönlichen Empfindlichkeit bis zum höchsten und echtesten Ausdruck der Frömmigkeit. Es ist die Dreiheit, die die Seele in allen ihren vielfältigen Ausdrucksformen repräsentiert, von der tierischen bis zu menschlichen, ja bis an den Grenzbezirk der spirituellen Seele. Betrachtet man die Wasser-Zeichen einzeln, dann

117

entspricht jedes Zeichen einem Gefühlston, der sich mit spezieller Färbung äußert.

Krebs: Im Krebs sind die Gefühle wandelbar, wirken sich stets aktiv aus, und Freud und Leid wechseln hier in unbeirrbarer Folge. Die Farbe dieses Zeichens ist blaß malvenfarbig oder violett; sie nimmt immer schönere helle und zarte Töne an, wenn sich die Gefühle läutern.

Skorpion: Im Skorpion, dem Zeichen der Zuneigung, äußern sich die Gefühle als Anziehung und Abstoßung; Liebe wie Haß sind aktiv und kaum jemals schwach ausgeprägt; meist macht es treu in Zuneigung und unversöhnlich im Haß. Die Farbe dieses Zeichens ist ein tiefes Dunkelrot mit vielfältigen hell- und dunkelroten Schattierungen. Das Wunschleben des Tierkreises, in dem das Gefühl sich zu dauernder Stimmung festigt.

Fische: In den Fischen sind die Empfindungen tief und umfassend; sie sind zwar zwiespältig und lieben das Seltsame, sind aber dabei unpersönlicher, und die Liebesseite tritt mehr hervor. Während sich in diesem Zeichen Haß kaum findet, so zeigt es auch Liebe zu aller stummen und hilflosen Kreatur und eine umfassende Sympathie. Der Auswurf und die Wracks dieses Zeichens sind diejenigen, denen es nicht gelungen ist, ihre Gefühle über Egoismus und Oberflächlichkeit hinauszuheben.

Die Wasser-Dreiheit repräsentiert den wichtigsten Faktor in unserem jetzigen, alltäglichen Leben; als Erreger treiben uns diese Zeichen vorwärts. Sie sind gewissermaßen der Dampf, der zum Handeln drängt.

Im Krebs beziehen sich die Gefühle auf das Selbst, im persönlichen oder individuellen Sinne; sie sind daher selbstbezogen, ist man allein betroffen. Im Skorpion werden die Gefühle immer von anderen ausgelöst, besonders durch seinesgleichen; in den Fischen erstrecken sie sich auf Tiefer- oder Höherstehende als Mitleid oder Ehrfurcht. In diesen Zeichen stammt die Freude aus ungehemmtem Gefühlsleben, der Schmerz aus Gefühlshemmungen und -beschränkungen. Die Erd- und Wasserzeichen gehören zusammen, da sie es beide mit der Formseite des Lebens zu tun haben – als die negativen oder formgebenden Zeichen des Tierkreises. Werden sie von außen beeinflußt oder durch äußere Umstände ausgelöst, so wirken sie persönlich; werden sie von innen, vom Subjekt aus, geleitet, so sind sie individuell und viel höher entwickelt. Krebs behält ein Gefühl nie sehr lange, Skorpion trägt es zur Hölle und Fische zum Himmel. Die Wasserzeichen sind also die am leichtesten zu beeindruckenden Zeichen des Tierkreises. Sie verhalten sich genau wie das Wasser: reflektierend wie der Spiegel eines Sees, ruhelos und wandelbar wie der eilende Fluß, immer voller Bewegung wie der Ozean. Das ist der Grund, warum sich psychische Phänomene so schwer fassen lassen, wenn sie nicht ein geschulter Seelenforscher deutet, der soviel höhere Einsicht entwickelt hat, daß er unter die Oberfläche der Erscheinungen dringen kann. Da sie das karmisch-astrale oder Wunschleben repräsentieren, das immer in die Richtung von Gefühl und Trieb weist, sind es die Zeichen des *Kama-Manas*, da aber bei allen persönlichen Dingen das Denken von Wunschvorstellungen durchsetzt ist, sind es Zeichen, die der Läuterung und Erhebung im Feuer der Liebe und der Erkenntnis bedürfen, ehe man die Rettung der Persönlichkeit erhoffen kann.

Die Feuer-Dreiheit in ihrer Beziehung zum Denken oder *Manas* und zu den geistigen Beschäftigungen ist die hauptsächliche Triebkraft des Menschen als denkendes Wesen. Sie ist die Krönung der Persönlichkeit, und in ihr wird der Abfall des *Karma-Manas* im Feuer der Erkenntnis verbrannt, denn Erkennen hebt das Leid auf. Die Feuer-Dreiheit steht in besonderer Beziehung zu den anderen Zeichen, weil der Widder den ganzen Kreis führt. Von seiner natürlichen Stellung innerhalb dieses Kreises aus beeindruckt er stark das Ganze, da er in Opposition zur Luft-Dreiheit und im Quadrat zu den Wasser- und Erd-Zeichen steht. Durch diese Dreiheit wird direkt von den komplementären Luftzeichen her ein Bewußtseins-Strahl in den menschlichen Körper reflektiert. Die Höhe seiner Auswirkung hängt ab von einem guten Gehirn – Widder, einem gesunden Herzen – Löwe, und einem reinen Nervensystem – Schütze. Was das Gehirn tun kann, ist, von den höheren Seinsebenen intuitive Erleuchtungen zu empfangen. Das Höchste, was das Herz erreichen kann, ist der Glaube an den göttlichen Strahl, der in seinem Innersten ruht. Dann kann die Persönlichkeit, mit Hilfe des Schützen, durch weise Einsicht das *niedere Manas* mit dem *höheren Manas* verbinden.

In durchschnittlicher Erscheinung ist das von dem Widder dargestellte Bewußtsein ein sprunghaftes, reformatorisches und pionierhaftes Denken, das oft den tatsächlichen Fähigkeiten des Menschen vorauseilt. Im Löwen lassen Selbstvertrauen und Festigkeit des Willens die innere Stimme des Geistes zu Wort kommen. Im Schützen gibt die Wandlungsfähigkeit des Geistes dem Menschen die Möglichkeit, in der Meditation ein Bild seines Höheren Selbst zu erahnen.

Das Beste an dieser Dreiheit wirkt sich aus als entwickelte Vernunft und selbstbewußtes Wissen um Recht und Unrecht oder als Unterscheidung des Wirklichen und Unwirklichen. In dieser Dreiheit gewinnt die Verantwortlichkeit Gestalt. Aber diese Zeichen bergen auch die Gefahr, daß die Schwarze Magie statt der Weißen Magie gewählt wird, denn nur sie sind die Zeichen freier Wahl. Sie können Übermenschen an intellektueller Entwicklung hervorbringen – und dabei kann doch das Höhere Selbst gänzlich ruhen, weil das Bewußtsein des Menschen völlig in der Persönlichkeit aufgeht und er sein Wissen nur zu persönlichen, selbstischen Zwecken und nicht zum Wohle anderer verwendet. Da es sehr wichtig ist, genau zu erkennen, was die Feuerzeichen in bezug auf das Bewußtsein darstellen, kann ich nichts Besseres tun, als mit kleinen Änderungen die Worte unseres verehrten Lehres zu zitieren:

Das Höhere Selbst ist gewissermaßen eine Welt reinen Göttlichen Lichts, eine Einheit aus einer höheren Ebene, auf der es keine Differenzierung gibt. Beim Abstieg in eine Ebene der Differenzierung gibt das Höhere Selbst einen Strahl von sich, den es nur durch die bereits differenzierte Persönlichkeit offenbaren kann. Ein Teil dieses Strahls, das niedere Denken, kann während des Lebens so erstarren und in das Triebleben eingehen, daß er ganz der Materie verfällt. Der Teil, der seine Reinheit bewahrt, bildet die Brücke. Das ganze Schicksal einer Inkarnation hängt davon ab, ob es Saturn gelingt, das Karma-Manas (die Wunsch-Natur) zu beschränken oder nicht. Nach dem Tod vereinigt sich das durch Saturn geläuterte höhere Licht, das alle guten und edlen Regungen bewahrt, mit dem Höheren Selbst; das Schlechte wird im Raum verstreut und kehrt wieder als schlechtes Karma, das eine Persönlichkeit sucht. Das Gefühl für Verantwortung ist der Weisheit Anfang. Der Beweis, daß Saturn langsam verblaßt und die Aufhebung der Vereinzelung beginnt.

Wer die Esoterische Astrologie intuitiv studiert, wird nunmehr erkennen, daß die vierfache Teilung des Tierkreises die verschiedenen Körper oder Bewußtseinsträger darstellt, die zum Wirken auf den verschiedenen Offenbarungs-Ebenen erforderlich sind.

1. *Das Erd-Dreieck*, dessen Spitze am MC liegt, stellt den physischen Körper dar;
2. *das Wasser-Trigon* mit der Spitze am 4. Haus entspricht dem astralen oder psychischen Körper;
3. *das Feuer-Dreieck*, mit der Spitze am Aszendenten, dem mentalen Körper
4. und das Luft-Dreieck, mit seiner Spitze am 7. Haus, dem *Buddhischen* Strahl.

Diese Körper existieren nun nicht etwa getrennt voneinander; sie durchdringen sich gegenseitig, wie die Tierkreiszeichen in diesen Dreiecksformen den Kreis ergeben. Im Schlaf oder im Tod aber, wenn sich das Bewußtsein von der physischen Ebene entfernt hat, ist die Erd-Dreiheit latent und inaktiv; entsprechendes geschieht im ganzen Tierkreis. Entfernt sich das astrale Bewußtsein, so ist die Wasser-Dreiheit latent; erst wenn das Bewußtsein wieder spirituell ist, hat sich der Übergang des ganzen Tierkreises zur Latenz vollzogen. Das gehört aber schon zu einem anderen Kapitel, das sich mit der Aura und dem Aurakörper befaßt.

VIII Die Bedeutung der Aspekte

Die Materie ist das Gefäß für die Offenbarung der Seele auf dieser Daseinsebene, und Seele ist das Gefäß für die Offenbarung des Geistes auf einer höheren Ebene, und diese drei werden zu einer Dreiheit verbunden durch das LEBEN, das alle durchdringt.

H. P. Blavatsky »Die Geheimlehre«

Die Aspekte der Planeten aus den verschiedenen Zeichen und Häusern verändern ihre Wirkung, indem sie Beziehungen eingehen, die die Art der Schwingungen in hohem Maße abändern. Die Planeten stellen geistige Einflüsse dar, die auf das Bewußtsein in seinen Trägern einwirken. Die Tierkreiszeichen verkörpern die Sinne und die Träger, durch die das Bewußtsein arbeitet. Die Aspekte bezeichnen die Beziehung zwischen Geist und Körper oder das Verhalten der Seele oder das Selbst gegenüber der Umgebung; sie stellen die wechselnden Zustände und Gesichtspunkte der Seele dar.

Sonne, Mond und Merkur sind am bedeutsamsten für Aspekte, denn sie wirken als Überträger und direkte Vermittler zwischen Geist, Seele und Körper.

Sonne: Die Sonne als das Leben und die Kraft im Körper bezeichnet die Wechselwirkung zwischen einem gesunden Körper und dem Verstand und regiert Herz, Willen und moralische Verfassung.

Mond: Er verkörpert den unteren Teil des Gehirns, das Rückenmark und das sympathische Nervensystem und ist daher eng mit den Sinnen verbunden. Er bezeichnet die Wechselwirkung zwischen Gedanken und Gefühlen oder die psychische Natur mit all ihren raschen und wechselnden Zuständen und Veränderungen des Bewußtseins.

Merkur: Merkur steht für das Gehirn- und Rückenmark-Nervensystem, besonders für seine höher entwickelten Teile. Dieser Planet reagiert deshalb schneller auf alle durch die Planetenanspekte bedingten Zustände und Beziehungen. Er deutet alle Aspekte geistig aus, und sein Einfluß ist je nach Zeichen und Stellung bei der Geburt mehr oder weniger ausgeprägt.

Die Sonne überträgt die Aspekte von Mars und Venus schneller als die anderer Planeten und erhebt sich in das Reich von Kraft und Schönheit. Der Mond überträgt die Aspekte von Saturn und Jupiter leichter als die anderer Planeten und drückt sie in Form von Ausdehnung und Zusammenziehung oder Ebbe und Flut sowohl des psychischen als auch des physiologischen Lebens aus. Merkur überträgt die Aspekte von Uranus und Neptun zur okkulten und mystischen Seite des Lebens.

Diese drei Zentren bilden die Spitze dreier Dreiecke, die das Leben der Körper, die Empfindungen und Gefühle und das konkrete und abstrakte Denken beherrschen (Zeichnung 8)[23].

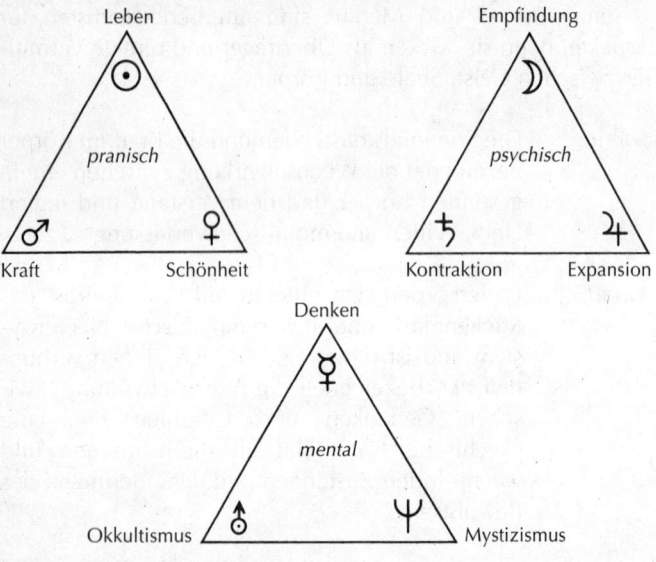

Leben

pranisch

Kraft   Schönheit

Empfindung

psychisch

Kontraktion   Expansion

Denken

mental

Okkultismus   Mystizismus

Weil sich die Wirkung der gegenseitigen Planetenaskepte aus den verschiedenen Zeichen und Häuser ändert, ist es so schwer, die Entfaltung der geistigen Seite des Menschen zu beobachten. Die Aspekte stellen die wechselnde Einstellung allen vergänglichen Erscheinungen des Lebens und der Form gegenüber dar. Die Seele bewegt sich entweder immer in denselben Erfahrungen, indem sie sich um sich selber dreht wie ein Eichhörnchen im Käfig, oder sie schreitet von Erlebnis zu Erlebnis vorwärts wie eine Biene, die von Blüte zu Blüte fliegt, die notwendige Weisheit und Erfahrung für ihre Höherentwicklung sammelnd.

Art der Stellungen und Aspekte	Sonne und Uranus	Mental Merkur	DC und Venus	MC und Saturn	Mond und Neptun	IC und Mars	AC und Jupiter
komplementär, grundsätzlich	☍						
human, auswählend		ⅴ					
harmonsich, rhythmisch			△				
kritisch, gespannt				□			
vibrierend, kombinierend					✳		
naturhaft, kämpfend						⊼	
ergänzend, vereinigend							☌
Art der Aspekte	Große Stellung	Neutraler Aspekt	Großer Aspekt	Großer Aspekt	Großer Aspekt	Neutraler Aspekt	Kleiner Stellung

*) »Groß« und »Klein« (major und minor) im Sinne der musikalischen Unterscheidung z. B. von großer und kleiner Terz usw.

Zeichnung 9

Jeder Aspekt hat seine besondere Qualität, eine größere oder kleinere Bedeutung und einen entsprechenden Einfluß desjenigen Planeten, zu dem man ihn in Beziehung setzen kann, wie die Tabelle (Zeichnung 9) zeigt.

Die Opposition ist entweder ein ergänzender oder ein trennender und gegensätzlicher Aspekt. Sie bezeichnet das Ende oder Aufhören des Schicksals oder *Karma* und hat die Natur von Uranus und Sonne. Sie vollendet oder erfüllt ein Strahlungssystem, ohne notwendigerweise zu vereinigen. Diese Stellung betont die zwei Pole des positiven und negativen Zeichens, in das die Opposition fällt. Von Widder nach Waage unterstreicht es die feurigen und luftigen Qualitäten und rückt entweder die kardinal-feurigen oder kardinal-luftigen Eigenschaften in den Vordergrund. Im Horoskop König Georgs V.[24] steht Uranus in Opposition zu Jupiter aus den veränderlichen luftigen und feurigen Zeichen Zwillinge und Schütze. Das bedeutet geistige und soziale Reformen, mit denen sich das Verstandesleben des Königs befaßt. Vom Stier zum Skorpion würde die Opposition die erdigen und wässerigen Einflüsse betonen und so weiter durch den ganzen Tierkreis, verschieden wirkend aufgrund der festen, veränderlichen oder beweglichen Qualitäten.

In dem außergewöhnlichen Horoskop des Prinzen Rudolf von Österreich, geboren am 21. August 1858, 22 Uhr 15m in Wien, stand eine Mars/Uranus-Opposition in Luft- und Feuerzeichen vom 1. in das 7. Haus. Diese gegensätzliche Kraft bewirkt die Tragödie in seinem Leben, denn die Haltung seines Geistes war durch die Merkur/Neptun-Opposition auf Trennung und Konflikte eingestellt. In diesem Falle sind die mundanen Quadrate von Saturn, Mars und Uranus ebenfalls sehr bedeutsam.

Der Quinkunx-Aspekt von 150 Grad ist von der Natur Merkurs. Er bedeutet Humanität und Auslese und wirkt nur zerstörend in Aspekten mit Saturn oder Uranus, aber er nimmt als indifferenter Aspekt mehr von der Natur des aspektierenden

Planeten an, als es gewöhnlich der Fall ist. Er assimiliert zwei gegensätzliche Einflüsse: Erde und Feuer, Luft und Wasser, und diese Elemente verbinden sich nie ganz. Die Einflüsse der aspektierenden Planeten werden durch das Quinkunx erheblich abgeändert, zum Teil sogar neutralisiert, so daß ein Geisteszustand eintritt, den man gut bezeichnen könnte als »zwischen zwei Stühlen« sitzen: eine unentschiedene Geistesverfassung, die die Dinge im Gleichgewicht zu halten sucht oder sie für eine passendere Gelegenheit aufheben möchte.

Das Trigon ist von der Natur der Venus, harmonisch und rhythmisch. Es mischt die Einflüsse der sich aspektierenden Planeten günstig. Wird ein Trigon von Saturn und Mars gebildet, werden die Extreme und Gegensätze dieser Planeten gemildert und nehmen mehr von der Natur der Venus als von Mars oder Saturn an. Es verbindet die Körper oder Träger, die durch die von den Planeten besetzten Zeichen dargestellt werden. Durch die Wasserzeichen beeinflußt es den astralen oder emotionalen Körper und durch die Feuerzeichen den geistigen Körper. In diese Beziehung ist das Trigon ein glücklicher Aspekt, denn es stellt zwischen äußeren Einflüssen und innerer Geistesverfassung Harmonie her, so daß seine Natur keine Reibung, keinen Widerstreit oder keine Härte kennt. Sie ist friedfertig, verzeichend und barmherzig. Dieser Aspekt kann ein sonst schlechtes Horoskop sehr verbessern. Ein Trigon zwischen den Lichtern ist günstiger als jeder gute Aspekt zu den Wohltätern allein, besonders wenn sich einer der Wohltäter in die Triplizität einfügt.

Das Quadrat ist der gefährlichste und widersprüchlichste Aspekt. Es gibt immer eine Einstellung, die den es begleitenden Bedingungen und Umständen gegenüber verwirrt, voreingenommen und entgegenwirkend macht. Das Quadrat hat ebenso wie Saturn einen trennenden Charakter und beeinflußt gewöhnlich den sittlichen Zustand im Horoskop. Es ist bekannt als der Engel des Leids, der Sorge, der Gewissensbisse und eines gestören Geistes- und Seelenzustandes, der Ärger, Angst und Verzweiflung mitbringt. Durch das Quadrat bewirkte Krankheiten sind meistens langwierig und hinsiechend; sind sie aber akut, gehen sie nicht so schnell vorüber wie bei einer Opposition. Jede Lebenslage oder jedes Ereignis, das von diesem Aspekt verursacht wird, ist gefährlich und wendet sicher auf irgendeine Weise das Glück – mit mehr oder weniger anhaltender Kraft.

Das Halbquadrat und Eineinhalbquadrat müssen ähnlich wie das Quadrat betrachtet werden. Sie sind von derselben, aber nicht so ausgeprägten Natur, weniger gefährlich und verwirrend. Dennoch sind sie beide von der Art Saturns und greifen indirekt Ehre und moralische Verfassung an. Das Quadrat ist wahrscheinlich der einzige wirklich schlecht wirkende Aspekt, obgleich auch hier aus dem augenscheinlich Schlechten noch Gutes entstehen kann. Das Quadrat beeinflußt alle vier Triplizitäten: Feuer, Erde, Luft und Wasser durch Stellung oder Polarität und beschädigt durch sie irgendwelche von ihnen beherrschende Angelegenheiten. Man wird nun leicht einsehen, wie schwer Verstand und Gefühl miteinander kämpfen, wenn ein Quadratschein aus einem Feuer- in ein Wasserzeichen fällt, und wie disharmonisch das Verhältnis zwischen Denken und Handeln ist, wenn ein Quadrat zwischen Luft- und Erdzeichen wirkt.

Obgleich das Quadrat einen saturnischen Einschlag gibt, wird gewöhnlich die Natur jedes an diesem Aspekt beteiligten Planeten besonders betont, und die Geistes- Verstandes- und Gefühlsverfassung neigt zu Extremen.

Das Sextil hat mehr als irgendein anderer Aspekt verbindenden Charakter in dem Sinne, daß die beteiligten Planeten ihre Wirkungen verschmelzen. Als ein vibrierender Aspekt ist er mehr oder weniger farblos und hängt in der Hauptsache von Planeten und Zeichen ab, zwischen denen er wirkt. Er ist oft kräftiger und günstiger als das Trigon, da er Einflüsse von mehr oder weniger gleicher Art zu verbinden scheint, z. B.: Feuer und Luft, oder Erde und Wasser. Von diesem Gesichtspunkt aus kann man die Wirkungen des Trigons als »negativ gut« und die des Sextils als »positiv gut« bezeichnen, oder in anderen Worten: Das Sextil bringt mehr Tatkraft und Veränderung hervor als das Trigon.

Im Horoskop König Georgs V. ist das Trigon Neptun/Mars von passiver Wohltätigkeit, wenn man die Aspektierung allein betrachtet. Dadurch wird er sehr leicht zum Guten beeinflußt werden, während das Mars/Mond-Sextil ein aktiv-guter Aspekt ist, durch den seine Geistesverfassung kräftiger ausgedrückt wird. Das Trigon kann als Lohn aus der Vergangenheit, das Sextil als Kraftspeicher für die Zukunft angesehen werden.

Das Halbsextil ist oft wichtiger, als es scheint. Es bringt zwei benachbarte Zeichen in wirksame Beziehung, so daß positive und negative Elemente vermischt werden. In diesem Sinne ist das Sonne/Neptun-Sextil in König Georgs Horoskop weniger komplex als das Halbsextil Sonne/Venus. Das erstere erweckt nur eine positive Schwingung, während das letztere eine positive und eine negative hervorruft. Halbsextile sind in manchen Horoskopen besonderer Beachtung wert, weil sie verwandt, aber gegensätzlich sind und in eine Handlung zwei gegensätzlich wirkende Kräfte bringen, z. B. Feuer und Erde oder Erde und Luft oder Erde und Wasser, und doch verbinden sie positive und negative Einflüsse. So haben Halbsextil und eine weite Konjunktion an der Grenze zweier Zeichen eine ähnliche Schwingung; beide sind günstig.

Die Konjunktion wirkt mehr oder weniger umfassend, vollständig und verbindend. In manchen Fällen möchte sie die Wirkung der an ihr beteiligten Planeten aufheben und bringt oft einen Zustand der Gleichgültigkeit oder des Stillstands hervor. Die Konjunktion Jupiters mit irgendeinem Planeten erweitert stets seine Wirkung und erfüllt seine Bestimmung im Horoskop. Andererseits wird die Konjunktion mit Saturn fast immer den Einfluß des anderen Planeten beschränken und begrenzen. Mars zerstört die Wirkung des mit ihm verbundenen

Planeten, und Uranus setzt sich entweder in ausgesprochenen Widerspruch zu ihm oder ergänzt in seiner Wirkung; Merkur wirkt humanisierend und Venus harmonisch.

Die Parallele muß so gewertet werden wie der ihr am nächsten kommende Aspekt; abgesehen davon wirkt sie wie eine Konjunktion bei Wohltätern und wie eine Opposition bei Übeltätern.

Philosophische Betrachtung der Aspekte

Wenn man das Universum unter die Begriffe Selbst, Nicht-Selbst und die Beziehung zwischen beiden einteilt, ist leicht einzusehen, daß die Aspekte zu dem dritten Begriff gehören, denn sie stellen die zwischen den verschiedenen Körpern in bestimmten Linien schwingenden Kräfte dar, die sie miteinander in Beziehung bringen.

Beim Betrachten eines Horoskops oder vom Standpunkt des Horoskopeigners aus entstehen Aspekte zwischen den beiden Teilen der inneren Welt oder des Selbst und der äußeren Welt oder des Nichts-Selbst. Dadurch werden beide in Berührung gebracht. Jeder wirkt auf den anderen ein und wird wiederum von diesem beeindruckt. Die Aspekte geben die Art der Wirkung und Gegenwirkung an: ob sie reibungslos und friedlich oder widersprechend und aufreizend ist. Auf diese Weise als bloße Beziehung betrachtet, zeigen die guten Aspekte, daß das Verhalten von Mensch und Umwelt zueinander harmonisch und beglückend ist. Es folgt darauf nicht mit Notwendigkeit, daß der Mensch ungewöhnlich klug, gut oder stark ist. Das kann, muß aber nicht so sein. Wohltätige Aspekte geben nur an, daß günstiges *Karma* den Menschen in gute Verhältnisse geboren hat, in denen er gedeiht und ernste Anfechtungen und Fehlschläge umgeht.

In ähnlicher Weise zeigen schlechte Aspekte ein disharmonisches und feindliches Verhalten des Menschen zu seiner Umwelt an. Daraus folgt nicht mit Notwendigkeit, daß der Mensch schwach oder schlecht ist. Das kann sein – muß es aber nicht.

Es handelt sich vielleicht um eine starke Seele, die wegen einer bestimmten Aufgabe, zwecks Reform- oder Pionierarbeit, bei der Opposition unvermeidlich ist, in eine ihr nicht gemäße Umgebung geboren wurde. Oder es können, abgesehen von Stärke und Schwäche des Menschen, schlechte Aspekte die Auswirkung eines ungünstigen Karma angeben.

Aber alles das erschöpft das Problem der Aspekte noch nicht. Planeten bedeuten Charakter; das heißt, sie sind der Zustand des Bewußtseins im Selbst- sowie Objekte und Verhältnisse in der äußeren Welt. In der Innenwelt oder dem Selbst ist z. B. Mars gleichbedeutend mit Mut, Energie, Tatkraft, Verlangen usw.; in der Außenwelt oder dem Nicht-Selbst bedeutet er Soldaten, Krieg, Waffen, Eisen, Feuer usw. Weil nun die Art der Auswirkung eines Planeten durch die Aspekte bedingt ist, in denen er steht, können die Aspekte einerseits in bezug auf den Charakter, andererseits auf Verhältnisse der Umwelt gedeutet werden. Aber diese Ausdeutungen sind erst in zweiter Linie wichtig und der ersten Bedeutung untergeordnet: daß die Aspekte nämlich eine reine Beziehung zwischen dem Selbst und dem Nicht-Selbst sind. Dies mußte hier erwähnt werden.[25] Wenn man die Aspekte als Beziehung zwischen den verschiedenen Bewußtseinszuständen oder Charakteranlagen im Menschen selbst auffaßt, bezeichnen gute Aspekte Gedanken, Gefühle und Handlungen, die zu einer günstigen und harmonischen Charakterentwicklung beitragen, während schlechte Aspekte alles das umfassen, das disharmonisch, widerspruchsvoll ist oder zu Streit und Widerstand reizt. Wenn man die Aspekte als Beziehungen zwischen Teilen der Umgebung oder der Außenwelt auffaßt, bezeichnen gute Aspekte eine friedliche Umgebung, die Glück und Reichtum hervorbringt, während schlechte Aspekte zeigen, daß Dinge oder Menschen der Umgebung in gegensätzlichem oder feindlichem Zustand zu anderen Dingen oder Personen leben; ein Zustand, der dem Horoskopeigner Sorgen und Unannehmlichkeiten bringt. Es können z. B. die Eltern miteinander in Unfrieden leben, und doch kann der Geborene zu beiden ein freundschaftliches Verhältnis haben.

Charakter oder Umgebung?

In keinem Horoskop sind die Aspekte zwischen den Himmelskörpern nur gut oder nur schlecht. Darum und weil es eine so hohe Zahl und Mannigfaltigkeit von möglichen Aspekten gibt, taucht die Frage auf, nach welchem von den angegebenen Gesichtspunkten gedeutet werden soll.

Es ist durchaus nicht leicht, eine bestimmte Antwort darauf zu geben, denn alle drei Methoden der Auslegung sind fruchtbar, wenn sie klug und in ihren Grenzen angewendet werden. Man weiß, daß einige Himmelskörper den Horoskopeigner besser bestimmen und darstellen als andere. Sonne, Mond und Aszendent (unter diesem Begriff den Herrscher oder Herrn mit eingeschlossen) beziehen sich in erster Linie auf das Selbst, und von diesen dreien sind Aszendent und Geburtsherrscher besonders bedeutsam. Wenn wir zunächst die andere Frage nach dem eigentlichen Geburtsherrscher beiseite lassen (ob es ein aufgehender Planet, der stärkste und bedeutsamste Planet oder der Herr des Aszendenten ist), können wir als sicher annehmen, daß trotz des Einflusses aller Himmelskörper auf das Innere und Äußere des Menschen einer ist, der einen vorherrschenden Anspruch darauf hat, das Selbst oder den inneren Menschen darzustellen, und daß alle anderen, obgleich sie auch eine subjektive Entsprechung in bezug auf den Charakter besitzen, überwiegend zur äußeren Welt gehören und Sachen und Personen aus der Umgebung des Menschen, die ihren ihnen zukommenden Einfluß auf ihn ausüben, darstellen.

Es würde interessant sein zu untersuchen, ob Aspekte Recht oder Unrecht, Gut oder Böse wirklich angeben. Aber diese Frage ist zu kompliziert, um sie hier anzuschneiden, und alles, was gesagt werden muß, ist, daß ihre vorherrschende Bedeutung wahrscheinlich nichts anderes als harmonische und disharmonische Beziehung ist.

Die weitere Frage nach der Stärke oder Schwäche der Seele, ihrem Entwicklungsstand, liegt nicht im Rahmen dieses Kapitels. Starke und schwache Charaktere können beide gleichermaßen entweder eine günstige und glückliche oder feindliche und unglückliche Umgebung haben. Wenn der Herrscher des Horoskops schwach oder unbedeutend nach Zeichen und Haus steht, aber gut aspektiert ist, kann er einen gewönlichen oder schwachen Charakter angeben, der ganz leicht und verhältnismäßig glücklich durchs Leben treiben kann, während ein starker und bedeutender Herrscher, der aber schlechte Aspekte empfängt, einen starken (aber nicht notwendigerweise vollkommenen) Charakter in feindlicher Umgebung und mit einer schweren Aufgabe anzeigen kann.

Es gibt noch einen anderen Standpunkt, von dem aus man Aspekte betrachten kann. Diejenigen, die die Lehre von der Kristallisation studiert haben, wissen, daß alle Substanzen, die überhaupt kristallisieren, es nach ganz bestimmten geometrischen Systemen tun und daß dieselbe Substanz unter unveränderten Bedingungen immer in derselben Weise kristallisiert. Gewöhnliches Salz bildet Würfel, Alaun bildet Oktaeder, während man das Dodekaeder bei einigen Präparaten von Kupfer, Silber und Gold findet. Die Tatsache, daß verschiedene Chemikalien verschieden geformte Kristalle hervorbringen, zeigt, daß Verschiedenheit der Form auch Verschiedenheit der inneren Eigenschaften oder Qualitäten einschließt. Darum kann man sagen, daß es für jede Variation des inneren Lebens eine entsprechende Variation in der äußeren Welt gibt. Dieser Schluß ist nicht nur von der Wissenschaft gerechtfertigt, sondern er wird durch hellseherische Forschungen bestätigt, die zeigen, daß verschiedene chemische Elemente alle verschieden geformte und gebaute Atome haben.[26] Alle diese verschiedenen kristallinen oder andere Formen, ob einfach oder zusammengesetzt, sind um Achsen aufgebaut, die mit verschiedenen Winkeln zueinander angeordnet sind. Aber astrologische Aspekte werden auch von verschiedenen zueinander gewinkelten Linien gebildet. Hier haben wir eine klare Entsprechung zwischen Form, Achse, Winkel – und innerer Eigenschaft oder Charakter. Das ist ein großes Kapitel für sich, und wir können es hier nur andeuten. Fast jeder astrologische Aspekt oder Winkel bedeutet eine bestimmte Kraft oder charakteristische Eigenschaft, und das rechtfertigt den in diesem Kapitel gemachten Versuch, einige allgemeine Hinweise darauf zu geben, welche Charakteristika jeder Aspekt hat, wenn man ihn nur für sich betrachtet. Um diesen Gegenstand vollkommen zu untersuchen, selbst vom esoterischen Standpunkt aus, müßte man die vielen möglichen Kristallformen, ihre Winkel und Achsen, die Veränderung chemische und medizinischer Eigenschaften bei Veränderung der kristallinen Form usw. untersuchen. Das steht aber selbstverständlich weit außerhalb unserer Kräfte, selbst wenn unser Wissen darüber schon ausreichen würde. Es muß zukünftigen wissenschaftlichen Untersuchungen vorbehalten bleiben.

IX Das Feuer

Die jetzt bekannten Elemente haben ihren Zustand in unserer vierten Epoche und fünften Rasse erreicht. Sie befinden sich in einer kurzen Ruhepause, bevor sie noch einmal auf ihrer spirituellen Höherentwicklung verschoben werden, wenn das »flammende Feuer des Orkus« auch das Unlöslichste trennen und sie wieder in das uranfängliche Eine auflösen wird.

H. P. Blavatsky »Die Geheimlehre«

Die vier sogenannten Elemente der Antike Feuer, Erde, Luft und Wasser mit ihrer Quintessenz, dem Äther, als fünftem, sind für moderne Denker die Quelle mancher Verwirrung gewesen; teils ist man sich unklar über die richtige Ordnung, in der sie aufzuzählen sind, teils ist die eigentliche Bedeutung unsicher, die man ihnen geben sollte. Die Verwendung des Wortes »Element« in diesem Zusammenhang muß keinen Anstoß erregen, denn es hat nicht dieselbe Bedeutung, wie wenn der Chemiker von ca. achtzig »Elementen« spricht, und es ist von Okkultisten, Astrologen und Alchimisten lange Zeit vor der modernen Wissenschaft verwendet worden.

Die fünf Elemente sind die Typen der Ur-Atome, die fünf niederen kosmischen Daseinsebenen, aus denen die Materie dieser Ebenen sich durch Kombination zusammensetzt. Sie finden Entsprechungen in den fünf niederen Unterebenen jeder Ebene, und ihre Grundtypen sind offenbar die fünf regelmäßigen, platonischen Körper.

Auf der uns vertrauten physischen Ebene sind die bekannten Aggregatzustände das Feste, das Flüssige und das Gasförmige, über denen der noch unbekannte Äther liegt. Hier entsteht die erste Schwierigkeit, wenn man feststellt, daß das Feuer darin nicht vorkommt, und man auch nicht recht einsehen kann, warum es auftreten sollte. Die alte Bezeichnung »Erde« bedeutet offenbar das Feste, und »Wasser« bezeichnet auf unser physischen Ebene das Flüssige. Aber es ist nicht klar, warum man einen besonderen Aggregatzustand mit »Feuer« bezeichnen sollte. Feste Körper, Flüssigkeiten und Gase können aber unter geeigneten Bedingungen zum Brennen gebracht werden; ob das auch für den Zustand jenseits des Gasförmigen gilt, wissen wir noch nicht. Da Äther aber sicher Licht und Wärme leitet, liegt nichts Undenkbares in der Annahme, daß seine Teilchen, ob es nun Elektronen oder andere sind, in den Zustand des Brennens gebracht werden können. Überdies herrscht auch keine Übereinstimmung der Ansichten, an welcher Stelle der Elemente das Feuer zu stehen hat. Man führt es manchmal auch als zweites und ein anderes Mal als drittes oder viertes auf, indem man von unten nach oben zählt.

In ihrem Werk »Im Strahlenkleid der Sonne« gibt Dr. Anna Kingsford die Ordnung der Elementar-Gottheit in den Hymnen als Hephaistos (das Feuer), Demeter (die Erde) Poseidon (das Wasser) und Pallas Athena (die Luft). Sie setzt das Feuer offenbar an die erste Stelle, während die niederste Unterebene der Astralebene tatsächlich unter der Oberfläche der Erde sein soll, wenn sich auch die übrigen Teile dieser Ebene viele tausend Meilen über die Erdoberfläche erstrecken; sehr verbreitet ist ja der Gedanke des »Abstiegs« der Toten in den Tartaros, den Hades oder die Hölle. So bezieht sich das »Feuer« hier deutlich auf die Astralebene und stellt das die Triebsphäre läuternde, reinigende Feuer dar. Das »Wasser« steht hier in Beziehung zur Himmelswelt und soll wohl einen Gegensatz zu dem niederen Feuer des Trieblebens bedeuten, das in der Seele erloschen ist, die die höheren Ebenen erreicht hat; auch wenn das »Wasser« die Materie im allgemeinen bedeutet, dann ist die erste materielle Hülle, die die Seele bei ihrem Abstieg in die Inkarnation anlegt, der mentale Körper auf der niederen mentalen Ebene.

Im Tierkreis finden wir Feuer, Erde, Luft und Wasser, die sich in dieser Anordnung dreimal wiederholen und dadurch die zwölf Zeichen ergeben.

Die vorherrschende Ansicht ist, daß das Feuer trennend und individualisierend wirkt und der »Himmelswelt« bzw. der Mentalebene entspricht, auf der die Individuation stattfindet. Diese Ebene ist die dritte Ebene (von unten gezählt) und entspricht offenbar dem gasförmigen Zustand auf der physischen Ebene. Man könnte einwenden, es sei unbegründet, den Ausdruck »Feuer« ausschließlich auf die dritte Ebene anzuwenden, denn da alle drei niederen Stadien physischer Materie brennen, könnten alle drei niederen Ebenen ohne Unterschied »Feuer« genannt werden. Darauf ist wohl zu antworten, daß die Moleküle fester und flüssiger Substanzen, und sei es auch nur für den Bruchteil einer Sekunde, in den gasförmigen Zustand übergehen, ehe sie verbrennen, und daß daher der Ausdruck »Feuer« mit Recht auf die Gase und nicht auf Festes und Flüssiges verwendet wird.

Aber gegen den Gedanken, das Feuer wirke trennend und zerstörend, könnte ein gewichtigerer Einwand erfolgen, weil dies wirklich nur die halbe Wahrheit ist. Verbrennt ein Stück Holz, so wird es als Holz tatsächlich vernichtet, und die chemischen Elemente, aus denen es besteht, werden aus ihren Verbindungen gerissen und gesprengt. Das ist jedoch nur die eine Hälfte des Vorganges. Wenn wir statt auf das Stück Holz als Ganzes unser Augenmerk auf seine chemischen Komponenten richten, können wir beobachten, daß die ganze Zeit mit der Trennung doch eine Verbindung Hand in Hand geht. Der Kohlenstoff des Holzes verbindet sich mit dem Sauerstoff der Luft und bildet kohlensaure Gase; der Wasserstoff des Holzes verbindet sich mit dem Sauerstoff der Luft und bildet Wasser; dasselbe gilt in ähnlicher Weise für alle anderen Elemente, die Verbindungen eingehen können. Es vereinfacht das Problem, wenn wir statt von einem komplexen Material wie Holz die Verbrennung eines einfachen chemischen Elements wie Wasserstoffgas studieren. Entzündet man dieses Gas, so besteht der Verbrennungsprozeß darin, daß der Wasserstoff mit dem Sauerstoff der Luft eine Verbindung eingeht, wodurch sich Wasser bildet, das aus zwei Teilen Wasserstoff und einem Teil Sauerstoff besteht; ohne diese Verbindung findet keine Verbrennung statt. Man schreibt dann: $4H + 2O = 2H_2O$.

Auf den ersten Blick könnte es scheinen, als gäbe es hier überhaupt keine Trennung, keine Zerstörung, denn reiner

Wasserstoff verbindet sich mit reinem Sauerstoff, und der Vorgang erscheint wie bloße Kombination und Synthese. Es wird nichts zerstört, sondern etwas geschaffen, nämlich Wasser. Zwar kann man mit gewissem Recht sagen, Wasserstoff und Sauerstoff werden als besondere, getrennte Gase vernichtet – aber das entspricht doch nicht der Vernichtung des Holzes bei der Verbrennung. Nun lehrt uns aber die Wissenschaft, daß Wasserstoffatome nie allein existieren; gehen sie keine Verbindung mit anderen Elemente ein, so verbinden sie sich untereinander, und zwei Wasserstoffatome bilden dann ein Wasserstoffmolekül; dasselbe gilt für den Sauerstoff. Daher geht die Verbrennung des Wasserstoffs in zwei Stadien vor sich. Zuerst wird das Wasserstoffmolekül zerstört, indem seine beiden Atome getrennt werden, und die freien Atome verbinden sich dann mit dem Sauerstoff, dessen Moleküle in dem Prozeß auch gespalten worden sind, um Wasser zu bilden:

$$H–H \quad O \quad H \qquad H$$
$$+ \quad | \quad = \quad | > O + \quad | > O$$
$$H–H \quad O \quad H \qquad H$$

Das stellt ein Bild dessen dar, was vor sich geht, wenn eine Substanz verbrannt, d. h. in das Stadium des Feuers erhoben wird. Zuerst werden die Moleküle der Substanz in ihre Atombestandteile zerlegt, und diese verbinden sich dann von neuem auf die verschiedene Arten, soweit sie verbindungsfähig sind, gewöhnlich mit Hilfe des atmosphärischen Sauerstoffs. Eine Definition des Feuers müßte also etwa folgendermaßen lauten: Feuer ist der Zustand, währenddessen die Atome einen Prozeß der Trennung von einer Verbindung und des Eingangs einer anderen Verbindung durchmachen. Das Wort »Atom« hat dabei den Sinn wie bei den modernen wissenschaftlichen Chemikern, die von Atomen fester, flüssiger und gasförmiger Elemente sprechen. Es wird also nicht in dem Sinne gebraucht wie bei den Okkultisten, die es nur für die Materie auf der siebten und der höchsten Unterebene einer Ebene benutzen. Man muß noch beachten, daß Atome, die frei und unverbunden existieren, nicht im Zustand des

Feuer sein müssen. Eine solche unverbundene Existenz gilt bei einigen chemischen Elementen als normal, besonders bei einigen selteneren Gasen der Atmosphäre, deren Atome nicht einmal untereinander Verbindungen eingehen. Ein Atom ist eben nur dann im Stadium des Feuers, solange es in dem Prozeß der Trennung einer Verbindung und des Eingangs einer neuen Verbindung steht, und nicht etwa dann, wenn es überhaupt ganz unverbunden existiert.

Wenn diese Hypothese richtig ist, dann erhellt sie vor allem die Beziehung zwischen dem Feuer, oder *Agni*, dem Gott des Feuers, wie *Tejas*, seinem *Tattwa* und der Mentalebene.[27] Diese Ebene ist die Stätte des »Ego«, der »stetigen Seele im Kausalkörper«; von ihr aus erfolgt bei jeder neuen Inkarnation der Abstieg in die Materie der niederen Ebenen, und zu ihr kehrt die Seele am Ende jeder Inkarnation zurück. Betrachten wir den Zustand des Ichs zu dem Zeitpunkt. Wenn eine Inkarnation völlig abgeschlossen ist und alle seine Energien in den Kausalkörper zurückgeströmt sind und wenn der schöpferische Impuls zur Bildung der neuen Persönlichkeit noch nicht erfolgt ist, dann erkennt man, daß ein solches Ich in diesem Moment in einer völlig entsprechenden Lage ist wie ein Atom im Stadium des Feuers. Es befindet sich gerade in dem Akt der Trennung der einen Verbindung – seiner verflossenen Persönlichkeit – und des Eingangs der neuen Verbindung – die seine nächste Persönlichkeit darstellen wird.

Jedes Ich in einer solchen Periode ist also in einer Verfassung, die dem mit »Feuer« bezeichneten Zustand der Materie entspricht. Der weitestgehende Grad der Trennung, der Individualisation, ist erreicht, denn die letzte Verbindung ist zerstört (*Shiva, Tamas*, fest); die nächste Verbindung hat sich noch nicht vollzogen (*Brahma, Rajas*, beweglich), und das Ich schwebt oder besser: bewegt sich rhythmisch zwischen den beiden (*Vishnu, Sattwa*, veränderlich).

Nimmt man es in diesem Sinne, würde das Feuer also offenbar dem *Selbst* entsprechen, das sich in unserem Entwicklungsstadium in uns als intellektuelle Selbstbewußtheit zeigt, in der es sich als selbstständig erkennt, getrennt von anderen

Selbst wie vom Nicht-Selbst. Es entspricht aber primär dem Selbst und nur sekundär dem Intellekt. Dieses ist das Mittel, wodurch der Mensch sein Selbst erkennt, aber das Selbst ist nicht der Intellekt.

In noch höherer Sphäre der Anwendung ist der Logos das große kosmische Feuer, weil er von der Auflösung eines Universums zur Schöpfung eines anderen schreitet, ganz so wie das Ich von der Auflösung einer Persönlichkeit zur Schöpfung einer anderen vorgeht. So heißt es in der »Geheimlehre«: *Das Feuer ist die Gottheit in ihrer subjektiven Gegenwart im ganzen Universum.* Dieser Übergang von einem Zustand in den anderen – sei es nun eines Wasserstoffatoms, eines menschlichen Selbst oder eines Logos – ähnelt dem Überspringen des elektrischen Funkens zwischen den beiden Polen einer Batterie; es erweitert sich die Idee des Feuers zu der Idee von der allgemeinen kosmischen Energie, die sich unter den Bezeichnungen *Daivipraktriti*, das Licht des Logos, und *Fohat* findet. Weiter die Geheimlehre:

> *Unter anderen Bedingungen manifestiert sich das Feuer des Universums als Wasser, Luft und Erde. Es ist das eine Element in unsererm sichtbaren Universum, das das »Kriyaschakti« aller Formen des Lebens darstellt. Es verleiht Licht, Wärme, Tod, Leben usw.*

Es ist demnach die Quelle aller Formen von Energie auf jeder Ebene der Natur; es erscheint sowohl als Anziehung, fördernd und aufbauend, wie als Abstoßung, auflösend und niederreißend.

Man hätte auch von der oben gegebenen Definition des Feuers ableiten können, daß es der Übergangszustand zwischen der Trennung einer Verbindung und der Bildung einer neuen sei, denn man kann Atome chemisch aus einer Verbindung in die andere überführen, während sie in flüssigem Zustande sind, ohne daß sie sichtbar brennen und ohne daß sich eine Flamme zeigt. Bringt man eine wässerige Lösung einer löslichen Chlorsäure in eine andere wässerige Lösung von Sil-

bernitrat, so wird das Silber aus seiner Nitratverbindung aus-
geschieden und verbindet sich mit dem Chlor zu einem Sil-
berchlorid. Während des Übergangs von einem zum anderen
macht das Silber eine ähnliche Wandlung durch wie ein Koh-
lenstoffatom im Holz beim Brennen. Aber der Prozeß geht im
Wasser vor sich, und es zeigt sich dabei weder Licht noch
Flamme.

Dementsprechend ist auch darauf hinzuweisen, daß das
menschliche Selbst, wenn es den einen Prozeß der Entkörpe-
rung abschließt und einen neuen der Wiederverkörperung beginnt, zwar auf der Mentalebene wirkt; daß aber analoge
Wandlungen im Tier- und Pflanzenreich auch auf tieferen Ebenen möglich sind. Die Dreiheiten, die in den niederen Reichen, dem Mineral-, Pflanzen- und Tierreich, durch den Zustand der Gruppenseele hindurchgehen, müssen viele
hundert Male ähnliche Prozesse der Trennung und Wieder-
vereinigung durchlaufen, und das wird in den meisten Fällen
nicht auf der mentalen Ebene geschehen. Wann und wo es
aber auch geschieht, ist die betreffende Wesenheit für die bestimmte Zeit im Zustand des Feuers; wir müssen also auf jeder
kosmischen Ebene ein aktives oder potentielles Stadium des
Feuers anerkennen.

Der Gedanke, daß das Feuer individualisierend wirkt, wird
gestützt durch die Stellung des Widders, des feurigsten Zeichens im Tierkreis. Er entspricht dem Aszendenten oder 1.
Haus des Horoskops und bedeutet das Selbst oder die Person,
der das Horoskop gehört, ein physisches Selbst in seiner niedersten Ausprägung, aber in Wirklichkeit das spirituelle, individuelle Selbst, das durch seinen persönlichen Strahl einen
physischen Körper belebt. Abgesehen von den Mundanhäu-
sern ist der Widder das Selbst des Tierkreises, das Kosmische
Selbst; demgemäß schreibt Subba Rao in seinem Essay über
»Die zwölf Zeichen des Tierkreises«:

*Mesha = Widder steht für den höchsten Brahman, »die aus
sich selbst existierende, ewige, sich selbst genügende Ursache von allem.«*

Damit bezeichnet er die Idee des Selbst in ihrer höchsten kosmischen Ausprägung; aber, »wie oben, so unten«; alle kleineren Selbstheiten sind mit dem einen höchsten kosmischen Selbst verknüpft wie Perlen auf einer Schnur, bis hinab zu dem beschränkten Selbst des physischen Körpers; der »Faden« der Selbstheit läuft kontinuierlich durch sie alle. Derselbe Verfasser interpretiert den Löwen, das zweite Feuerzeichen, als den vollendeten Menschen, den Christus, den Buddha, der sich als Sohn des Kosmischen Selbst, des Widders, erkennt; das dem Löwen entsprechende 5. Haus stellt daher das Kind des 1. Hauses dar. Der Schütze, das dritte Feuerzeichen, soll die Erbauer des materiellen Universums darstellen, da die veränderliche oder *sattvische* Vierheit aufbauend und fördernd wirkt, so daß das *Sattva*-Feuer eine Bezeichnung für die geistigen Kräfte ist, die das Sonnensystem und besonders seinen Feuerkern erbauen und gestalten. In der menschlichen Sphäre entspricht das den Energien der Belebung und Kohäsion, die den physischen und die anderen Körper des Menschen zusammenhalten; es ist physisch die Wachstumskraft der Zellen, spirituell die Kraft des *Hiranyagarbha* oder des strahlend-leuchtenden Körpers, der dem Jupiter als Herrn des Schützen untersteht. Man kann sich hier daran erinnern, daß Jupiter in antikem Denken wie in der modernen Astro-Meteorologie die Blitze, eine Erscheinungsform des Feuers, hervorruft.

Man kann das Feuer also entweder als Energie, als Bewußtsein oder als eine Form der Materie ansehen. Als Energie wird es polarisiert und konzentriert und ist die Ursache aller Zustandsänderungen, aller Trennungen und Verbindungen, physischer und überphysischer Art; es ist die belebende und bewegende Ursache aller Dinge. Als Bewußtsein repräsentiert es einen ganz entsprechenden Zustand der Konzentration in einem begrenzten Selbst und der Polarisation, aus der Bewegung der Trennung und Verbindung entspringen. In der Welt des Menschen gehört dieses Selbst der Mentalebene an, seine Bewegungen manifestieren sich als Tod und Wiedergeburt. Vereinigungen von Materie und Bewußtsein, die analoge Wandlungen durchmachen, finden sich auf jeder kosmischen Ebene.

X Die menschliche Aura
und ihre Bedeutung

Wenn Kronos dargestellt wird, wie er seinen Vater Uranus verstümmelt, so ist die Bedeutung dieser Verstümmelung einfach folgende: Die absolute Zeit soll zur begrenzten und bedingten werden; ein Teil wird vom Ganzen abgetrennt, um damit zu zeigen, daß sich der Vater der Götter von ewiger Dauer in einen begrenzen Zeitraum gewandelt hat.

H. P. Blavatsky »Die Geheimlehre«

In Kapitel III wurde festgestellt, daß der Planet Jupiter den Körper repräsentiert, worunter hier sowohl der Äther- wie der stofflich-physische Körper zu verstehen ist, und es wurde auch seine Beziehung zur menschlichen Aura, zusammen mit anderen Bewußtseinsträgern außer dem physischen, erwähnt. Jahrhundertelang ist alles Wissen um die Aura, die jedes Menschenwesen umgibt, in tiefes Geheimnis gehüllt worden; wahrscheinlich weil sie für alle, die nicht die Gabe des Hellsehens besitzen, unsichtbar ist. Erst in den letzten Jahren kamen daher die Astrologen in die Lage, die Behauptung zu verstehen, daß Jupiter mit der Aura in allen ihren verschiedenen Teilen zusammenhängt.

Grob können wir die menschliche Aura in vier Hauptteile zerlegen, die genau den vier Zuständen der Matiere entsprechen, die auf unserer Erde und um sie herum zu finden sind. Es sind die bekannten *Tattwas* der indischen Astrologie: *Vayu* oder Luft, *Agni* oder Feuer, *Apas* oder Wasser und *Prithivi* oder Erde. Wenn das letzte von diesen, das *Prithivi-Tattwa*, im Äther wirkt, bildet es die ätherische Aura, die den physischen Körper umgibt; es ist tatsächlich die Ätherform, nach deren Muster der Körper gebaut ist. Diese Äther-Aura wird vom Mond in Untereinfluß von Jupiter beherrscht. Es ist nicht leicht, diese Unterteilung zu verfolgen, wenn man nicht »in Farben« spricht, wie es Hellseher und Menschen, die Planeteneinflüsse vorurteilslos beurteilen wollen, oft tun; daher

143

wird die Zeichnung 10 mit den Planetenfarben und ihren Unterteilungen von Wert sein.[28] Auf dieser Tafel sieht man z. B., daß die dem Mond entsprechende Farbe das Violett ist und daß der Mond-Untereinfluß von Jupiter (dem die Farbe Blau zugerechnet wird) ein violetter Unterstrahl des Blaus ist. Diese lunare Ätherform wird in der vorgeburtlichen Epoche im Schoße der Mutter niedergelegt; sie wird durch das physische Atom befruchtet, das zur Zeit des Koitus vom Vater ausgeht. Wenn die beiden Elemente sich völlig gemischt haben, findet die Empfängnis statt. Die Stellung des Mondes in der vorgeburtlichen Epoche ist äußerst wichtig, weil die Ätherform in die Mutter eingeht, wenn ein magnetischer Strom in den Eltern kreist, die zu dieser Zeit durch Leidenschaft oder Liebe, durch tierische oder menschliche Gefühle verbunden sind. Die Mondstellung der Epoche bestimmt den Aszendenten der Geburt; daher die Wichtigkeit des Epoche-Horoskops, das die Astrologen noch viel mehr zu verstehen suchen müssen.

Bei jeder Wiederverkörperung des Ichs auf der physischen Ebene der Offenbarung ist die Ätherform neu. Sie stammt praktisch aus dem Rückstand oder den niederen Emanationen der beständigen Aurahülle des Ichs selbst, und sie wird, zur Zeit der vorgeburtlichen Epoche, das Muster für den Äther – wie für den stofflichen physischen Körper.

Man kann nur sagen, daß diese Ätherhülle des physischen Körpers als Träger der Einflüsse wirkt, die von den astralen und mentalen Ebenen herstammen; daher beherrscht der Mond die ganze Persönlichkeit, dessen Sitz in dem niederen Viertel des sterblichen Menschen ist, das aus persönlichem Handeln, persönlichem Fühlen und persönlichem Denken besteht.

– Repräsentiert der Mond die Vitalitäts- oder Lebens-Aura, so ist er der Untereinfluß der Sonne – Prana; er zeigt sich als der mittlere violette Unterstrahl des orangefarbenen Strahls.

– Wenn er das persönliche Fühlen und Wünschen beeinflußt, ist er der violette Unterstrahl des roten Strahls, der den Astralkörper darstellt.

	Sekundärfarben		Sekundärfarben
JUPITER		**SATURN**	
blau	blau	**grün**	grün
	rot		indigo
♃	violett	♄	gelb
	grün		orange
	indigo		blau
	gelb		rot
Aurahülle	orange	*mental*	violett
MARS		**VENUS**	
rot	rot	**indigo**	indigo
	violett		gelb
♂	grün	♀	orange
	indigo		blau
	gelb	*Manas*	rot
astral und	orange	*abstraktes*	violett
triebmäßig	blau	*Denken*	grün
MOND		**MERKUR**	
violett	violett	**gelb**	gelb
	grün		orange
☾	indigo	☿	blau
	gelb		rot
	orange		violett
	blau	*buddhisch/*	grün
ätherisch	rot	*intuitiv*	indigo

	SONNE	
	orange	orange
	☉	blau
		rot
		violett
	Prana	grün
	(Uranus golden	indigo
	Jiva-Atma)	gelb

Zeichnung 10

– Steht der Mond in Beziehung zum persönlichen oder niederen Denken, so ist er der violette Unterstrahl des grünen
  Strahls, der den Mentalkörper regiert.

Man wird jetzt verstehen, warum in der Esoterischen Astrologie die Aspekte zum Mond für eine treffende Deutung der Nativität so wichtig sind.

Mond/Sonne: Der Mond in gutem Aspekt zur Sonne bedeutet gute Gesundheit, starke Genesungskraft,
hohe Lebenskraft; dagegen hindern ungünstige
Aspekte den Fluß des lebensspendenden
Prana, vermindern die Lebenskraft und verzö-
gern den Genesungsprozeß.

Mond/Mars: Der Mond im Aspekt zum Mars stärkt die Empfänglichkeit des Gefühls; er steigert die Impulse persönlicher Anziehungskraft.

Mond/Saturn: Der Mond in Aspekt mit Saturn gibt ein kon-
kretes Denken und engt es auf praktische, persönliche Ziele ein, bis der violette Unterstrahl
in den grünen aufgeht.

Vorher ist deutlich zu beobachten: Je reiner sich der violette
Strahl in einer Aura zeigt, um so näher steht der sterbliche
Mensch der Selbstbefreiung von persönlichem Wünschen und
Denken, das ihn an die niederen oder gröberen Einflüsse der
Materie bindet.

Alle Planetenfarben sind komplementär und vertauschbar;
z. B. sind Rot und Grün, Blau und Orange, Gelb und Indigo
komplementär. Grün absorbiert Rot; mit fortschreitender Entwicklung des Menschen verfeinert sich jede Farbe und offenbart sich immer mehr durch die höheren Bewußtseinsträger.

Die Teile der Aura

Der wichtigste Teil der menschlichen Aura entspricht mehr oder weniger dem *Tattwa Vayu*; er steht in Beziehung zum Ich oder zur Individualität. Er hat mit dem Teil der Aura zu tun, der sich mit dem Wesen oder dem »Aroma« der Persönlichkeit berührt – all den geläuterten Gedanken und Empfindungen, die zum Himmel aufgestiegen sind. Von dem in dieser Spähre wirkenden Bewußtsein heißt es in der Esoterischen Lehre:

Das Höhere Selbst ist gewissermaßen eine Welt reinen, göttlichen Lichts, ein Licht von einer höheren Ebene, auf der es keine Differenzierung gibt. Bei dem Abstieg auf die Ebene der Differenzierung gibt das Höhere Selbst einen Strahl ab, den es nur mit Hilfe der schon differenzierten Persönlichkeit offenbaren kann. Ein Teil dieses Strahls, das niedere Manas, kann sich während der Lebenszeit so kristallisieren und mit dem Karma eins werden, daß er in der Materie asiminiliert bleibt. Der Teil, der seine Reinheit bewahrt, bildet die Antahkarana (Saturn). Das ganze Schicksal einer Inkarnation hängt davon ab, ob die Antahkarana in der Lage ist, das Kama-Manas (Mars) zu beschränken oder nicht.[29] Nach dem Tode assimiliert sich das Höhere Licht (Antahkarana), das die Eindrücke und die Erinnerung an alle guten und edlen Strebungen bewahrt, mit dem Höheren Selbst; das Schlechte verteilt sich im Raum und kehrt als schlechtes Karma zurück, das auf Verpersönlichung wartet.

In anderen Worten: Es geht in die Ätherform oder den niedersten Teil der Aura ein und zeigt sich bei der Geburt im Aszendenten wie im Geburtsgebieter und seinen Aspekten zu anderen Planeten. Die Lehre sagt weiter:

Das Gefühl der Verantwortlichkeit (Saturn) ist der Anfang der Weisheit – der Beweis, das Ahamkara allmählich zurücktritt, daß sich langsam die Vereinzelung verliert.

Diesen Teil der Aura bezeichnet man oft als das Aura-Ei, als »Bewahrer jedes karmischen Eindrucks.«

Es ist der Speicher aller guten und bösen Kräfte des Menschen, der nach seinem Willen und Denken jede Potentialität empfängt und von sich gibt, die hier und da zur wirksamen Potenz wird: Diese Aura ist der Spiegel, in dem Sensitive und Hellseher den wirklichen Menschen fühlen und erkennen, in dem sie ihn sehen, wie er ist, nicht wie er erscheint.

Durch ihr Vermögen, jeden Eindruck zu reflektieren, wird die Aura zum Denkmal der ganzen Vergangenheit eines Menschen. Sie ist der *Manas*-Körper oder das reine, abstrakte Denken, losgelöst vom Wünschen und praktisch-konkreten Denken. In ihr leuchtet der durch Venus repräsentierte reine Geist auf, wenn die niederen Schwingungen zur Ruhe gekommen und die Leidenschaften überwunden sind. Als Bewußtseinsträger betrachtet, steht das Aura-Ei selbst unter dem beherrschenden Einfluß Jupiters – wie alle feineren Stoffe, die den Bewußtseinskern ausmachen, aber es unterliegt auch dem beschränkenden Einfluß Saturns, und hier zeigen sich die Hauptwirkungen Jupiters und Saturns: Expansion und Kontraktion sind beständig am Werk und erweitern oder verengen die Bewußtseinsgrenzen in den verschiedenen Stadien der menschlichen Entwicklung.

Dieser Teil der Aura untersteht dem blauen Strahl und wird indirekt durch die grünen und indigofarbenen Unterstrahlen angeregt. Der grüne Strahl wirkt als eine Art Gerüst, das die Individualität innerhalb der Aura stützt und schützt, bis sie fähig ist, allein zu stehen, wenn sie im Lauf der Entwicklung unter der individualisierenden Wirkung Saturns langsam aufgebaut worden ist. Saturn dient als Brücke zwischen dem persönlichen sterblichen Teil des Menschen und seinem höheren, spirituellen und unsterblichen Teil; so kann man sagen, daß Saturn das Wesen von Mond und Mars läutert, verfeinert und spiritualisiert; daß er ihre Farben verwandelt: aus dem Dunkelrot in ein helles Rosarot und aus den dunkler violetten Tönen in die feinsten und subtilsten Schattierungen dieser Farbe. In diesem Teil der Aura finden sich alle Wandlungen zwischen den Extremen des Optimismus und des Pessimismus, der Hoffnung und der Verzweiflung.

Was die *Tattwas* oder Ätherschwingungen betrifft, haben wir nun den höchsten Bezirk erreicht, den des *Akasha*, aus dem sich der kausale oder spirituelle Körper zusammensetzt. Zerlegen wir die Aura in ihre aktiven Komponenten und Farben, so ergibt sich folgende Unterscheidung:

Das *Prithivi-Tattwa* regt den physischen Körper an und durchströmt ihn, solange er ein lebendiger Körper ist, in dem sich ständig das tierische Leben manifestiert.

Das Apas- oder Wasser-*Tattwa* beeinflußt den Ätherkörper oder die Ätherform, nach der sich die physischen Zellen aufbauen.

Das *Tejas-Tattwa* entspricht dem Astralkörper oder dem Teil der Aura, in dem die Leidenschaften und animalischen Triebe wirken und in dem besonders das niedere Denken ruht.

Das *Vayu-Tattwa*, über das vor allem Saturn herrscht, stellt den kritischen Punkt zwischen dem homogeneren Äther, *Akasha*, und *Tejas* dar – sozusagen die Trennungslinie zwischen dem sterblichen und dem unsterblichen Menschen.

Über das *Akasha-Tattwa* herrscht insbesonderre die Venus, denn Herrin des Himmels, die wahre Isis; hier liegt der Schleier zwischen Geist und Stoff.

Die Esoterische Lehre arbeitet noch mit zwei anderen *Tattwas*, die gewöhnlich ganz unbekannt sind; astrologisch kann man sie aber verstehen, und zwar durch die Planeten Merkur und Uranus; es sind das *Anupadaka-Tattwa* und das *Adi-Tattwa*.

Der Teil der Aura, der sich über das individuelle Aura-Ei hinaus erstreckt, besteht aus dem spirituellen Stoff, aus dem die spirituelle Seele geformt ist, wobei allerdings »Form« in unserem Sinne auf diesen Ebenen nicht existiert. Er ist bekannt als »Buddhischer Strahl« und untersteht dem Einfluß des Planeten Merkur, dem Wissensstrahl. Seine Farbe ist das Gelb; es erscheint als Untereinfluß in allen anderen Strahlen, und alle anderen Strahlen existieren um ihn als Unterstrahlen. Um ihn durch den Ätherkörper hindurch zu erreichen, müssen wir den vierten Unterstrahl des Mondes in der Reihenfolge der Violett-Unterstrahlen verstehen. Zugang durch den Astralkörper oder die Hingabe des Mars gewinnt man durch Erkenntnis des Sinnes der Hingabe oder durch direkten Kontakt mit dem Objekt der Hingabe in geläuterter Empfindung, mit Hilfe des fünften oder gelben Unterstrahls des roten Strahls und durch Venus und die reine Intelligenz mit Hilfe des zweiten oder gelben Unterstrahls des indigofarbenen Strahls.

Der reine Merkureinfluß bedeutet Intuition, spirituelles Verstehen, ein unmittelbares Wissen um Spirituelles, eine direkte Wiedergabe des kosmischen und übermenschlichen Bewußtseins. Es ist die Ebene der Himmelswelt, und um diesen Teil der Aura zu erreichen, muß alles Irdische verschwinden und das Bewußtsein direkt durch den gelben Strahl wirken ohne jeden Unterstrahl. Astrologisch gesprochen, muß man die Bewußtseinsebene erreichen, in der der Planet Merkur umläuft, ohne jede Verbindung mit den Tierkreiszeichen. Der Spiegel des wahren merkurischen Bewußtseins darf nichts außer sich selbst und was ihm gleicht reflektieren.

Das nächste und letzte Tattwa, dessen wir uns irgendwie bewußt werden können, ist das *Adi-Tattwa*, unter der Herrschaft des Uranus. Den Einfluß dieses Planeten auf die Aura beschreibt die Esoterische Lehre als schillernd, so daß die ganze Aura in einem schönen irisierenden Licht wie Perlmutt aufstrahlt. Mit Worten läßt sich das durch die Aura sonnengleich scheinende goldene Licht nicht beschreiben, es ist ein herrlicher Anblick.

Das Bemerkenswerteste an der ganzen den Menschen umgebenden Aura ist, daß sie die Ergebnisse aller vergangenen Leben wie die Möglichkeiten der Zukunft enthält. Jeder der menschlichen *Tattwas* ist um einen unvergänglichen Atomkern angeordnet, in dem alle in verflossenen Inkarnationen angesammelten Schwingungsmöglichkeiten aufgespeichert sind; aus diesem Grund tritt jeder Mensch in seine Neugeburt mit den Schwingungsenergien dieser Atome ein, die ihn zum Handeln in bestimmten Richtungen längs der für ihn gültigen Linien geringsten Widerstandes veranlassen. Wenn man bedenkt, daß jedes kosmische *Tattwa* eine spirituelle Intelligenz, einen Herrscher als Haupt und Quelle und eine Schar niederer Intelligenzen hat, die in diesem besonderen Ätherbezirk wirken, so ist leicht zu verstehen, wie die Schwingungen jedes Atoms seinem eigenen, bestimmten Planeten entsprechen und wie das menschliche Bewußtsein im Inneren der Materie im Äußeren entspricht.

Ein sorgfältiges Studium der Aura und ihrer Beziehung zu den höheren und niederen oder feineren und gröberen Ebenen liefert den Schlüssel, zu umfangreichem Wissen über die drei sicheren Stadien der Entwicklung eines Menschen.

1. Der höchste und sublimierteste Teil der Aura untersteht dem Einfluß des Uranus, des Willensplaneten, der in der Esoterischen Astrologie als ein Symbol der Monade, des wahren Selbst, gilt.

2. Der mittlere Teile untersteht dem Einfluß Saturns, des individualisierenden Planeten, der das Symbol des Ichs oder der Individualität ist.

3. Der niedere Teil, der mehr oder weniger dirket mit der Physis zusammenhängt, steht unter dem Einfluß Jupiters.

Beim gewöhnlichen Menschen, der ein noch unentwickelter »Tier-Mensch« ist, ist der Mond das Symbol der Persönlichkeit, die in ihrer Auswirkung auf das Gehirn und die Empfindungen beschränkt ist. Im Laufe der Entwicklung verlegt die von Jupiter ausgehende Bewußtseinserweiterung das Zentrum zum Herz; ein moralischer Sinn entsteht, der seine Probe und seine Versuchungen zu bestehen hat unter den durch Saturneinflüsse auferlegten Verantwortungen. Dann geht der Mensch in ein Stadium höherer Individualisierung ein. Lange Zeit ist die Sonne der Repräsentant des Durchschnitts-Individuums, das noch nicht selbstbewußt im kausalen oder spirituellen Körper ruht. Ist aber der moralische Sinn voll entwickelt und das Herz befreit von den Lockungen der Sinne und den Impulsen des niederen Denkens, dann ist der expansive Einfluß Jupiters so stark, daß er außerhalb des Bereichs der Einengung und Beschränkung Saturns steht, und seine Fesseln sind gebrochen. Dann beginnt der uranische Einfluß; der Mensch lernt die Individualität überwinden und erkennt, daß die Menschheit nur ein großes Wesen ist, von dem er einen Teil bildet. Dann erkennt er die Menschennatur wahrhaft, versteht alles und verzeiht alles. Er beschreitet dann den Pfad der Freiheit und wird im eigentlichen Wortsinn der heimatlose Wanderer, bei dem kein Tierkreiszeichen stärker wirkt als das andere, da der ganze Tierkreis sein Wirkungsfeld ist und nicht ein isolierter Teil von ihm. In der antiken Mythologie wurde Uranus, der Herr des Raumes, von Saturn, dem Herrn der Zeit, entthront, und dieser wich schließlich dem Zeus, dem Herrn über Form und Stoff. In der indischen Mythologie kehren diese Symbole wieder in *Shiva, Vishnu* und *Brahma*.

XI Die Planeten
in Beziehung zum Bewußtsein

Merkur als astrologischer Planet ist noch okkulter und geheimnisvoller als Venus. Er war der Führer und Erwecker der Seelen, der »Große Magier« und Hierophant. Er ist der »Goldhaarige Hermes«, dessen Namen die Hierophanten auszusprechen untersagten.

H. P. Blavatsky »Die Geheimlehre«

Man wird jetzt einsehen, warum alle Gedanken über Esoterische Astrologie auf dem Verständnis des eigentlichen Unterschiedes zwischen der »Individualität«, als dem unvergänglichen Teil unseres Wesens, und der »Persönlichkeit«, als dem fließenden Teil, der nur als kleiner Strahl der Individualität überhaupt existiert, basieren.

Jeder Planet steht in bestimmtem Zusammenhang mit dem Bewußtsein in allen seinen Stufen, von der niedersten bis zur höchsten. Es gibt nur ein Höchstes Bewußtsein. Aber jede von einem Planeten repräsentierte Einflußsphäre macht einen Teil dieses Bewußtseins aus und prägt ihn in den vielen verschiedenen Bezirken der Natur. Vom Standpunkt der Entwickung der Seele stehen sie in Beziehung zu den sieben Prinzipien oder Aspekten des menschlichen Bewußtseins (Willensaspekt, Wissensaspekt usw.), und jeder Planet arbeitet dabei an der Entwicklung von einem dieser Prinzipien, denn wir entwickeln oder entfalten uns im Bewußtsein wie auch körperlich, und wir besitzen zum Ausdruck der entsprechenden Bewußtseinsstadien einen physischen, einen emotionalen und einen mentalen Körper.

Die höchsten und subtilsten Bewußtseinszustände sind diejenigen, die allein durch die Individualität, die unvergängliche Seele des Menschen, zum Ausdruck kommen: die Aspekte des Willens, des Wissens und der Liebe. Diese drei hohen und erhabenen Bewußtseinszustände werden nach den Regeln der Esoterischen Astrologie von Uranus (Wille),

Merkur (Wissen) und Venus (Liebe) beherrscht. Sie stehen in Verbindung mit dem, was die Philosophie des Ostens oft die »unsterbliche Dreiheit«, der Westen die »vollendete Dreieinigkeit« nennt. Man dann diese Bewußtseinsformen auch als Repräsentanten von Geist, Geist-Seele und menschlicher Seele oder als drei Aspekte dessen bezeichnen, was im höchsten Sinne die eine individuelle Seele ist.

Andererseits sind drei Reflexe dieses höheren Bewußtseins eng verknüpft mit der Persönlichkeit; dann stehen sie dem begrenzten verkörperten Leben in der Materie näher: mentale, astrale und physische Materie. Sie repräsentieren:

1. das Leben des physischen Körpers, in dem alle Körperzellen eigenes Bewußtsein haben und das dem Planeten Jupiter untersteht;

2. das Leben der persönlichen Gefühle, die Tier-Seele als Summe aller unserer wechselnden Stimmungen, Empfindungen und Gefühle, das Bewußtsein unseres emotionalen Körpers; dies untersteht dem Planeten Mars;

3. das Leben des Verstandes, unseres eigenen, besonders persönlichen Denkens, das unsere Meinungen, Neigungen und Vorurteile bestimmt. Der Verstand füllt unsere Gehirnzellen, gibt ihnen eigenes Leben und Bewußtsein mit, beseelt die phrenologischen Organe des Kopfes und läßt uns alles konkret und praktisch sehen; das beherrscht der Mond.

Wenn diese drei Bewußtseinszustände und ihre vermittelnden Träger alle in dem einen physischen Körper kombiniert werden, dann werden sie von der Sonne, die *Prana* oder Lebenskraft spendet, belebt; wird dieses Prana dem physischen Körper entzogen, so tritt der Tod ein. Die Blüte des niederen oder persönlichen Bewußtseins wird dann in der Individualität gesammelt, und zwar nach folgenden Gegensatzpaaren:

Uranus und Jupiter	–	als Repräsentanten des Willens-aspekts im Bewußtsein und der Stabilität des Körpers;
Merkur und Mars	–	Repräsentanten der Geist-Seele und der Tier-(Trieb-)Seele;
Venus und Mond	–	menschliche Seele und persönliches Denken des Gehirns.

Die Beziehung zwischen Individualität und Persönlichkeit

Saturn bildet die Brücke oder den schmalen Weg zwischen der Individualität und der Persönlichkeit. Dieser Planet teilt und trennt das Grobe vom Feinen, das Unreine vom Reinen; daher ist er die Hauptquelle von Sorge und Mühe – der Zuchtmeister und auch der Individualisierer. Diese Bewußtseinszustände und ihre Herrscher bringen wir nunmehr in tabellarischer Form:

Sonne – Geist	wirksam als	Wille – *Uranus*
Merkur – Geistseele	wirksam als	Wissen – *Merkur*
Venus – Menschliche Seele	wirksam als	Liebe – *Venus*

Saturn – Brücke – Individualisation

Mond – Persönliches Denken	wirksam im	Gehirn – *Mond*
Mars – Persönliche Gefühle	wirksam in	der Triebseele
Jupiter – Physische Zellen	wirksam im	Äther-/Phys. Körper

Sonne – Vitalität/Lebenskraft

Die Sonne ist sowohl Geist als auch Vitalität, das Höchste wie das Niederste.

So wie Wassermann das ideale Zeichen des Astrologen ist, so ist Uranus sein idealer Planet. Wer die Schwingungen aller anderen Planeten durchlaufen hat, kann hoffen, mit Uranus Kontakt zu gewinnen und auf ihn zu reagieren. Manche reagieren nur auf Mars, manche nur auf Saturn, aber auf Uranus, selbst in seiner niedersten Form reagieren nur wenige Menschen. Das heißt wahrhaft »auf der Höhe seines Horoskops leben«: voll reagieren auf die höchsten in ihm wirksamen Schwingungen.

Dies sind die Planeten der physischen Ebene und zugleich die Repräsentanten der sieben Bewußtseinsformen und der sieben Pfade der Entwicklung. Jede Individualität entwickelt sich unter der Obhut und Leitung eines der erhabenen Wesen, die diese Planeten repräsentieren, und jede inkarnierte Persönlichkeit wird unter der Herrschaft von einem dieser Wesen geboren. Während aber die Individualität, die unvergängliche Seele, dauernd (wenigstens normalerweise) mit demselben der Sieben in Kontakt steht, ihre ganze lange Reihe von Inkarnationen hindurch, wechselt der Persönlichkeitsherrscher von Leben zu Leben.

Das Verhältnis der Persönlichkeit zum Körper

Wenn die Zeit zur Geburt kommt, wird ein Körper von speziellem Typ gewählt, der es der Seele ermöglicht, die Erfahrung zu erwerben, die sie gerade zu jener Zeit braucht. Der Aufbau dieses Körpers ist nicht zufällig. Er geschieht nach einem vorbestimmten Plan, und Bau und Komposition des Körpers richten sich ganz nach jenem Plan. Die verschiedenen chemischen Elemente, aus denen der Körper aufgebaut wird, wie die Art ihrer Kombination sprechen deutlich von dem Wirken der planetaren Kraftherrscher. Die Geburt findet statt, wenn die Planeten die Stellungen einnehmen, die ihnen nach dem vorbestimmten Plan, der aus dem Horoskop hervorgeht, zukommen. Auf dem Grundriß dieses Plans wird also die ganze »Körpermaschine« erbaut, und das ist die den Wissenschaften wie Physiognomie, Pherenologie und Chiromantie zugrundeliegende Wahrheit. Der Körper wird nicht durch andauernde Bemühung dem Bild der Seele nachgearbeitet (obwohl auch diese Ansicht eine gewisse Berechtigung hat), sondern der Körpertyp wird von vornherein so angelegt, daß er dem Typ der Persönlichkeit, der in diesem Erdenleben nach Ausdruck ringt, angemessen ist und ihn ausdrückt. Kurz gesagt: Der Körper wird der Persönlichkeit genauso angepaßt wie ein Anzug dem Körper. Wenn dem so ist, sollte es nicht verwundern, daß Gestalt, Größe, Bau und Linie des Körpers und seiner Teile den Charakter der Person zeigt, die diesen Körper als Träger benutzt.

Die Planetenstellungen bei der Geburt sind daher vollendete Anzeiger des Körpertyps, der geboren wird, und des Persönlichkeits-Typus, der dem Körper für eine Lebenszeit innewohnen wird. Wahrscheinlich ist aber der Geburtsmoment die einzige Zeit während des ganzen Lebens, in der die Planetenstellungen den Körpertypus exakt anzeigen, denn da sind die Planetenpositionen und -Aspekte am äußeren Himmel in vollendeter Übereinstimmung mit den Lebensströmen im Körper und den Möglichkeiten der Persönlichkeit. Der Körper aber wandelt sich sehr langsam, während die Planeten ihre Geburtsstellungen rasch verlassen und nie wieder genau dieselben einnehmen, auch im längsten Leben nicht. Diese Einklang gibt dem Horoskop eine Bedeutung, die es sonst nicht besitzen könnte. Es wird dadurch zu einem Führer zu dem Persönlichkeits-Typus, der sich in dem Körper offenbart, und zu dem Charakter der Seele, die ihm innewohnt.

Jede Persönlichkeit ist in gewissem Sinne eine neue Entwicklung, die sich in einem Körper vollziehen soll, der a priorio so angelegt, ist, daß er aus dem inneren Bewußtsein einen bestimmten Charaktertyp hervorruft. Der Körper macht das, indem er einige Fähigkeiten ganz, andere teilweise ausschaltet, währen der den übrigen volle Entwicklungsmöglichkeit und Bewegungsfreiheit läßt. Das wird vor allem bestimmt durch den Bau des Nervensystems, das, entsprechend der Verfassung seiner verschiedenen Zweige, entweder die freie Bewußtseins-Tätigkeit gestattet oder sie hindert oder auch ganz auslöscht. Die Fähigkeiten, die volle Entfaltungsfreiheit haben, sind im Laufe der Erziehung und durch den Einfluß von Eltern oder Freunden sehr leicht zu erwecken, und ihre Ausübung wird im allgemeinen Freude machen. In den meisten, wenn nicht in allen Fällen stellen sie Kräfte dar, die in vielen vergangenen Inkarnationen langsam gewachsen sind. Sie werden sich als die stärksten, aber darum nicht notwendig am besten aspektierten Planeten im Horoskop zeigen.

Die Fähigkeiten, die teilweise ausgeschaltet sind, eignet man sich nicht mit so viel Freude an, und man hat in einer Beschäftigung, für die sie wesentlich sind, nur ungenügenden Erfolg. Sie beruhen im allgemeinen auf den Planeten, die im Horoskop schwächer oder weniger bedeutsam gestellt sind. Es können Fähigkeiten sein, die die Seele in allen ihren vergangenen Leben noch nie recht erworben hat; manchmal sind sie auch mit Vorbedacht ausgeschaltet, damit der Mensch eine besondere Art Erfahrung durchmachen oder irgendeine fällige karmische Schuld begleichen kann, denn fast alle unsere Handlungen hängen von unserem Charakter ab, und bei bekannter Umgebung (Milieu) resultieren aus einem gegebenen Charaktertypus die entsprechenden Taten und Erfahrungen.

Ähnlich steht es mit Fähigkeiten, die fast völlig ausgeschaltet sind: Sie fehlen entweder von Natur oder sind aus karmischen Gründen an der Auswirkung verhindert. Die Planeten, die sie darstellen, stehen entweder sehr schwach oder in »dunklen« Feldern des Horoskops, oder sie sind schwer beschädigt; oft zeigen sie auch alle drei Schwächungen. Das Horoskop des Grafen von Arundel (Horoskop, S. 238) zeigt, wie schwer die Verletzungen sein können, wenn viele Fähigkeiten unterdrückt sind.

So werden manche Fähigkeiten kräftig betont, manche nur teilweise entwickelt und manche überhaupt nicht; werden diese dann in ein gegebenes Milieu gestellt, das von den göttlichen Führern des Schicksals der Seele vorher gewählt wurde, so folgt daraus der vorbestimmte Persönlichkeitstyp. Es werden Handlungen vollzogen, die der von der Umwelt bedingten Art des Charakters entsprechen; es werden Erfahrungen gesammelt, der Seele bietet sich für den Zeitraum eines Lebens eine neue Ansicht der Welt, und früher oder später nach dem Tod sammeln sich alle Ergebnisse in der unvergänglichen Individualität, die um diesen Zuwachs reicher, vollständiger und stärker wird.

Die Persönlichkeiten folgen aufeinander, wobei jede dieselbe Individualität ausdrückt, ohne daß zwei von ihnen sich gleichen würden. Nehmen wir als Beispiel eine Individualität, die sich unter Saturn entwickelt, dann werden sich in dieser Individualität alle sieben Planeten darstellen, Saturn aber ist der stärkste von ihnen. Inkarniert sich diese Individualität nun in einer unter Jupitereinfluß geborenen Persönlichkeit, so werden Jupiter und Saturn beide gut aspektiert sein müssen, denn das ist eine Frage des *Karmas*. Eine Lebenszeit hindurch wird die Seele alles unter dem Gesichtspunkt Jupiters sehen, und nach dem Tod trägt diese Erfahrung zur Bereicherung der Individualität bei; der Jupitereinfluß in ihr wird stärker. Nach einer Ruhepause in der Himmelswelt wird ihr eine andere Persönlichkeit folgen, die unter einem anderen Planeten geboren wird und eine andere Seite der Individualität bereichern soll. Wenn dann, nach einer Reihe von Leben, wieder die Zeit kommt, daß die Seele unter Jupiter geboren werden soll, werden dieser und Saturn wiederum irgendwie als die beiden stärksten Einflüsse im Horoskop wirken, aber der übrige Teil dieser Jupiter-Persönlichkeit wird dem der früheren Verkörperung nicht gleichen, weil die Seele in dem langen Zeitraum gewachsen ist, sich entwickelt und verändert hat und sie einen Teil ihres alten Karmas abgetragen und sich neues Karma zugezogen hat. Auch werden die »göttlichen Hüter des Menschen« ihm eine andere Umgebung zuweisen, damit er dort neue Erfahrungen sammeln kann. Daher wird sein Horoskop bestimmt in vielerlei Beziehung ein anderes sein. Immerhin ist anzunehmen, daß sich in der Reihe solcher Persönlichkeiten starke Ähnlichkeiten finden lassen, etwa so wie sie im allgemeinen zwischen Anghörigen derselben Familie bestehen.

Es gibt keinen anderen Unterschied zwischen Seelen als den, der sich aus der verschiedenen Art von Erfahrungen erklärt, die sie in vergangenen Leben gemacht haben. Auch der größte Sünder und der höchste Heilige unterscheiden sich nur dadurch, und der Heilige ist eine alte, erfahrene Seele,

während der Sünder als Seele verhältnismäßig jung und uner-
fahren ist. Die Geburt in einer Reihe von Persönlichkeiten unter neuen Kombinationen von Zeichen und Planeten sorgt,
astrologisch gesprochen, für die erforderlichen Erfahrungen;
daraus kann man den Schluß ziehen, daß der jetzige Sünder
in ferner Zukunft der große Heilige sein wird.

XII Planeteneinfluß
und Schwangerschaft

*Die Beziehungen zu anderen verkompliziert das Karma des Men-
schen auf der physischen Ebene; daher muß die besondere physische
Form, die der Mensch in einer bestimmten Lebensperiode annimmt,
der Auswirkung dieses komplizierten Karmas angemessen sein.*
A. Besant »Studie über das Bewußtsein«

Es gibt viele Gesichtspunkte, von denen aus man das Universum studieren und klassifizieren kann, um seine Geheimnisse zu erforschen und das Unbekannte oder nur teilweise Bekannte in der Sprache des Bekannten zu erklären.
Jede Wissenschaft vertritt einen solchen Gesichtspunkt, von
dem aus ein Teil der wahren Natur der Dinge zu sehen ist;
jeder Forscher fügt der allgemeinen Erkenntnis neue Tatsachen hinzu und sucht sie durch Bezug auf andere, schon bekannte Tatsachen und Prinzipien zu erläutern. Jede Religion
ist, soweit sie an den Verstand appeliert, ein anderer Gesichtspunkt, der auf einen ganz neuen Bezirk des Universums
hinweist. Und doch wird dabei dieselbe Regel befolgt, das
Seltsame oder Entfernte in Beziehung zu setzen mit dem Vertrauten und Nahen, um so das eine durch das andere zu erhellen.

Zunächst, und besonders vom wissenschaftlichen Standpunkt aus, scheint diese Methode in ihrer Absicht ganz objektiv. Wir tun nichts anderes, als einen Teil des äußeren Universums mit Hilfe anderer Teile desselben Universums zu
erklären. Ein Botaniker, der eine neue Pflanze entdeckt, versteht sie vom botanischen Standpunkt aus hinreichend, wenn
er ihre Ordnung, ihr Genus, ihre Spezies, ihren Fundort und
ähnliche Fakten, die sich alle auf die äußere Welt beziehen,
bestimmt hat. Dasselbe gilt von den anderen Wissenschaften;
selbst religiöse Menschen, die an ein Weiterleben nach dem
Tod glauben, stellen sich dieses immer irgendwo im Raum lo-
kalisiert und ebenso objektiv vor wie unserer Welt, wenn es

auch zweifellos aus einer anderen Art Materie erbaut ist und anderen Gesetzen untersteht.

Viele Philosophen verfallen in das entgegengesetzte Extrem und lösen alles in Bewußtseinszustände auf; sie lehnen es dann überhaupt ab, ein äußeres materielles Universum als selbständig existent anzuerkennen. Sie weisen darauf hin, daß unser einziges Wissen um eine äußerer Welt auf dem beruht, was innerhalb unseres Bewußtseins vorgeht; wenn einer oder mehrere der fünf Sinne berührt würden, erfolge eine Bewußtseinsänderung, und diese allein sei für uns wirklich vorhanden und das, was wir wirklich wüßten; die Argumente, mit denen wir die Existenz von etwas anderem als Bewußtsein zu beweisen suchen, seien selbst nur eine Reihe von Bewußtseinsänderungen und belegten nichts.

Das bedeutet die Auflösung des Universums in Bewußtseinszustände und leugnet die Existenz von irgend etwas anderem. Der Denkprozeß besteht dann darin, irgendeinen neuen oder relativ ungewöhnlichen Bewußtseinszustand zu einem älteren, gewöhnlicheren oder umfassenderen Zustand in Beziehung zu setzen, so daß sich die beiden im Totalbewußtsein mischen und durchdringen und einer mittels des anderen verständlich wird. Der Materialist oder Realist sieht das Bewußtsein oder den Geist als ein Nebenprodukt der Materie an. Der ausgesprochene Idealist vertritt das entgegengesetzte Extrem und betrachtet die Materie nur als eine Erscheinungsform des Geistes. Die Stufe des Geistes, die in jedem von uns das Bewußtsein weckt, ist so fern von jener anderen Stufe des Geistes, die die Materie bedingt, daß zwischen ihnen eine unüberschreitbare Kluft zu bestehen scheint. Selbst wenn man sie rein in der Idee betrachtet, gehen sie keine Mischung ein; sie bleiben scheinbar getrennt wie Öl und Wasser, und doch sind es nur zwei verschiedene Erscheinungsformen desselben Geistes. A. Besant sagt dazu:

Der Geist ist Gottes Aktivität, die Materie ist Gottes Ruhen.

Diese Teilung des Universums in die Welt des Geistes oder Bewußtseins und die Welt der Materie, die voneinander durch ihre relativen, aber nicht absoluten Grade von Ungleichheit getrennt sind, führt zu der Erwägung, daß der Mensch ähnlich konstruiert ist. Der Mensch, wie das Universum im allgemeinen, ist wesentlich Bewußtsein oder Geist, aber ringsum in Materie eingeschlossen. Im Menschen wird sich das Bewußtsein seiner selbst bewußt; es hat die Selbstbewußtheit erlangt. Man muß dabei beachten, daß wir die eingehendere Prüfung des Problems, ob die Materie irgendwie eigene, unabhängige Existenz besitzt, umgehen. Wenn wir aber Materie und Geist als das nehmen, was sie wirklich sind, dann ist Materie immer außen und offenbart sich, während Bewußtsein immer innen ist und verborgen bleibt. In unendlicher Formenfülle sehen wir die Materie überall um uns, aber den Geist, das Bewußtsein, das Selbst sehen wir nie, weil diese hinter dem Schleier der Materie verborgen bleiben. Jeder, der sich der gewöhnlichen fünf Sinne bedient, kann die Materie wahrnehmen. Aber niemand nimmt je das Bewußtsein wahr, weder durch diese fünf noch durch irgendwelche anderen, ihnen analoge Sinne. Alles, was wir je wahrnehmen, gehört zu dem materiellen Schleier, der das Selbst im Inneren verhüllt.

Führt man die Nachprüfung weiter zu der nächsthöheren Ebene des Universums, der astralen oder Wunsch-Welt, dann gilt dort genau dasselbe. Jeder, der auf dieser Ebene wirkt oder sie hellsehend von der physischen Ebene her erforscht, wird verschiedene Objekte und aus astralem Stoffe gebildete, beseelte und unbeseelte Körper wahrnehmen, aber er wird dort nicht mehr Bewußtsein wahrnehmen als hier. Alles, was wir jemals in jeder Welt wahrnehmen, sind die äußeren Manifestationen des Bewußtseins, die unter oder in der Materie wirken. Dasselbe gilt von der mentalen Welt, die jenseits der astralen liegt; Materie liegt stets offen, an der Oberfläche, und ist wahrnehmbar; Bewußtsein bleibt immer verborgen, unter der Oberfläche, und ist nicht wahrnehmbar. Wenn ein Hellseher uns sagt, er sehe einen Geist, dann gebraucht er den Ausdruck »Geist« in einem weiten, ungenauen, populären Sinn. Was er in Wirklichkeit sieht, ist in eine menschliche Form gefaßte astrale Materie. Diese Form ist von einem menschlichen Bewußtsein beseelt, genauso wie unsere physischen Formen in dieser Welt. Der Hellseher sieht das Bewußtsein als solches genausowenig wie wir hier; er sieht astrale Materie – wir sehen physische Materie, das ist alles. Subba Rao schreibt, daß selbst der Logos nicht den *Parabrahman* sieht; er sieht *Mulaprakriti*, die Ur-Materie, die wie ein Schleier über *Parabrahman* geworfen erscheint.[30]

Die Funktion des Körpers in Beziehung zum Bewußtsein

Man kann also sagen, daß der Mensch aus Bewußtsein oder Selbst besteht, das stets im Innern ist, und aus Körper, der aus der Materie der Welt erbaut ist, in der er lebt; beides ist außen von der übrigen Welt umgeben. Betrachtet man die gewöhnliche physische Ebene als typisch für das Ganze, so sieht man: 1.: die Welt im großen, die Umgebung; 2.: den physischen Körper, und 3.: das Selbst, den Menschen, der diesen Körper für eine Lebenszeit als Träger benutzt.

Die Umgebung umfaßt hier nicht nur das, was uns direkt sichtbar, fühlbar und hörbar umgibt, sondern alles, was außerhalb des Menschen ist und ihn irgendwie durch Luft- oder Ätherschwingungen beeinflußt, wie z. B. die Himmelskörper, wobei die Entfernung nichts zu sagen hat.

Der innere oder wahre Mensch tritt durch seinen physischen Körper in Beziehung zu seiner physischen Umgebung. Nur aus diesem Grund existiert der Körper. Den Menschen in diese Umgebung zu stellen, ihn zu befähigen, von beseelten oder unbeseelten Objekten der physischen Welt Anstöße zu empfangen, sich der Umwelt dadurch bewußt zu werden, sie zu lieben und zu hassen, seine inneren Kräfte dadurch zu wecken, daß er ihnen nachgeht oder ausweicht. So beginnt der Mensch in einem Zustand, in dem er von der Welt überhaupt nichts weiß, und endet im Wissen um diese Welt, weise und voll an Erfahrungen an Menschen und Dingen.

Hätten wir keinen Körper, dann existierte die physische Welt nicht für uns. Die noch nicht inkarnierte Seele, die zur

Wiederverkörperung herabsteigt, braucht einen physischen Körper, der sie in Kontakt mit der physischen Welt bringt. Solange sie noch keinen besitzt, kann die physische Seite der Dinge sie nicht beeindrucken. Ähnlich ist es nach dem Tod des Körpers. Die eigentlich physische Ebene hört dann für den Menschen auf zu existieren. Es bleibt die Erinnerung an diese Ebene, und der Wunsch nach einem Körper kann sehr stark sein, aber der Mensch besitzt dann keine Sinne mehr, durch die ihn die physische Materie irgendwie beeinflussen könnte. Er hat auch keine Kräfte mehr, durch die er auf die physische Natur wirken und Veränderungen in ihr hervorrufen könnte. Er erkennt nur noch die astralen Spiegelbilder aller physischen Gegenstände, wenn er ihnen seine Aufmerksamkeit schenkt; da sie den physischen Objekten genau entsprechen, ist z. B. die Wahrnehmung des astralen Gegenstückes eines Hauses genausoviel wert die die Wahrnehmung des physischen Hauses. Daher kann der Gestorbene leicht beobachten, was in unserer Welt vorgeht. Dennoch ist es richtig, daß für ihn die physische Materie als solche nicht mehr existiert; es beeinflußt ihn astrale Materie, und er beeinflußt seinerseits astrale Materie; aber rein physische Objekte sind praktisch für ihn nicht vorhanden – so wie er selbst für gewöhnliche Menschen, die im physischen Körper leben und ganz auf die Schwingungen und Anstöße des physischen Stoffes reagieren, unsichtbar und nicht wahrnehmbar geworden ist.

Ob der Mensch also einen Körper besitzt oder nicht, entscheidet darüber, ob er mit dieser Welt in Berührung kommt, ob er sie beeinflußt und von ihr beeinflußt wird. Akzeptieren wir die Einteilung: 1.: der Mensch, 2.: sein Körper und 3.: seine Umwelt, dann ist der Körper der Schlüssel zum Ganzen; er setzt die beiden anderen erst in die Lage, einander zu beeinflussen.

Wenn der Seele, dem wahren Menschen, Charakter zukommt, dann hängt ihre Ausdrucksmöglichkeit in dieser Welt gänzlich vom Körper ab. Wenn die Seele auf diese Erde geboren wird, dann bringt sie ihre verschiedenen Fähigkeiten mit. Aber ihre wirksame Verwendung beruht ganz auf der Art des Körpers, der ihr verliehen wird. Da nun der Charakter in hohem Maße das Schicksal bestimmt, entscheidet der Körpertypus über die Laufbahn des Menschen, sein Glück und Unglück, seine Erfolge und Fehlschläge. Es ist ganz offenbar, daß mindestens teilweise gilt: ein schwacher und kränklicher Körper macht es unmöglich, mit Erfolg eine Beschäftigung zu betreiben, die Muskelkraft und Ausdauer verlangt. Ein grober und schwerer Körper wird sicherlich versagen, wenn der Mensch einen Beruf auszuüben versucht, der feines Gefühl und großes manuelles Geschick verlangt. Ein schwaches und überlastetes Nervensystem taugt nicht zu Erlebnissen und Situationen, die besondere Selbstbeherrschung und starke Nerven erfordern.

Diese und viele ähnliche Fälle, die jeder selbst vermehren kann, sprechen für sich; aber Astrologie und Okkultismus wie auch wissenschaftliche Vererbungstheorien erfordern eine viel eingehendere Behandlung des Gegenstandes. Offenbar müssen wir den Körper als eine Art Auszug oder Ausdruck des ganzen seelischen Charakters ansehen – oder doch des Teils, der im Verlauf einer Lebenszeit in Erscheinung treten kann. Wir müssen erkennen, daß der Charakter, und damit das Schicksal, sich mit dem Körper wandelt, und zwar nicht nur in den großen Zügen und auf leicht erkennbare Weisen, von denen wir eben sprachen, sondern auch subtiler und in bezug auf Fähigkeiten, die weniger an der Oberfläche liegen. Bestimmte Typen und Qualitäten des Körpers, besonders aber des Gehirns und Nervensystems, entsprechen bestimmten Charaktertypen. Oder man kann das Verhältnis auch umkehren: Jeder Charakter benötigt einen bestimmtem Körper zu seiner Entfaltung und könnte sich ohne ihn nicht entwickeln. Körper und Geist passen zueinander wie Hand und Handschuh. Der Körper ist gewissermaßen eine lebendige Maske, die den Menschen, der sie trägt, verbirgt und doch gleichzeitig ausdrückt. Ein Mensch mit einer rosa Maske kann nicht mit Erfolg die Rolle eines Farbigen spielen. Was auch die Seele an sich und getrennt von dieser Welt sein mag – sie ist in ihren Möglichkeiten ähnlichen Beschränkungen unterworfen durch den Körpertyp, den sie von den Eltern erhalten hat.

Phrenologen, Physiognomen, Chiromanten und ähnliche Deuter der Menschennatur sind mit dem Gedanken vertraut, daß der Körper (oder wenigstens ein Teil, den sie studieren) den Charakter und damit in hohem Maße auch das Schicksal eines Menschen angibt. Von der Astrologie, dem Okkultismus und den Problemen der Vererbung her müssen wir die Tatsache anerkennen, daß dies nicht nur von Kopf, Gesicht und Händen allein, sondern vom ganzen Körper, innen und außen, vom Kopf bis zu den Füßen, gilt.

Vererbung vom wissenschaftlichen Standpunkt aus

Bei der Frage der Vererbung behaupten die neuesten und weitverbreiteten wissenschaftlichen Theorien, daß es im Körper gewisse Zeugungszellen gibt, die unverändert von den Eltern auf das Kind übergehen. Zwei von ihnen, eine vom Vater und die andere von der Mutter, verbinden sich, und das aus ihrer Vereinigung entstehende befruchtete Ei teilt sich und erzeugt viele neue Zellen. Einige dieser Zellen gehen unverändert auf das Kind über, um seine Zeugungszellen zu bilden; nur eine von ihnen liefert durch stete Unterteilung die Quantität an Materie, aus der sich der Körper des Kindes aufbaut. Diese eine Zelle enthält alle Möglichkeiten des zukünftigen Körpers in sich. Sie ist die physische Basis für die Entfaltung des Charakters des Kindes, das geboren werden soll, und in ihrem engen Bereich ruhen alle die komplexen Kräfte der Vererbung.

Jeder Teil des Körper, der als Ganzes variieren kann, soll als Anlage im Kern dieser einen Zelle vorhanden sein. Weismann, der diese Theorie stark gefördert hat, meinte, die letzten physischen Vererbungselemente im Zellkern seien

> *eine Gemeinschaft unsichtbarer, sich selbst bewegender Lebenseinheiten oder »Biophoren«, von denen jedes die Fähigkeit besitzt, in der Entwicklung eine besondere Eigenschaft zu entfalten.*

167

Er nahm an, diese Biophoren seien in Einheiten höherer Ordnung zusammengefaßt, die er »Determinanten« nennt, wobei eine für jede Struktur des Körpers steht, die unabhängig variieren kann. Diese Determinanten sollen zu Gruppen von Ideen zusammengefaßt sein, von denen jede eine vollständige Anlage des spezifischen Charakters des Organismus besitze und auch einen individuellen Charakter habe.

Dies ist die wissenschaftliche Ansicht über die Art, wie die Entwicklungsmöglichkeiten des ganzen physischen Körpers in der einen Zelle enthalten sind, aus der der Körper stammt. So einfach sie von außen in ihrer sichtbaren Struktur erscheint, so außerordentlich komplex ist sie im Inneren. Sie enthält das bestimmte Material, das die Vererbungskräfte ausdrücken und den völlig neuen Körper mit seinen verschiedenen Möglichkeiten und Grenzen ergeben wird.

Andere Erwägungen

Wenden wir uns dann den okkulten Ansichten über das Problem zu, so finden wir, daß die wissenschaftlichen Theorien der Ergänzung durch zwei wichtige Faktoren bedürfen. Der erste betrifft den Plan, die Architektur des Körpers; der zweite den Einfluß der sich inkarnierenden Seele, die diesen Körper bewohnen und beseelen soll.

Der Körper bildet sich nicht selbst; er wächst nicht auf mechanisch-automatische Weise, wie sich etwa Eisenfeilspäne um einen Magneten sammeln. Gewisse Geistwesen, die Herrscher des *Karmas*, liefern ein Modell des Körpers, der entstehen soll, und schaffen ein Element, dessen Aufgabe es ist, den Körper nach diesem Modell aufzubauen. Die Anlage des Körpers variiert je nach dem von der Seele auszudrückenden Charaktertypus und je nach der Erfahrung, die sie ihrer Bestimmung nach während ihrer Lebenszeit im Körper durchmachen soll. Aber es drücken sich im Körper nicht der ganze Charakter und nicht alle Kräfte der Seele aus, denn einiges bleibt völlig unterdrückt; teils weil das Schicksal es fordert, das sich der Mensch in seiner Vergangenheit und anderen Leben zugezogen hat, und teils um seine Aufmerksamkeit auf andere Seiten seines Charakters zu lenken, die der Entwicklung bedürfen.

Das führt uns wieder auf die zuvor dargelegten Prinzipien: daß sich ein gegebener Charaktertypus nur durch einen diesem Zweck genau angepaßten Körper auswirken kann; daß ein Körper, der für den einen bestimmten Charakter ein passender Träger ist, für einen ganz anderen Charakter völlig unpassend und unmöglich wäre, und daß Schicksal und Glück weitgehend vom Charakter abhängen. Der Körper bedingt zwar nicht den Charakter, denn dieser ruht mit allen seinen Stärken und Schwächen in der Seele; aber der Körpertyp und die Umgebung bedingen gewisse Erfahrungen, die den inneren Menschen betreffen und rufen als Reaktion die latenten Kräfte und Fähigkeiten hervor. Einige von ihnen tauchen leicht auf, weil sie schon stark entwickelt und befreit sind; andere kommen nur schwer oder gar nicht hervor, weil sie schwach oder durch die Anlage des Körpers ganz oder teilweise unterdrückt sind.

Hier liegen klare, folgerichtige Prinzipien vor. Der Plan des Körpers und die Umgebung, in die er geboren wird, werden von den »Herren des Karmas« festgelegt. Das bestimmt den allgemeinen Typ des Charakters und damit auch der Ereignisse und Erlebnisse, die in der Lebenszeit eintreten. Im Plan des Körpers drücken sich Charakter und Schicksal aus. Das Horoskop wird buchstäblich in das Gebäude des Körpers hineingebaut. Wüßten wir mehr von okkulter Anatomie und Physiologie, dann könnten wir sehen, wie sich Sonne, Mond, Planeten und Tierkreiszeichen in der körperlichen Konstitution auswirken und nach ihren Stärken und Schwächen zum Guten oder Schlechten neigen.

Die drei Einwirkungen auf den Embryo

Erst beträchtliche Zeit nach der Geburt tritt die Seele in den Körper ein; unbewußt aber steht sie mit ihm schon im Frühstadium des vorgeburtlichen Lebens in Verbindung. Es gehen

Energieströme von der Seele aus und wirken bei der Gestaltung des Körpers mit. Drei Einwirkungen auf den Embryo sind also vorhanden:

1. Die Kräfte der Vererbung, die das befruchtete Ei enthält;
2. der von den »Herren des Karmas« vorgezeichnete Plan, nach dem sich die Elemente des Körpers kunstvoll aufbauen;
3. der Einfluß der sich inkarnierenden Seele, der im allgemeinen unbewußt wirkt.

Planeteneinfluß während der Schwangerschaft

Die Dauer der menschlichen Schwangerschaft beträgt durchschnittlich 40 Wochen oder 280 Tage, aber es sind beträchtliche Abweichungen davon möglich. Ein mit 28 Wochen geborenes Kind ist lebensfähig. Je länger die Schwangerschaft über 28 Wochen hinaus dauert, um so größer wird die Wahrscheinlichkeit, daß eine Frühgeburt überlebt. Eine Woche entspricht einem Viertel des Mondumlaufs. Bei Menschen wie bei Tieren wird die Geburt vom Mond reguliert. Die folgenden synodischen Umläufe nähern sich, in gewissen einfachen Verhältniszahlen, der Schwangerschaftsdauer von 280 Tagen:

Planet	Synodischer Umlauf in Tagen	Verhältnis- zahl	Tage
Mond	29,539	$9^1/_2$	281
Merkur	115,877	$2^1/_2$	290
Venus	583,920	$^1/_2$	292
Erde	365,256	$^3/_4$	274
Mars	779,936	$^1/_3$	260
Jupiter	398,867	$^3/_4$	299
Saturn	378,090	$^3/_4$	284
Uranus	369,656	$^3/_4$	277
Neptun	367,488	$^3/_4$	276

Allgemeiner Durchschnitt   **281**

Die erste Spalte enthält den Namen des Himmelskörpers; die zweite bringt die Dauer seines mittleren synodischen Umlaufs in Tagen (bei der Erde ist die siderische Umlaufzeit eingesetzt); die dritte Spalte enthält die angewandte Verhältniszahl der Umlaufzeit; die vierte gibt das Ergebnis in ganzen Tagen an. Ein synodischer Umlauf ist der Zeitraum zwischen zwei Konjunktionen eines Planeten mit der Sonne, oder die Zeit, die bis zur Rückkehr an denselben Punkt des Tierkreiszeichens vergeht – auf die Sonne bezogen und von der Erde aus gesehen. Zählt man bei Merkur und Venus von der oberen und nicht der unteren – Konjunktion mit der Sonne.

Die Tabelle zeigt, daß 9^1/$_2$ mittlere synodische Umlaufszeiten des Mondes 281 Tage betragen (genau 280,54 Tage) – eine Zahl, die um einen Tag von der normalen Schwangerschaftsdauer abweicht. 2^1/$_2$ synodische Umläufe Merkurs ergeben 290 Tage. Die halbe Umlaufzeit der Venus beträgt 292 Tage. Die anderen Planeten liegen auch nur wenig unter oder über der Normalzahl; der gemeinsame Durchschnitt ist 281 Tage – und kommt damit den medizinisch geforderten 280 Schwangerschaftstagen sehr nahe.

Bei den verwendeten Verhältniszahlen wird man sehen, daß die einzigen Brüche ^{1}/$_2$, ^{1}/$_4$ und ^{1}/$_3$ sind. Diese sind aber astrologisch alle berechtigt, da sie auch in der Aspektberechnung verwendet werden.

Die Tabelle spricht für sich und zeigt die enge Beziehung zwischen Schwangerschaft und Planetenumlauf und insbesondere die herausragende Bedeutung des Mondes. Die Tatsache, daß die synodische Umlaufszeit, d. h. die von der Erde aus gesehene Stellung, herangezogen wird, zeigt die geozentrische Natur des Ganzen und steht im Einklang mit der übrigen astrologischen Lehre. Auf unserer Erde findet die Geburt statt, und der von den Planeten auf die Menschenwesen unserer Erde ausstrahlende Einfluß ist hier heranzuziehen.

Sogar das Halbieren bei den Verhältniszahlen von Mond, Merkur und Venus sind nicht bedeutungslos, denn nur diese Himmelskörper können zwischen Erde und Sonne treten. Nimmt man den Mond und findet die Empfängnis bei Neumond statt, so wird die Geburt normalerweise etwa bei Vollmond eintreten. Nimmt man die Sonne als Symbol der Individualität und den Mond als Symbol der Persönlichkeit an, so sind bei Neumond beide in der höheren Himmels-Spähre vereint. Die Trennung der beiden Welten mit zunehmendem Mond symbolisiert dann die Trennung der Persönlichkeit von der Individualität beim Abstieg in die Inkarnation. Das körperliche Leben auf der physischen Ebene wird dann vom Vollmond symbolisert, wenn der Mond um einen Halbkreis von der Sonne entfernt ist. Das Abnehmen des Mondes bezeichnet das Scheiden von der physischen Ebene und die Rückkehr der Persönlichkeit zu ihrem Ursprung. So ist die Halbierung der Umlaufszeit durchaus berechtigt und sinnvoll.

Bei Venus und Merkur symbolisiert die obere Konjunktion, wenn der Planet auf der von der Erde abgewandten Seite der Sonne steht, wie bei Neumond die Einheit des persönlichen und individuellen Bewußtseins. Findet die Empfängnis bei einer oberen Konjunktion statt, so erfolgt die Geburt normalerweise etwa bei unterer Konjunktion, wenn der Planet zwischen Erde und Sonne steht, wodurch der Abstieg in die Inkarnation symbolisiert wird. Diese beiden Planeten weichen jedoch zu stark vom Durchschnitt ab, so daß man sie nicht als so typisch bezeichnen kann wie den Mond.

Addiert man die Spalte »Synodischer Umlauf« und bildet den Durchschnitt, so findet man 376,514 Tage; $3/4$ davon sind 282,386 Tage – eine Zahl, die dem Durchschnitt von 280 Tagen wieder sehr nahe kommt. Soweit mir bekannt, ist dies das erste Mal, daß auf diese planetaren Durchschnittszahlen hingewiesen wird. Wenn man bedenkt, daß die synodischen Umlaufszeiten zwischen $29^1/2$ Tagen beim Mond und 780 Tagen beim Mars schwanken, ist es sicherlich auffallend, daß sich eine so starke Annäherung an den wissenschaftlichen Durchschnitt von 40 Wochen ergibt. Jedenfalls spricht diese Tatsache eindringlich für die enge Relation zwischen den Himmelskörpern und der Schwangerschaftsdauer. Daß gerade $3/4$ als Verhältniszahl auftritt, hat seinen Grund natürlich darin, daß $3/4$ des Jahres neun Monate sind. Die bei Mars verwendete

Verhältniszahl $^1/_3$ wird von der Spitze des Hauses bis zu der des 5. Hauses (Kinder) gemessen. Die Verhältniszahl $^3/_4$ wird von der Spitze des 8. Hauses (Zeugung) bis zur Spitze des 5. Hauses gemessen.

Sonne, Mond und Aszendent

Am offensichtlichsten wird der Einfluß des Mondes auf die Geburt, wenn man die sogenannte vorgeburtliche Epoche studiert. Sie weist nach, daß Mond und Aszendent während der Schwangerschaftsmonate bis zur Zeit der Geburt in einem ganz bestimmten Verhältnis zueinander stehen: Der Platz des Mondes oder seine Oppositionsstellung am Epochetag (Empfängnis) – etwa neun Monate vor der Geburt – wird bei der Geburt entweder Aszendent oder Deszendent. Die Sonne steht für Vererbung väterlicherseits und für sein Verhältnis zum Kind wie für die Vitalität; der Mond für das mütterliche Erbteil und für ihr Verhältnis zum Kind wie für die materielle Lebensgrundlage des Körpers; der Aszendent steht für das Kind selbst. Die Reihenfolge der Schwangerschaftsmonate wiederholt im kleinen die verschiedenen Stadien der menschlichen Entwicklungsschritte der Vergangenheit; sie entsprechen auch den menschlichen Prinzipien, die sich in einem noch nicht abgeschlossenen Entwickungsprozeß befinden.

XIII Starke und schwache Charaktere

Die siderischen »Prophetien« des Tierkreises, wie die christlichen Mystiker sie nennen, beziehen sich nie auf irgendein spezielles Ereignis, wenn es auch für einen Teil der Menschheit noch so heilig und feierlich ist. Sie betreffen ewig wiederkehrende, periodische Gesetze der Natur, die nur dem Verstand der Eingeweihten der Sternengötter selbst zugänglich sind. Daher hat das Zeichen Fische eine direkte Beziehung zu Christus – der nur für seine unmittelbaren Jünger der Erlöser, für alle übrigen aber der große und herrliche Eingeweihte ist; dies Zeichen leuchtet als Symbol aller geistigen Erlöser aller Zeiten, die Licht verbreiten und die Geistesfinsternis vertreiben.

H. P. Blavatsky »Die Geheimlehre«

Einmal in jedem Kreislauf von 25 868 Jahren, dem großen tropischen Jahr – die Zeitspanne, die der ganze Tierkreis benötigt, um sich einmal um einen gegebenen Punkt zu drehen – wird ein Übermensch geboren; viele kennen ihn als *Manu*, den Gottessohn, den Gesetzgeber. Er schlägt den Grundton des ganzen Kreislaufs an.

Alle 2155 Jahre wiederum wird ein Menschenwesen geboren, in dem sich jedes menschliche Prinzip personifiziert; dieser Mensch schlägt den Ton des Tierkreiszeichens an, das er repräsentiert. Er ist der Lehrer der Rasse und verkündet ihr eine neue Religion, der die unter dem betreffenden Zeichen geborene Rasse anhängen soll. In jedem Jahrhundert wird ein Mensch geboren, der an der Spitze der Rasse steht, und auch jedes Jahrzehnt bringt einen besonderen Menschen hervor, der denen, die ihm folgen, an Ausdruckskraft überlegen ist. Jedes Jahr wird ein Mensch geboren, der einen höheren Ton repräsentiert als der Durchschnitt – auch jeden Monat und jeden Tag wird ein Mann oder eine Frau geboren, der oder die auf dem Gipfel der Zeit steht, in der er oder sie geboren wird.

Diese bestimmten Perioden ermöglichen die Geburt der Seelen, die über dem Durchschnitt stehen.

Die durch die Bewegung der Himmelskörper entstehenden geometrischen Beziehungen sind in ständiger Wandlung. Sie stellen die mathematische Grundlage für die astrologischen Gesetze dar, aber während der vollen Revolution des ganzen Tierkreises wiederholen sie sich nie in derselben Form.[31] Auch die gegenseitigen Planetenaspekte unterstehen diesem Gesetz. Diese Erkenntnis kann ein wenig Verständnis dafür vermitteln, wie wichtig der jeder Geburt vorangehende Neumond oder der Eintritt der Sonne in das der Geburt vorangehende Tierkreiszeichen sind. Aber unsere Forschungen auf dem Gebiet der Geburtsastrologie sind noch nicht so weit fortgeschritten, daß wir solche Dinge in ihrer vollen Bedeutung verstehen könnten.

Es liegen darin gewisse Begrenzungen, über die hinaus sich Seelen nicht entwickeln können, wenn sie den Körper behalten sollen, der nach dem Muster der geometrischen Figur gestaltet ist, zu der sie gehören. Darin liegt ferner die Notwendigkeit der Einweihung, des Eingangs in das Bewußtseinsstadium, das sich in dem »Jenseits« der bestimmten Gestalt repräsentiert.

Betrachtet man die sieben Planetenstrahlen von unten, dann steht an der Spitze der Gruppe von Individuen, die zu jedem Strahl gehören, ein *Meister*, ein vollendetes Menschenwesen, das alle die spannungsvollen Einflüsse der anderen Strahlen als Untereinflüsse seines eigenen Strahls in sich vereinigt hat. Dieser Meister des Lebens und der Form, der im Ewigen lebt, ist das Ideal für jedes Menschenwesen. Wie nichts die Harmonie seiner menschlichen Gestalt stört, so müssen wir danach streben, alle die widerstreitenden Elemente im eigenen Innern umzuformen und klar und deutlich den Ton unserer gegenwärtigen physischen Existenz anzuschlagen. Die Form, nach der unser leibliches Sein gestaltet worden ist, mag immerhin die Auswirkungen unseres bewußten Geistes beschränkt haben; wir sind dennoch nicht an die physischen, emotionalen oder mentalen Körper gebunden. Wir können uns über den einen wie über alle erheben – aber dabei können wir nicht die Grenzen der höheren Bewußtseinsformen überwinden, deren Ausdruck diese Träger sind. Wir mögen im Reich des physischen Handelns mittelmäßig sein – dennoch können wir durch geistige, seelische und spirituelle Entfaltung in das Geniale vordringen.

Die Phänomene, die man als »Bekehrungen« bezeichnet und andere weniger häufige religiöse Erlebnisse sowie das Aufblitzen der Intuition beweisen mit hinreichender Klarheit, daß wir nicht an eine Seite unserer Natur gebunden sind und die anderen Seiten von jeder Entwicklung ausgeschlossen wären. Die dauernde Identifzierung mit *einer* Planetenschwingung unter Ausschluß anderer bringt die einseitigen Entwicklungen und äußerst gespannten Einflüsse hervor, die sich in vielen Horoskopen finden. Und viel häufiger als man denkt, hat das anscheinend durchschnittliche Horoskop irgendeine wohltätige Seite, die der Geborene völlig vernachlässigt hatte und der er gleichgültig gegenübersteht, wodurch er seine Kräfteverteilung leicht falsch beurteilt.

Das Deuten

Wenn man versucht, die Synthese eines Horoskops zu ziehen, sind so viele Faktoren zu berücksichtigen, daß allein die Tatsache, daß man das Ineinandergreifen eines Winkels in den anderen übersieht, der ganzen Deutung einen falschen Blickpunkt geben kann. Wir müssen uns daher bemühen, Verständnis dafür zu gewinnen, woraus sich viele der widersprechenden Einflüsse ergeben.

Ein Kind wird in eine Familie geboren, mit der es harmoniert oder nicht. Seine Horoskop-Figur paßt zu den Horoskopen der anderen Familienmitglieder, oder man findet auch nicht den leisesten Schein eines Zusammenhangs. Bei der Prüfung von zahlreichen solchen Fällen hat sich keine andere Erklärung finden lassen als die Reinkarnations-Theorie, d. h. die wiederholte Verkörperung der Seele in einer Umwelt, die für das Erleben ihres Schicksals notwendig ist. Die Menschen, denen wir im Alltagsleben begegnen, haben größeren Einfluß auf uns, als wir zunächst glauben; erst wenn wir uns als Teile der großen Menschenfamilie betrachten, bekommen wir den wahren Sinn und Maßstab unserer selbst.

Oft nehmen wir Worte, Gefühle und Taten anderer übel und reagieren darauf; das könnte vermieden werden, wenn wir die Motive oder Temperamente der auf uns einwirkenden Personen verstehen würden. Wir finden keine Sympathie und kein Verständnis für andere, ehe wir nicht die widerspruchsvolle Natur der Elemente erkennen, die die Ausdrucksform für unser Bewußtseinswirken darstellen. Mars und Saturn sind scheinbar widerstreitende Elemente, aber an ihrer wahren Stelle wirken sie harmonisch und ohne eigentlichen Konflikt. Marsische und saturnische Temperamente können sich so lange nicht verstehen, wie jedes erwartet oder fordert, daß das andere ähnliche Schwingungen äußern soll.

Die marsische Färbung ist die erste und mächtigste Schwingung im Leben der meisten, und diese Schwingung reicht vom grob Stofflichen bis zum Feinsten, je nach Zeichen, Haus und Aspekten des Mars. Die höchste Mars-Schwingung äußert sich in Venusform.

Von der saturnischen Färbung kann man sagen, daß ihr Einfluß bei den meisten am längsten vorherrscht. Ihre höchste Entwicklung gelangt zu Uranus oder bei denen, die diesen subtilen Einfluß nicht erreichen, zu Jupiter. Die uranische Schwingung kann nur die ganz wenigen beeinflussen, die alle niederen Einflüsse durchlaufen haben und jetzt auf die Synthese des Ganzen eingehen und reagieren.

Die »Hochwassermarke«

In jedem Horoskop gibt es die »Hochwassermarke«, bis zu der hinauf die Flut des Lebens reicht; das können Mars oder Venus, Saturn oder Jupiter, vielleicht auch Uranus oder Neptun sein. Nach dieser »Wasserstandsmarke« strebt mehr oder weniger jedes Individuum, und man kann seine Reaktionsfähigkeit auf irgendeine besondere Schwingung erkennen, wenn man alle Faktoren sorgfältig abwägt. Die Stellung des

Mondes, der Platz Merkurs und die Eckhäuser sind die sensitivsten Punkte in allen Nativitäten. Die Mondaspekte zeigen die Fähigkeit, auf die aspektierenden Planeten zu reagieren. Man sollte alle Aspekte ganz vorurteilslos und ohne Rücksicht auf die sogenannten »bösen« oder »guten« Einflüsse beurteilen, aber dabei nie Zeichen und Haus übersehen.

Ausgesprochen individuelle Menschen neigen dazu, weniger auf die hingebungsvolle Seite des Lebens zu reagieren; sie werden im allgemeinen von den positiven Zeichen beeinflußt. Sonne, Mond und Merkur in negativen Zeichen bedeuten zu viel Empfänglichkeit und Beeindruckbarkeit; es besteht dann die Neigung, sich zu leicht von Empfindungen und Gefühlen oder von der Umgebung bestimmen zu lassen. Das Umgekehrte gilt, wenn sie in positiven Zeichen stehen. Eine bewährte Regel, um die Reaktionsfähigkeit auf Planeten in negativen Zeichen zu beurteilen, ist gewöhnlich folgende: Der Mond zeigt die Beeindruckbarkeit im allgemeinen – durch die ihn aspektierenden Planeten modifiziert; der Merkur steht für die mentale, die Venus für die emotionale, der Mars für die triebhafte, Jupiter für die soziale und Saturn für die widerstrebende Empfänglichkeit.

Im Innersten jedes einzelnen ist die Lebenskraft verankert, auf der die idealen Bewußtseinsformen basieren, die wir als Weisheit, Liebe und Tatkraft erkennen. Alle suchen wir, mit mehr oder weniger Erfolg, dieser innersten Lebenskraft Ausdruck zu verleihen. Wie schon erwähnt, ist jede Seele ein reiner weißer Strahl ihres Vatersterns, und wenn dieser Strahl in das Kaleidoskop der dinglichen Existenz ausstrahlt, färbt er sich durch die in dem besonderen Entwicklungsstadium der Seele oder des Ichs vorherrschenden Züge. Die Grundzüge sind für alle Wesen gleich, und die Entwicklung schreitet stetig voran – beim Sünder wie beim Heiligen.

Das Alter der Seele

Was macht nun den großen Unterschied zwischen den in die materielle Welt geborenen Seelen aus, während die Bilder in der bunten Welt der Zeit ablaufen? Es ist das Alter der Seele und die Art ihrer Erfahrung in der Vergangenheit. Es ist die daraus folgende Haltung, die die Seele gegenüber dem sich stets wandelnden Panorama des Lebens einnimmt und wodurch sie sich mit einem Bild identifiziert, während sie andere außer acht läßt.

Manche Seelen sind empfänglich und lassen sich von den Farben der Bilder beeindrucken, während andere indifferent sind und nicht genügend Rezeptivität besitzen, um stark beeindruckt zu werden. Andere wieder richten ihre Aufmerksamkeit ausschließlich auf ein besonderes Bild und werden von seinem Einfluß absorbiert.

Der vom Ich ausgehende Strahl wird auf den kindlichen Körper gelenkt und bekommt dadurch seine erste materielle Färbung. Das Kind wächst auf und wird von der Umgebung, in der es lebt, verändert. Es erwacht zur Erkenntnis des großen Lebensdramas. Mehr oder weniger bewußt erlebt es das große Spiel, von dem es viel oder wenig weiß, je nach seinem verborgenen Gedächtnis von der Vergangenheit, seiner Empfänglichkeit in der Gegenwart und seinen Idealen für die Zukunft.

Das Weltdrama

Die Planetengeister sind die Schauspieler in dem großen Weltdrama. Für unsere Erde ist der Tierkreis die Bühne, auf der sich die Szenen ständig wandeln. Von dieser Bühne herab wird das Rampenlicht auf das Leben der Männer und Frauen reflektiert, die ihre Miniaturrolle auf der Bühne des Alltaglebens spielen.

Von weisen und vollendeten Wesen ist das Spiel des Menschenlebens geschrieben worden. Die Szenen mögen sich mit jeder Umdrehung der ablaufenden Zeiten ändern, die Akte aber sind weitgehend gleich, wenn sie auch nach Jahrhunderten und Zivilisationen zu variieren scheinen. Bei jeder Geburt in die dingliche Welt bekommt jedes Menschenwesen Gelegenheit, seine Rolle gut oder schlecht zu spielen. Die einzige Beschränkung, der ein Mensch an Umfang und Wirksamkeit unterliegt, erfolgt, wenn er sich, anstelle der Rolle, die er spielen soll, mit anderen Planeten oder schwächeren Rollen verbindet. Hier mag die Einflußperiode erwähnt werden, die jeder Planet der Reihe nach im Leben ausübt.

Mond: Wird ein Kind geboren, tritt es für die ersten vier Lebensjahre direkt unter den Einfluß des Mondes. Das entspricht der Entwicklung und endültigen Formung des Ätherkörpers als Empfänger und Sammler der astralen und physischen Schwingungen. Nun wächst und gedeiht der Körper zwar mit fortschreitendem Lebensalter, aber dieser lunare Einfluß kann auf unbestimmte Zeit über die vier Jahre hinaus fortdauern, wenn keine Empfänglichkeit für den nächsten Einfluß, der das Kind umgibt, besteht.

Merkur: Die Zeit vom 4. bis zum 10. Lebensjahr repräsentiert der Merkur, desen Einfluß auf seiner Position beruht sowie auf von ihm beherrschten Tierkreiszeichen im Horoskop. Während dieser Periode sollen sich durch Wahrnehmung und Beobachtung die inellektuellen Fähigkeiten entfalten. Diese geistige Entwicklung wird zum großen Teil von Eltern, Umgebung und Eindrücken auf das junge Verstandesleben abhängen.

Venus: Der Einfluß des Planeten Venus erstreckt sich auf das Zeugungssystem. Durch Gemeinschaft mit dem anderen Geschlecht wird das Gefühlsleben angeregt, wie auch durch die erwachenden Gefühle und Empfindungen, die die Venusspähre wecken. Diese Perioden sind die Zeiten der Jugend.

Sonne: Die Reifezeit beginnt unter Sonneneinfluß mit 18 Jahren. Sie dauert an, bis die Sonnenperiode mit etwa 37 Jahren endet. In dieser Zeit stärken und kräftigen die vitalen Energien den Körper. Vom 37. bis 52. Lebensjahr steht der Körper in seiner vollen

Kraft; da wird die Hauptarbeit in der Welt geleistet. Unter dem Einfluß des Mars, des Planeten der Kraft und der positiven Energie, führt der Ehrgeiz zu Erfolg oder Mißerfolg.

Jupiter: Vom 52. bis 64. Jahr erstreckt sich die Periode Jupiters und bringt Weisheit und vernünftiges Urteil.

Saturn: Die übrigen Lebensjahre stehen gewöhnlich unter dem Einfluß Saturns.

Diese sind im *allgemeinen* die Einflüsse, die die verschiedenen Lebensperioden beherrschen. Sie gestalten das Leben gut oder schlecht je nach Stellungen, Aspekten und Direktionen der die Perioden regierenden Planeten. Aber es sind nur ganz allgemeine Perioden, die durchaus im allgemeinen Sinne wirken.

Man hört zwar von Zeit zu Zeit, daß Wunderkinder und frühreife Kinder geboren werden, die über die Perioden hinausgewachsen sind und sie anscheinend überwunden haben. Wir haben auch alte Leute in voller Lebenskraft und jugendliche Menschen im hohem Alter kennengelernt, und wir müssen noch tiefer in die Geheimnisse der Astrologie eindringen, um diese und andere von der Norm abweichende Fälle zu erklären. Die Esoterische Astrologie lehrt uns, daß das aufsteigende Zeichen und besonders das Dekanat dieses Zeichens der Brennpunkt für die persönlichen und individuellen Charakteristika ist, die sich in der Nativität ausdrücken.

XIV Die Schar der Engel

Je tiefer wir in das Studium der Esoterischen Astrologie eindringen, desto näher kommen wir dem Reich der Engel, von
deren Entwicklung die Menschheit so wenig weiß, obwohl
dieses Wissen an die Wurzel aller Dinge, an die Grundlagen
von Wissenschaft und Religion rührt.

Die antiken Astrologen scheinen diese Entwicklung besonders studiert zu haben oder sie hatten zumindest tieferes Wissen um sie. Die Evolution der Engel (Devas) läuft mit der
menschlichen Entwicklung ganz parallel, wenn auch für unsere physischen Sinne unsichtbar. Mit dem, was wir über die
mit den Tierkreiszeichen zusammenhängenden fünf »Elemente« (über Äther, Luft, Feuer, Wasser und Erde) wissen, stehen wir mit Resten dieses Wissens in Verbindung.

Die modernen Astrologen haben die Brauchbarkeit der Ele-
mente-Einteilung bestätigt. Sie haben den inneren Sinn dieser
Teilungen wiederentdeckt, in der Beziehung zu den Typen der
Materie, in denen die verschiedenen Bewußtseinsformen
ständig wirken. Wir können aber die bekannte hermetische
Maxime »Wie oben so unten« auf diese Elemente anwenden
und unser Wissen dahingehend erweitern, daß wir noch
mächtigere Kräfte entdecken, die in einer zu den Planeten-
sphären gehörigen Schar von Wesenheiten wirken. Sie sind
im besonderen mit den mannigfaltigen Unterteilungen der
sieben großen Strahlen verknüpft, die stetig die sieben planetaren Einflußsphären durchfluten. Die Tatsache, daß es jenseits der menschlichen noch eine große Entwicklung gibt, in
der die »Hierarchie der Engel« auftritt – von den machtvollen
Erzengeln bis hinab zu den untergeordneten Elementargei-
stern, sollte eigentlich niemanden überraschen, der nur ein
geringes religiöses Wissen besitzt, denn alle Religionen lehren, daß das Schöpfungswerk damit begann, daß eine große

Schar intelligenter Wesen mit unterschiedlicher Kraft und Macht ins Leben gerufen wurde. Ihrer besonderen Obhut wurden die Leitung und die Kontrolle der Naturkräfte anvertraut.

Könnten wir in die Welt der Engel blicken, so würden wir sicher über die wunderbare Entwicklung staunen, die da in einem Reich vor sich geht, das genauso real und ebenso wichtig ist wie die anderen Reiche der Natur, deren wir uns klarer bewußt sind – des mineralischen, pflanzlichen, tierischen und menschlichen. Jeder Engel hat seinen Platz in jener Welt wie wir Menschen in unserer, aber sie werden von einem Willen geleitet, dem des höchsten Geistwesens, das ihrer aller Herz und Hirn ist. Sie haben zwar größere Macht als irgendein menschliches Wesen, sind aber auf ihre spezielle Wirkungssphäre beschränkt. Viele Namen hat man ihnen gegeben; die indischen Astrologen haben sie stets *Devas* genannt, auf deutsch *die Scheinenden* oder *die Glänzenden*, da ihre Körper aus dem helleuchtenden Stoff ihrer Lebensebene bestehen. Wir werden sie daher auch mit ihrem östlichen Namen *Devas* bezeichnen, schon um Verwechslungen mit modernen Ideenverbindungen bei dem Wort »Engel« zu vermeiden. Alle Devas hängen mehr oder weniger mit der stofflichen Seite der Entwicklung zusammen und wirken entweder aufbauend oder zerstörend; d. h. es ist ihre Aufgabe, die für die Evolution nötigen Formen zu schaffen und zu leiten, sie aber auch zu vernichten, wenn die Zeit ihrer Brauchbarkeit vorbei ist.

Die Devas

Es besteht nun die Tatsache, daß viele Menschen selbst zu wirken glauben, während die ganze Zeit nur die Energien der Devas durch sie wirken, denn sie sind die Vermittler der großen Planetengeister, unter deren Einfluß sie stehen. Ein großer Teil des sogenannten »Glücks« oder »Unglücks« beruht auf dem unsichtbaren Wirken der Devas, die in gewissen Grenzen die Macht haben, das Spiel der Planeteneinflüsse zu fördern oder zu hindern.

In ihrem Wirken, das in praktischer Anwendung der mit den

Ereignissen verknüpften primären Einflüssen besteht, bringen sie manche wissenschaftliche Entdeckung und manchen großen Reformplan hervor. Das heißt nicht, daß im göttlichen Weltenplan irgendeine Bevorzugung stattfindet. Ein Mensch bekommt nur, was ihm durch Verdienst, Geschick oder Energie zukommt, als physisches Mittel, um große oder kleine Taten zu vollbringen. Zwar kann durch Gebete und Opfer ein Deva zu einer bestimmten Person gelenkt werden; aber um dies bewußt zu tun, muß man mit den okkulten Gesetzen vertraut sein, die hoch über den gewöhnlichen Menschen zugänglichen Erkenntnissen liegen. Die Hilfe der Devas ist ebenso wie die Hilfe der Menschen aber nur vorübergehend, so daß das Gewinnen ihrer Aufmerksamkeit und ihres guten Willens noch nicht das Ziel für diejenigen darstellt, die auf dem Pfade wandeln.

Die Namen der wichtisten Devas, die mit der Menschheitsentwicklung zusammenhängen, sind folgende: *Indra* ist mit der ätherischen Ebene verknüpft; *Vayu* ist der Deva der Luft; *Agni* der Feuer-Deva; *Varuna* der Wasser-Deva, und *Kubera* der Erd-Deva. Jeder Deva hat ein Gegenstück, eine weibliche Seite, aber mit ihnen beschäftigen wir uns jetzt nicht. Es gibt auch noch andere, niedere Devas, die direkt unter diesen fünf großen Devas wirken, aber die Beschäftigung mit ihnen würde zu weit abführen. In der chaldäischen Astrologie waren die Funktionen der Götter oder Devas genau bekannt. Die Priester Chaldäas befaßten sich hauptsächlich damit, die erhabenen Wesen anzurufen, und das Studium der Astrologie scheint sich ausschließlich in dieser Richtung bewegt zu haben. *Indra* war als Gott des Firmaments oder König der Sternengötter bekannt, *Vayu* war der Gott oder Herrscher der Luft; *Agni* der Gott des Feuer, *Varuna* der Gott der Wasser; und *Kubera* oder *Kivera* der Gott des Hades und der irdischen Elemente.

Sie haben aber noch einen tieferen Sinn, denn jeder von ihnen war ein Helfer der Menschheit, manche haben Beziehungen zum Leben und manche zum Tod, aber alle handeln als Hüter und Helfer der Menschenwelt. Wir können nicht un-

184

mittelbar wissen, was im Reich der Devas vorgeht; aber wir wissen, daß sie unmittelbar daran arbeiten, allen Formen des Geoffenbarten zum vollendeten Ausdruck des innewohnenden Bewußtseins zu verhelfen. Nicht eine menschliche Form tritt in Erscheinung, ohne daß ein Deva an ihrem Aufbau beteiligt ist, und daher sind wir ihnen, zumindest für ihre Hilfe bei unserer Entwicklung, zu Dankbarkeit verpflichtet.

Man kann die Devas in verschiedene Klassen einteilen, und Forscher, die nicht direkt astrologisch arbeiten, haben das auch schon getan. Ihre Arbeit ist aber auch aus astrologischer Sicht bedeutsam, so daß man aus Werken wie »Die Geheimlehre« manchen Nutzen ziehen kann.

Dort wird gesagt, daß es drei Arten Devas gibt, die von eine vergangenen Welt mit dem Logos des Sonnensystems herüberkamen und die wissen, daß im Aufbau des ganzen Sonnensystems ein bewußter Plan wirkt.[32]

1. Die erste dieser drei Arten umfaßt die großen Devas, die mit den Elementen Äther, Luft, Feuer, Wasser und Erde verbunden sind; es gibt noch zwei, bis jetzt nicht offenbarte Elemente, im ganzen also sieben.
2. Dann kommen die Baumeister, die als Planetenlogoi bekannt sind und bestimmte Bezirke haben, in denen sie den Plan des erhabenen Sonnenlogos ausbauen.
3. Die dritte Art bilden die *Lipikas* oder »Erinnerer«, die mit dem Karma des ganzen Systems zusammenhängen.

Diese höchsten Wesen leben auf den höchsten Ebenen, und auf den niederen Ebenen erkennen wir nur die letzten Ergebnisse ihrer Tätigkeit. Jeder Deva der ersten Art hat die ganze Materie der ihm zugehörigen Ebene als Körper; er überwacht die Scharen der niederen, auf seiner Ebene wirkenden Devas. Wenn unser Bewußtsein auf der Ebene irgendeines großen Devas steht, leben und wirken wir daher tatsächlich in seinem Körper. Dabei ist noch festzustellen, daß die diesen Devas beigelegten Namen nur die Bezeichnung ihrer Wirkungsbereiche sind; jeder dieser Namen steht im allgemeinen jedem Wesen zu, das irgendwann diesen Bereich beherrscht.

Wir müssen auch daran erinnern, daß das, was für sie eine Welt ist, für unser Bewußtsein aus vielen Welten bestehen kann – gerade so, wie unser Körper für uns eine Ganzheit und doch aus vielen Teilen zusammengesetzt ist. Sie stehen in Beziehung zu den Planetenketten, von denen es in unserem Sonnensystem sieben gibt, die zusammen den großen Himmelsmenschen, den »Adam Kadmon« der Kabbala, ergeben.

Die Baumeister, von denen wir sehr wenig wissen können, sind die Erbauer jeder Kette. Sie reichen von denen, die die wichtiste Arbeit bei diesem Aufbau leisten, bis zu den Naturgeistern hinab, die gänzlich im niederen Reich der Natur wirken. Die *Lipikas* können uns nur dem Namen nach bekannt sein. Wir lesen von ihnen im Buch »Offenbarung« als den »Schreibern« des Sonnensystems, die das Buch des Lebens führen. Sie gehören zum Gesetz Gottes und haben besondere Beziehungen zu dem Kollektivkarma der Nationen und des Universums im allgemeinen.

Im Zusammenhang mit diesen großen Wesen und unter ihrer Herrschaft steht eine gewaltige Zahl zwar großer, aber doch untergeordneter Devas. Mit den Devas der Elemente hängen die Herrscher der Naturgeister und die Naturgeister selbst zusammen. Zu den Baumeistern gehören die Devas, die das Mineral-, das Pflanzen- und Tierreich und auch die, die menschliche Formen schaffen.

Zu den *Lipikas* gehören die Devas, die mit der Durchführung des Karmagesetzes in seiner Beziehung zu Nationen wie zu Individuen zu tun haben. Schließlich umfassen sie auch die lunaren *Pitris*.[33]

Deva-Verehrung und die großen Religionen

Alles, was wir Naturkräfte nennen, ist nichts anderes als das Wirken der Devas, die direkt oder indirekt mit einer bestimmten Einflußsphäre zusammenwirken. Astrologisch wirken alle mit *Kubera* und dem irdischen Element verbundenen Devas in der Einflußspähre des Planeten Jupiter.

Forschen wir weiter nach, dann zeigt sich, daß die unter

dem Einfluß von Jupiter entwickelte Religion durchaus die Deva-Verehrung ist; das rituelle und zeremonielle Element in jeder Religion zielt irgendwie darauf ab, diese Devas zu beherrschen oder mit ihnen zusammenzuwirken. Wir lernen daraus, daß die den Operationen der Chemie, der Alchimie, der Astronomie und Astrologie, der Elektrizität und des Magnetismus innewohnenden Kräfte alle vom Geist Jupiters, dem erhabenen Herrscher der Form, inspiriert sind.

Die Weltenkörper-Ketten, zu der die Erde, Merkur und Mars gehört, hat Bezug zu *Agni*, dem Gott des Feuers. In Kapitel IX haben wir uns ausführlicher mit dem Element Feuer und seiner Beziehung zu den Tierkreiszeichen befaßt. Alle Feuer-Verehrer, wie z. B. die Parsen, stehen unter seinem Einfluß. Dieser reicht von der Verehrung des gewöhnlichen, marsischen Feuers bis zu den großen magnetischen Feuern der Sonne. *Varuna*, der Gott des Wassers, steht in engem Zusammenhang mit der Astralebene und der vierten Rasse. Er beherrschte die Religionen Ägyptens und die Verehrung des Nils. Er gehört auch zu allen religiösen Lehren von der Fischgottheit, wie Oannes bei den Babyloniern usw. Im *Vayu* wird der rein merkurische Einfluß wirksamer sein – eine Kraft, die noch stärker offenbart werden wird; durch *Indra* aber wird der gewaltige Einfluß des Uranus kommen.

Die folgende, interessante Darstellung der Deva-Einflüsse stammt aus einem Vortrag, den ein bekannter Okkultist vor vielen Jahren gehalten hat:

Die sichtbaren Planeten haben selbst keinen Einfluß außer dem mikroskopischen der Gravitation; einen andern nimmt niemand an. Aber es gibt einen Einfluß, der nicht von den Planeten selbst herrührt, wohl aber in Beziehung zu ihnen wirkt. Man kann vielleicht sagen, daß die Planeten gewisse Zentren im physischen Körper des Logos darstellen. Die Sonne steht vor allem als Sein Repräsentant, aber alle Planeten unseres Systems, die ja in Wirklichkeit nur Bruchstücke der Sonne sind, hängen auch mit dem physischen Körper des großen Logos zusammen.

Wir sagten, diese Planeten stehen für gewisse Zentren in jenem Körper. Dabei müssen wir bedenken, daß er größere Ausmaße besitzt, als wir wissen. Ihre Bewegungen auf der physischen Ebene zeigen die Bewegtheit noch höherer Einflußsphären an, als wir sie überhaupt kennen, und diese Bewegung ruft den planetaren Einfluß hervor.

Unsere eigenen physischen Körper haben Zentren, von denen jedes mit einer Unterteilung des ätherischen Stoffes zusammenhängt. Beginnt irgendein Zentrum zu wirken, so zeigt das die Tatsache, daß der Mensch fähig ist, auf die besondere Schwingung dieser Art ätherischer Materie zu reagieren. In allen Stufen der Materie, der astralen, ätherischen oder anderen, gibt es alle Elemente. Wenn irgendein Zentrum wirksam wird, werden gewisse Teile der umgebenden Stoffelemente in Bewegung gesetzt. Es wirkt dann zweierlei auf den Menschen ein: Ein Teil der Stoffelemente in ihm gerät in Schwingung – und die Aktivität der Stoffelemente außerhalb von ihm wird verstärkt, und das wirkt auf ihn zurück.

Aus der Stellung der Himmelskörper können wir ableiten, wo der Planeteneinfluß zu irgendeiner Zeit wirkt. Wären wir aber hellseherisch, so könnten wir den Einfluß auf uns selbst erkennen, und wir bräuchten die Hinweise der physischen Planeten gar nicht. Sie sind wie die Zeiger einer Uhr; sie zeigen an, was in den unsichtbaren Sphären geschieht, ohne selbst Ursache des Einflusses zu sein.

Bei der Wirkung der spirituellen Planeteneinflüsse spricht man von drei Arten von Wesenheiten als dem »Geist des Planeten«.

1. Es gibt eine Wesenheit, die in der Erkenntnis nicht sehr hoch steht, den »Geist der Erde«.

2. Einen besonderen Teil des elementaren Stoffes, der durch die Wirkung des betreffenden Planeten in Wirksamkeit tritt und der »Geist des Planeten« genannt wird.

3. Ein weit höheres Reich, das Reich der Devas, dessen Teile denen des Menschen-, Tier- und Pflanzenreiches entsprechen. Auch diese Einflüsse bezeichnet man als

den »Geist des Planeten«. Die chaldäische Verehrung der Planetengeister ist mit unserer Gottesverehrung nicht gleichzusetzen. Sie lag mehr in der Richtung der Zuneigung und Verehrung für diese Sternen-Devas. Was die Chaldäer darüber dachten, mag eine übertriebene Idee gewesen sein, aber sie enthielt zweifellos Wahres. Heute ist diese Art der Verehrung nicht notwendig. Aber für die großen Adepten jener Zeit auf ihrer damaligen Entwicklungsstufe mag sie unerläßlich gewesen sein.

Die chaldäische Religion hatte große Wirkung auf das Alltagsleben, selbst in den kleinsten Handlungen der Menschen, wie alle Religionen sie haben sollten. Die Lehren ihrer Priester und Astrologen bestimmten die Chaldäer weitgehend; bei einigen der Höchstentwickelten zeigte sich die Möglichkeit, mit der Hierarchie der Devas selbst in Verbindung zu treten. (Man muß dabei stets bedenken, daß uns zwar nicht die Verehrung der Sternendevas gelehrt wird, daß es aber außer dieser speziellen Form andere Wege des Okkultismus gibt, die die Theosophie uns geöffnet hat.) Es war eine noch höherer Entwicklung möglich, durch die ein Mensch in einer anderen Sphäre, fern von dieser Welt, wiederverkörpert werden konnte. Aber nur ganz, ganz wenige waren fähig, sie zu erreichen.

Heutzutage faßt man die Astrologie nicht als Religion, als ein Mittel des Kults und des Gebets, auf, aber in Chaldäa war sie das. Die Priester erforschten verschiedene Gebiete auf ihren Zusammenhang mit dem Sterneneinfluß. Bei manchen war es das Studium der Heilkunst, so daß sie ihren Patienten Heilmittel verschreiben konnte, die ihren planetarischen Bedingungen entsprachen. Andere studierten den Ackerbau; sie beobachteten die Wirkung der Planeteneinflüsse auf verschiedene Pflanzenarten, so daß sie den Landwirten die günstigste Zeit für Aussaat oder Ernte nennen konnten. Andere Priester untersuchten die Brutzeiten der Tiere usw. Wieder andere erforschten das Wetter und hatten eine Art Wetterwarte. Für diesen Zweig der Wissenschaft interessierte sich auch die Regierung; sie machte die Wetterpropheten für falsche Prognosen verantwortlich und entließ sie von ihren Posten, wenn die Voraussagen nicht eintrafen.

Ein sehr wichtiger Grundzug der chaldäischen Religion war der persönliche Umgang der Priester mit dem Volke. Sie sagten dem Menschen, welche Qualitäten in seiner Aura vorherrschten, und so konnten sie ihm angeben, welche Planetenstände ihn am stärksten beeinflussen würden.

Teil II
Zeichnungen
und Beispielhoroskope

In den Beispielhoroskopen der folgenden Kapitel wurde die Position des Planeten Pluto hinzugefügt – dieser Planet war zu Lebzeiten Alan Leos noch nicht bekannt. Allerdings wußte Alan Leo von der Existenz dieses und noch eines weiteren unentdeckten Planeten. Sicher ist es interessant den in Teil II gegebenen Horoskopinterpretationen den Einfluß des Pluto hinzuzufügen – über diesen Weg kann einiges über die Natur Plutos deutlich werden.

XV Der esoterische Wert der Polaritäten

Die Sonne ist die äußere Manifestation des siebten Prinzips unseres Planetensystems, während der Mond sein viertes Prinzip ist, in geliehenen Kleidern seines Herrn glänzt und mit jedem Leidenschaftsimpuls und bösen Wunsch seines materiellen Ursprungs der Erde gesättigt ist und ihn reflektiert. Der ganze Kreis der Adeptenschaft und Einweihung mit allen seinen Mysterien hängt mit diesen zwei und den sieben Planeten zusammen und hängt von ihnen ab.

H. P. Blavatsky »Die Geheimlehre«

In der Esoterischen Astrologie gelten die Lichter als die Repräsentanten des Positiven und des Negativen Zentrums. Die Ebene, auf der die solar-lunare Kombinationen errichtet sind, beruht auf den Stellungen dieser Zentren in bezug auf die Tierkreiszeichen, erstens vom Standpunkt der drei Qualitäten und zweitens von dem der Triplizitäten, zu der sie gehören. Man kann das am besten illustrieren, wenn man die Polaritäten als Beispiele nimmt.

Der Widder (Aries) ist das kardinale Zeichen der Feuerdreiheit und stellt daher feurige Aktivität dar. Die Sonne ist im Widder erhöht und bringt damit alle Qualitäten dieses Zeichens vom positiven oder elektrischen Standpunkt aus zur Entfaltung. Die Sonne repräsentiert das Wachsen der Individualität oder die stetigen Lebenskräfte des Individuums. Sie ist von grundlegender Wichtigkeit in allen Dingen, die mit der Polarität der beiden Lichter zusammenhängen, da sie normalerweise positiv ist. In einem positiven Zeichen ist die Sonne gänzlich elektrisch; sie ist das Zentrum einer elektrischen Aura, von der aus ein kontinuierlicher Strom individualisierender Kräfte zirkuliert und polarisiert wird. Der Mond bildet dann das negative, aufspeichernde Zentrum der magnetischen Kräfte. Eine Analogie hierzu sind die Begriffe »Individualität« und »Persönlichkeit«, repräsentiert durch die Lichter.

193

Nimmt man die Sonne als Zentrum der Individualität, so wird sie im Zeichen Widder am aktivsten im Kopf erscheinen, der durch den Widder beherrscht wird. Sie wird dort die Linie des geringsten Widerstandes in allen verschiedenen Schwingungen der Materie finden, die der Widder repräsentiert und die astrologisch als Kardinal-Feuer oder mentale Aktivität zusammengefaßt werden. Nimmt man den Mond als persönliches Zentrum und als Repräsentant der magnetischen oder kollektiven Richtung, so werden seine Energien nach außen gerichtet und sich vor allem in der materiellen Form ausdrücken, in der sich die kombinierten Sonnen/Mond-Kräfte offenbaren.

Sonne und Mond im Widder
Die Ausdrucksform der Polarität wird ganz Widder sein und den Kopf und die mentale Aktivität beeinflussen. Steht also die Sonne in irgendeinem Teil des Widders als Zentrum, wodurch die Lebenskräfte durch Kopf und mentale Aktivität individualisiert werden, dann lenkt der Mond in jedem folgenden Zeichen die Energien der Individualität auf das sekundäre Zentrum, das durch sein Zeichen angegeben wird.

Sonne im Widder, Mond im Stier
Im Hintergrund ringt die Lebenskraft der Sonne nach Ausdruck durch den Intellekt; das Mondzentrum richtet sich auf den Stier, und dieser vermittelt Stabilität, Widerstandskraft, Sammlung, Festigkeit, konservative Eigenschaften; tatsächlich mischen sich Kardinal-Feuer des einen und Fest-Erde des andern, aber das Sonnenzentrum hat den größten Einfluß.

Sonne im Widder, Mond in den Zwillingen
In dieser Polarität sind die intellektuellen Bestrebungen verstärkt, und es zeigt sich ein rascher und klarer Ausdruck der Mentalität. Im ersten Fall waren die beteiligten Triplizitäten Feuer und Erde (in Widder und Stier); im zweiten Fall sind es Feuer und Luft (Widder und Zwillinge). Im ganzen Kreis mischen sich so verschiedene Charakteristiken; die Energien, die

sich in Leben und Form, Bewußtsein und Körper offenbaren, treten in Synthese.

Sonne im Widder, Mond im Krebst
Diese Mischungen können harmonisch oder disharmonisch sein; bei Sonne im Widder und Mond im Krebs z. B. herrscht infolge der Verschiedenheit von Feuer und Wasser keine restlose Harmonie, zumal dort der Quadrataspekt nie harmonisch ist. Eine Teilharmonie liegt aber vor, weil die Polarität in kardinalen Zeichen steht, woraus sich für die Wirkungslinie eine gewisse Affinität ergibt. Die disharmoischen Tendenzen würden aus zu großer mentaler Aktivität bestehen, die zu Aufregung und Überempfindlichkeit führte. Astrologisch fänden sich die Möglichkeiten der Umformung und Überwindung, weil die Sonne in Würden und Erhöhung und der Mond stark in seinem eigenen Zeichen Krebs steht. Die Phantasie könnte entwickelt und die Sympathie gestärkt werden, bis die polare Spannung überwunden ist; so enthält jede Polarität die Möglichkeit neuer Erfahrung, die für das Wachstum des Ichs notwendig ist.

Sonne im Widder, Mond im Löwen
Eine gute Mischung. Sie könnte aber leicht durch die Feuer-Dreiheit eine Übererregung des Intellekts mit sich bringen, unter der sich das selbständige Denken entwickelt. Da es aber eine Kombination der kardinalen und festen Einflüsse ist, würde die Wirkung wohltätig sein. Die ruhelose Aktivität des Widders bekommt durch den festen und zurückhaltenden Löwen mehr Konzentration und Stetigkeit. Wir könnten diese Polarität als geistig impulsiv mit Neigung zu Extremen in Denken und Fühlen deuten. Jedenfalls erhält man eine Kombination vieler Deutungsfaktoren, wenn man die Lichter in den Zeichen sorgfältig zusammenfaßt.

Sonne im Widder, Mond in der Jungfrau
Eine Polarität, in der sich manches von Sonne/Widder – Mond/Stier wiederholt. Sie ist nicht recht harmonisch, weil

Feuer und Erde sich nicht leicht mischen, aber durch die kritische Art des Zeichens Jungfrau und die intellektuelle Natur des Widders verleiht sie Urteilskraft.

Sonne im Widder, Mond in der Waage
Das ist wohl die ideale Polarität. Sie lenkt alle intellektuellen und mentalen Eigenschaften des Widders in das abstrakte Denken und Fühlen und kann, sorgfältig gepflegt, hellseherische und intuitive Kräfte hervorbringen.

Sonne im Widder, Mond im Skorpion
Dies wäre eher eine ungünstige Kombination, da Feuer und Wasser auf keinen Fall günstige Mischungen ergeben. Aber zu einer genauen Synthese gehört hier ein sorgfältiges Abwägen. Denn Widder und Skorpion sind das positive und das negative Marszeichen. Daher betont diese Polarität in einem unreifen Selbst die rein marsischen Tendenzen; sie bringt aber auch die Möglichkeit zur Entwicklung von Individualität hervor.

Sonne im Widder, Mond im Schützen
Eine ausgezeichnete Kombination. Sie betont die feurige und intellektuelle Richtung, mäßigt aber sehr den magnetischen oder anziehenden Einfluß und schafft einen positiven, etwas harten Charakter, dessen Entfaltungsmöglichkeiten sehr gut sind.

Sonne im Widder, Mond im Steinbock
Keine besonders gute Stellung, da Mars und Saturn diese Zeichen beherrschen und eine Neigung zu Extremen und Charakterhärte geben.

Sonne im Widder, Mond im Wassermann
Dies ist eine ähnliche Kombination, die jedoch durch die Bindung der Feuer-Dreiheit an die Luft-Dreiheit verbessert wird.

Sonne im Widder, Mond in den Fischen
Eine gegensätzliche Kombination, da sie Feuer und Wasser,

kardinal und veränderlich verbindet. Sie bringt widersprüchliche Charakterzüge hervor.

Das Prinzip, auf dem die Kombinationen beruhen, ist durch diese kurzen Erläuterungen genügend dargelegt. Wer diese Ideen weiterverfolgen will, kann sie nach diesem Beispiel selbst ausarbeiten. Die Sonne in negativen Zeichen bedeutet stets, daß die stetigen vitalen und individuellen Merkmale weniger rein auftreten und daß eine ausgeprägte Neigung zur praktischen und konkreten Seite des Daseins besteht. In diesen Fällen wird der Mod in positiven Zeichen einen überwiegend positiven Persönlichkeitstyp erzeugen, der für das solare Selbst, das dahintersteht, schwer lenkbar sein wird.

Einige Probleme

Die Betrachtung dieser Polaritäten führt zu vielen Problemen, die wir noch nicht definitiv klären können. Es tauchen hier sicher Fragen auf wie etwa: Durchlaufen wir in der Reihe der Verkörperungen die Zeichen der Reihe nach? Steht die Sonne bei jeder Neugeburt wieder im selben Zeichen? Offenbar kann man solche Fragen erst beantworten, wenn man Horoskope für wiederholte Inkarnationen gesammelt und geprüft hat. Bis jetzt ist das nur in wenigen Fällen geschehen, so daß man noch nicht generalisieren kann. Diese Horoskope scheinen aber darauf hinzudeuten, daß beide obigen Fragen negativ zu beantworten sind. Auch die Erkenntnisse, die aus okkulter Forschung über vergangene Leben stammen, scheinen das zu bestätigen, denn sie zeigen, daß das Selbst bisweilen ganz andere Seiten von sich zur Inkarnation bringt oder es durch das karmische Gesetz tun muß.

Dennoch könen wir wohl mit Recht glauben, daß die Sonnenstellung in der Mehrzahl der Fälle den Aspekt des individuellen Ichs darstellt, der innerhalb der Sphäre des persönlichen Selbst liegt. Aber hier ist eine Unterscheidung zu machen zwischen einer unreifen, unentwickelten Seele und einer anderen, die weit fortgeschritten ist und auf der Höhe

197

der Entwicklung steht. Im ersteren Fall hat die Sonne, im letzteren Uranus die größere Bedeutung für den ersten Grad der wachen Selbstbewußtheit des Ichs in seiner eigenen Welt. Es ist auch wahrscheinlich, daß etwas Ähnliches für Mond, Neptun und die Persönlichkeit gilt. Ist sie unreif und wird von jeder Gefühlswelle mitgerissen, bei nur geringer innerer Selbstbeherrschung, dann untersteht sie hauptsächlich dem Mond; ist sie kräftig und in harmonischem Einklang mit dem Selbst, dann ist Neptun ihr Symbol. Aber nichts kann hier definitiv festgestellt werden; alles bedarf weiterer Untersuchung.

Die Beziehung des Aszendenten zur Polarität

Die Polarität der Lichter erschöpft durchaus nicht das ganze Problem der Polarisation. Denn die Offenbarung geschieht in Dreiheiten. Wenn es zwei Gegensätze gibt, so ist auch stets ein Mittelglied vorhanden, das den dritten Faktor liefert und das Dreieck vollendet. Wir dürfen daher nicht nur die Beziehung von Sonne und Mond in Rechnung stellen, sondern müssen diese auch zum Aszendenten in Bezug setzen. Von diesen drei Faktoren ausgehend können wir darauf schließen, daß die Sonne die Individualität symbolisiert – oder zumindest, in anderem Sinne, so viel von ihr, wie sich innerhalb der Grenzen der Persönlichkeit ausdrücken läßt. Die Größe der Individualität und das Ausmaß ihres Einflusses ist offenbar in den unterschiedlichen Fällen ganz verschieden. Im physischen Menschen beherrscht die Sonne die Lebensenergien und symbolisiert den Vater und die positive Seite des Wesens im allgemeinen. Der Mond steht für die Persönlichkeit und sammelt alle planetaren Kräfte, die darin wirken. Im physischen Menschen regiert er das rein Physische, mehr die Formseite des Körpers, mehr die materielle Basis des Lebens als das Leben selbst. Er hat Beziehung zur Mutter und der negativen, rezeptiven, plastischen Seite des Wesens. Der Aszendent steht für den Eigensinn des Selbst im Kind, im Gegensatz zu seinen Eltern – wenn auch in enger Bindung an beide. Er kann sich je nach den Umständen enger mit der Individualität oder mit der Persönlichkeit verbinden, kann aber auch zwischen beiden wechseln und schwanken. Er kann mehr positiv und vital oder mehr negativ und rezeptiv sein, je nach dem aufsteigenden Zeichen und dem Stand des ganzen Horoskops.

Würden und Schwächen

Die Aufgabe, die verschiedenen Qualitäten dieser drei Faktoren zu analysieren und einzuordnen, ist gegenwärtig noch kaum zu lösen. Aber man muß sie im Auge behalten, wenn die Esoterische Astrologie in dieser Richtung wirksamer werden soll als bisher. Im Zusammenhang mit den Polaritäten wird der Schüler die Würden und Schwächen der Planeten sorgfältig abwägen müssen.

Der Tierkreis ist eine abstrakte Darstellung aller Grade und Arten von Materie, die sich in unserer Welt manifestieren. Die Planeten sind die Zentren der Einflußsphären, die die Wandlungen des Bewußtseins repräsentieren. Dieses Bewußtsein wird durch die verschiedenen Typen von Materie beeinflußt, wenn sie in die Felder des Tierkreises eintreten. Die Planeten haben zodiakale Sympathien und Antipathien, Zeichen, in denen ihr Einfluß stark oder schwach ist, wie es schon beschrieben wurde. Betrachtet man die Zeichen als Repräsentanten der Materie, in der sich das Bewußtsein ausdrückt, so wird:

Jupiter: als Planet des Wachstums und der Fülle, die Gefühle und Sympathien weiten, wenn er im Krebs steht;

Sonne: als Lebensspender im Widder das Gehirn durchstrahlen;

Saturn: als Planet der Tiefe und Meditation Gerechtigkeit und Einsicht verleihen, wirkt er sich in der Waage aus;

Mars: als Planet der Energie und Tat Geschick im Handeln verleihen, wenn er sich im Steinbock wirkungsvoll ausdrückt.

Auf diese Weise stehen Zeichen und Planeten in Wirkung und Gegenwirkung. Wandlungen der Form bedingen Bewußt- seinsänderungen und umgekehrt. Die Schwächen sind, allge- mein gesprochen, Depressionen; die von den Planeten ausge- drückten Bewußtseinsformen finden in diesem Zeichen nicht die Linien geringsten Widerstandes. Die Vernichtungen sind indifferent in der Auswirkung und zeigen meist Disharmonie zwischen Leben und Form.

Ein Beispiel

Die Polaritäten von Sonne und Mond, besonders in Verbin- dung mit dem aufsteigenden Zeichen, sind im allgemeinen ein Hinweis auf den Lebensplan der vorliegenden Inkarna- tion. Annie Besant z. B. hat die Sonne in der Waage (positiv, kardinal, Luft), den Mond im Krebs (negativ, kardinal, Wasser) und den Aszendente im Widder (positiv, kardinal, Feuer) (Horoskop S. 232). Hier ist die Polarität kardinal: Luft – Was- ser – Feuer. Diese Kombination steht in direkter Beziehung zu den drei Ebenen des Bewußtseins, der intuitiven, emotionalen und mentalen. Die Bewußtseinsformen, die von Mond, Jupi- ter und Venus repräsentiert werden, liegen alle auf den Linien geringsten Widerstands. Die Polarität bildet in diesem Fall ein kardinales Kreuz, wobei dessen Scheitelpunkt keinen Plane- ten zeigt, aber von Saturn beherrscht wird. Die Polarität ist auffallend stark und in intensiver Aktivität. Um dieses wohl- polarisierte Kreuz gruppiert sich die Mehrzahl der Planeten. Die Sonne ist eng mit Venus und Merkur verbunden, der Mond mit Jupiter und der Aszendent mit Uranus. Die Lichter bringen die Wohltäter in die Polarität, und der Aszendent steht gut abgewogen zwischen den sogenannten Übeltätern und absorbiert sie in der Persönlichkeit zum Zwecke der Überwindung.

XVI Der Stern der Persönlichkeit

Der Stern, unter dem ein Menschenwesen geboren wird, so sagt die okkulte Lehre, wird stets, in der ganzen Reihe seiner Inkarnationen, sein Stern bleiben. Aber das ist nicht sein astrologischer Stern. Dieser steht mit der Persönlichkeit in Verbindung, jener mit der Individualität.

H. P. Blavatzky »Die Geheimlehre«

Das Individuum oder, wie man es bisweilen nennt, das individuelle Selbst ist bei seinem Eintritt ein weißer Funke Göttlichen Lichts, eingeschlossen in eine farblose Hülle Materie.

»Studien zur Bhagavad Gita«

Die beiden Zitate stellen einen individuellen Einfluß fest, der sich vom persönlichen Einfluß unterscheidet. Man kann nun der Ansicht sein, daß die Esoterische Astrologie sich mit der Persönlichkeit beschäftigt, aber durchaus nicht das Individuum erfassen oder seinen Stern bestimmen kann. Es steht sowohl fest, daß die Individualität unter einem Stern geboren wird, als auch, daß sie dauernd seinem Einfluß untersteht. Man darf auch annehmen, daß eine okkulte Astrologie möglich ist, mit deren Hilfe die Okkultisten Namen und Einfluß dieses Sterns erforschen. Nun steht die Esoterische Astrologie zwischen Exoterischer und Okkulter Astrologie (Spiritueller Astrologie[34], Anmerk. d. Herausgebers). Sie befaßt sich zwar nicht direkt mit den Mysterien der Okkulten Astrologie, gibt aber indirekt einen Schlüssel zu diesen Geheimlehren, die dem gewöhnlichen Astrologen verschlossen sind. Aus der Exoterischen Astrologie stammt die Erkenntnis, daß der astrologische Stern, unter dem ein Mensch geboren wird, für seine Persönlichkeit steht, und daß dies der Herrscher oder Herr des Aszendenten bei der Geburt ist. Sie geht aber noch weiter und faßt die Persönlichkeit unter dem Einfluß des Mondes und seines Zeichens zusammen.

Die Geheimlehre beschäftigt sich mit den Menschen in seinen Aspekten von Geist, Seele und Körper, die in der physischen Welt ihre Reflexe im physischen Körper, den Empfindungen und dem Intellekt haben. Die drei niederen Teile der Persönlichkeit sind sterblich, bis sie in das Höhere Dekan, die spirituelle Seele und den Geist verwandelt sind. Diese Dreiheit bildet die Individualität oder, wie man gewöhnlich sagt, das Ich.

Über die exoterische Forschung hinaus sucht die Esoterische Astrologie in jedem Horoskop die Individualität durch den Reflex in der Persönlichkeit. Verwenden wir zu ihrer Beschreibung die Termini Geist, Geist-Seele und Menschenseele oder *Manas*, so finden wir den Reflex dieser Dreiheit in deren Abbild, der Persönlichkeit, als niederes Denken oder Gehirntätigkeit, als astrales Wunschleben und als Aktivität des physischen Körpers. In einem ganz klaren System von Entsprechungen – nach dem Gedanken »wie oben, so unten« – repräsentiert der Aszendent oder genauer: der Herr des aufsteigenden Zeichens das niedere Denken oder die Sammlung der Persönlichkeit im Gehirn. Der Mond stellt den astralen, den Gefühlskörper und die Sonne das *Prana* oder Leben des physischen Körpers dar. Eine okkulte Lehre besagt, der Geist werde im physischen Körper reflektiert, der Wissensaspekt im Astralkörper, und der *Manas* oder geistig aktive Aspekt in dem vom Gehirn repräsentierten *niederen Manas*.

Die Umkehrung der Sphären

Wenn ein Mensch, wie man es nennt, seine Sphären umkehrt, d. h. die Richtung des Selbst von der Persönlichkeit auf die Individualität umgestellt hat, ist er doch nicht frei von seinem Horoskop oder dessen Einfluß. Er beherrscht nur seine Sterne und wandelt ihre Schwingungen aus objektiven Einflüssen in subjektive um. Ist er völlig mit der Neuordnung der Dinge eins geworden, dann wechselt der auch den Herrscher.

Zur Verdeutlichung nehmen wir z. B. das Leben eines Durchschnittsmenschen, dessen Bewußtsein sich fast völlig nach außen auf die objektive Welt richtet. Sein Gehirn und dessen Geistes-Substanz wird vom aufgehenden Zeichen und dem Geburtsgebieter gefärbt; seine Gefühle und sich wandelnde Stimmungen unterstehen dem Mondeinfluß; seine Handlungen wie die moralische Haltung werden von der Sonnenstellung durchstrahlt. Daher ist die Sonne der Vertreter seiner Individualität, der Mond der seiner Persönlichkeit. In vielen Leben wird dann der Sonneneinfluß immer stärker, bis er einen recht guten moralischen Begriff vom Leben erreicht und seine Mondschwankungen des Gefühls und Temperaments mehr oder weniger beherrscht. Der Sonneneinfluß kann sogar den des Geburtsgebieters überwiegen. In dem Maße, wie der gewöhnliche Mensch immer selbstbewußter und individueller wird, verleiht der Sonnenstand seiner Individualität Farbe und Gestalt. Von marsischer Färbung geht er zu Saturn über, der die sich ihrer selbst bewußte Individualität beherrscht; dann zu Jupiter und der Expansion der Individualität, und schließlich zu Uranus zur vollständigen Individualisierung. Stellung, Aspekte und Einfluß der Sonne beherrschen nun sein Horoskop; er ist kein Durchschnittsmensch mehr, sondern ein sich entwickelndes Individuum.

Die okkulte Lehre besagt, Sonne und Mond seien Substitute für zwei andere Planeten; dabei wird anerkannt, daß Uranus der Planet ist, für den die Sonne eintritt. Dann ist mehr als wahrscheinlich, daß Neptun der andere ist. So beginnt der sich als individuell entwickelnde Mensch das uranische Leben des Wanderers ohne Haus oder Zeichen, dessen Individualität mehr als selbstbewußt werden soll, nämlich über-bewußt.[35]

Ein Beispiel

Als besonderes Beispiel für diesen Gedanken der Transmutation oder Darstellung der Individualität sei das Horoskop von Annie Besant angeführt (Horoskop S. 232). Diese berühmte Rednerin wurde unter dem Zeichen Widder geboren, und Mars ist der Herrscher ihrer Persönlichkeit. Der Mars steht im Stier, dem Zeichen seiner Vernichtung. Annie Besant sagte einmal, daß für die Hälfte ihres Lebens ihr Bewußtsein verdunkelt war.

Es erwachte erst unter besonderen Umständen, als sie eine Stimme hörte. Der Stier ist das Zeichen der Stimme oder des gesprochenen Wortes. Die Persönlichkeit bezeichnet auch der Mond im Krebs, der durch die Konjunktion mit Jupiter eine bedeutende Erweiterung des persönlichen Fühlens und Empfindens anzeigt. Die Sonne als Herr des individuellen Bewußtseins stand in Opposition, d. h. komplementär zu Uranus.

A. Besant »kehrte ihre Sphären um«, als sie durch »Die Geheimlehre« mit dem Okkultismus Fühlung bekam. Sie wandelte das niedere Denken in das höhere durch die Venus als Herrscherin des Stiers und Planeten der Menschenseele oder des *höheren Manas*. Durch die Stellung des Mondes in Konjunktion zu Jupiter und Trigon zu Neptun wurden ihre Gefühle auf die buddhische oder Wissenssphäre des Bewußtseins gehoben. Durch die gewaltige Spannung von Uranus Opposition Sonne festigte sie ihren Willen und trat unter Uranus als Stern ihrer Individualität. Sie reagierte auf die Uranusschwingung, die ihren Aszendenten beherrscht, trat unter den Einfluß ihres »Meisters« und lebte seitdem als Individualität.

Der Stern der Individualität

Diese Erläuterungen zeigen den besonderen Blickwinkel der Esoterischen Astrologie, wenn man den Gegenstand von unten betrachtet. Nimmt man jedoch den Standpunkt von den Prinzipien aus ein, so fällt er ganz mit der okkulten Lehre vom Stern der Individualität zusammen.

Betrachten wir den Tierkreis als Darstellung des Kausalkörpers der Erde, der dem Horoskop eines Menschenwesens entspricht, so können wir uns die Planeten als außerhalb dieses bedingenden Kreises stehend denken, als äußere Formen der Söhne des Geistes, die den Kausalkörper von jedem »Ebenbild Gottes« bestimmen. Dieser schwache Widerschein der spirituellen Intelligenz wird durch die Tierkreiszeichen gebrochen und findet in den Planeten jeder Nativität seine symbolische Ausdeutung. Die sieben Sterne der Individualität liegen wie verloren und verschlossen im Durcheinander der dichten Materie, die die verschiedenen Bewußtseinsträger umfaßt und in den Tierkreiszeichen repräsentiert ist. Auf den niederen Ebenen wird der Geburtsgebieter nun der Repräsentant des Individuums und erscheint als solcher als Untereinfluß der primären Färbung. In jedem Leben wirkt der Mensch von diesem Zentrum, von seinem Geburtsgebieter, seinem Repräsentanten im ganzen gegenwärtigen Leben, aus. Das Zeichen, in dem dieser Planet bei der Geburt stand, bedeutet das *Guna* oder die Art der Materie, durch die er wirkt. Erst wenn er über die Beschränkungen des Kausalkörpers, d. h. des ganzen Tierkreises, hinausgewachsen ist, kann er die Charakteristika dieses Strahls teilen.

Die Umgebung jedes Individuums in der gegenwärtigen Zeit – bis er die Planetenstrahlen oder Schwingungen in sich selbst absorbiert hat – wird von den sechs Planeten außer dem Geburtsgebieter repräsentiert; die Zeichen, in denen sie stehen, und ihre Aspekte bezeichnen das Verhältnis des Menschen zu seiner Umgebung. Aus diesem Spiel der Töne, die von den anderen Planeten stammen, setzt sich seine Lebensmelodie zusammen. Je nach der Beziehung des Herrschers zu den anderen Planeten können wir für jedes Individuum die Linien des geringsten Widerstands vorhersagen. Daraus kann man die Vielheit aus einer primären Einheit herleiten und sie wieder zur Einheit zurückführen, denn es gibt zwar nur sieben individuelle Sterne und sieben Geburtsgebieter, aber jeder von ihnen 777 und mehr Kombinationen mit den anderen haben.

Man kann vermuten, daß außer der Grundfärbung des Kausalkörpers jede Färbung, die auf den niederen Ebenen angenommen wird, sich in der Aura des Menschen aufspeichert. Die feineren Färbungen, die mit der Grundfarbe verwandt sind, verstärken diese und geben ihr eine reichere und transzendentere Gestalt. Oder anders ausgedrückt: Je mehr sich das Bewußtsein in den höheren Formen seiner selbst bewußt wird, um so greifbarer reagiert der niedere Mensch auf den höheren. Je mehr der Mensch mit seinem individuellen Strahl, Stern oder Ton eins wird, um so freier ist er von seinen Körpern. Oder auch: Je mehr das individuelle Zentrum gefestigt wird, desto größer werden die Möglichkeiten der Ausdehnung.

In diesen kurzen Hinweisen liegt der Grund für den Unterschied, daß der Astrologe behauptet, die Individualität sei im Horoskop zu sehen, und der Okkultist sagt, der individuelle Stern sei nicht der astrologische Stern. Wir können diese Gedanken verdeutlichen, wenn wir das Wort »Stern« wörtlich nehmen: »Stern« bedeutet »ausstrahlen, scheinen«. Jeder Mensch ist ein Stern, der (durch die Form, in der er lebt) seinen Einfluß ausstrahlt, der entweder persönlich, d. h. an sein physisches Bewußtsein gebunden, oder individuell, d. h. von geistigem oder innerem Charakter ist. In diesem Sinn entspricht der Mensch wirklich den Sternen. Hier ein Zitat von H. P. Blavatsky aus »Entschleierte Isis:

Paracelus sah in der Sternenschar den dichten Teil des Astrallichts, der in das Reich der Zeugung und der Materie herabstieg, dessen magnetische oder spirituelle Emanationen aber dauernd eine ungestörte Verbindung zwischen sich und der Urquelle aller – dem Astrallicht – unterhielten. »Die Sterne beziehen sich von uns auf sich, und wir andererseits von ihnen auf uns«, sagt er. Das Leben ist Feuer, das wie das Licht von den Sternen und dem Himmel stammt. Alles, was zur spirituellen Welt gehört, muß durch die Sterne zu uns kommen; wenn wir in Harmonie mit ihnen stehen, können wir die größten magnetischen Wirkungen erzielen. Wie das Feuer durch einen eisernen Ofen geht, so durchdringen die Sterne den Menschen und all seinen Besitz und gehen in ihn ein wie Regen in die Erde. Der menschliche Körper, wie Erde, Planeten und Sterne, unterliegt einem doppelten Gesetz; er zieht an und stößt ab, denn er ist mit doppeltem Magnetismus, dem Anteil astralen Lichts, gesättigt.

Die Sterne der Persönlichkeit und der Individualität

Dieses Astrallicht bildet die Grundlage unseres materiellen Universums, und jedes Menschenwesen ist ein Stern im Astrallicht. Betrachtet man die Formen, in denen sie sich auswirken, so sind die Sterne der Persönlichkeit und der Individualität nicht bestimmte Planeten, obwohl die Planeten in okkulter Beziehung zu den Sternen stehen und ihre besondere Qualität und Färbung bezeichnen. Beim Stern der Persönlichkeit spielen die Tierkreiszeichen die wichtigste Rolle, da sie ja die geometrischen Figuren für die besondere Form jedes Sternes liefern und auch die persönliche Färbung durch ihre bestimmte Anordnung bezeichnen. So ist demnach jede Seele mit dem Stern ihrer Individualität verknüpft, aber bevor sie diesen Stern selbstbewußt erkennen kann, muß sie über den Stern der Persönlichkeit hinausentwickelt sein, der für die Mehrzahl im Halbkreis, dem Symbol des Mondes, oder (für die Fortgeschrittenen) geometrisch im Fünfeck (Pentagon) symbolisiert ist. Der Mond beherrscht die Erd- und Wasserzeichen des Tierkreises, die als Triplizitäten verflochtene Dreiecke bilden und, figürlich gesprochen, den eigentlichen Stern der Persönlichkeit darstellen. Dieser »Stern« hat Bezug auf die rein physischen Bedingungen des Daseins, auf alles, was konkret und bestimmt geformt ist; auch auf die Empfindungen, die in den Leidenschaften gipfeln, und auf den flüssigen Teil der Natur und die Selbstsucht des stofflichen und konkreten Lebens der niederen Ebenen; letztlich sucht er einen Ausdruck in einer abgerundeten und abgeschlossenen Persönlichkeit. Bevor wir uns in einer bestimmten Form mit dem Stern der Persönlichkeit befassen, müssen wir seine Ergänzung, den Stern der Individualität, betrachten. Er stellt auch ein Paar verflochtener Dreiecke dar und ist ebenso in ein Pentagon oder einen fünfstrahligen Stern zu verwandeln.

XVII Der Stern der Individualität

Auf irgendeiner Existenz-Ebene kann ein Noumenon nur dann zum Phänomen werden, wenn es sich auf angemessener Basis manifestiert. Die Hierarchie der Geistwesen, durch die der universale Geist zur Ausprägung kommt, gleicht einem Heer, in dem sich die Kampfkraft einer Nation offenbart und das sich aus Armeekorps, Divisionen, Brigaden, Regimentern usw. zusammensetzt. Jeder Teil hat seine besondere Individualität, seine begrenzte Handlungsfreiheit und Verantwortlichkeit. Jeder gehört zu einer höheren Individualität, der sich seine Eigeninteressen unterordnen müssen, und jeder enthält kleinere Individualitäten in sich.

H. P. Blavatsky »Die Geheimlehre«

Der Stern der Individualität gehört zu den Feuer- und Luft-Dreiecken. Da diese nicht auf die konkrete und rein materielle Ausdrucksform beschränkt, sondern subjektiver und mehr mit den innerlichen Bewußtseinsvorgängen verbunden sind, braucht man die Symbole der Feuer- und Luftzeichen nicht unbedingt an Spitze und Basis zweier neuer Dreiecke zu setzen wie in Zeichnung 13. Man kann sie vielmehr in die beiden anderen einschieben wie in Zeichnung 11. Sie bilden dann einen ergänzenden Rahmen von Feuer und Luft, ohne sich so stark abzuheben, wie es bei den Zeichen der persönlichen Dreiecke der Fall ist. Die Reihe der Zeichnungen, die diesen Kapiteln beigegeben ist, illustriert diese Stern-Ecke. Setzt man beide Sterne zusammen, so sieht man, daß alle zwölf Tierkreiszeichen in ihrer natürlichen Anordnung im Kreise auftreten. Wie nun der Kreis sich in zwei Gruppen positiver und negativer Zeichen teilt, so kann man die beiden Sterne der Persönlichkeit und der Individualität als Verkörperung der positiven und der negativen Hälfte des Kreises – oder der objektiven und der subjektiven – bezeichnen. Nun stehen an jedem Punkt des sechsstrahligen Sterns bestimmte Planeten, die die zugehörigen Zeichen beherrschen. Sie sind für Persönlichkeit und Individualität gleich – mit Ausnahme von Sonne und Mond. Daher sind diese Sechsecke eigentlich nur

Fünfecke, da der Mond den Stern der Persönlichkeit als Ganzes beherrscht, und die Sonne den der Individualität. Die Planeten, die die Zeichen beider Sterne beherrschen, haben ganz verschiedene Bedeutung, wenn man sie esoterisch studiert. Wir nehmen zuerst die Bedeutungen der Herrscher des persönlichen Sterns, um zu zeigen, wie ein Planet in bezug auf diese zwei Sterne verschiedene Ausprägungen hat.

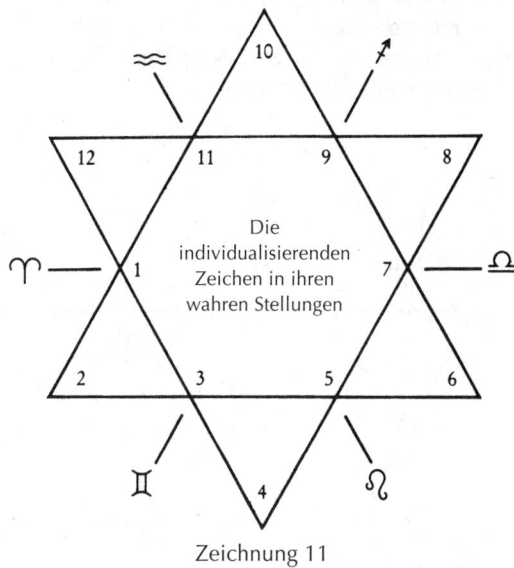

Zeichnung 11

Die negativen Zeichen

Das Erddreieck
Wir befassen uns zuerst mit dem Stern der Persönlichkeit. An der Spitze dieses Dreiecks steht der Steinbock, und daher ist Saturn der beherrschende Planet. Ohne subjektive oder neue Ausdeutung repräsentiert der Saturneinfluß für die Persönlichkeit die niedere oder konkrete Seite dieses Planeten. Wessen Persönlichkeit unter seiner Herrschaft steht, der unterliegt

wechselnden Stimmungen, viel Selbst-Zentriertheit, sehr häufigem Ärger und Sorgen, Ungeduld, Knickrigkeit und einer Neigung zu Selbstsucht und allem, was die Persönlichkeit belastet. Aber aus diesem anscheinend Ungünstigen fließt doch Gutes, denn der tiefere Zweck dieses selbstzentrierten Einflusses ist der, daß die Persönlichkeit weniger fließend, sondern fester und konkreter wird. Der saturnische Einfluß kann zusammenfassend charakterisiert werden als Solidität, Stofflichkeit und Begrenzung, um ein kräftigeres Zentrum des Selbst zu erzeugen. Als Spitze des Sterns kann man ihn die Krönung der Persönlichkeit nennen.

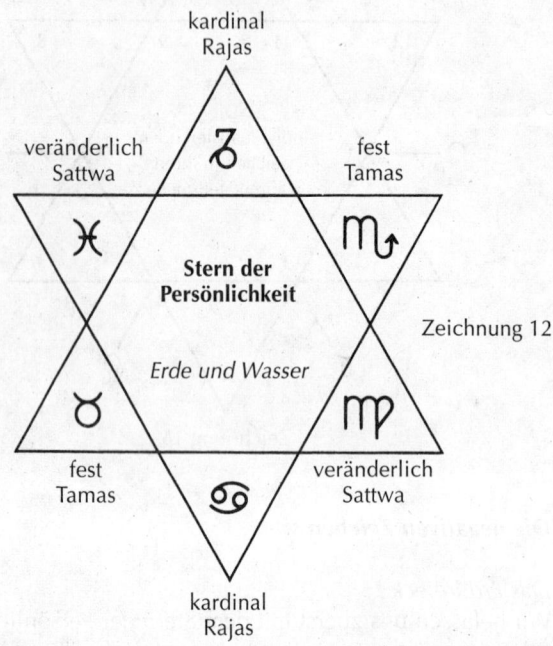

Zeichnung 12

An der linken Basisecke des Dreiecks steht der Stier, und Venus beherrscht ihn. Der Einfluß dieses Planeten erstreckt sich mehr auf den Erwerb von Besitz. Dieses Aufspeichern persönlichen Besitzes ist in dem Ausspruch Jesu gemeint, als der Jüngling zu

210

ihm kam und ihn fragte, was er tun solle, um selig zu werden. Da antwortete der Meister: »Verkaufe alles, was du hast, und folge mir nach!« Aber es heißt weiter, der Jüngling habe sich schmerzlich weggewandt, da er große Reichtümer besaß. Hier bedeutet das Wort »Besitz« aber nicht nur irdische Güter; es schließt alle Kräfte und Fähigkeiten ein, die zur Persönlichkeit gehören oder an sie gebunden sind, wie intellektueller Stolz, Hartnäckigkeit, Reserviertheit und Venus-Eigenschaften, die dem Zeichen Stier eigen sind. Es mag angemerkt werden, daß der Mond, der Herrscher der Persönlichkeit, im Stier erhöht ist. Das zeigt die Bindung an diese Besitztümer, die gänzlich zum persönlichen und vereinzelten Selbst gehören.

Das Zeichen Jungfrau gehört an die rechte Basisecke des Dreiecks, und der Merkur ist sein Herrscher. Sein Einfluß im Hinblick auf die Persönlichkeit ist Gleichgültigkeit gegen andere, Aufgehen in persönlichen Interessen, besonders in bezug auf geistigen Fortschritt. Er wirkt, wenn er über das normale Maß hinaus betont wird, auf den physischen Körper zurück als Unruhe, Krankheit und Affektion des Nervensystems.

Das Wasserdreieck
Das Dreieck mit der Spitze nach unten wird hauptsächlich vom Mond beherrscht, da der Krebs an der Spitze liegt. Als Summe der Persönlichkeit bekommen wir vom Mondeinfluß den tadelsüchtigen oder schroffen Kritizismus, die Anmaßung und Enge des Blickwinkels, der alles vom persönlichen Standpunkt aus betrachtet und allen anderen Erwägungen als denen des persönlichen Ichs gleichgültig gegenübersteht.

An der linken Basisecke dieses Dreiecks steht das Zeichen der Fische, das Jupiter beherrscht. Sein Einfluß auf die Persönlichkeit ist Formalismus, Enge, Oberflächlichkeit, bigottes Wesen, alle die beschränkten Formen, die gewöhnlich zu sehr sektiererischen Religionen gehören und aus denen Feinde, unverständige Vorurteile, die aus persönlicher Neigung entspringen, und manchmal auch Stolz und Heuchelei entstehen.

An der rechten Basisecke dieses Dreiecks findet sich der Skorpion, den Mars regiert. Sein Einfluß auf die Persönlichkeit führt zu selbstischer Liebe; Eifersucht, Streitlust, Parteilichkeit, Neigung zur Anlehnung an andere durch zu große Zuneigung. Daraus entstehen Tragödien des persönlichen Liebens und Hassens, bisweilen mit Gewalttätigkeit, Mord, Streit und sonstigen Trennungen.

Das Ganze wird unter dem Mond als Herrn dieses Sternes zusammengefaßt in der Durchdringung von Erde und Wasser – die, wie ein Astrologe vor vielen Jahren einmal satirisch bemerkte, meist Schlamm hervorbringt!

Die positiven Zeichen

Der Unterschied zwischen den zwei Sternen ist erst klarer herauszuarbeiten, wenn man nun sein Augenmerk auf den positiven Stern – den der Individualität – richtet. Er besteht aus den Feuer- und Luftdreiecken.

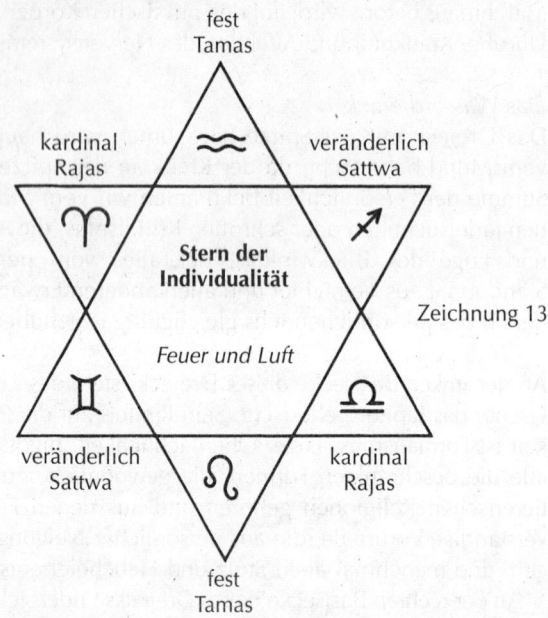

Zeichnung 13

212

Das Feuerdreieck
Es greift an den Ost- und Westpunkten, rechts und links, in die
Figur ein. Hier ist das Zeichen Widder links, das dem Mars
untersteht. Die positive Deutung seines Einflusses heißt
Stärke, Individualisation, Selbsthingabe, Liebe zu Reinheit
und Wahrheit und eine furchtlose Art, das Recht rein um seiner selbst willen zu tun. Denn der Widder gibt eine höhere
und verfeinerte Interpretation des Marseinflusses, der in der
gewöhnlichen Astrologie in enge Beziehung zu Kopf und Gehirn gesetzt wird und tatsächlich den im physischen Körper
manifestierten Bewußtseinsstrahl darstellt.

Rechts oben in der Figur steht der Schütze, der von Jupiter in
seinem positiven Aspekt beherrscht wird. Er bedeutet die
volle, wahre Verwirklichung der inneren Sympathie, die allein
zu der Individualität gehören kann. Hier finden wir jede denkbare Erweiterung des Geistes, eine Weite, die alle die Religionen und Wahrheiten umfaßt, die Einheiten und Gruppen von
Seelen zusammenhält.

An der nach unten gerichteten Spitze des Dreiecks steht der
Löwe, den die Sonne beherrscht. Sie ist der Herr des ganzen
Sternes der Individualität, und der gesamte Einfluß aus diesem
Dreieck strömt in die Individualität selbst. Sie hat daher kei-
nen anderen Einfluß als den der Synthese der Individualität.
Die Sonne ist sozusagen das Symbol des sich bildenden Indi-
viduums.

Das Luftdreieck
Im Westen oder auf der rechten Seite des Dreiecks finden wir
das Zeichen Waage, das von der Venus in ihrem positiven
Aspekt beherrscht wird. Sie bedeutet dort Sympathie, Duldsamkeit und Hingabe, den komplementären Einfluß zu allem,
was der Planet Mars bezeichnet. Denn Mars strebt dahin, in
der objektiven Welt nach außen zu wirken und zu offenbaren,
weshalb er auch symbolisch als Kreuz über dem Kreis dargestellt wird. So überwindet im Gegensatz dazu der Kreis das
Kreuz, und alles, was unter Mars als Kraft und Energie begann,

wird hier vollendet in der Umformung durch Venus zu Sympathie, Duldsamkeit und Hingabe. Diese zwei Einflüsse treten gepaart in Verstand und Intuition auf, in Kraft und Schönheit, in Energie und Anmut. Vom individuellen Standpunkt aus werden es komplemetär sich ergänzende Einflüsse statt polare Gegensätze. Das Ganze fließt gesammelt in die Individuation, die aus der Basis des Dreiecks hervorgeht.

In der linken Seite des Luftdreiecks steht das Zeichen Zwillinge, beherrscht von Merkur in seinem positiven Aspekt. Er bezeichnet die klare Einsicht, die Urteilsfähigkeit und ein geistiges Mitgefühl, das die Menschheit in der äußeren oder exoterischen Form umfaßt. Diese Stellung hat Beziehung zu den Verwandten und dem Intellekt im allgemeinen, aber vom individuellen Standpunkt aus ist sie verbunden mit allen Menschen als Brüdern und der ganzen Menschheit als Verwandten. Vom höheren Standpunkt Merkurs aus haben wir hier die klare Einsicht und Beurteilung, die die Individualität befähigt, das Wirkliche vom Nichtwirklichen zu unterscheiden.

An der Spitze der Figur steht der Wassermann, den Saturn in seinem positiven und höchsten Aspekt beherrscht. Er bezeichnet Vertrauen in die eigene innere Natur, Verkörperung der Reinheit, Selbstbeherrschung und Heiterkeit und zeigt alle Tugenden, die zu Meditation und Kontemplation gehören. An die Spitze dieser Figur könnte man den Uranus setzen als Symbol der vollendeten Individualität, denn dieser Planet ist die Synthese aller anderen Einflüsse und hat für die Interpretationen von Horoskopen eine ganz neue Bedeutung.

Planeten in den Zeichen

Auch die Exoterische Astrologie beschäftigt sich mit den Planeten in den verschiedenen Zeichen. Sie schreibt Planeten in ihren eigenen Zeichen besondere Kraft, denen in Zeichen ihrer Erhöhung eine verstärkte Wirkung zu und geht von einem verminderten Planeteneinfluß in Zeichen der Vernichtung oder des Falls aus. Genauso deutet die Esoterische Astrologie die Planeten unterschiedlich, wenn sie verschiedene Zeichen in irgendeinem der persönlichen oder individuellen Dreiecke besetzen. Aber ihre Deutungen sind mehr psychologischer Natur, da sie sich mit dem subjektiven Bild der Dinge befaßt, das hinter dem Plan des äußeren Wirkens liegt. Sie betont daher alle Planeten in kardinalen Zeichen und solche, die in Häusern oder Zeichen stehen, die mit dem kardinalen Kreuz zusammenhängen: Krebs und Steinbock in den persönlichen, Widder und Waage in den individuellen Dreiecken. Daher beeinflussen Planeten im Krebs und Steinbock die Persönlichkeit stark, während die in Widder und Waage mehr zur Individualität gehören. Das gilt auf jeden Fall, soweit die Zeichen in Frage kommen; es ist aber nicht ganz so auf die Häuser anzuwenden. Man kann allerdings sicher sagen, daß aufgehende und untergehende Planeten den individuellen Charakter sehr stärken und daß Ereignisse und Erfahrungen im Leben mehr zum Medium Coeli und Nadir gehören.

Einige Beispiele sollen die Anwendung dieses Gedankens auf die Planeten in den Zeichen vom esoterischen Standpunkt aus zeigen, um denen eine allgemeine Regel zu geben, die sich speziell dafür interessieren. Nehmen wir z. B. den Jupiter, den Herrn des Schützen im individuellen und der Fische im persönlichen Dreieck, und setzen wir ihn in den Krebs, das Zeichen seiner Erhöhung und die Spitze des persönlichen Dreiecks. Hier ist zu erwarten, daß die Persönlichkeit durch soziale Tugenden und sittliche Grundsätze über häusliches Leben und Familienbande bereichert wird, wodurch sie für die höheren Schwingungen des spirituellen oder individuellen Lebens außerordentlich empfänglich wird. So entstände hier durch diese Erhöhung im Krebs ein Zusammenwirken des Einflusses zwischen dem Persönlichen und dem Individuellen. Oder wir können auch Mars nennen, den Planeten, der in beiden Dreiecken Einfluß verschiedener Art hat. In seiner Erhöhung Steinbock finden wir eine Mischung der persönlichen und der individuellen Charakteristika. Sie bringt durch Persönlichkeit und physischen Körper Selbstbeherrschung in allen ausströmenden Energien, Reinheit des Lebens in bezug auf Leidenschaften und Sinne, ein starkes persönliches Selbstvertrauen in das richtige Handeln und eine Beruhigung der Sinne infolge der saturnischen Schwingungen zur Auswirkung. Wir können diese Art der Betrachtung der Erhöhungen auch auf das individuelle Dreieck anwenden. Saturn, der Herr der Spitze des persönlichen Dreiecks, ist in der Waage erhöht. Dort ist er ausgeglichen in Duldsamkeit, Unparteilichkeit und Gerechtigkeit und bildet die Brücke zwischen Persönlichkeit und Individualität, weil letztere im Zeichen des Gleichgewichts ihre Linie des geringsten Widerstandes findet. Dann finden wir im individuellen Dreieck, daß die Sonne ihre Erhöhung im Widder hat. Das erhellt das Gehirn, und durch das Gehirn kommt die ganze Individualität in Beziehung zur Persönlichkeit, und es erfolgen bestimmte Schritte zur Vollendung des Menschen.

Man wird bemerken, daß es im individuellen Dreieck nur die beiden Erhöhungen der Sonne und des Saturns gibt. Saturn bringt die Persönlichkeit in das Stadium des Untertauchens in die Individualität und befindet sich in der Waage im Gleichgewicht. Die Sonne dagegen, als Herr der Individualität, erreicht ihre Erhöhung im Widder, dem Zeichen des Kopfes. Was die beiden Erhöhungen im persönlichen Dreieck betrifft, die noch unerwähnt geblieben sind – Venus in den Fischen und Mond im Stier –, so finden wir, daß die wahre Erhöhung der Persönlichkeit in Ehrfurcht, Gehorsam und Achtung vor Gesetz und Ordnung, in Genauigkeit und Sorgfalt besteht – was Persönlichkeiten mit Mond im Stier in ausgesprochenem Maße leben und darstellen. Die Erhöhung der Venus in den Fischen bedeutet umfassende Sympathie für das Leiden und Hingabe der Persönlichkeit an die Bedürfnisse anderer. So erklären sich diese Erhöhungen hier viel befriedigender als in der gewöhnlichen Exoterischen Astrologie. Wir wollen aber diese Regeln noch auf die verschiedenen Horoskope anwenden, die wir auf den folgenden Seiten als Beispiele heranziehen und die später ausführlicher beschrieben werden.

Betrachtet man eine Nativität vom exoterischen Standpunkt

aus, so geht das Bemühen letztlich dahin, die Körper in Einklang mit dem in ihnen lebenden Bewußtsein zu bringen. Nun ist es zwar richtig, daß das Wirken des Bewußtseins um so harmonischer ist, je mehr Planeten sich in ihren eigenen Feldern befinden. Aber man muß dabei stets in Betracht ziehen, wie weit diese Zeichen mit den Häusern zusammenpassen. Denn bei den drei Faktoren: Häuser, Zeichen und Planeten besteht stehts die Neigung, die Harmonie in diesen komplexen Zusammenhängen irgendwie zu stören.

Ganz allgemein können wir Häuser, Zeichen und Planeten miteinander in Beziehung setzen. Die Planeten stören und betonen alles, was die Häuser bezeichnen. Wenn aber die Planetenideale im Leben nicht voll realisiert werden, entsteht leicht Streit und Disharmonie, bis die drei Faktoren: Haus, Zeichen und Planet in Einklang gebracht sind. Zur Illustration ziehen wir ein Horoskop heran, das zeigen soll, wie der Wechsel in der Umgebung auch eine Änderung im Leben und Bewußtsein des Geborgenen bedingt.

Ein sehr gutes Beispiel dafür ist sicherlich das Horoskop König Eduards VII., von dem man nach seiner Thronbesteigung sagte, er habe sich in jeder Beziehung völlig gewandelt, und daß dieses so auffallend sei, daß alle es spürten, die früher mit ihm in Kontakt gestanden hätten. Bei einer Prüfung des Horoskops sieht man, daß der aufsteigende Jupiter und die erhöhte Sonne das Leben sehr ruhig dahinfließen ließen, bis seine Mutter, die Königin Victoria, starb. Da wich dieser Einfluß dem aufsteigenden Saturn und Mars im Steinbock und 1. Haus. Dadurch kam der Einfluß des eingeschlossenen Zeichens Steinbock heraus, und der Jupitereinfluß nahm ab. Plötzlich stand er vor einer verantwortungsvollen Aufgabe, und er war seelisch gezwungen, sich der hohen Stellung anzupassen, in die seine Persönlichkeit gestellt wurde (Horoskop S. 236).

In diesem Einfluß erkennt man Uranus im Quadrat zu Jupiter zwischen dem persönlichen und dem individuellen Dreieck; er durchbricht die alten, bestehenden Bedingungen und bringt Saturn und Mars in den Vordergrund. Da Mars das 10.

Haus regiert, formten und gestalteten in seinem persönlichen Leben Ereignisse das Bewußtsein. Mars steht außerdem nahe dem Aszendenten im 1. Haus, wo die ganze Kraft seiner Erhöhung im Steinbock zur Geltung kommt. Man sieht, daß der Mond gerade das Zeichen Jungfrau verläßt und in die Waage eintritt. Dieses Horoskop zeigt viele interessante Bewußtseinsphasen vom esoterischen Standpunkt aus, aber an dieser Stelle ist es wertvoller festzustellen, daß dem Wechsel in der Umgebung auch ein Bewußtseinswandel entspricht, der vieles zum Ausdruck kommen ließ, was bis dahin latent war. Man könnte in dieser Nativität noch manches ähnliche Beispiel zeigen, aber zur Erläuterung des Grundgedankens genügt das Gesagte.

Wir gehen jetzt zu dem Horoskop eines jungen Menschen über, der in einem ausgesprochen guten Milieu, aber taub, stumm und blind mit unentwickelten geistigen Fähigkeiten geboren wurde (Horoskop S. 238). Betrachtet man das Horoskop des Grafen von Arundel und Surrey vom esoterischen Standpunkt aus, so sieht man, daß im Stier eine Mond/Mars-Konjunktion steht. Dadurch wurde der irdische Besitz zum Teil vernichtet, der bei voller Entfaltung äußerst wertvoll gewesen wäre. Die Sonne/Uranus-Konjunktion und Uranus/Jupiter-Opposition wirkte sich ebenfalls zerstörerisch und feindselig auf den Ausdruck der Persönlichkeit aus. Nicht weniger als sechs Planeten gehören zum Stern der Persönlichkeit. Die beiden zur Individualität gehörenden Planeten Venus und Saturn standen in Opposition zueinander und hemmten in jeder Weise die Entfaltung seines Bewußtseins.

Ein sorgfältiges Studium derartiger Horoskope enthüllt vieles, was in der bloßen Exoterischen Astrologie unsichtbar bleibt und zeigt dem intuitiv Eindringenden die Ursache solcher Hemmungen. Vergleicht man das Horoskop der Lady Burton mit dem von George Sand, dann findet man vom esoterischen Standpunkt aus einige sehr wesentliche Charakteristika. Die Horoskope von Robespierre und Fürst Bismarck und die von Gladstone und Churchill sind ausgeprägte Kontraste; die Art, in der diese Ideen anzuwenden sind, ist damit genügend angegeben. Diese Methode der Auslegung war die der Rosenkreuzer-Schule, die persönliche und individuelle Einflüsse in einem Symbol der Einheit mischten.

Die Stern-Zeichnungen

Obwohl die Zeichnungen 11 bis 24 wahrscheinlich für intuitiv Veranlagte durchaus einleuchtend sind, mögen sie für eher praktische Menschen einiger Erklärungen bedürfen.

Stern-Zeichnungen der Persönlichkeit
Alle Wünsche sind mehr oder weniger persönlicher Natur; daher werden die Sterntafeln, die die Persönlichkeit darstellen, die Wunschnatur in verschiedenen Manifestationsformen zeigen. In diesen Sternzeichnungen wurde zu zeigen versucht, daß die »Gegensatzpaare« stets wirksam sind durch die entgegengesetzten Zeichen derselben Quadruplizität (Vierheit); so liegt dem Stier, in dem die Venus herrscht, der Skorpion gegenüber, das Zeichen des Planeten Mars – und so durch den ganzen Tierkreis. Hier werden die Planeteneinflüsse gebrochen, und durch die Aktivität der Wunschnatur und die Fesselung des Denkens an die Wunschformen verliert sich das eigentliche Verhältnis.

Stern-Zeichnungen der Individualität
In den individuellen Sternzeichnungen sind höhere mentale Stufen dargestellt, in denen sich der Intellekt vom Triebleben befreit hat und der Trieb sich in Willen verwandelt. Weder Trieb noch Verstand unterliegen dort so stark den Formen wie bei den persönlichen oder negativen Zeichen, denn das Individuum erkennt sich jetzt allmählich selbst und ist nicht mehr so vollständig das Produkt von Stimmungsschwankungen.

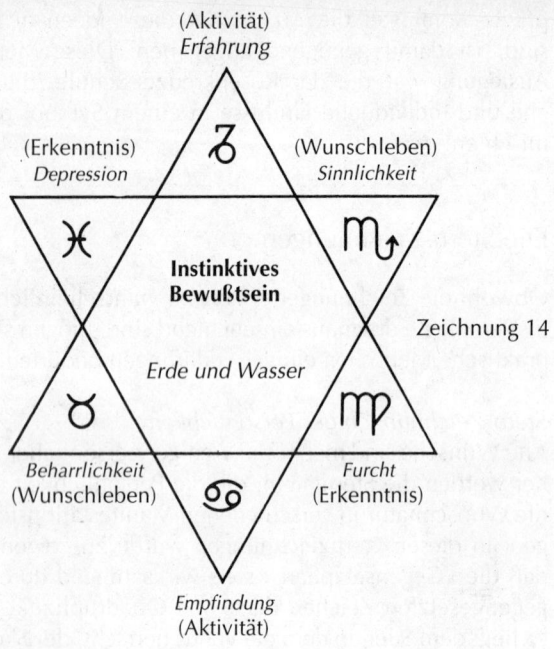

(Aktivität)
Erfahrung

(Erkenntnis)   (Wunschleben)
Depression   *Sinnlichkeit*

**Instinktives
Bewußtsein**

Zeichnung 14

Erde und Wasser

Beharrlichkeit   *Furcht*
(Wunschleben)   (Erkenntnis)

Empfindung
(Aktivität)

Zeichnung 14

In diesem Stern, den man als den Stern der unbestimmten Persönlichkeit bezeichnen kann, ist das instinktive Bewußtsein am aktivsten. Die natürlichen Bedürfnisse werden besonders durch negative Zeichen geweckt, wie Hunger und Appetit: Stier, Nahrungssuche: Jungfrau und Arbeitssuche: Steinbock. Die Gefühle werden durch die Neigung des Zeichens Krebs geweckt, Empfänglichkeit zu erzeugen z. B. für den Nahrungstrieb etc. Die Seite der Leidenschaften wird durch den Skorpion angeregt, und die Reaktion auf Überheblichkeit ist Depression oder Furcht usw.

Zeichnung 15

Dieser Stern bezieht sich auf den Stern der Individualität. Hier wird die unbestimmte Individualität selbstzentriert. Es kräftigt

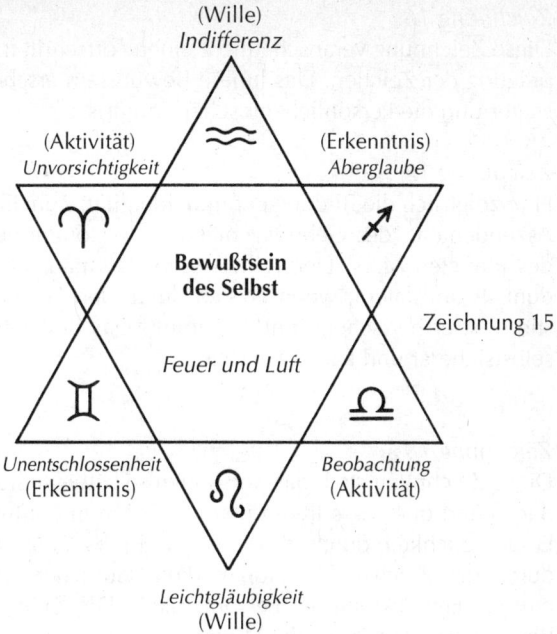

(Wille)
Indifferenz

(Aktivität)
Unvorsichtigkeit

(Erkenntnis)
Aberglaube

**Bewußtsein
des Selbst**

Feuer und Luft

Zeichnung 15

Unentschlossenheit
(Erkenntnis)

Beobachtung
(Aktivität)

Leichtgläubigkeit
(Wille)

sich der Begriff des »Ichs« entweder durch die Impulsivität des Widders oder durch die Beobachtungsgabe des Löwen – es kann aber auch auf dem Weg des Aberglaubens durch den Schütze-Einfluß oder durch die Unschlüssigkeit der Zwillinge geschehen. Die Willensstärke von Löwe und Wassermann wird wahrscheinlich latent bleiben, und statt dessen kann Leichtgläubigkeit eintreten: Die Individualität wird darin untergehen und Persönlichkeitsstrebungen im Vordergrund stehen.

Im Bereich der Persönlichkeit wird das aufgehende Zeichen den ausgeprägtesten Einfluß haben und (soweit es den Charakter betrifft) werden die anderen Zeichen latent bleiben. Seine Polarität findet der Aszendent im Mond, dem Sitz des instinktiven Bewußtseins. Die Individualität wird mehr oder weniger durch den Geburtsgebieter repräsentiert.

Zeichnung 16
Diese Zeichnung veranschaulicht einen Fortschritt in der Ausprägung der Zeichen. Das lunare Bewußtsein erscheint gefestigter und die Persönlichkeit schärfer umrissen.

Zeichnung 17
Hier zeigt sich die Bildung der Individualität. Zum Einfluß des Aszendenten, des Geburtsgebieters usw. kommt der Einfluß des Planeten Mars. Der Wille des Wassermanns bleibt verdunkelt und latent; wenn er sich durch den Löwen manifestiert, ist er herrschend und bestimmt. Das Bewußtsein wird selbstsicherer und kampfeslustiger.

Zeichnung 18
Diese Zeichnung stellt das persönlich selbstbewußte Stadium dar. Mond und Mars treten betont mit ihrem Einfluß hervor; Empfänglichkeit durch das Zeichen Krebs und Zuneigung durch das Zeichen Skorpion wirken deutlicher mit zunehmender Entwicklung der Persönlichkeit. Die Krönung dieses Bewußtseinsstandes ist der Ehrgeiz.

Zeichnung 19
Die in diesem Stern dargestellte Individualitätsentwicklung zeigt einen aktiven Einfluß von jedem der positiven Zeichen. Der Wille beginnt durch Ausdauer zu wirken; durch den wachsenden Einfluß Saturns in Verbindung mit dem des Geburtsgebieters, des Mondes und Mars usw. erwacht das individuelle Bewußtsein. Die Handlungen werden noch von Impulsen bestimmt, aber Beobachtung und Bildsamkeit beeinflussen sie schon bis zu einem gewissen Grade.

Zeichnung 20
Hier haben wir eine Darstellung der entwickelten Persönlichkeit, in der durch die Zuneigung der Venuseinfluß im engeren Sinne sehr spürbar wird. Die Erkenntnis nimmt die Form der Analyse an, die zur Urteilsfähigkeit führen kann. Die Krönung

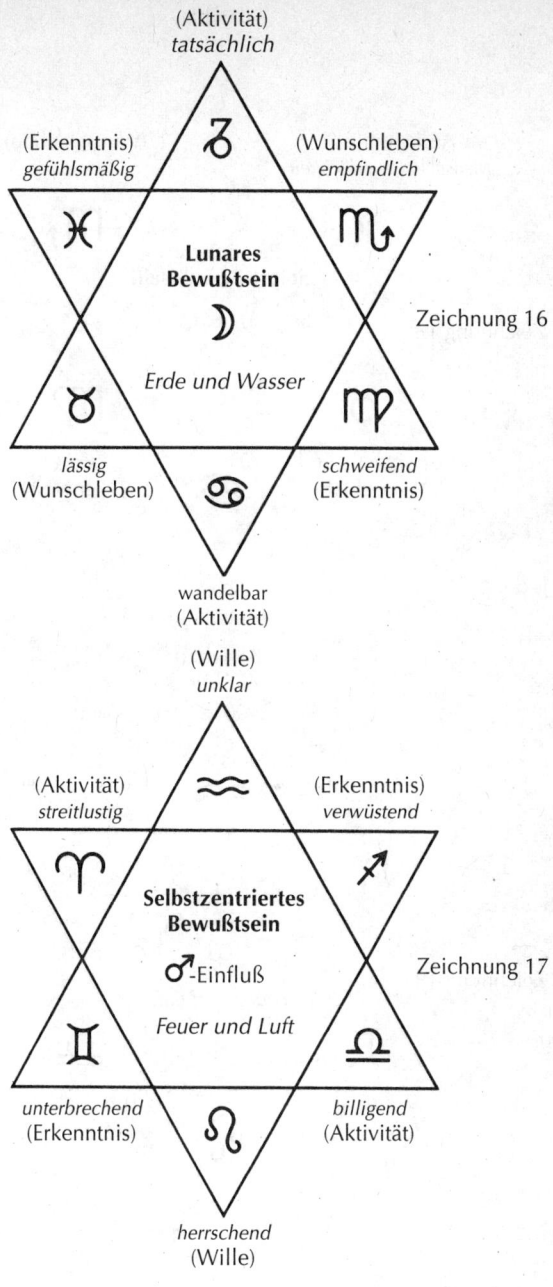

(Aktivität)
tatsächlich

(Erkenntnis)   (Wunschleben)
gefühlsmäßig   *empfindlich*

Lunares Bewußtsein

Erde und Wasser

Zeichnung 16

lässig   *schweifend*
(Wunschleben)   (Erkenntnis)

wandelbar
(Aktivität)

(Wille)
unklar

(Aktivität)   (Erkenntnis)
streitlustig   *verwüstend*

Selbstzentriertes Bewußtsein

♂-Einfluß

Feuer und Luft

Zeichnung 17

unterbrechend   *billigend*
(Erkenntnis)   (Aktivität)

herrschend
(Wille)

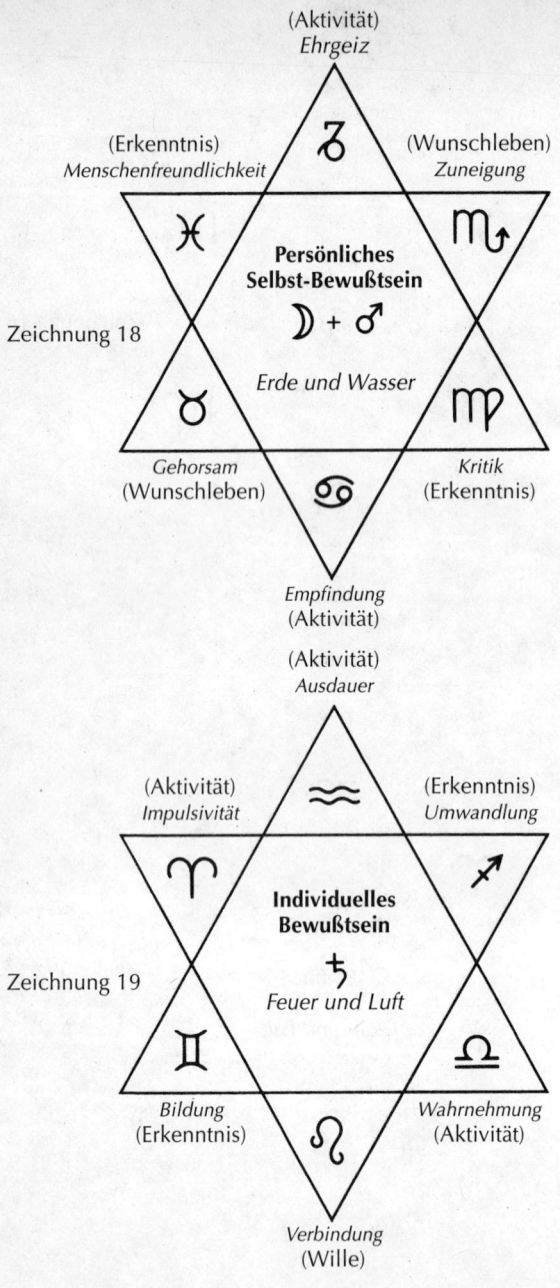

des Handelns kommt in Takt oder Geschmack, in Diplomatie oder größerer Geschicklichkeit zum Ausdruck. Diese Entwicklung bildet das Stadium des persönlichen menschlichen Bewußtseins.

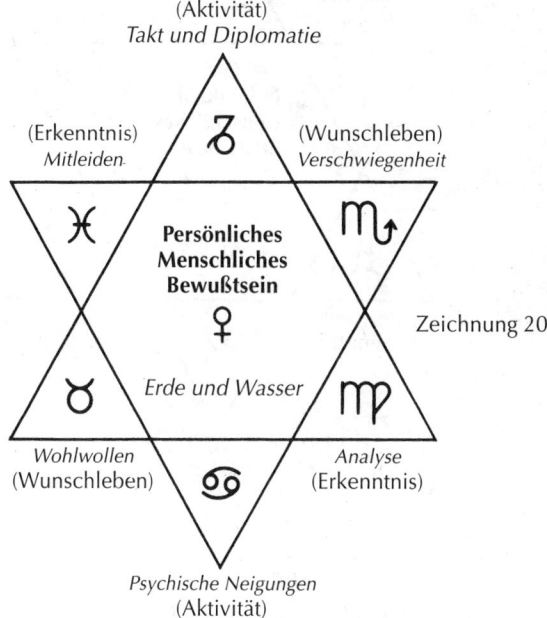

(Aktivität)
Takt und Diplomatie

(Erkenntnis)
Mitleiden

(Wunschleben)
Verschwiegenheit

Persönliches Menschliches Bewußtsein

Zeichnung 20

Erde und Wasser

Wohlwollen
(Wunschleben)

Analyse
(Erkenntnis)

Psychische Neigungen
(Aktivität)

Zeichnung 21

Hier ist die Verfassung einer entwickelten Individualität dargestellt. Sonne und Saturn teilen sich in den Einfluß auf die Nativität. Vertrauen sowie Individualismus sind darum die Formen, in denen sich der Wille äußert. Durch Intuition und klaren Einblick erwacht das individuelle menschliche Bewußtsein. Vernunft und Einsicht werden wirksam. Das Individuelle äußert sich als eine höhere Oktave der Persönlichkeit. Das Wunschleben weicht dem Willen, und die Erkenntnisse sind abstrakter und subtiler. Das Handeln entspricht der Pflicht und ist von tieferem Verständnis für den Wert der Verantwortung getragen.

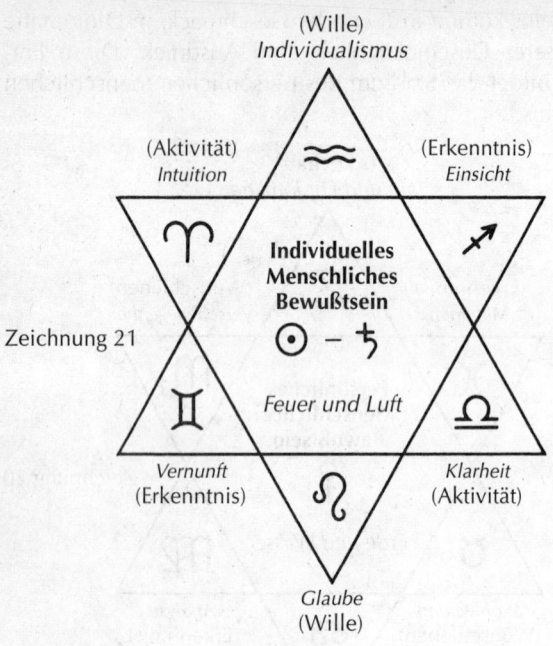

Zeichnung 21

(Wille)
Individualismus

(Aktivität)   (Erkenntnis)
Intuition   *Einsicht*

**Individuelles
Menschliches
Bewußtsein**

☉ – ♄

Feuer und Luft

Vernunft   *Klarheit*
(Erkenntnis)   (Aktivität)

Glaube
(Wille)

Nunmehr gehen die Sterne vom sechs- zum fünfstrahligen Stern oder Fünfeck über. Im Fünfeck wird eines der Zeichen übergangen, die Gegensatzpaare bestehen nicht mehr; anstelle der Polarität tritt die Einpoligkeit. Es kann das Zeichen Krebs oder jedes andere Zeichen wegfallen, aber jedes Zeichen sammelt sich dann im Zentrum, und seine Eigenschaften gehen auf das polare Zeichen über, bis letztlich auf der persönlichen Seite des Fünfecks nur noch drei wirksam sind. Dasselbe gilt für die individuelle Seite. Ein Zeichen nach dem anderen fällt weg. Die Synthese kann bei Löwe, Widder oder Schütze beginnen; auf jeden Fall bleiben zuletzt nur noch drei Zeichen übrig, die das Dreieck der wahren Menschenmonade bilden. Diese Umformung der Zeichen beginnt jedoch erst, wenn das Ich-Bewußtsein über die Wandlungen im Körper erhaben ist; denn dann ist der physische Körper das vollendet brauchbare Instrument geworden; statt der Triebkonflikte und des dauernden Schwankens der Ansichten steht das Ich jetzt in Harmonie mit seinen Körpern. In diesem Sinne wird die zeugende Kraft des Zeichens Skorpion umgeformt in die schöpferische Kraft des Stiers.

Zeichnung 22
In dieser Zeichnung ist der Krebs weggefallen. Er tritt nicht mehr als wechselnde Empfänglichkeit der persönlichen Gefühle auf, sondern wandelt sich in den wahren Dienst, der im Zeichen Steinbock verborgen liegt und nun als höchste Aktivität hervortritt. Fische und Jungfrau nehmen die Polarität von Erde und Wasser auf und bestimmen den Pfad, den die Persönlichkeit zu gehen hat, bis aus Kritik Wissen und aus Empfindung Frömmigkeit wird, die beide im individuellen Selbst aufgehen sollen.

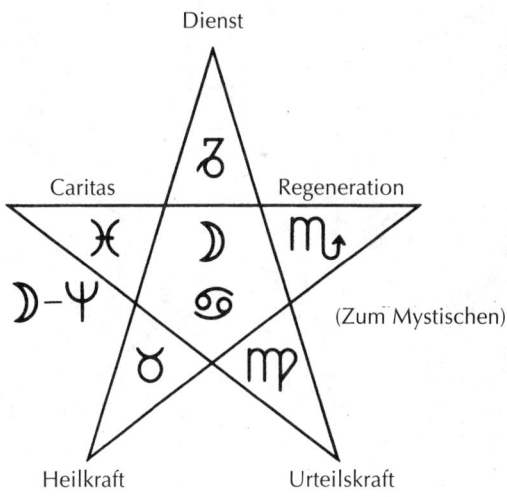

Zeichnung 22

Zeichnung 23

Individuell wird, wie in dieser Zeichnung veranschaulicht, der Glaube des Löwen zum Willen des Wassermann; der Ich-Begriff des Widders erweitert sich in der Waage, und die Einsicht des Schützen geht in der reinen Vernunft der entfalteten Zwillinge auf. Wenn das Dreieck vollendet ist, können diejenigen, die den Pfad der Freiheit wandeln, intuitiv die Einheit des Lebens sehen. Sie sehen dann die drei Einflüsse in der einen Planetenschwingung aufgehen, die die befreite Seele mit dem Vaterstern im Himmel verbindet.

Wer sich nicht mit abstrakten Begriffen befaßt, sondern praktische Darlegung der Symbolik vorzieht, kommt zu seinem Recht, wenn wir in Kapitel XVIII und XIX einige Horoskope bekannter Menschen betrachten.

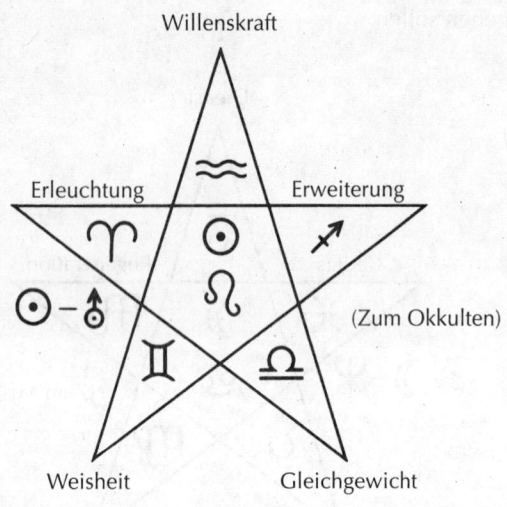

Zeichnung 23

228

Wer weitere Aufklärung über die Symbole und das Arbeiten der Esoterischen Astrologie sucht, sollte folgende Fragen und Antworten beachten:

Was sind die Häusereinteilungen eines Horoskops als abstrakter Begriff?
Antwort: *Die Schranken des Raumes.*

Was sind im abstrakten Sinne die zwölf Tierkreiszeichen?
Antwort: *Die Schranken der Zeit.*

Was bedeutet der Planeteneinfluß?
Antwort: *Kausalität.*

Wie beginnt man diese drei Täuschungen zu überwinden?
Antwort: *Durch Meditation, bestimmtes abstraktes Denken oder Fühlen.*

Von wem kann man sagen, daß er seine Sterne beherrscht?
Antwort: *Der, der nicht mehr den drei großen Täuschungen von Raum, Zeit und Kausalität unterliegt.*

Wer ist das?
Antwort: *Der im Ewigen lebt.*

XVIII Beispiele Esoterischer Astrologie

Geist ist die Wurzel der Individualität jeder Art und jeden Grades, der untermenschlichen wie der übermenschlichen – denn es gibt auch außerhalb des Menschen Individualität. Ein Selbst ist eine Individualität, die Wurzel des »Ichs« liegt in der Bewußtseinseinheit, auch wenn dieses Ich nicht zur Selbsterkenntnis durchgedrungen ist.
»Einführung in die Wissenschaft vom Frieden«

Esoterische Gegensätze

Die Horoskope von Annie Besant und der Königin Wilhelmine von Holland weisen eine merkwürdige Ähnlichkeit auf (Horoskope S. 232 und S. 233). Erstere hat den Stern der Individualität stark betont; bei letzterer ist der Stern der Persönlichkeit stärker. Aber bei beiden ist die Horizontlinie, die der Individualität, betont. Im Temperament findet sich jedoch ein tiefgehender Unterschied. Im Fall von Annie Besant herrscht der Einfluß kardinal/Luft vor; bei Königin Wilhelmine ist veränderlich/Erde stärker, wozu ein starker sekundärer Einfluß durch die Eckhäuserplaneten kommt; die Zeichen an den Eckhäusern sind allerdings veränderlich. In dem einen Falle ist der Lehrer nach Stand und Geburt ein Herrscher – im anderen ist der Herrscher kosmisch ein Lehrer. Die aufsteigende Stellung des Uranus in Besants Horoskop hat ihre Entsprechung in der Sonne/Uranus-Konjunktion im Eckhaus der Königin. Beide haben den Mond, den Herrn des persönlichen Sterns, im Zeichen Krebs, aber bei A. Besant steht er in Konjunktion mit Jupiter, während der Mond im Horoskop der Königin im Quadrat zu Jupiter und Saturn steht.

Die Königin besitzt weltliche, A. Besant spirituelle Macht. Die physischen Neigungen weichen voneinander ab, was ihre Anwendung betrifft, aber beide zeigen Aktivität: hier physisch, dort mental. Im Horoskop der Königin steht der Herr des Mediums Coeli im 1. Eckhaus, im kardinalen Zeichen Widder auf. In Besants Horoskop steht dieser Herr des irdischen Ruhms und der Auszeichnung im fallenden 12. Haus in den Fischen. Weiter ist bedeutsam, daß die positiven und die negativen Zeichen in denselben Häusern beider Horoskope herrschen, wobei aber ihre Herrn in positiven und negativen Zeichen stets umgekehrt stehen. In jedem Fall zeigt das stärkste Zeichen den Einfluß des Geburtsgebieters – aber wieder umgekehrt. Im Horoskop der Königin ist Jungfrau das stärkste Zeichen – veränderlich/Erde; sein Herr Merkur steht im fixen, königlichen Zeichen Löwe, aber in einem fallenden Hause und daher beträchtlich gehemmt. In Besants Horoskop ist Waage das stärkste Zeichen; sein Herr, die Venus, steht im Eckhaus im kardinalen Luftzeichen, also in gewissem Sinne frei von Hemmungen.

Könnten wir den Stern der Persönlichkeit im Horoskop der Königin genau deuten, so fänden wir in Merkur den vorherrschenden Einfluß und die äußere Darstellung des Pfades, auf dem sie im gegenwärtigen Leben individuelles Bewußtsein erreichen kann. Der Stern der Persönlichkeit ist Jupiter; individuell ist es Merkur. Wer hier esoterisch studieren will, wie Wandlungen aus einer Schwingung in die andere, aus einer Entwicklungsart in die andere vor sich gehen, wird in der Nativität der Königin sehen, daß der veränderliche Erde-Einfluß durch die Eckhausstellungen in einen kardinalen Erde-Einfluß gewandelt werden kann, also in praktische statt geistiger Aktivität. Wer die Völkergeschichte studiert, erkennt, wie gut sich dieses Horoskop auf die Geschicke des Landes anwenden läßt, über das Königin Wilhelmine herrscht. Persönlich ist sie voller Sensitivität, weiß den Wert des Gehorsams zu schätzen und lebt in einer Welt der Analyse, die in Glaube und Urteilskraft mündet. In Besants Horoskop finden wir ebenfalls Sensitivität, verbunden mit Mitgefühl, wahren Gehorsam und Läuterung der Empfindungen, die in klare Beobachtung übergeht.

ANNIE BESANT

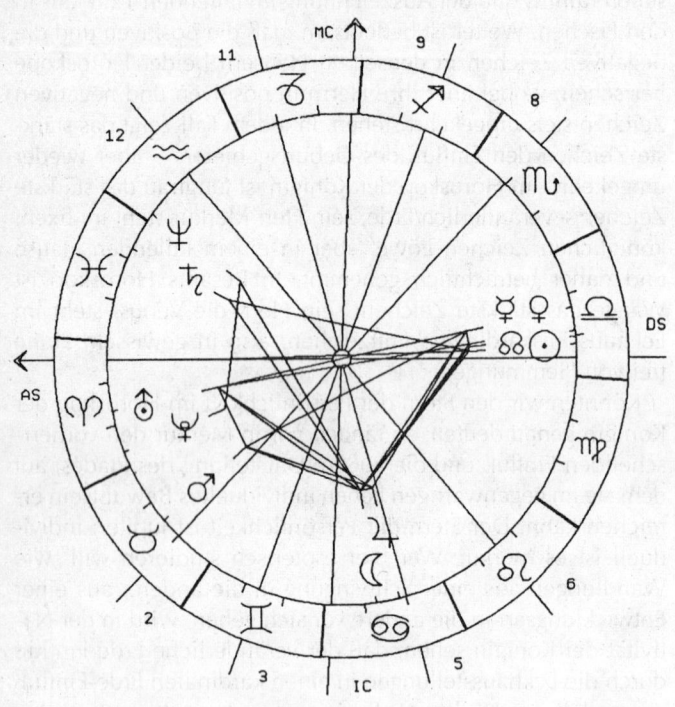

Radix

			☉	☽	☿	♀	♂	♃	♄	⚷	♅	♆	☊	AS	Mc
☉	♎	7 54	☉												
☽	♋	12 52	□	☽											
☿	♎	16 40		□	☿										
♀	♎	11 1 ɾ	♂	□	♂	♀									
♂	♉	15 13 ɾ		*	⊼		♂								
♃	♋	18 25		♂	□		*	♃							
♄	♓	7 23 ɾ	⊼	△				♂	♄						
⚷	♍	16 33 ɾ		□	♂	♂	⚼	□		⚷					
♅	♒	27 59 ɾ		⯍							♅				
♆	♈	26 21 ɾ								*		♆			
☊	♎	9 45 ɾ	♂	□		♂							☊		
AS	♍	4 34												♂	
Mc	♐	1 45													

Datum : 1.10.1847
Zeit : 17h 29m
Zone : GMT
Länge : 0W 10'
Breite : 51N 30'

Häusersystem Placidus

232

WILHELMINE VON HOLLAND

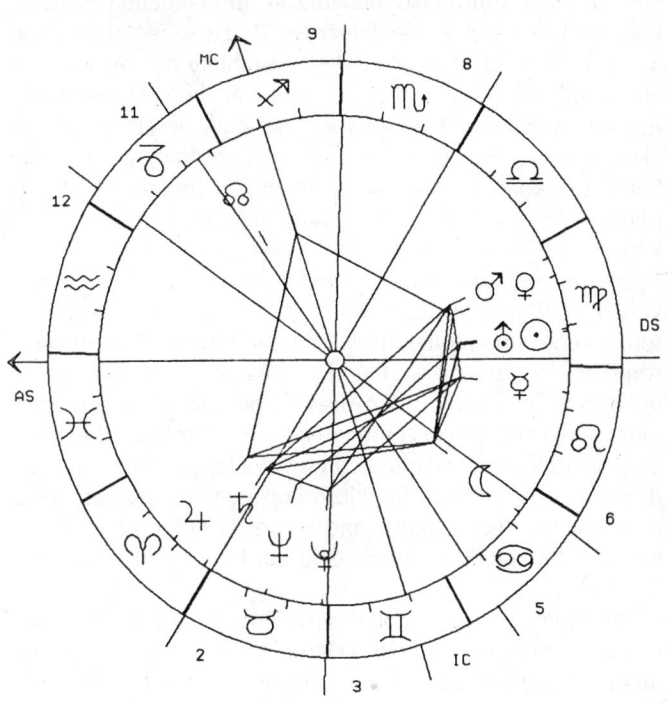

Radix

☉	♏	8	40	☉									
☾	⊗	23	8	∠	☾								
☿	♌	23	50		⚹	☿							
♀	♏	22	3		⚹	⚹	♀						
♂	♏	26	23		⚹		☌	♂					
♃	♈	18	47	⚊		□	△		♃				
♄	♈	28	22	⚊		□	△		⚹	♄			
⊕	♏	9	22		⚹	∠					⊕		
♅	♉	14	17	⚊	△							♅	
♆	♉	28	22	⚊			□		△		⚹		♆
☊	♉	3	5	⚊										☊
AS	♓	1	57										
MC	♐	19	4					□		△			

Datum : 31. 8.1880
Zeit : 18h 14m
Zone : GMT
Länge : 4E 18' 30"
Breite : 52N 4' 42"

Häusersystem Placidus

233

Wechsel der Sterne

Der Wechsel vom persönlichen zum individuellen Stern ist klar im Horoskop König Eduards VII. zu sehen (Horoskop S. 236). Als er den Thron bestieg, leuchtete der persönliche Stern hell auf; stark empfand er offenbar die Verantwortlichkeit für den Staat. Dadurch stieg das stark besetzte Zeichen Skorpion an die Spitze der Nativität, verdrängte völlig die Sonne im Skorpion, und so konnte sich der Einfluß des Saturns und des Mars völlig in seiner aufsteigenden Bedeutung auswirken.

Das Bindeglied zwischen dem Persönlichen und dem Individuellen bildete das Venus/Mars-Quadrat und das Sextil zwischen Venus und Jupiter. In dem Prinzen lebten sich alle persönlichen Wirkungen des Quadrataspektes aus, im König kam der ganze Sextileinfluß zur Auswirkung. Das Uranus/Jupiter-Quadrat war ein großes Problem für viele Forscher, die hinter den oberflächlichen Einfluß dieses wichtigen Quadrates zu dringen suchten. Wer das Horoskop genauer studiert, wird aber Sonne Trigon Uranus und Jupiter Quadrat Uranus verbinden. Bei beiden Aspekten geht der Haupteinfluß von den Fischen aus.

Der Mond verließ gerade das persönliche Zeichen Jungfrau und trat in das individuelle Zeichen Waage ein, das Zeichen innerer Wahrnehmung und des Gleichgewichts – eine sehr bedeutsame Stellung. Die Stellung des Mondes im Zeichen Jungfrau an der Spitze des 9. Hauses, dem Haus des höheren Denkens, war kritisch, da er sich von der Opposition zu Uranus und dem Quadrat zu Jupiter entfernte und auf das Sextil zu Merkur im neunten Zeichen Schütze zulief. Das Erddreieck war in allen drei Zeichen oder Dekanaten durch Saturn, Mars und Mond besetzt:

Saturn: im Steinbock im Steinbock-Dekanat.
Mars: im Steinbock im Stier-Dekanat.
Mond: in der Jungfrau im Stier-Dekanat.

Offenbar lernte der König in den zehn Jahren seiner Macht und Verantwortung mehr als in seinem ganzen vorherigen Leben. Das aufgehende Zeichen war Schütze unter Betonung des Löwe-Dekanats – das Zeichen der eintauchenden Individualität. Der König *lebte* das Pflichtideal als König.

EDUARD VII

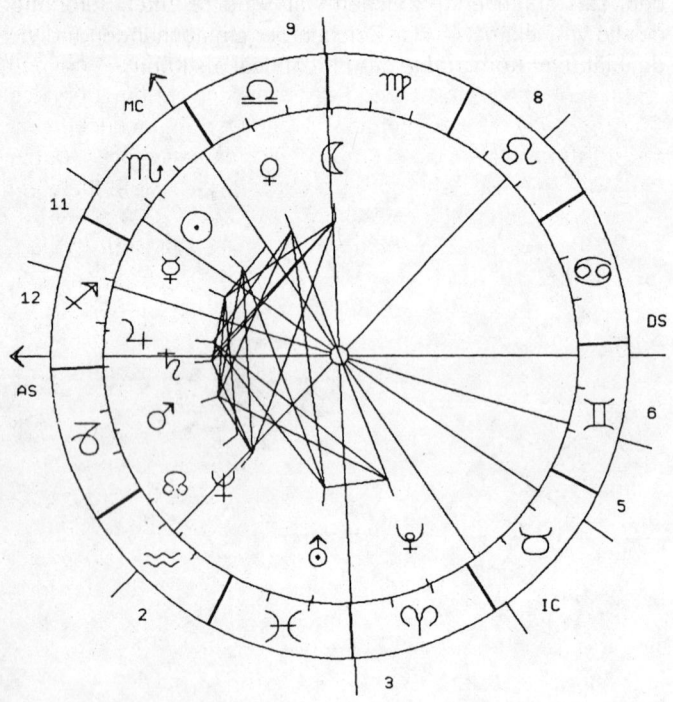

Radix

☉	♏	16	55	☉										
☽	♈	29	26		☽									
☿	♐	1	43 r		*	☿								
♀	♎	19	14				♀							
♂	♑	15	13	*		∠	□	♂						
♃	♐	21	28					*	♃					
♄	♑	0	5	∠	□	⚹				♄				
⚷	♓	20	35 r	△			⚹		□		⚷			
♅	♒	14	20	□	⚺		△	⚹		∠		♅		
♆	♈	19	34 r				☍	□	△		⚹		♆	
☊	♒	3	43 r			*								☊
⚷	♐	27	28			□						σ		
⌂	♏	2	28			⚺								

Datum : 9.11.1841
Zeit : 10h 48m
Zone : GMT
Länge : 0W 10'
Breite : 51N 30'

Häusersystem Placidus

236

Eine gefesselte Seele

Es ist sehr selten, daß man die Sinne eines Menschen vollkommen gelähmt findet. Darum muß die Nativität des Grafen von Arundel und Surrey (Horoskop S. 238) vom persönlichen wie vom individuellen Standpunkt aus jeden fesseln, der nach den Ursachen der Geschehnisse sucht. Der unglückliche Graf wurde taub, stumm, blind und schwachsinnig geboren. Außer bei Neptun, dem transzendenten Planeten, besteht nicht ein einzig guter Aspekt im Horoskop.

Studiert man den persönlichen Stern der Nativität, so kann man symbolisch die physischen Ursachen erkennen. Der Stern liegt umgekehrt, da der Steinbock an der Nordspitze steht; der Einfluß der Lichter konvergiert darin, mit Mars zwischen ihnen, in den Stier- und Jungfrau-Dekanaten. Saturn, der Stern der Persönlichkeitsspitze oder die Brücke, stand untergehend und im Fall, rückläufig und in Opposition zu Venus als Geburtsgebieter. Venus ist der eigentliche Planet des Denkens, das intellektuelle Prinzip im Menschen. Hier war Venus rückläufig und verfügte über kein Bindeglied zu irgendeinem Planeten. Ihr Einfluß war durch die Uranus-Parallele in der Jungfrau und Jupiter im Eineinhalbquadrat zu Mars und Mond völlig gelähmt. Jupiter in den Fischen war rückläufig und stand in Opposition zu Sonne und Uranus in der Jungfrau. Außer den vielen anderen Verletzungen stand die Sonne in genauem Quinkunx zu Saturn, der im Löwe-Dekanat des Widders unterging. Die Wasser-Zeichen dieses Horoskops mischten sich nicht gut mit den Erd-Zeichen. Auch die Affinität zwischen den Feuer- und Luftzeichen war ernstlich gestört durch Merkur im Widder-Dekanat des Löwen im Eineinhalbquadrat zu Saturn. Die Disharmonie zwischen dem Individuellen und dem Persönlichen ist in diesem Horoskop ganz extrem.

GRAF ARUNDEL

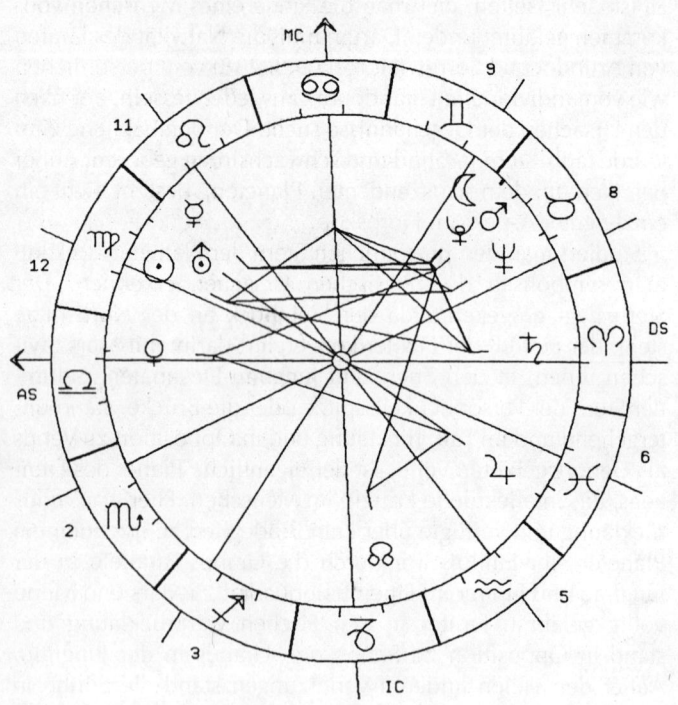

Radix

☉	♍	14	18	☉										
☽	♉	27	52		☽									
☿	♌	26	44		□	☿								
♀	♎	8	8 r				♀							
♂	♉	23	8		♂	□	⚹	♂						
♃	♓	6	59 r					⚻	♃					
♄	♈	14	11 r		⚻	∠			♂	♄				
⚷	♍	5	15						♂		⚷			
♅	♉	11	56 r	△						♂		♅		
♆	♉	27	25 r		♂	□		♂		∠		♆		
☊	♑	22	7 r					△	∠				☊	
AS	♎	10	17					♂						
☾	⊗	13	19	⚹	∠					□		⚹		

Datum : 7. 9.1879
Zeit : 7h 56m
Zone : GMT
Länge : 0W 33'
Breite : 50N 48'

Häusersystem Placidus

238

Ein ähnlicher Fall

Ein anderer Fall, der dem des Grafen von Arundel ähnelt, aber in der Wirkung abweicht, wird denen mehr liegen, die das Praktische dem Metaphysischen vorziehen.

Hier erfolgte der Tod durch Gehirnwassersucht. Wir finden Saturn aufsteigend, nicht untergehend (Horoskop S. 240). Seine Stellung am Aszendenten ist eine exakte Opposition zu dem untergehenden Mond. Die Verletzungen sind nicht so ernst, aber die Stellungen sind genauso disharmonisch. Uranus steht im Quadrat zu Jupiter vom 1. ins 10. Eckhaus. Der Gebieter Mars steht im Quinkunx zum Aszendenten, im Quadrat zur Sonne und Parallele zum Mond. Das Horoskop ist völlig persönlich, die individualisierenden Einflüsse äußerst schwach. Es ist das Horoskop eines jungen Ichs, in dem die Geduld noch nicht keimte und die Vergangenheit wohl wenig Verdienst aufwies. Zum Steinbock-Element der Erdzeichen fehlt die Verbindung; nur Stier und Jungfrau sind in Zeichen oder Dekanaten der Erddreiheit vertreten. Auch in diesem Falle mischten sich Wasser- und Erdelemente nicht befriedigend. Der Astralkörper und der physische Körper standen nicht in Einklang. Wieder steht hier das Zeichen an der Spitze des Sterns an der Nordecke. Die Umkehrung des Spitzenzeichens, sei es des persönlichen oder des individuellen Sterns, mag das schwierige Leben begründen, das Waage- und Skorpion-Geborene oft zu leben haben.

Das Kind wurde geboren am 29. August 1896, 11.10 Uhr (GMT). Es starb am 27. Januar 1897, lebte also nur 5 Monate. Diese Zeit genügte dem Mond, in Sekundärdirektion über die Opposition des aufsteigenden Uranus zu laufen.

GEHIRNWASSERSUCHT

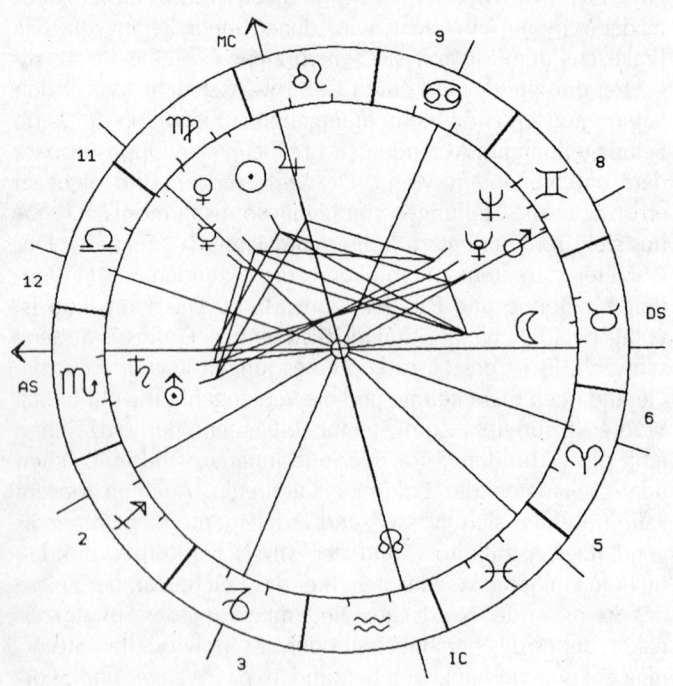

Radix

					☉	☽	☿	♀	♂	♃	♄	⚷	♅	♆	☊	AS	☋
☉	♍	6	35	☉													
☽	♉	14	30	△	☽												
☿	♍	29	27	⚼	⚼	☿											
♀	♍	20	34	△		△	♀										
♂	♊	7	44	□				♂									
♃	♌	23	46						♃							
♄	♏	14	8	☍		∠				♄						
⚷	♏	20	52				*		□		⚷					
♅	♊	20	9				□		*		⚹	♅				
♆	♊	13	41				⚼			⚹			♆			
☊	♒	23	44 r						☍					☊		
AS	♏	8	34	*						⚹					AS	
☋	♌	23	35						☌							☋

Datum	:	29. 8.1896
Zeit	:	11h 19m
Zone	:	GMT
Länge	:	2W 0'
Breite	:	52N 49'

Häusersystem Placidus

240

Manifestation der Luftdreiheit

Bei der Geburt von Lord Tennyson (Horoskop S. 242) ging das Zeichen Zwillinge auf, und durch die Stellung der Venus in den Zwillingen wurde das Wassermann-Dekanat der Zwillinge betont. Der Mond stand im zweiten, im Waage-Dekanat der Zwillinge, dem Haus der Venus. Daher konnte sich durch den Aszendenten, den Mond in der zweiten und die Venus in der dritten Dekade die ganze Luft-Triplizität offenbaren. Der »Poeta Laureatus« brachte den veränderlichen Eindruck seines individuellen Sterns voll zum Ausdruck, und seine Nativität zeigt Harmonie zwischen der inneren und äußeren Natur. Der Geburtsgebieter Merkur gab durch seine Stellung im kardinalen Zeichen Krebs die nötige Aktivität, um seine Anlagen auszudrücken, und das 3. Haus verlieh ihm besondere Fähigkeit zu schriftstellerischem Ausdruck. Die Persönlichkeit war psychisch und sensitiv genug, um auf individuelles Leben zu reagieren, und die Umgebung war günstig, so daß persönliche und individuelle Charakteristika in Harmonie standen.

Das Dreieck dieses Horoskops ist vom Wassermann an der Spitze des 10. Hauses zum Aszendenten Zwillinge und von da zum 5. Haus zu ziehen, das in der Hauptsache der Waage unterstellt ist. Darein ist die Feuerdreiheit verflochten, von Löwe an der Spitze des 4. Hauses, zum 7. und 11. Haus, die Sonne, Neptun und Jupiter einschließt. Zeichnet man die Sonne mit dem Zeichen Löwe in die Mitte, so bildet sich das Fünfeck veränderlich/Luft. Wer über die Symbolik dieses Horoskops meditiert, wird seine Deutung finden – das Ideal eines universellen Lebens.

LORD TENNYSON

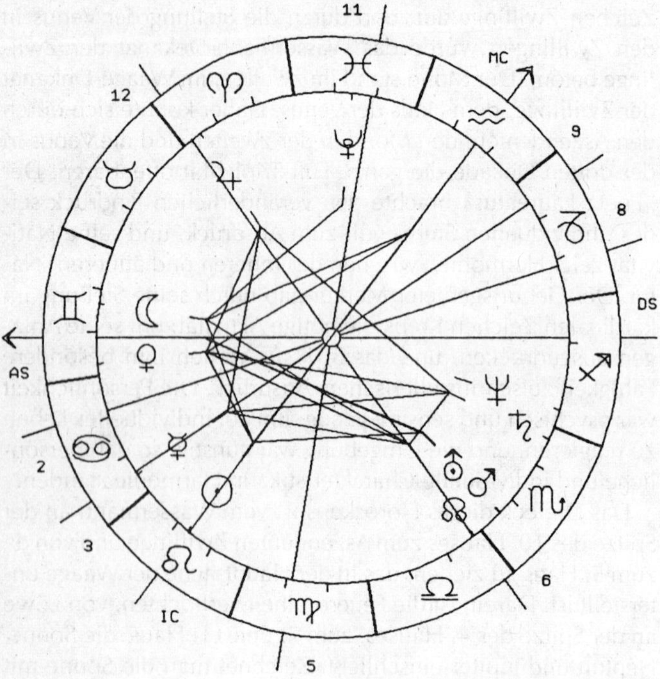

Radix

					☉	☽	☿	♀	♂	♃	♄	♅	♆	♇	☊
☉	♌	13	3		☉										
☽	♊	13	23		✱	☽									
☿	♋	25	11				☿								
♀	♊	27	25		∠			♀							
♂	♏	5	58		□				♂						
♃	♈	24	59				□	✱		♃					
♄	♏	26	53				△	⚻		⚻	♄				
♅	♏	5	44						☌			♅			
♆	♐	4	7	r									♆		
♇	♓	15	44	r		□								♇	
☊	♎	27	42	r		Q	□	△			⚺				☊
AS	♊	21	16						Q			Q			
MC	♒	13	32		☍	△		Q							

Datum : 6. 8.1809
Zeil : 0h 9m
Zone : GMT
Länge : 0W 22'
Breite : 52N 55'

Häusersystem Placidus

Liebe, Zuneigung und Empfindung

In Lady Isabel Burtons Nativität (Horoskop S. 244) waren die individuellen Züge gut ausgeprägt. Das befähigte sie anscheinend, das, was sonst Hemmungen der Persönlichkeit gewesen wäre, durch Liebe und Zuneigung zu überwinden. Die Wasser- und Erd-Besetzungen des persönlichen Sterns suchen immer zu binden und die Seele in der Form zu halten, während die Feuer- und Luftzeichen des individuellen Sterns den Abfall der Natur verbrennen und die Kristallisationen der niederen Formen auflösen.

Für das Studium der Liebesempfindung liefert diese Nativität viel Material. Die Persönlichkeit im Astralkörper zeigt ein tiefes Empfindungsleben, in dem Empfänglichkeit und Zuneigung reich zur Erweiterung des individuellen Zentrums beitragen. Hier liegt alles günstig für die Ausbreitung des Kausalkörpers durch die Uranus/Jupiter-Konjunktion im 10. Haus und an der Spitze des individuellen Luftdreiecks. Das ganze Luftdreieck wird von vier starken Einflüssen prachtvoll betont. Die Spitze des individuellen Sterns, bereichert durch Jupiter und Uranus, führt weiter zum Aszendenten in den Zwillingen, der von Mars verstärkt wird. Der Einfluß des Zwillinge-Aszendenten setzt sich fort in der Waage (dem zweiten Dekanat der Zwillinge), und der Mond rundet den Dreieckseinfluß durch seine Stellung im Wassermann-Dekanat der Zwillinge ab. Das ist ein nahezu vollkommener Ausdruck der Luftdreiheit durch die Verbindung mit dem Medium Coeli und dem Aszendenten des persönlichen Horoskops. Esoterisch gesprochen ist es eine Vereinigung des individuellen mit dem Persönlichen durch Merkur als Geburtsgebieter in den Fischen, der die Saite der Hingabe durch die veränderlichen Zeichen anschlägt. Dieses Horoskop würde die Sternzeichnungen 21 und 22 in eins fassen.

LADY ISABEL BURTON

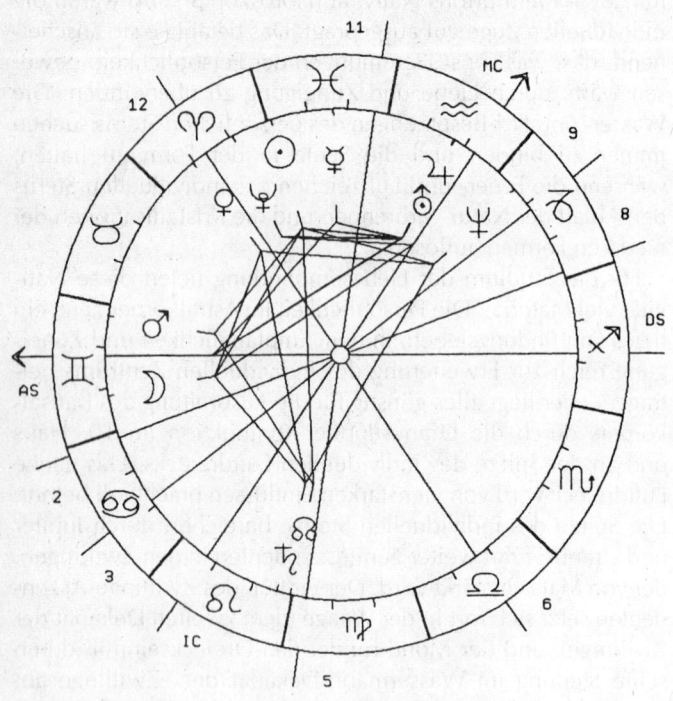

Radix

				⊙	☽	☿	♀	♂	♃	♄	⚷	♅	♆	☊	AS
⊙	♓	29	2	⊙											
☽	♊	21	38	□	☽										
☿	♓	13	35			☿									
♀	♈	20	23			*	♀								
♂	♊	2	36	*				♂							
♃	≈	12	59	∠		⚹			♃						
♄	≈	26	8 r	*		⚹	△			♄					
⚷	≈	13	3	∠		⚹			σ		⚷				
♅	♑	24	36	*			□			π		♅			
♆	♈	9	1								*	*	♆		
☊	♌	29	33 r	π				□						☊	
AS	♊	12	13				□			△			△		AS
π	≈	7	19		⚼										*

Datum : 20. 3.1831
Zeit : 8h 51m
Zone : GMT
Länge : 0W 10'
Breite : 51N 30'

Häusersystem Placidus

Ein Vergleich von Staatsmännern

W. E. Gladstone war ein anerkannt großer und tüchtiger Staatsmann, der einen großen Teil seines Lebens dem Dienst für seine Nation opferte (Horoskop S. 246). Der persönliche Stern in seinem Horoskop zeigt, wie dieser Staatsdienst sich in seinem Leben auswirkte. An der Spitze des persönlichen Dreiecks, die im Zeichen Steinbock lag, standen Sonne und Merkur und brachten das irdische Dreieck als Ganzes zur Entwicklung: durch die Sonne im zweiten (Stier-)Dekanat des Steinbocks und durch Merkur, der im dritten (Jungfrau-)Dekanat dieses Erdzeichens aufstieg. Nach der esoterischen Deutung stehen Anpassungsfähigkeit und individuelles Bemühen im Vordergrund. Anscheinend lernte er durch den im Skorpion dominierenden Uranus schweigen. Die mißglückte Einführung der »Home Rule Bill«, für die er sich einsetzte, muß für sein persönliches Bewußtsein ein bemerkenswertes Erlebnis gewesen sein. Sein herrschender Planet Saturn gab ihm offensichtlich viel Gelegenheit im aktiven öffentlichen Leben, persönliche Erfahrungen für die Individualität fruchtbar zu machen.

Aus der Stellung des Mondes in der Waage können wir astrologisch schließen, daß er in seiner öffentlichen Laufbahn einen guten Blick für Beziehungen und klare Einsicht in das Wesen der Menschen, wie es sich in nationalen Angelegenheiten äußert, brauchte und wohl auch erwarb. Gladstones Horoskop zeigt zwar starken Individualismus, aber zugleich sieht man, daß dieser hauptsächlich im Dienst für das Wohl der Nation eingesetzt wurde. Der Höhepunkt und die Enttäuschung dieses Individualismus, das Fehlschlagen von Hoffnungen und Freundschaften, ist durch das Quadrat des Mars aus dem Wassermann, dem Zeichen an der Spitze des individuellen Sterns, zu Uranus im Skorpion klar angezeigt. Es hat den Anschein, als ob Gladstone wie die Nation aus dem »Home Rule« Wichtiges gelernt hätten, ganz abgesehen von der Richtigkeit oder Unrichtigkeit des Gesetzes. Er war offenbar gerade der rechte Mann, um die spezielle Aufgabe zu übernehmen, zwischen Sozialismus und Individualismus die Mittellinie zu finden.

W. E. GLADSTONE

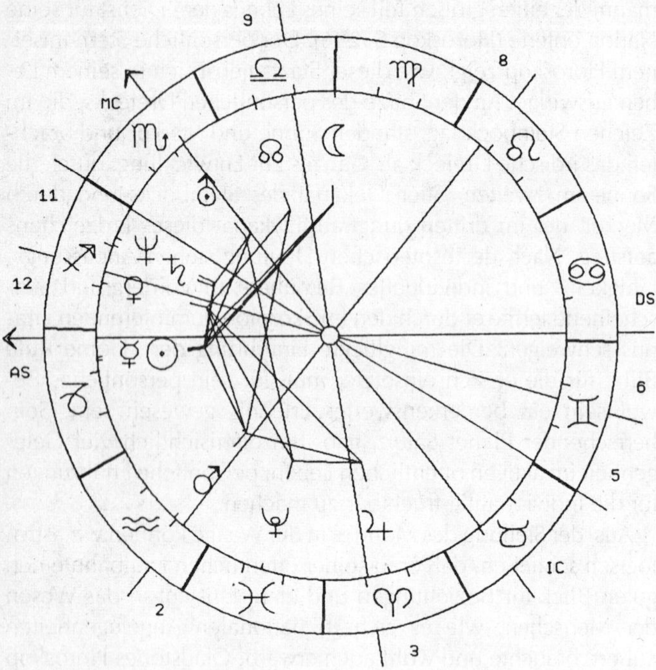

Radix

☉	♑	7	18		☉										
☽	♌	0	1		□	☽									
☿	♑	6	31		☌	□	☿								
♀	♐	18	56					♀							
♂	♒	19	32				∠	✱	♂						
♃	♈	15	46					△	✱	♃					
♄	♐	9	34								♄				
♅	♏	13	7									♅			
♆	♐	7	41		⚺		⚺				☌		♆		
♇	♓	14	14					□		⚺		△		♇	
☊	♌	20	0	r				✱	△						☊
AS	♑	1	57			□									
MC	♏	10	18		✱						⚺				

Datum	:	29.12.1809
Zeit	:	8h 13m
Zone	:	GMT
Länge	:	2W 44°
Breite	:	53N 25°

Häusersystem Placidus

Vergleichen wir das eben Gesagte mit dem Horoskop von George Sand (Horoskop S. 248), so sehen wir, daß dort die Stellung von Sonne und Uranus die Harmonie der Individualität stört und das persönliche Element betont. Dieses Horoskop ist eine seltsame Mischung, in dem das Geschick, das im persönlichen Stern liegt, die Folge von innerer Disharmonie zu sein scheint. Letztlich dient der Merkur-Einfluß als Bindeglied zwischen den Zwillingen und der Waage und bessert dadurch das Gleichgewicht zwischen persönlicher und der individueller Haltung. Das Quadrat zwischen Mars und Venus aus dem negativen Zeichen Stier in das positive Zeichen Löwe bezeichnet die Reibung zwischen den beiden Bewußtseinsebenen, die Mond im Widder in Opposition zu Jupiter (Herr des MC) unterstreicht. Das 7. Haus von George Sands Horoskop zeigt viel Karma oder Schicksal durch Ehe und Verbindungen, die die Zeichen Jungfrau und Waage am 7. Haus voll zur Entfaltung bringen. Saturn stellte die analytischen und kritischen Eigenschaften der Jungfrau heraus. Auch durch Merkur in den Zwillingen an der Spitze des 4. Hauses erwuchs schließlich die Urteilskraft, die Uranus in der Waage noch stützte – trotz der dauernden Störung des Quadrats zur Sonne. Die Quadrate von Mars/Venus und Sonne/Uranus riefen die verschiedensten Formen der Empfindungen hervor – bis zur Neigung zum künstlerischen Sinn des Ichs. Physische Verbindungen bringen Erlebnisse, die die sich individuell entwickelnde Seele nähren. Von den niedersten bis zu den höchsten Bindungen sind sie darauf abgestimmt, das persönliche oder das individuelle Leben zu stärken. Glücklich, wer in Familie oder Freunden wahre Einheit findet; glücklicher aber noch, wer sich mit dem Höheren Selbst vereint.

GEORGE SAND

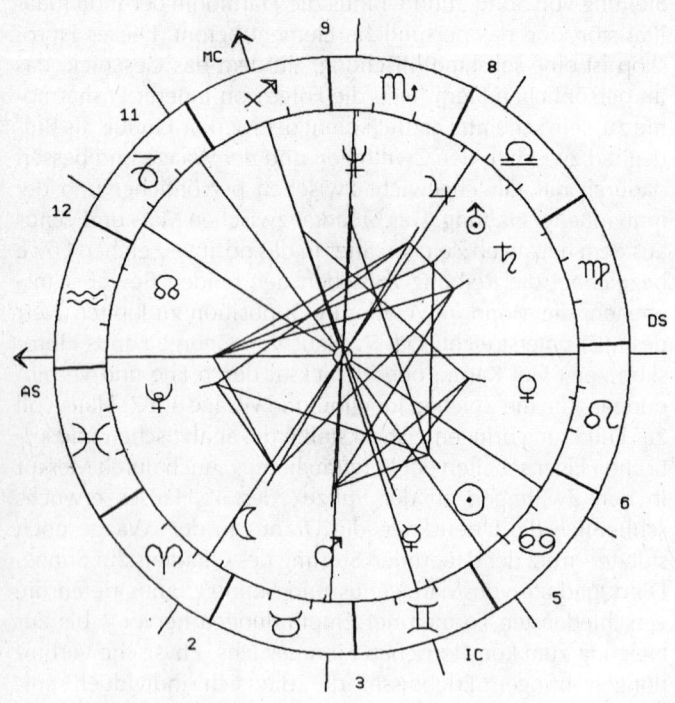

Radix

☉	♋	9	45	☉											
☽	♈	26	31		☽										
☿	♊	18	31			☿									
♀	♌	17	16			*	♀								
♂	♉	22	57	∠			□	♂							
♃	♎	26	1		☌				♃						
♄	♍	27	32		π			△	⊼	♄					
⚷	♎	12	5	□							⚷				
♅	♏	23	29	⚹	☌				☍			♅			
♆	♓	9	55	⚹	△	∠				☌			♆		
☊	♒	6	15	⚹										☊	
AS	♒	27	44		*					△	⊼	☌			
MC	♐	15	34				☍	△							

Datum : 1. 7.1804
Zeit : 22h 9m
Zone : GMT
Länge : 2E 20'
Breite : 48N 50'

Häusersystem Placidus

248

Aus dem Versagen von Staatsmännern, besonders wenn sie nicht die ewige Schrift der Sterne lesen, können die Nationen lernen. Die Esoterische Astrologie befaßt sich weniger mit den Ergebnissen als mit den Ursachen, die hinter den Ereignissen stehen. Fürst Bismarck (Horoskop S. 251) war eine viel fester umrissene Individualität als Gladstone. Er hatte Mars und Saturn im Wassermann, und er fand seine Erfüllung durch eine stärkere Kraft als die seines Herrn, des Kaisers Wilhelm I., der durch Bismarcks Venus im kulminierenden Zeichen Stier repräsentiert wird. War Bismarck auch eine starke Persönlichkeit, so mußte er doch einen noch stärkeren Gefolgsdienst leisten und Gehorsam erweisen. Der Mann von Blut und Eisen besaß die Kraft, seine Individualität über die Grenzen gewöhnlicher Sterblicher hinauszuheben. Aber sein Dienst war persönlicher als der Gladstones, obwohl er offenbar mehr für sein Volk leistete, denn der Mond im Steinbock ist das Zeichen persönlichen Dienstes, während die Sonne im Steinbock den Steinbock in das höhere Reich der Individualität erhebt. Wir dürfen jedoch keine Stellung einseitig bewerten, denn jede erfüllt im Rahmen der seelischen Entwicklung ihren Zweck.

Gladstone besaß durch den transformierenden Saturneinfluß im Schützen die Möglichkeit, durch seinen vorübergehenden Sturz individuell zu wachsen; wir lernen alle durch unsere Fehlschläge und Irrtümer am meisten. Seine angeborene individuelle und persönliche Kraft, sein Wille zum Dienst und seine starken Zuneigungen halfen ihm, die Grundlagen seiner Selbstbefreiung zu erkennen, die durch Venus im Schützen im 12. Haus angezeigt ist. In den Geburtshoroskopen stehen Gladstones Planeten aufsteigend, die Planeten Bismarcks untergehend; das gilt auch für Saturn, dem Planeten des menschlichen Schicksals. Es ist bezeichnend, daß eine dem Stier unterstehende Nation die Ursache von Gladstones Sturz werden sollte, denn der Stier steht an der Spitze seines 4. Hauses und die Venus im 12. Haus. Ebenso bedeutsam ist in Bismarcks Horoskop, daß die Venus als Herrin des 10. Hauses nach Zeichen und Stellung stärker war als die erhöhte Sonne. Beide gehören zu den Stern-Zeichnungen 20 und 21. Die Horoskope dieser großen Staatsmänner sind außerordentlich lehrreich. Esoterisch können wir weit tiefer in ein Horoskop eindringen als mit ausschließlich exoterischer Analyse.

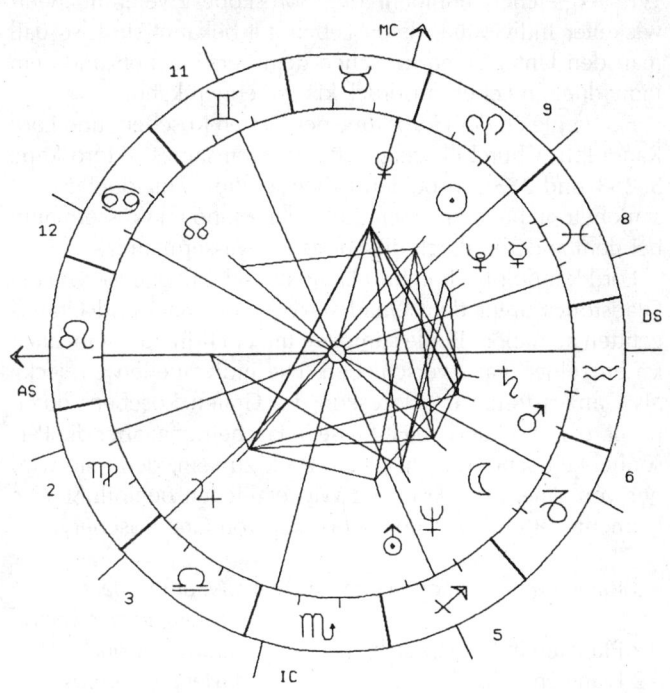

Radix

				☉									
☉	♈	10	56	☉									
☾	♐	8	53	□	☾								
☿	♓	16	56			☿							
♀	♉	4	2		△		♀						
♂	♒	1	2			∠	□	♂					
♃	♎	4	32	r	♂	□		⚹	△	♃			
♄	♒	9	54	⚹	⚺		□			♄			
♅	♐	6	44	r	△				⚹	⚹	♅		
♆	♐	19	55	r		□	⚼					♆	
♇	♓	22	6			♂					□	♇	
☊	♋	8	22	r	□	♂							☊
AS	♌	19	34				∠				∠		△
MC	♉	3	42				♂	□	⚼				

Datum : 1. 4.1815
Zeit : 12h 42m
Zone : GMT
Länge : 12E 2'
Breite : 52N 35'

Häusersystem Placidus

251

Gegensätze in Gleichheiten

Wir vergleichen nunmehr die Horoskope zweier hochentwickelter Individuen, deren Leben gut bekannt sind, so daß
man den Unterschied zwischen dem persönlichen und dem
individuellen Lebensausdruck klar erkennen kann.

Ein Vergleich der Horoskope des Grafen Rosebery und Lord
Randolph Churchill zeigt viel Gemeinsames (Horoskope
S. 253 und 255). In beiden Fällen ist die individuelle Kraft
stark betont: bei dem einen durch den Mond im Wassermann,
bei dem anderen durch die Sonne im Wassermann.

Lord Randolph Churchills Laufbahn scheint ebenso wie die
Gladstones unter dem Quadrat zwischen Mars und Uranus
gelitten zu haben. Beide kämpften um ein Prinzip, wenn auch
im einzelnen ganz verschieden. Die indivduellen Dreiecke
als Ganzes treten im Horoskop des Grafen Rosebery durch
primäre und sekundäre Einflüsse in Erscheinung, aber die Persönlichkeit scheint nicht gleich stark zu sein, denn sie wird
nur von einem der Erd- und Wasserzeichen beeinflußt. Die
Elementeverteilung in dem Horoskop von Graf Rosebery:

– 5 Planeten in veränderlichen Zeichen: *Neptun, Mars,*
Saturn, Jupiter, Venus.
– 2 Planeten in festen Zeichen: *Sonne, Mond.*
– 2 Planeten in kardinalen Zeichen: *Merkur, Uranus.*
– 3 Planeten in Luftzeichen: *Mond, Jupiter, Venus.*
– 2 Planeten in Feuerzeichen: *Merkur, Uranus.*
– 3 Planeten in Wasserzeichen: *Neptun, Mars, Saturn.*
– Kombination: *Veränderlich/Luft.*

Die Polarität der Wasser- und Erdzeichen, die das östliche und
westliche Eckhaus beherrschen, wirkt durch das Sextil zwischen ihren Herrschern, Jupiter und Merkur, harmonisch. Eine
ähnliche Wirkung hat das Sextil zwischen Sonne und Saturn.
Der veränderliche Luft-Einfluß überwiegt, da der Mod im
Wassermann und die Wohltäter in den Zwillingen im 3. Haus
stehen.

GRAF ROSEBERRY

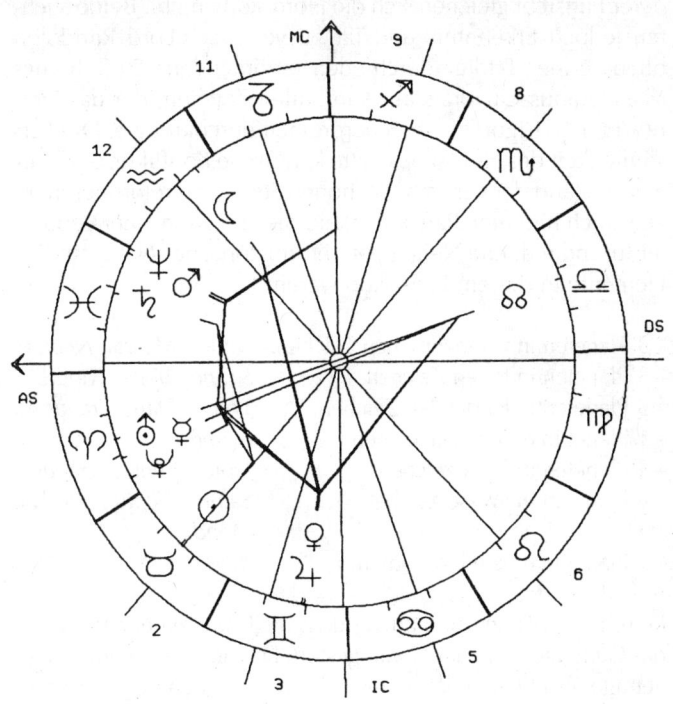

Radix

				⊙	☽	☿	♀	♂	♃	♄	♅	♆	♇	☊	AS
⊙	♉	15	55	⊙												
☽	≈	5	14		☾											
☿	♈	20	43			☿										
♀	♊	19	35			□	✳	♀								
♂	♓	1	17					♂								
♃	♊	18	47			□	✳	♂	♃							
♄	♓	11	1	✳						♄						
♅	♈	15	58	⊼		♂	✳	∠	✳		♅					
♆	♓	0	11					♂			∠	♆				
♇	♈	25	59			♂				∠			♇			
☊	♎	17	34	⌐			♂	△		△			♂	☊	
AS	♓	28	1												
mc	♐	29	14					✳					✳		

Datum	:	7. 5.1847
Zeit	:	3h 0m
Zone	:	GMT
Länge	:	0W 10'
Breite	:	51N 30'

Häusersystem Placidus

253

Auch Lord Randolph Churchill hatte drei Planeten im Zeichen Fische und eines der Lichter im Wassermann, aber in anderer Hinsicht gleichen sich die Horoskope nicht. Beide suchten jedoch Erkenntnis und Tat zu vereinen. Lord Randolph blieb ohne Erfolg durch den strömenden Einfluß des Mars/Uranus-Quadrats aus kardinalen Zeichen, der das Uranus/Jupiter-Trigon in der Feuerdreiheit durchkreuzte. Die Persönlichkeit des Horoskops hatte karmische Konflikte, und daraus entstand der Versuch, an hohen Stellen zu reformieren. Es zeigt sich hier eine Persönlichkeit, die ein wirksamer Vermittler für individuelle Neigungen reformatorischer Natur ist. Die Elemente in diesem Horoskop waren:

- 3 Planeten in veränderlichen Zeichen: *Saturn, Merkur, Neptun.*
- 3 Planeten in festen Zeichen: *Sonne, Jupiter, Mond.*
- 3 Planeten in kardinalen Zeichen: *Venus, Mars, Uranus.*
- 1 Planet in einem Luftzeichen: *Sonne.*
- 3 Planeten in Feuerzeichen: *Jupiter, Venus, Uranus.*
- 4 Planeten in Wasserzeichen: *Saturn, Neptun, Merkur, Mond.*
- 1 Planet in einem Erdzeichen: *Mars.*

Durch die Wasser- und auch durch die Feuerzeichen wird hier das Gleichgewicht der *Gunas* gestört. Das heißt, ein vom Gefühl getragenes Denken drängt nach Ausdruck durch den Herrscher der Persönlichkeit, der erhöht im kardinalen, aktiven Zeichen steht. Diese Aktivität steigert sich aber ins Extrem durch das Mars/Uranus-Quadrat. Die individuellen und die persönlichen Wesenszüge stehen nicht in Harmonie. Diese Disharmonie zeigt sich an der Polarität von Sonne und Mond. Das ganze Horoskop ist überhaupt sehr lehrreich, und wer die Ursachen individuellen Handelns erforschen will, tut gut daran, jeden Teil des Horoskops in seiner Tragweite für das Leben zu untersuchen.

Ist es nicht so, daß wir die Welt als Spiegelbild von uns selbst sehen und in ihr die Tatsachen und Zustände finden, die unsere Harmonie herstellen oder auch stören?

RANDOLPH CHURCHILL

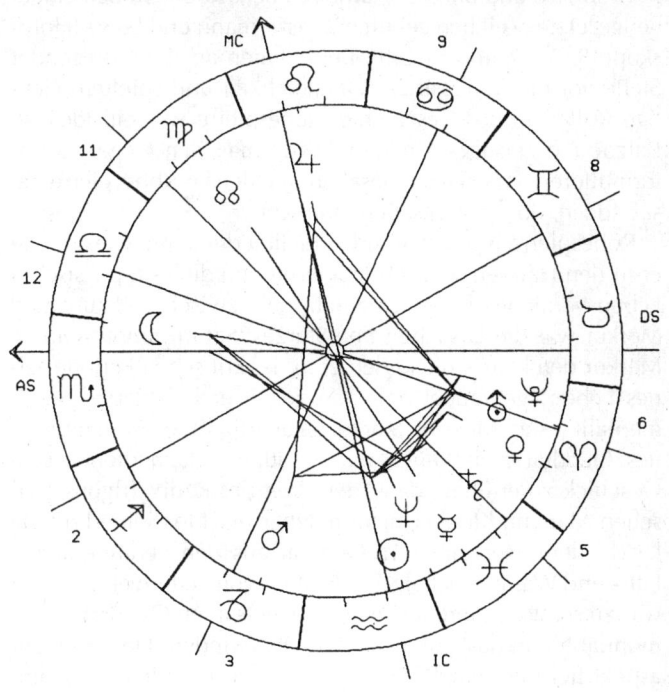

Radix

☉	≈	24	14	☉										
☾	♏	8	27	△	☾									
☿	♓	10	59			☿								
♀	♈	9	48	∠		⊼	♀							
♂	♑	18	21					♂						
♃	♌	16	42	⌐				⊼	♃					
♄	♓	23	56			⊼				♄				
⚷	♈	19	14	*				□	△		⚷			
♅	♓	1	59	△				∠				♅		
♆	♈	26	14	*	⚹	∠							♆	
☊	♉	13	15	⌐			⚹							☊
AS	♏	7	22				△							
MC	♌	20	51	⚹									△	

Datum : 13. 2.1849
Zeit : 0h 2m
Zone : GMT
Länge : 0W 10'
Breite : 51N 30'

Häusersystem Placidus

Das Individuelle und das Persönliche

Robespierre und Balzac wurden in denselben Graden entge-
gengesetzter Zeichen geboren: Wassermann und Löwe (Horoskope S. 2577 und S. 259). Beide traten an herausragender
Stelle vor die französische Öffentlichkeit und spielten wichtige Rollen in der Geschichte. Robespierre war ein Idealist,
Balzac ein geistiges Medium. Wenn man den Gegensatz so
formulieren darf: Balzac besaßen die Ideen – Robespierre besaß Ideen, doch sie besaßen ihn nicht.

Robespierre wurde zur Individualität durch die Gewalt, die
er in den Händen seiner Feinde erlitt und die sein physisches
Leben vernichtete. Der Quadrataspekt zwischen Saturn und
Merkur war die Ursache seine Sturzes; Saturn raubte seinem
Merkur den klaren Blick, den er in der kritischen Periode seines Lebens gebraucht hätte; so zeigte er Furcht und Senti-
mentalität statt Mut und Stärke. Eigenartig ist, daß ein munda-
nes Quadrat zwischen Mars und Jupiter dazu diente, sein
Geschick zu erfüllen, da er den Wert des Radix-Trigons zwischen Mars und Jupiter nicht nutzbar machte. Seine Prüfung
lag in dem Merkur/Saturn-Quadrat aus den veränderlichen
Luft- und Wasserzeichen. Der Einfluß von Feuer/veränderlich
war zu schwach, um die beiden bedeutsamen Quadrate – das
mundane und das zodiakale – zu überwinden. Der Mundan-
aspekt fiel mit dem Quadrat von Saturn und Merkur zusammen. Bedenkt man die Zeitgeschichte und die Rolle, die
Robespierre darin spielte, so ist das Horoskop sehr auf-
schlußreich.

ROBESPIERRE

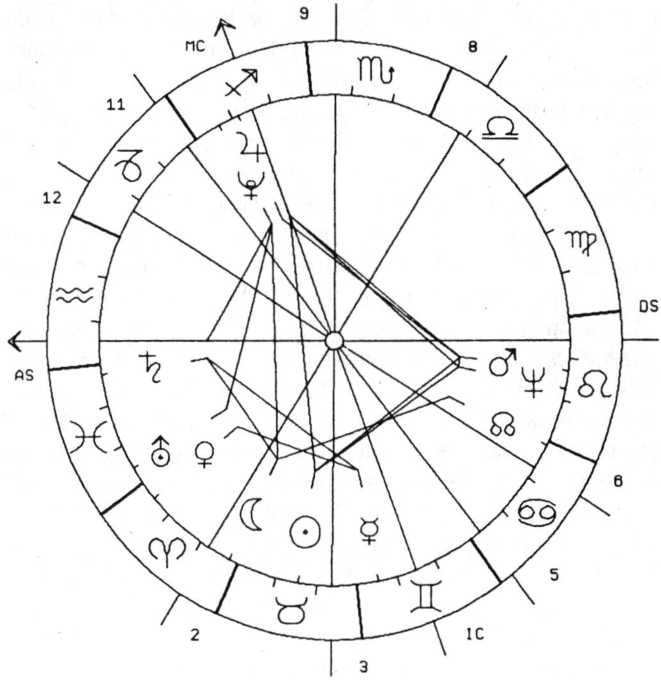

Radix

				☉	☽	☿	♀	♂	♃	♄	⛢	♆	♇	☊
☉	♉	15 25												
☽	♈	27 50												
☿	♊	5 16												
♀	♈	4 46				*								
♂	♌	16 60		□										
♃	♐	18 29	r					△						
♄	♓	2 20			*	□								
⛢	♓	25 53												
♆	♌	12 40		□				☌						
♇	♐	23 41	r		△						□			
☊	♋	28 56	r		□									
AS	♒	24 24											*	
MC	♐	14 41		⚻				△				△		

Datum	:	6. 5.1758
Zeit	:	1h 47m
Zone	:	GMT
Länge	:	2E 47'
Breite	:	50N 17'

Häusersystem Placidus

Das Horoskop Balzacs ist ein persönliches; es zeigt ein sehr aufnahmefähiges Gehirn und eine eigenartige Mischung von Gefühl und Denken. Hätte er mehr Individualcharakter und weniger phantastische, psychische Rezeptivität besessen, dann hätte Balzac ein glücklicheres Leben geführt. Die meisten seiner Erlebnisse waren äußerlich, physisch und astral. Die einzige Berührung mit dem Individuellen vermittelte der Mond im Schützen in Opposition zu Jupiter in den Zwillingen. Aus der Merkur/Neptun-Opposition flossen verworrene Neigungen, und das Trigon zum Uranus verlieh ihm Begabung in geistigen und literarischen Dingen. Das Element Wasser herrschte vor, an zweiter Stelle sind die Erdzeichen zu nennen – diese beiden Elemente absorbieren nicht weniger als sieben Planeteneinflüsse. Daraus ergab sich seine große Empfänglichkeit für die Umgebung, und, wenn man den Aszendenten Löwe in die Kombination einbezieht, seine Kraft, in geistiger Gestaltung alle Empfindungen des Krebszeichens mit seinen drei wichtigen Planeten wiederzugeben und darzustellen. Die Phantasie des Krebszeichens ist ein beachtlicher Faktor, wenn sich Denken und Fühlen mischen, was stets eintritt, wenn Planeten in diesen Zeichen stehen. Der erfolgreiche Romanschriftsteller erbaut seine Gestalten aus geistigem Stoff und bewegt sie, wie er will. Die Verwicklung, die er sich denkend ausgemalt hat, rollt in allen Zügen vor seinem geistigen Blick ab. Sind diese Gedankenbilder aus dem Einfluß der Erd- oder Wasserzeichen hervorgegangen, so können sie ganz objektiv werden und bisweilen geradezu greifbare Gestalt annehmen.

Manche Romanschriftsteller meinen, die von ihnen geschaffenen Charaktere würden völlig real und nähmen an der Gestaltung ihres Phantasiebildes aktiven Anteil. Man hat das beispielsweise so erklärt, daß ein toter Schriftsteller aus dem Jenseits seinen Einfluß geltend mache, oder daß Naturgeister die geschaffenen Gedankenformen beseelen. Balzac war ein Medium für derartige Wesen. Darin war er ganz anders als Robespierre, der oft für die Menschen im Diesseits der Erscheinungswelt Medium war. Robespierre war der individuellere, Balzac der persönlichere Mensch. Jener lebte für die Nation, dieser hauptsächlich für sich selbst; von ihrem Entwicklungsstadium aus hatten beide recht.

BALZAC

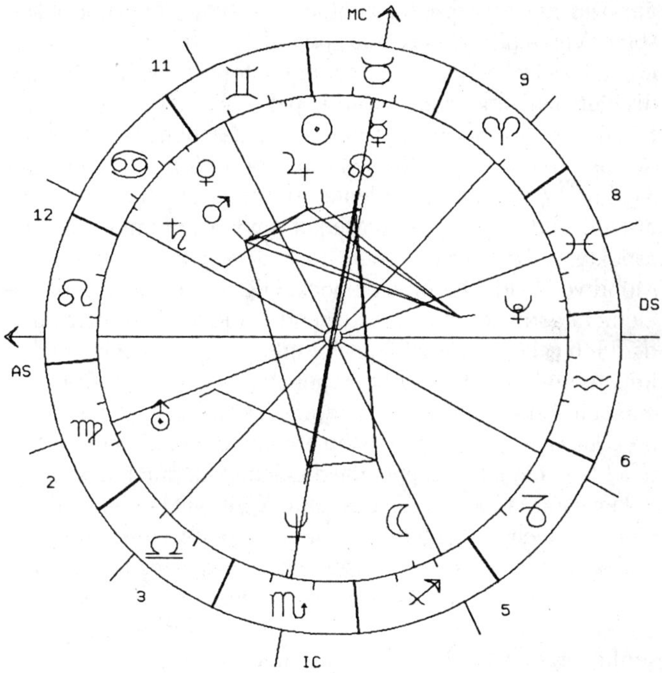

Radix

☉	♉	29	21		☉										
☽	♐	14	51			☽									
☿	♉	11	52				☿								
♀	♋	3	7					♀							
♂	♋	7	57				⚹	☌	♂						
♃	♊	6	37		☌				⚺	♃					
♄	♋	22	20							∠	♄				
♅	♍	18	9	r		□						♅			
♆	♏	13	17	r		⚺	☍		△				♆		
♇	♓	3	32		□			△	△	□				♇	
☊	♉	15	11	r		⚻	☌						☍		☊
AS	♌	24	39												
MC	♉	14	30			⚻	☌						☍		

Datum : 20. 5.1799
Zeit : 10h 53m
Zone : GMT
Länge : 0E 42'
Breite : 47N 24'

Häusersystem Placidus

Extreme Fälle

Viscount Hinton und Cecil Rhodes wurden beide mit aufsteigendem Jupiter geboren; Hinton aber hatte ihn im Zeichen seiner Vernichtung, bei Rhodes stand er stark im eigenen Zeichen. Das Horoskop des Viscount Hinton ist voller disharmonischer Schwingungen (Horoskop S. 261). Es zeigt an den Eckhäusern ein Kreuz veränderlicher Zeichen. Der Mars an der Spitze des Meridians steht in Opposition zu Sonne und Merkur. Jupiter am Aszendenten steht im Quadrat zum Mars am MC und zu Sonne und Merkur am IC, und um die Kreuzaspekte vollzumachen, steht noch Saturn im Quadrat zum Mond von Widder zum Steinbock. Hier wird das persönliche Element ganz von dem aufsteigenden Jupiter absorbiert, und dadurch geht das Leben im dauernden Anspruch persönlicher Rechte und irdischen Besitzes auf. Auf der physischen Ebene war sein Leben praktisch zu Ende, als sein Fall vor das Oberhaus kam, und dieses gegen ihn entschied. Bei diesem Abstieg machte er die Erfahrungen, die das Schicksal durch Uranus im 8. Haus im Widder für ihn bestimmt hatte. Mit denjenigen, die einen schlecht gestellten Mond im Steinbock haben, mußte er am Fehlschlagen seines persönlichen Ehrgeizes den flüchtigen Wert persönlicher Wünsche erleben.

Cecil Rhodes hatte offenbar ein schicksalhafteres und persönlicheres Horoskop, denn die zahlenmäßige Verteilung der Planeteneinflüsse auf positive und negative Zeichen war umgekehrt (Horoskop S. 263). Und doch zog Cecil Rhodes aus der Minderheit mehr Nutzen als Viscount Hinton. Die Lebensumstände führten Cecil Rhodes in das Land, in dem das persönliche Element sich mächtig auswirkte und der individuelle Einfluß am vorteilhaftesten für das Wohl der Persönlichkeit eingesetzt wurde. Hier erkennt man die richtige wie die falsche Anwendung von Planeteneinflüssen. Einerseits wird die Disharmonie zwischen den persönlichen und den individuellen Wesenszügen durch die Vernichtung des Mondes, des Herrn der persönlichen Tendenzen, betont; andererseits steht der Mond gut plaziert im westlichen Eckhaus, sein eigenes

VISCOUNT HINTON

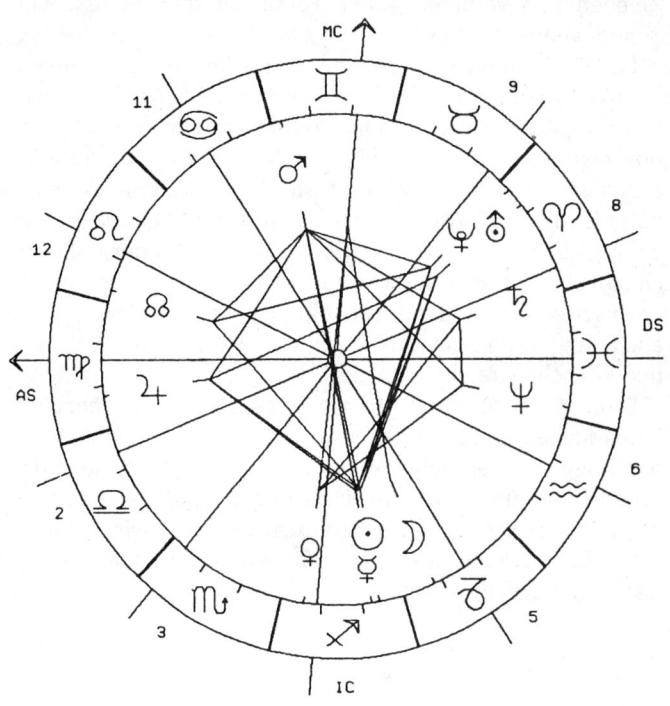

Radix

☉	♐	23	56	☉									
☽	♑	8	2		☽								
☿	♐	22	1	♂		☿							
♀	♐	5	27				♀						
♂	♊	27	16	☊	☍		☍	♂					
♃	♍	22	17		□		□		□	♃			
♄	♈	1	17					△	□		♄		
⚷	♈	22	25	☊	△		△			☓		⚷	
♅	♓	2	20					□	△		⚹		♅
♆	♈	27	6	☊	△		△			⚹				♆
☊	♌	27	3	☊	△		△			⚹				△	☊
AS	♍	13	50												
MC	♊	8	47			☓		☍							

Datum : 15.12.1849
Zeit : 22h 51m
Zone : GMT
Länge : 0W 10'
Breite : 51N 30'

Häusersystem Placidus

261

Zeichen steht in Harmonie mit den anderen Planeten, und der Herr des Persönlichkeitshoroskops besetzt ein individuelles Zeichen und verbindet durch Parallelen die Einflüsse von Sonne, Venus und Mars.

Bei Cecil Rhodes besteht zwischen Idealen und Trieben kein Widerstreit, aber bei Viscount Hinton zeigt das ganze Horoskop den tiefen Konflikt zwischen dem individuellen und dem persönlichen Selbst. Jede Seele muß die Oppositionspaare durchlaufen, den Dualismus erleben, um sich selbst zu erkennen; bei Viscount Hinton ist dieser Dualismus aber auffallend stark ausgeprägt. Der Herrscher des persönlichen Horoskops (Merkur) ist nicht nur sehr schwach, steht im Zeichen seines Falls und in Opposition zu Mars, sondern er steht auch ungünstig zum aufsteigenden Jupiter im persönlichen und kritischen Zeichen Jungfrau.

Erkennt man an dem Geburtsgebieter als »Index« genau die individuellen und persönlichen Tendenzen, dann geht einem die Tragweite der Behauptung auf, daß der Charakter das Schicksal ist und daß man diese Begriffe auch vertauschen kann. Wenn der Charakter Schicksal ist, dann wirkt ebenso Schicksal auf den Charakter ein und macht das Leben harmonisch oder disharmonisch.

CECIL RHODES

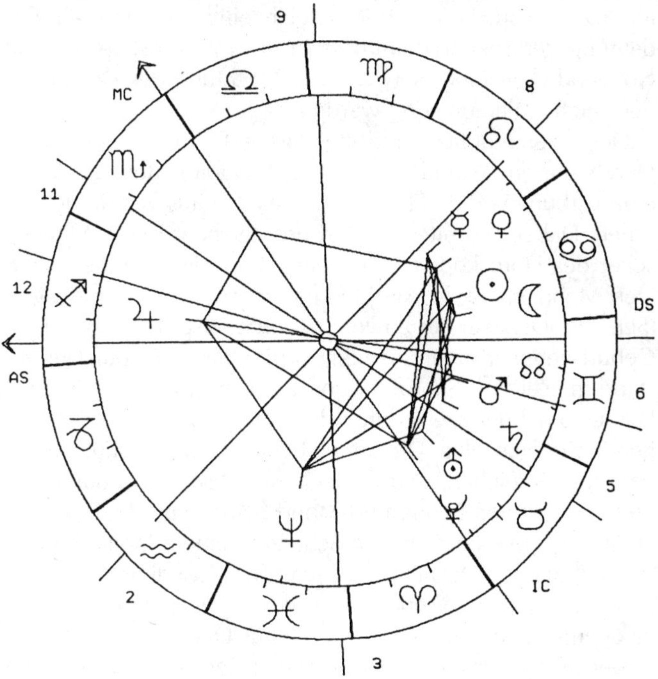

Radix

☉	♋	13	35		☉										
☽	♋	6	10		☌	☽									
☿	♌	5	28			⚺	☿								
♀	♋	27	56					♀							
♂	♊	8	33				*		♂						
♃	♐	16	33	r						♃					
♄	♉	27	55		∠			*			♄				
♅	♉	11	49		*							♅			
♆	♓	13	38	r	△			⚼	□	□		*	♆		
♇	♉	2	43			*	□	□		⚼				♇	
☊	♊	18	20	r						☍				∠	☊
AS	♐	25	32												
MC	♏	0	38					□		∠					

Datum	:	5. 7.1853
Zeit	:	19h 0m
Zone	:	GMT
Länge	:	0W 10'
Breite	:	51N 50'

Häusersystem Placidus

Eine entwickelte Seele

Die folgende Betrachtung gilt dem Horoskop einer entwickelten Seele (Horoskop S. 265). Gleichzeitig soll daran die Bedeutung der Sekundäreinflüsse in einem Horoskop und die
Notwendigkeit einer sorgfältigen Beachtung der Dekanante
der Zeichen demonstriert werden.

Der Aszendent liegt im dritten Fische-Dekanat des Krebses.
Durch diesen sekundären Einfluß bekommt der Aszendent
eine Färbung vom 9. Haus, denn das 9. Haus liegt in den Fischen. Daher ist Jupiter als Herr des Zeichens Fische Mitherrscher des Horoskops neben dem Mond als Hauptherrscher.
Der Mond stand in Konjunktion mit Uranus im zweiten
(Schütze-)Dekanat des Löwen; dadurch erhält der eigentliche
Geburtsgebieter einen zweiten, jupiterhaften Einfluß. Jupiter
stand im Zeichen Skorpion, und zwar im dritten (Krebs-)De-
kanat; so hat der Krebs durch diese Skorpiondekade noch einen Jupitereinschlag. Die Sonne befand sich im Schützen, einem Jupiterzeichen, und in der Löwe-Dekade, wodurch der
Trigonaspekt von Sonne und Mond bemerkenswert unterstri-
chen wird. Merkur stand im Schützen, einem Jupitereinfluß,
und im zweiten Dekanat, und schloß das Medium Coeli ein,
zu dem Mond und Merkur ein Trigon bildeten. Venus war im
zweiten Dekanat Steinbock, der Venus-Dekade. Saturn stand
in der dritten Dekade seines eigenen Zeichens Wassermann
und erzeugte einen Untereinfluß der Waage, in der Saturn erhöht steht. Mars in den Fischen im 9. Haus stellt einen reinen
Jupitereinfluß dar. Neptun, der am höchsten stehende Planet,
hatte außer einem Sextil zu Mars und einem Trigon zur Sonne
keine Aspekte. Durch die verschiedenen Untereinflüsse im
Horoskop ist Jupiter am stärksten. Er steht im Trigon zum Aszendenten.

Wer sich ernstlich in die Beurteilung von Nativitäten ver-
tieft, wird leicht die große Stärke in der aufsteigenden Konjunktion von Mond/Uranus und Sonne/Merkur im Haus des
Dienstes erkennen. Aber es dürfte ihm Schwierigkeiten machen, die Positionen von Mars, Saturn und Jupiter mit dem

ENTWICKELTE SEELE

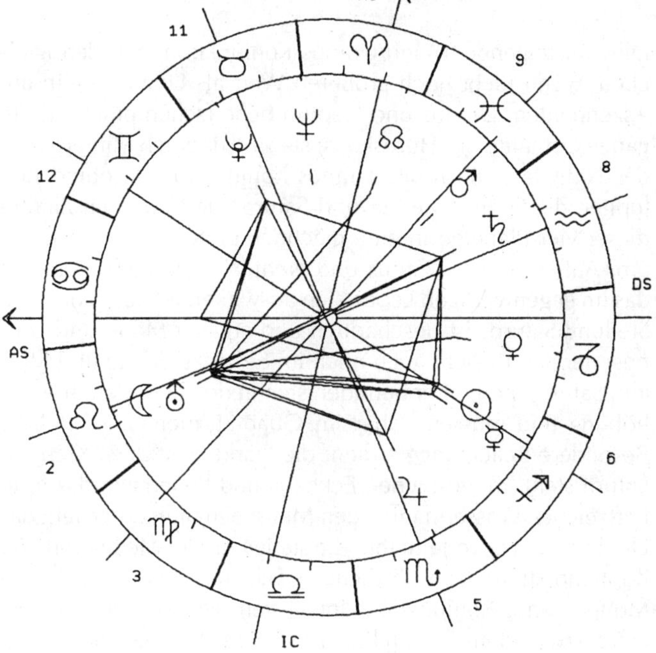

Radix

☉	♐	24	17		☉										
☽	♌	16	47		△	☽									
☿	♐	18	50		☌	△	☿								
♀	♑	15	14			⚻		♀							
♂	♓	7	32						♂						
♃	♏	20	59			□				♃					
♄	♒	21	30		✱	☍	✱			□	♄				
♅	♌	19	48	r	△	☌	△			□	☍	♅			
♆	♉	0	27	r									♆		
♇	♉	22	7	r		□				☍	□	□		♇	
☊	♈	4	10	r								Q			☊
AS	♋	23	58		⚻									✱	
MC	♈	10	52												

Datum	:	16.12.1875
Zeit	:	14h 20m
Zone	:	GMT
Länge	:	70E 10'
Breite	:	35N 0'

Häusersystem Placidus

Stand eines Eingeweihten in Einklang zu bringen. Zieht man das Gesetz der Kompensation hinzu, dann findet man die sich ausgleichenden Stellungen so harmonisch, daß alle wesentlichen Eigenschaften jeder einzelnen Stellung hervortreten.

Die aufsteigende Mond/Uranus-Konjunktion hat den gleichen, wenn nicht noch größeren Wert als Uranus allein am Aszendenten. Uranus und Neptun beherrschen praktisch die ganze Osthälfte des Horoskops; sie sind dadurch Mitherrscher der Nativität. Die Mond/Uranus-Konjunktion absobiert den Jupiter, die Sonne, Merkur und Saturn. Sie formt den Einfluß dieser vier Planeten in eine mächtige uranische Schwingung um. Außer Sonne, Uranus und Neptun stellen alle Planeten das im gegenwärtigen Leben sich auswirkende Karma dar. Die Stellung Saturns ist unschädlich und ergänzt Mond und Uranus; der Saturn steht auch noch im Sextil zu Sonne und Merkur. Saturn und Jupiter befinden sich in den Dekaden ihrer Erhöhung und müssen daher im Quadrat zueinander stehen. Besondere Beachtung verdient die Stärke des festen Kreuzes. Saturn steht im westlichen Eckhaus und beherrscht das feste Luftzeichen Wassermann – den Menschen; ihm untersteht das Denken, und er verleiht ihm die stetige Art der Meditation und Kontemplation. Am östlichen Eckhaus finden wir die Mond/Uranus-Konjunktion im festen Feuerzeichen Löwe. Herz und Leidenschaften läutern sich im Glauben, der in diesem Zeichen durch das Wirken der höheren Prinzipien erwacht; Wille und Geist werden eins. Jupiter steht am Fußpunkt des Kreuzes im Skorpion, dem Zeichen der Regeneration, der Hinwendung zu festen Grundsätzen und auch, durch die Fischedekade, der aufkeimenden Saat des Mitgefühls.

Am Scheitelpunkt des Kreuzes befindet sich das mystische Zeichen Stier, in dem der Neptun steht. Im kardinalen Kreuz finden wir nur die untergehende Venus. Ihr Einfluß im Steinbock ist als Umwandlung der aktiven Tendenzen, für die dieser Planet des schöpferischen Denkens steht, in Dienstbarkeit zu deuten. Am veränderlichen Kreuz erstreckt der feurige

Mars seine expansiven Energien auf die Läuterung in der Liebe. Das Fischezeichen, in dem die Venus erhöht steht und das das Zeichen allgemeiner Einlösung ist, hat die Leidenschaft des Mars und sinnliches in frommes Fühlen verwandelt. Man beachte den »Austausch« der Erhöhungen: Venus im Steinbock, Mars in den Fischen. Für solche, die sich um esoterische Erkenntnisse bemühen, ist das ganze Horoskop voller Hinweise für die Intuition.

Alle Horoskope, in denen eines der Kreuze betont wird, haben im guten oder schlechten Sinne besondere Bedeutung. Nimmt man dieses spezielle Horoskop, das für das Studium der Sekundäreinflüsse, des Schlüssels zu jedem Horoskop, so besonders lehrreich ist, dann bemerkt man die über den ganzen Himmel verstreuten Planetenstellungen – das deutet auf Veränderlichkeit hin. Das feste Kreuz aber gibt Festigkeit; daher ist hier sowohl Anpassungsfähigkeit als auch Festigkeit vorhanden. Berücksichtigt man sodann das Verhältnis des festen Kreuzes zu den Planetendekaden in ihm – Saturn in der Waage-Dekade – Jupiter in der Krebs-Dekade – so heben sich aus dem festen Kreuz zwei Arme des Kardinalkreuzes heraus; da Venus als Herr des Stiers im festen Kreuz hier im Steinbock steht, ergibt das den dritten Arm, und Widder am MC macht das kardinale Kreuz vollständig. Diese wichtigen Kreuze bezeichnen in Natal- und Dekadenstellungen oder Sekundäreinflüssen Willenskraft und schöpferische Fähigkeiten, Liebe im Handeln.

Ein Vergleich

Um die Ideen Esoterischer Astrologie noch mehr zu erklären, greifen wir auf das Horoskop von A. Besant zurück, das hauptsächlich im Kardinalkreuz liegt und in besonderem Maße die schöpferischen, aktiven und aufbauenden Einflüsse zeigt (Horoskop S. 232). Eine Nachprüfung der Dekade dieses kardinalen Kreuzes zeigt den Uranus im zweiten (Löwe-)Dekanat des Widders, die Mond/Venus-Konjunktion im zweiten (Jungfrau-)Dekanat des Krebs und die Merkur/Venus-Konjunktion im zweiten (Wassermann-)Dekanat der Waage. Um das feste Kreuz zu vervollständigen, steht Mars, der im Steinbock (der Spitze von A. Besants kardinalem Kreuz) erhöhte Planet, im Stier, so daß in diesem Falle die umgekehrte Ordnung vorliegt. Im vorhergehenden Beispielhoroskop ist sie fest-kardinal; im Falle von A. Besant ist sie kardinal-fest. Im ersten Horoskop gelangen die Feuer- und die Wasserdreiheit vollkommen zur Darstellung. Im Horoskop von A. Besant sind die Luft- und die Wasserdreiheit vollständig.

Eine starke Persönlichkeit

Um einer richtigen Beurteilung von Horoskopen, die zu persönlich und daher schwach scheinen, vorzubeugen, wird es gut sein, das Horoskop einer besonders starken Persönlichkeit, nämlich das Napoleons I., zu besprechen, in dessen Nativität nicht weniger als sieben Planeten den persönlichen Stern besetzten (Horoskop S. 270). Napoleon hatte alle Zähigkeit des Denkens, die Venus im Krebs verleiht; er hatte auch den ganzen persönlichen Ehrgeiz, den Saturn in diesem Zeichen am Medium Coeli bedeutet. Die im Löwen gutgestellte Sonne ist der einzige Hinweis auf die Stärke der Individualität. Der Geburtsgebieter, der Wohltäter der Venus, im Krebs gestützt von Saturn, und die Sonne im eigenen Zeichen, unterstützt durch Merkur, zeigten einen Charakter, in dem die Elemente einer starken Persönlichkeit besonders betont waren. Die psychische Seite der Persönlichkeit wirkte insbesondere dahin, seine irdische Macht über eine vom Löwen beherrschte Nation zu sichern.

Im Anfang von Napoleons auffallender Laufbahn waren die Planetenstellungen in hohem Maße günstig, besonders sein Geburtsgebieter Venus im 9. Haus im Sextil zu Mars und Trigon zu Jupiter. Aber es ist deutlich zu sehen, daß sein persönlicher Machthunger ihn auf eine Höhe führte, der er individuell nicht gewachsen war. Er überspannte sich, indem er die persönliche Seite seines Wesens über ihre Grenzen von Erfolg und Dauer hinaustrieb.

Der aufsteigende Jupiter und die kulminierende Venus waren sicherlich Glückssterne, aber ihr Glanz brach sich in den Wasserzeichen der Zähigkeit und Zuneigung. Die Empfindungen des Krebses waren lebendig, solange die Möglichkeit, das Machtstreben zu befriedigen, gegeben war. Und die Widerstandskraft des Skorpions genügte, solange der Jupitereinfluß im Sextil zum Mars sie stützte. Aber die Krise trat ein, als das persönliche Dreieck des wässerigen oder astralen Elements verbraucht war. Napoleon wandelte sich innerlich, und sein Glück wendete sich ebenfalls mit dieser Wandlung, die auf seine Niederlage in einem Plan, an den er sein Herz gehängt hatte, folgte. Er war nie wieder der alte; in dieser Situation begann der Mond im Steinbock in Opposition zu Saturn sein Werk. Napoleon wußte, daß sein wohltätiger und kulminierender Stern, die Venus, untergehen würde. Er war wirklich ein Mann des Schicksals, mit allen persönlichen und physischen Ansprüchen, die ein Weltmensch haben kann, und als sich ihm die Gelegenheit bot, machte er so viel wie möglich aus ihr.

NAPOLEON I

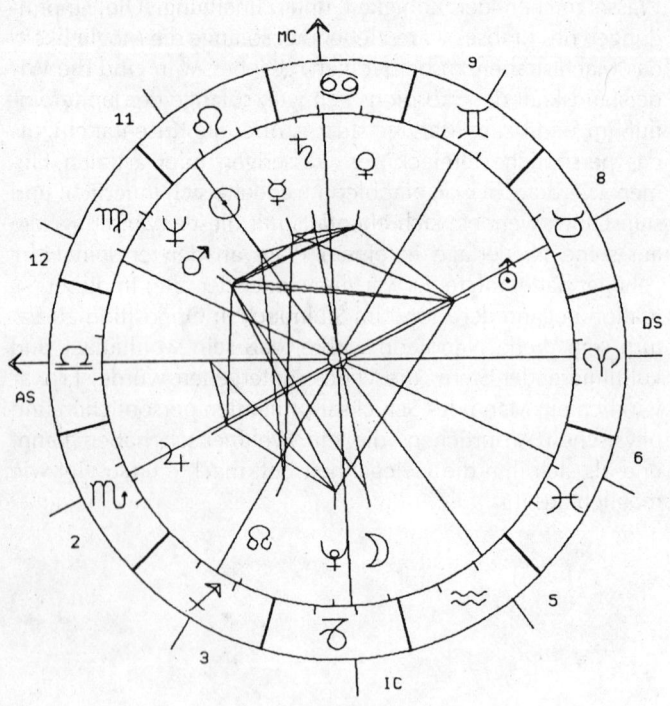

Radix

☉	♌	22	42	☉										
☽	♑	28	2		☽									
☿	♌	6	3			☿								
♀	♋	6	59	∠		⚹	♀							
♂	♍	12	1		⚼		⚹	♂						
♃	♏	15	8					⚹	♃					
♄	♋	25	43		⚹		∠		☌	♄				
♅	♉	11	25			□	⚹	△	☍		♅			
♆	♍	8	44			⚹	☌			△		♆		
♇	♑	14	25	r	△			△	⚹		△		♇	
☊	♐	20	48	r	△		⚼							☊
AS	♎	16	5					⚹				□		
MC	♋	18	58											

Datum   : 15. 8.1769
Zeit   : 9h 10m
Zone   : GMT
Länge   : 9E 0°
Breite : 42N 0°

Häusersystem Placidus

270

Schlußbemerkungen

Wenn man über Horoskope in dieser Richtung ein wenig nachdenkt, wird sofort der Unterschied zwischen Esoterischer und Exoterischer Astrologie erkennbar. Wenn man diese Beispiele genau verfolgt, dürfte der Unterschied zwischen Grundstellungen und Sekundäreinflüssen aus den gegebenen Deutungen deutlich geworden sein. Die Esoterische Astrologie ist insofern durchaus praktisch, als sie uns lehrt, daß jede Zeichen-Dreiheit eine vollendete Darstellung der Ebene ist, mit der sie zusammenhängt. Jede Dreiheit hat einen Sekundäreinfluß durch die Vierheiten, die sie mit einer Kraft oder einer besonderen Qualität der Materie verbinden, durch die sich das von den Planeten repräsentierte Bewußtsein ausdrückt. Jedes Tierkreiszeichen sendet gewisse Schwingungen aus, die formgebend wirken, und die Planetenschwingungen, die das selbstbewußte Leben repräsentieren, entsprechen diesen Formen entweder harmonisch, oder sie weichen von ihnen ab und erzeugen Disharmonie. Ein günstiges Schicksal oder gutes Karma resultiert aus der harmonischen Mischung von Planet und Zeichen. Ungünstiges Geschick oder schlechtes Karma ergibt sich aus disharmonischer Mischung. Die Wirklichkeit oder die Monade hinter der Offenbarung entzieht sich der Beurteilung, denn sie bleibt stets das Ungeoffenbarte. Aber wir können die speziellen Formen erkennen, in denen sich das Ich manifestiert. Gerade ein »junges« Ich hat ein Horoskop, das viele täuschen könnte, die das Wachstum der Seele oder den Charakter des Ichs losgelöst von dem mit dieser speziellen Persönlichkeit verknüpften Karmas beurteilen möchten.

Wer die esoterische, tiefere Seite der Astrologie studiert, sollte sich den das Ich betreffenden Fragen zunächst vorsichtig nähern, bis die Intuition stark genug ist, um klar zu sehen. Dasselbe gilt aber auch für alle anderen Bereiche des Okkultismus, in denen es um abstraktes Denken und Fühlen geht. Ebenso prüft der Okkultist die geheimen Gesetze der Natur und begeht oft schwere Fehler, bis die niederen Schwingungen ganz den höheren gehorchen.

XIX Ein bemerkenswertes
menschliches Dokument

Die Individualität – und auch das Wesen der Persönlichkeit, sofern davon etwas zurückbleibt – geht nicht verloren, wenn sie wieder absorbiert wird. Auch wenn das Nirwana, vom menschlichen Standpunkt aus, auch grenzenlos ist, hat es doch an der Ewigkeit eine Grenze. Ist diese Grenze erst einmal erreicht, dann taucht die Monade wieder daraus empor als ein höheres Wesen auf einer noch weit höheren Ebene, um ihren Lebenslauf neu zu beginnen.

H. P. Blavatsky »Die Geheimlehre«

Die folgende Lebensgeschichte ist die eines Menschen, dessen Horoskop auf Seite 296 zu sehen ist. Eine esoterische Deutung des Horoskops wird später gegeben.

Die Geschichte meines Lebens

Ich wurde von alten Eltern geboren, da meine Mutter 42, mein Vater 52 Jahre alt waren. Als einziges Kind war ich frühreif und schwer großzuziehen. Bei der Geburt war ich ein gesundes Kind, aber bald änderte sich dies. Zuerst wäre ich bald Hungers gestorben, denn meine Mutter, die mich nicht selbst nähren konnte, beschaffte als Ersatz eine Amme und fütterte mich noch mit Brei, was auch ganz gut gewesen wäre, wenn nicht zu jener Zeit ein junges Dienstmädchen, das für meine Mutter arbeitete und das sehr gern gute Dinge aß, den größten Teil davon selbst gegessen und den Rest mit etwas Milch verdünnt hatte. Das entdeckte meine Mutter aber, sobald sie ihren häuslichen Pflichten wieder nachgehen konnte, und das war sehr zu meinem Vorteil. Mit zwei Wochen ließ mich die Hebamme versehentlich aus dem Bett fallen. Glücklicherweise fiel ich auf ein weiches Kissen und erlitt daher wenig Schaden, obgleich meine Mutter, die von meinem Schreien erwacht war, aus ihrem Bett sprang und mir zu Hilfe eilte, weil sie fürchtete, das sei mein Todesurteil. In damaligen Zeiten waren die Betten sehr hoch, und es war deshalb sehr gefährlich für ein Kind, so tief zu fallen. Aber es muß mich jemand beschützt haben, denn ich habe keinerlei Schaden davongetragen.

Die nächste Schwierigkeit erwuchs im Alter von drei Monaten, als meine Mutter nicht verstehen konnte, warum ich immer schrie und bis zum Skelett abmagerte. Endlich holte sie ärztlichen Rat ein, der entdeckte, daß die Amme, die dralle junge Frau, die ihr eigenes Kind mit mir zusammen nährte, keine Milch mehr hatte, weil ihre natürliche Nahrung versiegt war. Da sie eine arme Frau war und das Geld von meiner Mutter sehr nötig brauchte, sagte sie darüber nichts, so daß ich wohl Hungers gestorben wäre, wenn ich nicht dreimal täglich von meiner Mutter selbst zubereitete Breimahlzeiten bekommen hätte. Nun besorgte meine Mutter sofort eine andere Amme, und alles wickelte sich glatt ab.

Mit zwei Jahren, als ich hinter meiner Mutter hertappte, verpaßte ich den Treppenabsatz und fiel rasch die Stufen hinunter. Meine Mutter warf sich selbst auf die Treppe, faßte so weit wie möglich hinunter und griff einen Fuß, an dem sie mich festhielt. Das rettete mir sicher das Leben. Das Karma, das in dieser Richtung getäuscht worden war, mußte auf andere Weise bezahlt werden. Wenig später, bevor ich drei Jahre alt wurde, erkrankte ich an einem schleppenden Malariafieber, das über zwei Monate dauerte und mich zum Skelett abmagern ließ. Ich konnte vor Schwäche nicht mehr laufen und wurde auf einem kleinen Bett ausgefahren, das man in einen Kinderwagen gelegt hatte. Niemand dachte damals, daß ich wieder genesen würde – aber ich tat es. Zwischen fünf und sechs Jahren erkrankte ich an Scharlach, und während einer Nacht rechneten meine Eltern mit meinem letzten Atemzug. Meine Eltern hingen leidenschaftlich an mir, denn ich war ihr einziges Kind, und das Alter meiner Mutter ließ keine weiteren Geburten zu. Ich kann mich noch dunkel erinnern, daß die Tränen meiner Mutter wie Regen fielen. Sie saß an meinem Bett und hielt meine Hand, und ich war im Dämmerzustand sehr erstaunt, daß sie weinte. Der Arzt fürchtete, daß ich die Nacht nicht überleben würde, und ich habe meine Mutter sagen hören, daß ich sieben Stunden wie tot gelegen hätte. Als sie schließlich keinen Atem mehr bemerkte, legte sie einen Spiegel an meine Lippen, und als sie ihn langsam beschlagen sah, wußte sie, daß ich noch nicht gestorben war. Diese Nacht war der Wendepunkt – ich schlief endlich mehrere Stunden und genas. Aber die Krankheit dauerte noch drei Wochen, und ich mußte an die See gebracht werden, wo es mir sehr gefiel und wo ich wieder ganz kräftig wurde.

Nach meinem siebten Lebensjahr bekam ich mehr Lebenskraft und wurde kräftiger; bis dahin war ich allerdings manches Mal dem Tode sehr nahe.

Die Merkur-Periode

Lesen lernte ich sehr früh, indem ich es mir selbst beibrachte. Mit sieben Jahren konnte ich dann gut lesen und auch schreiben. Die Schwestern meiner Mutter, unverheiratete Tanten, fanden meine Buchstaben herrlich für ein so junges Alter. Sie schickten mir eine Goldmünze in einem Kästchen, das meine Mutter sofort für mich weglegte. Das bedauerte ich außerordentlich, da ich gern mit glänzenden Dingen spielte. Ich war ein seltsames, wunderliches Kind. Ich hatte keine irdischen Spielgefährten, aber ich gestaltete mir Traumkinder und spielte mit ihnen. Ich versuchte stets zu fliegen. Ich stand dann auf einem hohen Stuhl, streckte meine Arme aus und versuchte mich in die Lüfte zu erheben, wobei ich mich natürlich immer wieder schändlich auf den Fußboden zurückgeworfen fand.

Mein größtes Entzücken in meiner Kindheit (wie auch heute noch) stellten Bücher dar. In diesem frühen Alter schwärmte ich für Märchen. Dort fand ich die Welt, in der ich lebte. Ich war Red Riding Hood, Cinderella und die übrigen und lebte in meiner eigenen Welt, folgte meinen eigensten Eingebungen inmitten praktischer, geschäftstüchtiger Menschen, die die phantasievolle Natur eines Kindes nicht verstehen und in allen Dingen, die nicht auf der physischen Ebene liegen, keine Wirklichkeiten anerkennen. Ich suchte überall nach Feen und fürchtete mich vor Kobolden. Wenn sich der Schleier der Nacht herabsenkte und das Licht wegnahm, schrie ich, wenn mich meine Mutter im Dunkeln allein ließ. Denn ich sah oder bildete mir ein, Dinge zu sehen (was davon richtig war, kann ich heute noch nicht sagen). Seltsame kleine Wesen, buckliges kleines Volk lief um mich herum, und ich fürchtete mich schrecklich. Meine Mutter suchte vergebens die Bücher vor mir zu verbergen; ich entdeckte stets, wo sie sie versteckt hatte. Sie erklärte mir eindringlich, daß es gar keine Feen und Kobolde gäbe, daß diese Dinge nur in Büchern erzählt würden und daß ich säumen und nützliche Arbeit lernen müßte, um mir nicht lauter solchen Unsinn, der jeder Grundlage entbehrte, einzubilden. Geister, Feen und Kobolde wären alles Lügen und es gäbe sie nicht – aber ich wußte es besser; sah ich nicht wirklich Kinder um mich herumflitzen und sich auf Stühle setzen, die ich vor sie hinstellte? Aber sie wollte nicht glauben, daß ich irgend etwas sehen konnte.

Meine Mutter liebte mich zärtlich und war sehr stolz auf ihr schönes Kind. Sie verbrachte Stunden damit, mein Haar zu locken, das mir bis auf den Rücken fiel, und schöne Kleider für mich zu entwerfen. Aber mein Geist und meine Seele waren ihr fremd und seltsam. Ich war ein so andersartiges Kind, als ob ich nicht aus dieser Familie wäre. Was hatte sie bloß getan, daß Gott sie mit einem solchen Kind strafte, das seinen Kopf nur immer in Büchern vergrub und sich unmögliche Dinge einbildete? Meine Mutter erzählte mir, daß sie in meinem Alter schon säumen und nähen und sticken konnte, daß sie Stuben reinigte und ihrer Mutter sehr nützlich war, während ich alle Handarbeit mit Widerwillen tat und ein Taschentuch, das sie mir zum Säumen gab, auf dem Schulweg verlor.

Ich lernte Gedichte und sagte sie vor einem imaginierten Auditorium auf, wenn ich kein wirkliches hatte, und in meiner kindlichen Art versuchte ich immer zu lehren. Ich hatte eine große Puppenfamilie, wohl 20 an der Zahl, glaube ich. (Da meine Mutter ein großes Spielzeuggeschäft besaß, konnte ich Spielsachen wie Puppen und Kinderbücher nach Belieben haben.) Ich setzte diese Puppen auf Stuhlreihen und unterrichtete sie, erzählte ihnen Geschichten und gab ihnen Stunden. Es war für mich eine richtige Schule. Ich war ein wirklicher Puppenlehrer und teilte Belohnungen und Strafen aus. Wenn ich zurückschaue, ist es mir klar, daß ich ein lebendiges, mehr inneres als äußeres Leben führte. Ich schlief stets mit einem Buch unter meinem Kopfkissen; sowohl als Kind als auch als junges Mädchen. Wenn ich am frühen Morgen aufwachte, stürzte ich mich sofort wieder in die Seiten des Buches. Hauptsächlich waren es Märchen und kindliche Heldenerzählungen, die mich begeisterten. Mit acht Jahren hatte ich sehr schlimmen Keuchhusten und später die Masern. Mit zehn Jahren ein schlimmes Auge, das drei Monate dauerte. Immerhin wurde meine Gesundheit stetig besser und meine Erziehung ging schnell voran, obgleich die Schulen, die ich besuchte, in den Unterrichtsprinzipien wenig Erfahrung hatten und die Kinder meist sich selbst überlassen blieben. Ich lernte sehr eifrig Musik und liebte Zeichnen und Malen, für das ich eine beachtliche Begabung zeigte. Aber meine Eltern, die vor allem geschäftliche Interessen hatten, achteten wenig darauf. Niemand sah nach meinen Schularbeiten oder hatte Interesse an meiner Erziehung. So wurde ich im eigentlichen Sinne des Wortes niemals richtig erzogen und auch niemals eine richtige Schülerin. Oberflächlichkeit trat an die Stelle von Gründlichkeit. Meine Eltern hatten gesagt, daß ich täglich mindestens zwei Stunden üben sollte und zwangen mich dazu. Aber da sie mich niemals überwachten, übte ich meine Tonleitern gewöhnlich mit einem Geschichtenbuch anstatt mit Musik. Ich unterrichtete mich tatsächlich selbst. Was leicht war, lernte ich, was schwierig war, ließ ich beiseite.

Jugendzeit

Hätte ich eine fähige Lehrerin gehabt, die mich geliebt und verstanden hätte, wäre das von großer Bedeutung für mein zukünftiges Leben gewesen! Mit zwölf Jahren ließ ich meine

Kinderzeit hinter mir, und ich erinnere mich, daß ich zwei oder drei meiner Lieblingspuppen und anderes Spielzeug in eine große Schachtel packte und auf den Deckel schrieb: »Ich habe mit allen Kinderdingen abgeschlossen: Ich bin jetzt eine Frau und muß das Leben ernst nehmen.« Danach nahm ich Puppen oder Spielzeug nie wieder zur Hand. Ich wünschte mir zu meinem Geburtstag einen Band Longfellowscher Gedichte, und in den nächsten zwei Jahren lebte ich geradezu in ihnen. Beim Schlafen lag das Buch unter meinem Kopfkissen. Ich liebte zu dieser Zeit Gedichte mehr als alles andere in der Welt, und von meinem zwölften bis zwanzigsten Lebensjahr schwärmte ich für alle klassischen Gedichte, die ich bekommen konnte. Ich ging auf eine Kunstschule, wo ich Malen und Zeichnen lernte und dafür eine Auszeichnung und eine Medaille bekam. Mein Musiklehrer sagte, daß ich großes Talent, aber keine Ausdauer hätte, und da ich jetzt recht gut Klavier spielen konnte, hielt es mein Vater für unnötig, weiterhin Geld für meine musikalische Ausbildung zu bezahlen. Ich spielte gut genug, um ihn zu unterhalten. Da die Kunstschule billig war, blieb ich dort. Als ich etwa zehn Jahre alt war, hatten meine Eltern das Geschäft aufgegeben und sich zur Ruhe gesetzt. Sie lebten jetzt in einem anderen Haus mit einem schönen Garten; mein Vater war durch Geldanlagen und Spekulation ein reicher Mann geworden, lebte aber, als ob er nur ein kleines Einkommen hätte, denn er war von Natur aus geizig und gab nicht einen Pfennig unnötig aus.

In meinem zwölften Lebensjahr kam ich in ein Internat nach Kilburn. Die Trennung von Heimat und Eltern machte mich eine Woche lang krank vor Heimweh; die Vorsteherin des Pensionats war streng und unfreundlich, und alle Mädchen, auch ich, fürchteten sie. Vielleicht stellte ich ihre Geduld auch auf eine harte Probe, denn alles verstand ich gut, nur eines nicht: die Mathematik; mit Zahlen wurde ich nie fertig, und keine Anstrengung meinerseits oder von seiten meiner Lehrer konnte mich zu einer guten Rechnerin machen. Frau Orum, die Leiterin, erklärte, es sei bloße Widerspenstigkeit von mir, und wollte es mir selbst beibringen. Aber der Erfolg war nur, daß sie wegen meiner Dummheit wütend und ungeduldig wurde. Darauf schrieb ich heimlich nach Hause und drohte wegzulaufen, wenn nicht meine Mutter käme, um mich abzuholen, was sie dann auch wirklich tat. Nach zwei Monaten fand sich eine andere Schule für mich. Wieder litt ich sehr unter Heimweh und wurde krank, aber diese Schule befand sich auf dem Lande und war ganz anders. Die Leiterinnen waren gütig und freundlich, und sie wollten jedes Mädchen froh machen; es war eine Landschule – nicht gerade erstklassig, und außer Rechnen fand ich den Unterricht dort sehr leicht. Ich bekam einen Preis für Gedichtvortrag und eine silberne Medaille für die Aufsätze über eigene Erlebnisse. Kurz vor meinem fünfzehnten Geburtstag erklärten meine Eltern, daß ich für ein Mädchen nun genug Unterricht bekommen hätte und nun zu Hause Musik und Malen üben sollte. So kam ich nach fünfzehn Monaten Internat endlich wieder nach Hause.

Häuslicher Streit

Als ich 16 Jahre alt war, begannen meine Eltern, deren Verhältnis schon eine Zeitlang gespannt war, häuslichen Zank und Streit, und Disharmonie wurde nun die Atmosphäre meines Elternhauses. Schließlich trennten sie sich; mein Vater verließ meine Mutter und zog in eine andere Stadt, wohin er mich mitnahm. Mein Vater war Jude, meine Mutter Christin, so daß ich in beiden Religionen erzogen wurde. Nun gab es in meiner Geburtsstadt eine Kirche, aber keine Synagoge, und dadurch bedeutete mir der Sonntag mehr als der Sabbat. Als wir aber in eine Stadt mit einer großen Synagoge gezogen waren, unterrichtete mich der jüdische Geistliche, ein gelehrter Rabbiner, gründlich im Hebräischen und weihte mich in die Geheimnisse des jüdischen Glaubens ein.

Jetzt besuchte ich regelmäßig die Synagoge und wußte nicht mehr, welcher Glaube der richtige sei, der meines Vaters oder der meiner Mutter oder beide. Meine Mutter blieb in jener stillen Stadt zurück, und ich besuchte sie manchmal; sie war eine sehr selbstlose Frau und schickte mich tatsächlich fort (obwohl sie mich mehr als ihr eigenes Leben liebte), damit ich bei meinem Vater leben sollte. Sie meinte, daß mein Vater aufgrund seines Reichtums viel mehr für mich tun könnte als sie. So führte ich mit 16 Jahren meines Vaters Haus, hatte Dienstpersonal anzuleiten und das Kochen zu besorgen. Was ich bei der Leitung all dieser häuslichen Angelegenheiten – ohne einen weiblichen Rat – litt, könnte ich nie beschreiben. Gerade in dem Alter, in dem ein Mädchen die Mutter am meisten braucht, mußte ich sie entbehren. Nur gelegentlich, wenn es mir zu schwer wurde und mein Vater mich getadelt hatte, floh ich auf einige Tage zu ihr. Aber sie wollte mich nicht bleiben lassen; stets schickte sie mich wieder zurück und prägte mir fest ein, auf keinen Fall meinen Vater zu verlassen. Sie sagte, sie hätte das größte Opfer gebracht und mich ihm überlassen; daher würde es ihr völlig das Herz brechen, wenn ich ihn je verließe. Sie liebt uns beide mit starker Zuneigung, Selbstlosigkeit und Treue.

Mein Vater war ein Mensch von starkem Willen und sehr selbstsicherer Art, aber er hatte auch seine guten Seiten. Eine davon war seine tiefe Liebe zu Kindern, und solange ich ein Kind war und ihm willenlos gehorchte, war er kaum jemals grob zu mir und herzte und küßte mich. Aber vom 16. Jahr an änderte sich seine Güte völlig. Jetzt erwartete er von mir, daß ich sein Haus besorgte, kochte, wirtschaftete und auf alle erdenkliche Weise sparte. Er hätte 5000 Pfund jährlich verleben können – brauchte aber nur 200, denn sein Grundtrieb war Geiz. Unsinnigerweise erwartete er von mir, daß ich ohne jede Vorbildung eine erfahrene Hausfrau und Wirtschafterin sein sollte – genauso erfahren und tüchtig wie meine Mutter. Daraus entstanden Wortgefechte; Tränen und Schelte waren an der Tagesordnung, und das Leben wurde ein Trauerspiel für mich. Fünfzehn Jahre lang erlebte ich kaum einen Tag, an dem ich nicht irgendwann bittere Tränen vergoß, und nie aß ich eine Mahlzeit ungestört.

Hemmungen

Mein Vater liebte mich auf seine Art, aber das Geld liebte er mehr als alles in der Welt; er war geradezu besessen davon. Er kleidete mich elegant, gab mir jedoch kein Taschengeld, und hätte meine Mutter mir nicht etwas geschickt, so wäre mein Leben noch schwerer gewesen. Aus diesen kleinen Zuwendungen ergänzte ich alles zerbrochene Geschirr und was sonst im Haushalt ersetzt werden mußte, denn wenn ich ihm von etwas Derartigem erzählte, bekam er einen Wutanfall. Ich schloß verschiedene Freundschaften mit Mädchen meines Alters und älteren Frauen. Da ich sie aber nur selten einladen und kaum jemals ohne meinen Vater ausgehen durfte, mußte ich sie heimlich besuchen. Das bedrückte mich. Der Arzt meines Vaters versuchte auf ihn einzuwirken, daß er mich ab und zu in Konzerte gehen ließe und mir ein wenig Vergnügen gönnte. Er erklärte meinem Vater, ein für einen Greis von siebzig und mehr Jahren passendes Leben sei kaum die Atmosphäre, in der ein junges Mädchen glücklich sein könne. Da mein Vater ihn sehr hoch achtete (er war ein sehr tüchtiger Arzt und ein guter Mensch), erhielt ich auf seine Vorschläge hin einige wenige Vergnügungen, die mir sonst verschlossen geblieben wären. Mein Vater glaubte, es käme nur auf ihn allein an; für ihn allein hätte ich zu leben. So lebte ich viele Jahre lang fast wie eine Nonne, ging jeden Abend um neun zu Bett, spielte und las meinem Vater jeden Abend stundenlang vor, wozu ich gelegentlich eine Freundin einladen durfte. Eine hatte ich besonders gern. Eines Abends war ihr etwas zugestoßen, und sie ließ mich holen. Mein Vater erklärte, daß ich nicht gehen sollte und daß, wenn ich es doch täte, ich sein Haus nie wieder betreten dürfte. Diese Nacht brachte ich in bitterstem Schmerz zu, indem ich meiner Freundin schrieb, warum ich nicht kommen konnte. Mein Vater beherrschte mein Leben völlig. Wenn ich mich manchmal gegen ihn auflehnte und ihm sagte, er zerbreche mich, bekam er derartige Wutanfälle, daß er mich ohne Hemmungen schlug; selbst als ich über 20 Jahre alt war, schlug er mich in seinem Ärger ins

Gesicht. Aber – sonderbar genug – ich liebte ihn trotz alledem; ob es an meinem anlehnungsbedürftigen Charakter oder an den »Banden des Blutes« lag, kann ich nicht sagen; ich war ihm jedenfalls ergeben, pflegte ihn, wenn er krank war, und versuchte, ihm auf jede Weise zu gefallen.

Eine doppelte Wendung

Eine doppelte Wendung trat mit 21 Jahren ein. Ich war zwei Monate lang mit meinem Vater auf weiten Reisen und wurde – zum großen Leidwesen meiner Mutter – Jüdin. Mein Vater hatte es gewünscht, und manche der jüdischen Lehren, besonders der Glaube an die Einheit des einen Lebens und das tägliche Gebet: »Höre, o Israel, der Herr, unser Gott ist Ein Gott« zogen mich stark an. Ich glaubte, die jüdische Religion sei so gut wie jede andere, denn zu dieser Zeit hatte ich überhaupt keine Religion. Ich suchte nur die Wahrheit und nannte mich meinen besten Freundinnen gegenüber eine Wahrheitssucherin. Für meinen Übertritt zum jüdischen Glauben gab mein Vater hundert Pfund aus, und da er Geld über alles in der Welt liebte, machte das großen Eindruck auf mich. Damals war ich eine sehr gute Schülerin des Hebräischen. Da ich alle Dogmen des jüdischen Glaubens kannte und seit mehreren Jahren an den meisten Festen und Fastenzeiten der jüdischen Kirche teilnahm, bestand keine Schwierigkeit, und ich wurde getauft. Wenn ich zurückblicke, erkenne ich, daß zeremonielle Formen und Religionen mir nichts bedeuteten. Ich glaube, meines Vaters Denken beherrschte mich, und ich beugte mich, um ihm zu gefallen. Hart wollte mein Vater nicht sein, aber er war sicherlich der selbstsüchtigste Mensch, der mir je begegnet ist. Ich mußte sein Leben leben und tun, was er wünschte, oder er zwang mich gewaltsam dazu; so führte ich ein sehr unglückliches Leben, und Bücher waren meine einzige Freude. Meine Mutter wohnte in einer anderen Stadt, und wenn ich sie auch manchmal sah, so war sie doch außerstande, meine Lebensumstände zu ändern; sie hatte mehr Furcht vor Vater als ich und handelte nie gegen seinen Willen.

Daher konnte sie bei meinen Besuchen nur zu Geduld raten; sie sagte, daß er doch eines Tages sterben würde (denn er war schon hochbetagt) und daß ich dann tun könnte, was ich wolle, da ich dann sehr reich sein würde. Sie stand meinem Vater hilflos gegenüber. Mein Vater ließ mich kaum aus den Augen und verdarb mein Leben wie seines mit dauerndem Tadeln, Murren und Nörgeln.

Der Tod meiner Mutter

So ging das Leben Monat für Monat weiter. Mit 25 Jahren, an meinem Geburtstag, verlor ich meine Mutter. Sie stürzte während eines Spaziergangs und starb nach einwöchiger Krankheit an Gehirnerschütterung. Mein Vater besuchte sie. Da er aber Krankheit, Tod und Sorge nicht sehen konnte, blieb er nur eine Stunde. Zum ersten Male packte mich der Schmerz um einen toten Menschen, denn ich liebte meine Mutter aufrichtig. Wie habe ich gelitten, welch einen Schmerz empfunden! Ich pflegte sie Tag und Nacht, bis sie starb, und hatte das Empfinden, als sei mein halbes Leben mit ihr dahingegangen. Bei ihrem Tod hatte ich ein seltsames inneres Gesicht. Ich sah sie ganz in Weiß gekleidet an der Tür stehen und hörte sie mit schwacher Stimme sagen, es sei alles gut mit ihr und daß ich mich nicht grämen sollte. Später einmal, in einer ernsten Krankheit, sah ich sie mir gegenüber auf einem Stuhl sitzen und mich mitleidig und liebevoll anblicken. Oft im Leben habe ich merkwürdige Träume und Gesichte und seltsame übersinnliche Erlebnisse gehabt, die stets mein Rettungsanker waren und sind. Nachdem ich den Haushalt meiner Mutter aufgelöst hatte, kehrte ich in das Haus meines Vaters zurück. Ich hatte meine beste Freundin auf Erden, meine liebe Mutter, verloren. Kurz darauf fiel mir ein Buch über Phrenologie in die Hände, das ich mehrere Monate lang eingehend studierte. Dann fand ich eine andere Abhandlung über Physiognomie und später über Handlesekunst und Graphologie.

Selbsthilfe

Das Studium des menschlichen Wesens liebte ich sehr, und es bedurfte keines äußeren Antriebs dazu. Drei Jahre lang befaßte ich mich gründlich mit diesen Dingen und besorgte mir jedes in Frage kommende Buch. Eines Tages hielt mir mein Vater in einem seiner Wutanfälle vor, ich hätte in meinem Leben noch keinen Pfennig verdient, und wenn er nicht wäre, was ich dann wohl anfinge usw. Da löste er mit einemmal etwas in mir aus; ich riß mich zusammen und erklärte: »Ich kann mir als Phrenologin sehr gut mein Geld verdienen und ganz unabhängig von dir sein, wenn du mich nur gewähren läßt.« Er lachte verächtlich, aber ich sagte: »Willst du mich den Versuch machen lassen, so gib mir deine Einwilligung.« Er antortete »Ja« – glaubte aber nicht im entferntesten daran, daß ich meine Worte in die Tat umsetzen würde. Ich bestand dann die Prüfung bei Fowler und hängte ein Messingschild an die Tür, das mich als Kundige in der Phrenologie, Graphologie und Handlesekunst auswies. Fast sofort hatte ich Zulauf; zuerst erhob ich den bescheidenen Betrag von 5 Shilling für eine Charakterdeutung; später aber, als ich bekannter wurde, nahm ich 1 Pfund Sterling und für eine ausführliche Ausarbeitung sogar 2 Pfund.

Als ich etwa 40 Pfund in Gold gespart hatte, nahm ich diese mit in das Wohnzimmer, schüttete sie auf den Tisch und sagte zu meinem Vater: »Da, das ist mein Geld, ich habe es verdient, Du hast es mir weder geschenkt noch geliehen.« Da behandelte er mich zum ersten Male respektvoll; jetzt war ich nach seinen Begriffen tüchtig geworden, denn ich konnte Geld verdienen wie er. Bis dahin hatte er mich für beschränkt gehalten und mir immer verächtlich den Spitznamen »die gute Samariterin« gegeben, weil er behauptete, ich liefe Bettlern nach und pflegte alle Kranken. Er gab keinem Bettler etwas und wich allen Kranken aus Furcht vor Ansteckung aus. Seine Ansicht über mich war, daß Gott mir keinen gesunden Menschenverstand gegeben hätte, weil jeder mir etwas vorklagen könnte und ich dann jedem etwas geben würde. Seine

Grundsätze waren: »Was tut die Welt für dich?«, »Denke stets zuerst an dich«, »Stets Nummer eins – sollte dein Grundsatz sein«, und erklärte mit großen Bedauern, daß ich nach allen seinen Belehrungen genauso ungeschickt sei wie vorher. So mußte ich jede Wohltat und jede Hilfeleistung heimlich tun, denn wenn er merkte, daß ich etwas verschenkt hatte, wurde er wütend und machte mein Leben unglücklich.

Wir waren völlige Gegensätze, mein Vater und ich, aber er liebte mich auf seine Weise, und ich opferte ihm mein Leben. Dabei fiel es mir nicht einmal auf, welches große Opfer ich ihm brachte, und erst, wenn ich jetzt auf diese Jahre zurückblicke, spüre ich, daß ich sie nicht wieder leben möchte. Lieber würde ich sterben wollen. Dauernder Streit und Ärger – allen Besuchern, sogar Fremden, die zufällig kamen, wurden meine »Fehler« berichtet. Und doch blieb ich trotz vieler Bitternis und trug täglich mein Kreuz, denn mich hielt meiner toten Mutter Vermächtnis: »Kind, verlasse nie deinen Vater, denke an das Opfer, das ich gebracht habe; bleibe bis zuletzt bei ihm.« Nun hatte ich doch einen Beruf, war von niemanden abhängig und hätte leicht meinen eigenen Weg im Leben gefunden. Es wurde auch leichter für mich, als mein Vater merkte, daß viele Menschen in meine Sprechstunde kamen, die meine Tüchtigkeit lobten und erklärten, meine Deutungen seien wunderbar zutreffend.

Relative Freiheit

So wurde ich allmählich immer unabhängiger, und schließlich durfte ich sogar an die Öffentlichkeit treten und Vorträge über Phrenologie, Handlesekunst und verwandte Gebiete halten; dann war mein Vater besonders erfreut, wenn ein Scheck über 5 Pfund für einen Abendvortrag einging. So wurde ich mit 28 Jahren Rednerin und Vortragende, reiste viel und hielt täglich Prüfungen ab. Jetzt war meine Zeit ausgefüllt, und ich hatte kaum noch eine freie Minute. Aufgrund meines Berufes mußte ich nun stundenlang schreiben und, getrennt von meinem Vater, in einem anderen Zimmer Besuche empfangen.

Aber dazu gab er seine Einwilligung, denn daß ich Geld verdiente, imponierte ihm mächtig.

Wie merkwürdig ist doch der Mensch: Damals verdiente mein Vater 80 000 Pfund jährlich, aber in seinem Verhalten zu mir änderte sich gar nichts, da ich nur das Geld hatte, das ich verdienen konnte. In dieser Zeit, meinem 28. Lebensjahr, verlor ich durch den Tod einen lieben, alten Freund, den Arzt, von dem ich schon sprach und der in meiner Mädchenzeit und bis zu seinem Todestag stets versuchte, mir zu helfen und alles tat, um meinen Vater zu bewegen, mir von Zeit zu Zeit etwas Vergnügen und Abwechslung zu gewähren. Mich bekümmerte dieser Tod sehr, und sogar mein Vater fand einige Worte des Bedauerns, denn dieser ehrenwerte Gentleman war der einzige Mensch, dem mein Vater je traute – außer später meinem Gatten.

Ich gehörte nun einem bestimmten Berufskreis an und trat mit Menschen ähnlicher Beschäftigung in Beziehung. Dabei begegnete ich einem Mann, der sich bald sehr zu mir hingezogen fühlte und mir einen Heiratsantrag machte, den ich aber abwies. Er drängte mich zur Heirat, aber ich weigerte mich, teils, weil ich ihn nicht liebte, und teils, weil ich wußte, daß mein Vater die Verbindung nie erlauben würde, denn er war Christ, und die Ehe würde der Religion meines Vaters widersprochen haben. So standen die Dinge lange Zeit. Seine Schwester, mit der ich eng befreundet war, führte mit ihrem Mann zusammen ein großes Kurhaus am Meer. Wenn ich dort meine Sommerferien verlebte, trafen wir uns. Wir wechselten auch gelegentlich Briefe. Unterdessen hatten mehrere jüdische Bewerber, dem jüdischen Brauch entsprechend, um meine Hand angehalten; einen begünstigte mein Vater besonders, weil er reich war. Um mich zu bewegen, ihn zu nehmen, sagte er, er wolle mir am Hochzeitstag 10 000 Pfund geben. Ich aber wollte gar nicht heiraten, ich zog die Ehelosigkeit vor und war eingenommen von einem platonischen Leben, das sich auf reiner Liebe aufbaute; ich wollte auch in der Ehe freundschaftlich und rein kameradschaftlich leben. Mein Vater behauptete, ich sei verrückt, so etwas für möglich zu halten; auch meine Mutter hatte stets gesagt, für menschliche Männer und Frauen sei das unmöglich – aber es war mein Ideal. Wenn ich mich mit jemandem verband, dann sollte es zum Zweck der gegenseitigen Hilfe und Kameradschaft sein. So lehnte ich es auch ab, den Mann zu heiraten, den mein Vater für mich gefunden hatte – und diesmal versuchte er mir nicht seinen Willen aufzuzwingen; er sagte nur scherzend, ich hätte ihm 10 000 Pfund gespart.

Eine religiöse Krise

Damals war ich etwa 30 Jahre alt. Seit ich einen Beruf hatte, war ich unabhängiger und kam mit vielen Menschen in Berührung, hörte vieles Traurige und war dankbar, daß ich helfen und viele betrübte Herzen trösten konnte. Mein Denken beschäftigte sich jetzt mehr mit religiösen Fragen und mit Gott. Vergebens suchte ich einen Glauben, den ich annehmen konnte, denn ich war fast materialistisch eingestellt. Zwar ging ich in die Synagoge, aber nur um meinem Vater zu gefallen. Mir schien dort alles bloße Form ohne geistigen Gehalt, und immer wieder drängte sich mir die Frage auf: Gibt es einen allmächtigen Gott – trotz all des Elends in der Welt? Und wenn er ein Gott der Liebe ist, warum läßt er es zu? Warum leiden die einen so viel, und andere haben nichts als Freuden? Ein Rätsel ist das Leben! Könnte ich es doch lösen! – Aber ich konnte keine Antowrt auf meine Fragen finden. In der städtischen Bücherei besorgte ich mir ein Buch, das von allen Religionen der Welt handelte, um zu sehen, ob ich eine fände, die mir zusagte. Aber keine wußte den Grund des menschlichen Elends und der menschlichen Not.

Ich besuchte Vorträge über religiöse Themen, bei Unitariern, Christen und Juden, aber nirgends fand ich Klarheit. Nach zwei Jahren des Suchens nach dem Licht kam es plötzlich in Gestalt eines Buches zu mir. Ein Buch des Ostens, gesandt an eine Seele im Westen – und da dies das entscheidendste Ereignis in meinem Leben war, kann ich wohl ausführlich darüber berichten. Im November vor meinem 33.

Geburtstag fiel mir ein Buch mit dem Titel »Esoterischer Buddhismus« in die Hände. Es kam unter seltsamen Umständen zu mir. Zwei oder drei Jahre zuvor hatte ich einen alten Mann von etwa 70 Jahren getroffen, der an mir und dem, was ich lehrte, interessiert war; nennen wir ihn Bentley. Er war arm, ein wenig vom Alter gebeugt, seine Kleidung war abgetragen und unansehnlich, aber er war sehr gebildet und hatte ein ereignisreiches Leben hinter sich. Viele Jahre lang hatte er im Osten gelebt, und wie ich hatte er den dringenden Wunsch, die Probleme des Lebens zu lösen. Ich hatte ihn meinem Vater vorgestellt, aber dieser streckte ihm nicht in Freundschaft die Hand entgegen, denn in seinen Augen war Armut ein Verbrechen.

Mir tat der alte Mann herzlich leid, wie er so allein lebte und so wenig Geld und keine Freunde hatte. Deswegen ging ich ab und zu mit ihm spazieren, und wir diskutierten über Leben, Tod und Unsterblichkeit. Er wohnte ganz allein in einer sehr kleinen Hütte, einige Meilen außerhalb der Stadt, und machte alle Arbeit selbst. Gelegentlich half ich ihm ein wenig, indem ich seinen kleinen Haushalt in Ordnung brachte und für ihn kochte. Ich entdeckte, daß er in Adyar zwei Söhne hatte, die ihm ab und zu schrieben. Er zeigte mir manchmal ihre Briefe, in denen sie mit großer Begeisterung von der Gründung irgendeiner Gesellschaft sprachen. Eines Tages nun schrieb mir Herr Bentley ein paar Zeilen, in denen er mich bat, zu ihm zu kommen, da er einige Neuigkeiten für mich hätte. Wie gut besinne ich mich auf diesen Tag, einen Sonnabendmorgen im November, der aber schön und hell war. Als wir uns sahen, lächelte er und sagte: »Hier habe ich etwas, das Ihnen gefallen wird, ein Buch ganz nach Ihrem Sinn, denn es sagt Ihnen, wie Sie sich an den Kamin setzen und in den Weltenraum hinausdringen können; ich selbst verstehe es ganz und gar nicht, aber ich habe es gelesen, um meinen Söhnen zu gefallen, die mich darum baten. Sie befürchteten, ich würde nicht mehr lange leben, und sie waren dringend besorgt, daß ich noch das Wissen um die Wahrheit, wie sie es nennen, bekommen sollte, aber Ihnen wird es, das weiß ich,

auf jeden Fall zusagen; ich glaube, es ist das, was Sie suchen.«
Ich dankte ihm herzlich, und er gab mir seines Sohnes Begleitbrief zu dem Buch zu lesen. Wenn ich es mir jetzt überlege, neige ich zu der Ansicht, daß diese Söhne hellseherisch veranlagt gewesen sein müssen, weil sie vorausgesehen haben, was geschah. Im Augenblick wußte ich nicht, was das alles bedeutete, aber ich nahm das Buch und fragte ihn, wie lange ich es behalten könne. »Behalten Sie es ganz, wenn Sie wollen«, sagte er, »ich brauche es nicht wieder.« Als ich mich verabschiedete, fiel mir auf, daß er nicht gut aussah. Er sagte, sein Herz mache ihm in letzter Zeit zu schaffen. Ich weiß, wie dankbar ich ihm für sein Gedenken an mich und das Buchgeschenk war, und so kehrte ich nach Hause zurück.

Das Buch

Ich wußte, daß ich nicht in Ruhe würde lesen können, ehe mein Vater zu Bett gegangen war. Da er im allgemeinen um 20.30 Uhr hinaufging – er brauchte bei seinem hohen Alter viel Ruhe–, wartete ich gespannt darauf. Als ich ihn im Bett wußte, zog ich mich selbst in mein Schlafzimmr zurück. Ich schloß meine Tür ab, zündete das Licht an, setzte mich an den Kamin und schlug das Buch auf. Die ganze Nacht hindurch las ich weiter und weiter und machte nur Pausen, wenn mir die Tränen in Strömen herabflossen und ich die Buchstaben nicht mehr erkennen konnte. Ich drückte das Buch ans Herz wie einen geliebten Freund und rief: »Ich habe die Wahrheit gefunden, ich habe sie gefunden; Gott, ich danke dir für das Licht!« Als mir am Sonntagmorgen das Mädchen den Tee brachte, war ich Schülerin der Theosophie, und nach vierunzwanzig Jahren in der Theosophischen Gesellschaft glaube ich heute nicht fester an diese Lehren als in jenen Stunden. Es war eine Bekehrung für mich. In der Nacht der Unwissenheit flammte das Licht auf; ich war blind gewesen, nun sah ich. Ich war wirklich glücklich, denn ich hatte sehr nach dem Manna der Weisheit verlangt. Ich hatte gedürstet nach Wahrheit und hatte endlich das Wasser des Lebens gefunden und wußte, daß mich nie wieder dürsten würde. In dieser Nacht fühlte ich mich wie neugeboren. Jetzt verstand ich Gottes Wege mit den Menschen; Karma und Reinkarnation erklärten mir die Ungleichheiten unter ihnen; ich wußte, daß ein großes Gesetz in der Welt wirkte und daß allem die Liebe Gottes zur Menschheit zugrunde liegt. Ich schloß meinen Schatz, den »Esoterischen Buddhismus«, sorgfältig ein, aber seine Gedanken erfüllten mich ganz. Als wir am Montag bei Tisch saßen, sagte mein Vater: »Weißt Du, wer gestorben ist?« Ich wußte es nicht. »Dein alter Freund, Herr Bentley; man fand ihn tot in seinem Armstuhl mit den Füßen am Kamin. Einer seiner Nachbarn sah, daß Milch und Brot vor seiner Tür lagen; da er glaubte, er sei krank, ging er hinein und fand ihn tot.«

Mein alter Freund! Ein wahrer Freund! Wie oft habe ich ihn seither gesegnet, daß er mir das Buch schenkte. Am Sonnabend gab er mir den »Esoterischen Buddhismus«, am Montag war er tot. Das beeindruckte mich stark. Einen Monat später kam Annie Besant und hielt zwei theosophische Vorträge, einen über Karma und Reinkarnation, den anderen über das Entwicklungsgesetz. Selbstverständlich ging ich hin, und am Schluß stellte ich ihr mehrere Fragen, die sie eingehend beantwortete. Ich stand ihr voll Bewunderung und Verehrung gegenüber, denn sie sprach wirklich ausgezeichnet, und ich hätte sie gern persönlich kennengelernt, aber eine innere Stimme, die mich oft geleitet hat, sagte mir: »Du wirst sie sehr gut kennenlernen, aber erst später.« In kritischen Perioden meines Lebens bin ich mir stets einer inneren Stimme bewußt gewesen, die mich zu führen schien. Mehrere Male bin ich durch ihren Einfluß aus Gefahren gerettet worden. Einen Monat darauf erfuhr ich, daß es in Bournemouth eine Theosophische Loge gab, und ich schloß mich ihr an. Das war etwa an meinem 33. Geburtstag.

Ich wollte nun meinen Freunden einige der Wahrheiten verständlich machen, die mich ganz erfüllten; ich war überrascht, daß die Wahrheit, die mir so viel bedeutete, von meiner Umgebung mit Lächeln aufgenommen wurde. Begeistert stellte ich sie ihnen vor, aber nur zu oft waren Lächeln und Kritik der

ganze Erfolg. Man sagte mir, Frau Blavatsky treibe Scharlata-
nerie und Annie Besant arbeite mit dem bekannten Atheisten
Brodlaugh zusammen. Vergebens war meine Erklärung, Frau
Blavatsky sei eine der größten Lehrerinnen unserer Zeit, und
Annie Besant bemühe sich nur, die Wahrheiten zu verarbeiten,
die Frau Blavatsky in der »Entschleierten Isis« und der »Geheimlehre« der Welt geschenkt hat. Mit der Zeit wurde mir klar,
daß nur wenige die Wahrheiten der Religion der Weisheit begreifen konnten. Vergeblich war auch mein Versuch, meinem
Vater, dem strenggläubigen Juden, ein wenig von der theosophischen Lehre zu vermitteln; er bat mich, niemanden außer
ihm von diesen Ideen zu erzählen, weil man mich sonst auf
meinen Geisteszustand untersuchen könnte.

Heirat

Schließlich fand ich einen Menschen, der wenigstens zuhörte
und einige der Lehren auch zu glauben schien. Es war der
Bruder meines Freundes, der mich dann herzlich bat, seine
Frau zu werden. Ich erwiderte ihm, daß ich mich bisher noch
nie in dieser Weise um einen Mann gekümmert hätte, und
wiederholte, was ich ein oder zwei Jahre zuvor gesagt hatte:
daß ich unmöglich einen Christen heiraten könnte, weil ich
meinem Vater, der sehr betagt war und nicht mehr lange leben
konnte, nicht weh tun wollte. Eines Tages sagte er zu meiner
größten Überraschung: »Um Ihretwillen werde ich zum jüdischen Glauben übertreten; ich werde Ihren Vater besuchen,
um ihm das mitzuteilen.« Ich machte ihn auf die physische
Gefahr, der er sich zu unterziehen hätte und die eine schwere
Probe darstellen würde, aufmerksam, aber ohne Erfolg. Ich
sagte ihm auch, daß ich für ihn nur freundschaftliche Gefühle
empfände, und entwickelte ihm mein Ideal eines platonischen Lebens. Er erklärte, daß dies auch sein Ideal sei, auch
wünsche er sich in der Ehe nur Kameradschaft. Dabei kam mir
nie der Gedanke, man könnte mich, da mein Vater damals ein
sehr wohlhabender Mann war, für eine »gute Partie« halten. Er
führte weiter an, daß ich ihn – da wir beide Phrenologen wa-

ren – in seinem Beruf, der gleichzeitig der meine war, unterstützen könnte. Wir würden gemeinsam arbeiten und es allmählich zu Wohlstand bringen. Dann sagte er, daß er Mitglied der Theosophischen Gesellschaft werden würde. Er habe zwar kein Vermögen, sei aber ein tüchtiger Arbeiter, und zusammen würden wir uns finanziell sehr gut stellen. Ich bat um sechs Monate Bedenkzeit. In dieser Zeit erwarb ich die Mitgliedschaft des inneren Kreises der Theosophischen Gesellschaft und studierte neben meiner Arbeit eifrig »Die entschleierte Isis« und »Die Geheimlehre«. Schließlich gab ich meine Einwilligung zur Verheiratung, unter der Voraussetzung, daß auch mein Vater einverstanden sei.

Zu dieser Zeit hatte mein Vater schon manchmal den Gedanken, ich würde überhaupt nicht heiraten, und vom jüdischen Standpunkt aus ist die Ehe Pflicht jeder Frau. Seltsamerweise war mein Vater von diesem jungen Mann wegen seines Mutes, Jude zu werden, begeistert. Er sagte ihm also, wenn er die Zeremonie durchgemacht hätte, würde er ihm seine Tochter geben, aber Geld würde er nicht erhalten. Wenn ich einen armen Mann heiraten wollte, so sollte ich selbst sehen. Einen Monat später wurde er in die Gemeinde Israels aufgenommen, und im folgenden Frühling wurden wir nach jüdischem Ritus getraut.

Astrologie

Unterdessen war ich in Andermouth gewesen, hatte Versammlungen besucht, Vorträge gehalten und in der Theosophischen Loge geholfen. Eines Tages wurde die Astrologie besprochen, und ich erklärte, daß ich nicht recht daran glaubte, weil zwei oder drei Astrologen mein Horoskop gestellt hätten, aber keines zutreffend war. »Wer war das?« sagte einer aus der Gruppe. »War es Alan Leo?« – »Nein«, sagte ich. »Wer ist das denn?« Man erzählte mir, er sei Astrologe und Herausgeber einer astrologischen Zeitschrift, und wenn ich diese abonnierte, würde ich eine schriftliche Deutung meines Horoskops von ihm erhalten. Ich sagte, ich würde das tun, bemerkte aber zu unserem Sekretär: »Sie schicken dem Astrologen meine Geburtstdaten, so daß er nichts aus der Handschrift deuten kann« – denn ich wußte, daß man viel daraus lesen konnte. So sandte der Sekretär der Loge meine Geburtsangaben ein, woraufhin ich die Zeitschrift und das Horoskop erhielt.

Die Deutung war sehr kurz, sie umfaßte kaum zwei Seiten, aber jedes Wort war wahr. Da sagte ich: »Hier ist etwas, daß ich selbst studieren muß.« Ich setzte mich sofort hin und schrieb, wie sehr mir die Deutung gefallen hatte und daß ich von ihrer Genauigkeit überrascht war. Dann bat ich den Verfasser, wenn er einmal in unsere Stadt käme, mich zu besuchen, da ich seine Schülerin werden wolle. Und eines Tages kam er. Ich glaube nicht, daß mich seine Persönlichkeit irgendwie anzog, aber die Sterne leiteten mich, und ich wünschte dringend, brieflich von ihm unterrichtet zu werden. So gab er mir nach diesem Zusammensein brieflichen Unterricht, und da wir beide tief in die Weisheit des Ostens eingedrungen waren, hatten wir viel Berührungspunkte. Er liebte die Astrologie; wenn sie mich auch ganz gefangennahm, so stellte sie sich für mich jedoch nicht unter religiösem Aspekt dar. Für mich war sie nur eine Wissenschaft, aber tiefer und umfassender als irgendeine, die ich zuvor studiert hatte. Ich glaubte daran, konnte aber nicht ihre vernunftmäßige Erklärung verstehen. Erst später, in einem Traum, wurde mir die Erkenntnis zuteil, daß die Sonne die Verkörperung des Gottes des Sonnensystems ist und daß die Sterne Planetengeister sind, deren äußere Hülle der Stern darstellt – da erlebte ich die spirituelle und religiöse Seite der Astrologie.

Ehescheidung

Als ich von einer Amerikareise nach England zurückkehrte, traf ich meinen Gatten in Andermouth wieder. Er nahm das Studium der Astrologie auf, da er glaubte, damit Geld verdienen zu können. Ich verbrachte jedes Wochenende bei meinem Vater, hatte aber dort für meine Berufsausübung ein Büro und ein Sprechzimmer, wo ich Leute empfing. Oft arbeitete ich von 10 Uhr früh bis Mitternacht, untersuchte Köpfe, sprach und hielt Vorträge. Mein Beruf verschaffte mir einen tiefen Einblick in die menschliche Natur, und bald wußte ich auch, daß meine Ehe ein Irrtum war, denn ich war sehr unglücklich. Ich entdeckte, daß ich nicht um der Liebe und Kameradschaft willen geheiratet worden war, wie ich geglaubt hatte, sondern wegen des Vermögens, das mir eines Tages zufallen würde. Die ganze Verantwortung des Geschäfts ruhte auf meinen Schultern, die meiste Arbeit leistete ich, und dabei gab ich das Geld meinem Mann, so daß ich nie welches hatte, obwohl ich Tag für Tag arbeitete. Um mein Unglück vollzumachen, mußte ich erkennen, daß meines Gatten Ideale den meinen ganz fremd waren, daß er wie mein Vater nur das Geld liebte und daß er für meine Begriffe viel zu sparsam war – denn für mich bedeutete das Geld nur ein Mittel zum Zweck und niemals einen Selbstzweck.

Er wurde nie wirklich ein Schüler der Theosophie, und unsere Beziehung wurde gespannt. Schließlich erwirkte ich nach nur sechsmonatiger Ehe die gerichtliche Scheidung und das Recht, wieder meinen Mädchennamen zu führen. Wenn je eine Ehe in besonderer Weise karmisch belastet war, dann diese. Vieles war in ihr von ganz einzigartiger und privater Natur, und die Täuschung und Enttäuschung konnte schließlich nur in einem Abbruch der Beziehungen enden.

In meines Vaters Haus nahm ich meine Arbeit wieder auf und erweiterte sie duch das Studium der Astrologie. Etwa zwei Jahre darauf heiratete ich meinen jetzigen Gatten, den ich aufrichtig liebe, zum Zwecke gemeinsamer Arbeit.

Die zweite Ehe

Einige Jahre lang hielt ich meine zweite Ehe geheim, aus Furcht, mein Vater würde mir nie verzeihen, einen »Nichtjuden« geheiratet zu haben. So mußte ich, zum Teil mit meinem Vater, zum Teil mit meinem Gatten, ein Doppelleben führen. Da ich zuvor mehrere Jahre auf Vortragsreisen gewesen war, war es leicht, den alten Mann in Unklarheit zu lassen. Ich tat es vor allem um seinetwillen. Er war jetzt an die neunzig Jahre alt, und ich befürchtete, daß ihn ein Wutanfall hätte ernstlich krank machen oder sogar töten können; außerdem wollte ich ihn auch nicht unglücklich machen. Irgend jemand aber, der mich und meinen Gatten oft zusammen sah, sagte meinem Vater, wenn ich noch nicht verheiratet sei, dann müßte ich es auf jeden Fall tun. Als ich dann von einem Besuch bei meinem Gatten zurückkehrte, fragte mein Vater mich plötzlich: »Sage mir die Wahrheit, bist du heimlich verheiratet?« In diesem Augenblick war mir klar, was geschehen würde, aber ich konnte den alten Mann nicht belügen. So sagte ich: »Ja.« Und als er meinen Trauschein sah, sagte er: »Du hast nach deinem Willen gehandelt, nun werde ich nach meinem handeln. Ich werde dir nur so viel hinterlassen, daß du nicht zu verhungern brauchst; nie werde ich dir verzeihen, daß Du mich betrogen hast.« Daraufhin kehrte ich also in das Haus meines Gatten zurück und blieb dort. Als mein Vater später schwächer wurde und seine Gesundheit nachließ, schrieb er mir, daß ich kommen und ihn versorgen möge, aber allein kommen müsse. Erst später durfte ich auch meinen Gatten mitbringen. Von da an lernte er meinen Gatten sehr schätzen und akzeptierte ihn. Und eines Tages sagte er mir, der Mann, den ich geheiratet hätte, sei weder ein Schurke noch ein Narr, sondern ein guter Mensch.

Nach einer langen Krankheit, während der ich ihn Tag und Nacht pflegte, stellte er ein neues Testament auf, in dem er mir seinen ganzen irdischen Besitz hinterließ, der inzwischen ganz beträchtlich zusammengeschmolzen war. Mit 90 Jahren ist ein Mann den Börsenintrigen nicht mehr gewachsen, und tatsächlich hatte er seit Jahren ständig Geld eingebüßt; dennoch konnte er es nicht lassen. Er wußte, daß er ein Spieler war, und er spekulierte noch vier oder fünf Jahre vor seinem Tode, obwohl er schwer krank war und der Arzt ihn gewarnt hatte, daß ihm die kleinste Aufregung zum Verhängnis werden könnte. Er gab dies zweifelhafte Geschäft erst auf, als wir die Entdeckung machten, daß von seinem ganzen Vermögen nur noch etwa sieben- oder achttausend Pfund übrig waren!

Glück und Unglück

Mit meiner zweiten Ehe begann die glückliche Periode meines Lebens. Wir hatten einen Kreis Menschen um uns versammelt, denen wir helfen und die wir lehren konnten; wir liebten einander herzlich, und von Jahr zu Jahr wurde das Leben voller und glücklicher.

Mein Vater, der immer schwächer wurde, starb fast genau an meinem fünfzigsten Geburtstag, mit 102 Jahren an Altersschwäche. Kurz vorher hatte ich eine sehr ernste Bronchitis und eine leichte Pneumonie. Sie fesselte mich sechs Wochen lang ans Bett, und noch einen Monat später war ich sehr schwach. Zwei Jahre später wurde ich in einen Prozeß verwickelt, der zu meinen Gunsten ausging. Dann bescherte mir ein gutes Karma das unschätzbare Vorrecht, Adyar zu besuchen. Sicherlich aufgrund eines günstigen Karmas aus der Vergangenheit führte mich das Geschick zu Füßen eines so großen Menschen wie Annie Besant, deren Leben und Lehren mich begeisterten, die meine Ideale in sichtbarer Form lebte und der ich zu so unendlichem Dank verpflichtet bin für alle Hilfe, die sie mir gegeben hat, daß ich diese Schuld nie abtragen kann.

Während der letzten fünf Jahre hat sich meine Gesundheit, die mich bis dahin nie im Stich gelassen hatte, ziemlich verschlechtert und hindert mich zu leisten, was ich gern möchte. Wenn die Anstrengung stärker ist als das Schicksal, so kann ich doch feststellen, daß ich mit allen mir zu Gebote stehenden Mitteln versucht habe, meine Widerstandskraft zu stärken, denn man braucht zum Arbeiten in der Öffentlichkeit einen starken physischen Körper. Was die Zukunft bringt, liegt jetzt ganz in Gottes Händen. Nur einen Wunsch habe ich: gesund zu sein, um besser für die große Sache der Theosophie und der Brüderlichkeit arbeiten zu können – um aus dankbarem Herzen das Licht, das mir zuteil geworden ist, in vollem Maß an andere weitergeben zu können. Wenn aber mein Karma aus der Vergangenheit zu schwer ist und mein Körper nicht mehr zu öffentlichem Wirken taugt, was bei so vielen

MENSCHLICHES DOKUMENT

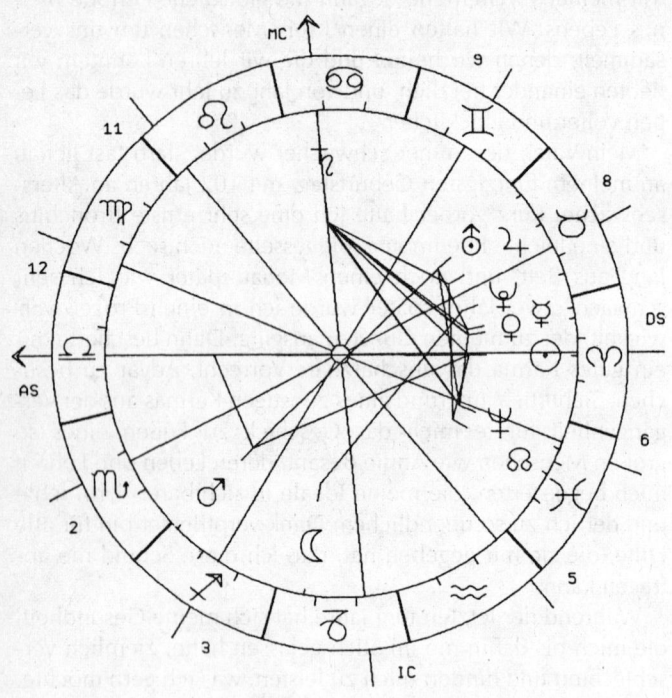

Radix

☉	♈	15	42	☉										
☾	♊	6	58		☾									
☿	♈	27	22			☿								
♀	♈	24	47			♂	♀							
♂	♐	1	58	⯃				♂						
♃	♉	18	31						♃					
♄	⊗	21	42	□		□	□		✶	♄				
☊	♉	26	50			⚹		⚹		☊				
♅	♓	23	14					⚹		△	✶	♅		
♆	♓	5	41			△							♆	
☊	♓	16	27	⯃	⚹					✶				☊
AS	♎	16	38	♊				∠						
MC	⊗	21	51				□			♂		△		

Datum   : 5. 4.1858
Zeit   : 18h 40m
Zone   : GMT
Länge   : 0W 10'
Breite : 51N 30'

Häusersystem Placidus

296

Planeten in kardinalen Zeichen eine Lebensnotwendigkeit ist, dann will ich wenigstens daran denken, daß »auch die dienen, die nur aushalten und warten«.

Die esoterische Deutung des Horoskops

Dieses Dokument eines Menschenlebens, das hier zum Studium der Esoterischen Astrologie angeführt wird, gibt die Tatsachen so exakt so wieder, wie sie sich im Leben ereignet haben. Es zeigt eigenartige Erlebnisse, in denen das Karma oder das in den vergangenen Leben angehäufte Schicksal in der gegenwärtigen Existenz ausgelöst wurde, um einen weiteren Fortschritt auf dem Wege der spirituellen Entfaltung zu erzielen. In der gewöhnlichen Horoskopdeutung wird man für jedes Ereignis die betreffenden Konstellationen anführen. Das würde aber nur die Ereignisse und besonderen Erlebnise zeigen, während man esoterisch zugleich die inneren Erfahrungen deuten will, die sich aus den Ereignissen ergeben. Um diese äußeren Ereignisse zu belegen, werden wir die exoterische Deutung kurz durchgehen, bevor wir uns mit der Deutung vom esoterischen Standpunkt befassen.

Die exoterische Deutung

Die Horoskopinhaberin war das einzige Kind schon betagter Eltern, da die Mutter bei der Geburt 42 und der Vater 52 Jahre alt war. Die Mutter wird repräsentiert durch den Mond im Steinbock im 3. Haus, der Vater durch Saturn im Krebs am Medium Coeli. Sie ließ sich schwer aufziehen, da sich der Mond im Steinbock dem Quadrat der Sonne nähert, und diese unter Quadrat zu Saturn steht. Die betreffende Person wurde gesund geboren, da der Geburtsgebieter Venus in einem Eckhaus und die Sonne im Widder steht. Die Ereignisse in der Kindheit können alle aus der Stellung der Sonne in Opposition zum Aszendenten erklärt werden, zu der der erhöhte Saturn (der sich im Krebs in seinem Fall befindet) im Quadrat steht. Das Satur/Venus-Quadrat erklärt die Schwierigkeiten mit der Amme und die Gefahr des Verhungerns. Im Alter von zwei Jahren verfehlte sie eine Treppenstufe, wurde aber von ihrer Mutter gerettet. Das ist wieder auf Saturn und das Eineinhalbquadrat Sonne/Mars zurückzuführen. Auch Kinderkrankheiten entstehen aus diesen beiden Einflüssen. Die Horoskopinhaberin lernte rasch: Merkur im 7. Haus im Widder in Konjunktion zu Venus. Ernste häusliche Schwierigkeiten entstanden im Alter von 16 Jahren. Die Eltern trennten sich; der progressive Mond in Parallele zum Uranus brachte eine Krise, und die mundane Mars/Saturn-Opposition als Herrn des 4. und 10. Hauses (wobei Mars gleichzeitig in Parallele zum Uranus stand) bezeichneten das Ende der unbekümmerten Jugend.

Reisen und Religion

Aus esoterischer Sicht ist ein Ereignis wichtig und verdient besondere Beachtung: Mit 21 Jahren trat die Horoskopinhaberin, um ihrem Vater zu gefallen, zum jüdischen Glauben über und durfte dafür zwei Monate lang ins Ausland reisen. Man beachte, daß Mars im Schützen, dem neunten Zeichen, steht, dem die Religion zugeordnet wird. Die betroffene Person sagt selbst, daß sie immer zwischen zwei Religionen gestanden hat. Das Christentum (von Mars repräsentiert) lag ihr durch ihre Mutter nahe, und doch wurde sie letztlich Jüdin, als der progressive Mond über ihren Waage-Aszendenten ging. Sie behauptet, alle religiösen Tatsachen bezweifelt zu haben – Merkur als Herr des 9. Hauses steht im Quadrat zu Saturn. Kurz nach der Geburt wurde Mars rückläufig. Er lief aus dem Schützen in den Skorpion und bewegte sich auf das Trigon zu Saturn zu. Saturn war der höchststehende Planet im Horoskop; er symbolisiert den Vater, und da Saturn im Quadrat zu Merkur, dem Herrn des 9. Hauses, steht, kann man leicht die esoterische Ursache für die beiden Religionen erkennen.

Vom esoterischen Standpunkt aus ist eines im Horoskop entscheidend – das ist die Wirkung der Lebensereignisse auf das Bewußtsein. Auch hier sehen wir Vorkommnisse, die äußere Wechsel wie innere Bewußtseinswandlungen hervorrufen, denn aufgrund der Tatsache, daß zwei Religionen den ersten Teil des Lebens der Horoskopinhaberin beeinflußten, kam sie schließlich zur Theosophie die keinen speziellen Glauben vertritt, sondern auf dem Gedanken beruht, daß jede Religion einen Wahrheitsgehalt besitzt.

Aus dem progressiven Horoskop sieht man, daß sich die Planetenstellungen von der Geburt aus so verschoben, daß die Möglichkeit neuer Bewußtseinserweiterung bestand. Das geschah mit 33 Jahren, als der progressive Merkur in Konjunktion zu Jupiter stand und ein Sextil zu Saturn bildete; auch die Sonne bewegte sich zu dieser Zeit auf die Konjunktion mit Jupiter hin, der mit dem religiösen Empfinden und inneren Wandlungen zusammenhängt.

Der innere Zwiespalt

Die zwiespältigen Einflüsse sind in diesem Horoskop stark betont, und zwar so deutlich, daß sie bei fast allen entscheidenden Ereignissen zutage treten. Die Geborene wurde in zwei Religionen von entschieden gegensätzlichem Charakter erzogen; dann hatte sie während des größten Teils ihres Lebens zwei Elternhäuser, und sie hatte zwei wichtige Liebeserlebnisse. Sie hatte auch zwei gerichtliche Auseinandersetzungen: Durch die erste wurde ihre Ehe geschieden, während die zweite alle ihre Beziehungen zu der jüdischen Verwandtschaft löste, sie von allem trennte, was ihren Vater betraf, und sie nach dem Tod ihrer Mutter ohne verwandtschaftliche Bindungen ließ.

Vom esoterischen Standpunkt aus würden wir nun erkennen, daß das Streben nach Vereinigung der beiden Religionen ihre tiefe Hinneigung zur Theosopie hervorrief; in der Lösung aller verwandtschaftlichen Beziehungen sieht man die Auswirkung eines von diesen Verflechtungen befreiten Bewußtsseinsstadiums; in ihren Neigungen liegt die sie befriedigende Form von Vereinigung, die Realisation von einigen ihrer Ideale. Alles das kann eine esoterische Betrachtung der Nativität verbinden.

Vom exoterischen Standpunkt aus wird keines dieser Erlebnisse deutlich erfaßt, und eine gewöhnliche Horoskopdeutung kann nur Hinweise liefern. Durchleuchten wir diese Nativität mit esoterischen Erkenntnissen, so erkennen wir die zugrundeliegenden Einflüsse, die das Bewußtsein wie die äußere Form beherrschen, und wir können durch das ganze Leben das Wechselspiel von Bewußtsein und Form verfolgen. Selbstverständlich erlaubt jedes Horoskop sowohl eine Charakterdeutung als auch eine Auslegung des Schicksals, aber ohne Kenntnis der Esoterischen Astrologie ist es außerordentlich schwierig, beide Arten der Deutung in Einklang zu bringen.

Mars, Saturn und Uranus

Der Dualismus des ganzen Horoskops ist so betont, daß er den Gedanken nahelegt, die nach außen drängenden Energien sollen im gegenwärtigen Leben der Horoskopeignerin zurückgedrängt werden und sich vielmehr auf den inneren und subtileren Ebenen sammeln. Ihr Vater z. B. war ein alter und äußerst weltlich eingestellter Mann, der das Durchschnittsleben eines materiell gesinnten Menschen führte und die Formseite ihres Lebens wesentlich bestimmte. Man beachte aber auch, wie ein anderer alter Mann in ihr Leben trat und ihr ein Buch schenkte, das ihre spirituelle Natur öffnete und dessen Lehren sie erleuchteten. Ihre Empfänglichkeit führte dazu, daß sie in ihrem Leben drei verschiedene religiöse Phasen durchmachte: der aufsteigende Mars – die christliche Religion; der erhöhte Saturn – die jüdische, und der Uranus – die theosophische, die durch Jupiter, der in Konjunktion mit Uranus steht, zur Entfaltung kam.

Eine sehr eigenartige Tatsache, die sich vom exoterischen Standpunkt aus nicht erklären läßt, ist die, daß die Geborene zwar zweimal verheiratet war, aber »virgo intacta« blieb. Das bei der Geburt aufsteigende (zweite-)Wassermann-Dekanat der Waage steht in Beziehung zu Wassermann an der Spitze des 5. Hauses. Dadurch wurde der Einfluß des Venus/Saturn-Quadrats zum Physisch-Materiellen zum Spirituellen hin gewandelt. So ist das ganze Horoskop ein eigenartiges Beispiel für die Umformung von Einflüssen vom Niederen zum Höheren. Bei so vielen untergehenden Planeten erweist sich das Leben als schicksalsbedingt. Es treten Ereignisse ein, die sich der Beherrschung der Horoskopinhaberin entziehen. Deutlich ist die Umwandlung der gewöhnlichen Bedeutung des Horoskops in spirituelle Erfahrungen betont.

Das progressive Horoskop und die Primärdirektionen

Einer esoterischen Deutung bedarf auch eine andere Stellung in diesem Horoskop: die Progression Merkurs zur exakten Konjunktion mit Jupiter und seine Rückkehr zur Geburtsstellung, da er unmittelbar, nachdem er die Konjunktion erreicht hat, rückläufig wird. Man wird verstehen, daß bei allen esotrischen Betrachtungen einer Nativität die Progression der Planeten viel bedeutsamer ist als Mundanaspekte oder Primärdirektionen, die nur Äußeres betreffen.

Exoterisch und Esoterisch:
Analyse und Synthese

Wir werden das Horoskop vom exoterischen Standpunkt aus betrachten und die esoterischen Auffassungen einflechten, um die vorher gemachten Aussagen noch deutlicher klarzustellen.

Zuerst prüfen wir das Horoskop im Lichte der verschiedenen Synthese-Methoden. Die Analyse zerlegt ein Horoskop in seine Komponenten: Häuserstellung, Zeichenstellung, Aspekte, Triplizität, Quadruplizität, Würden, Schwächen usw. Die Synthese benutzt einige dieser Gruppierungen methodisch, um sonst getrennte Einflüsse zu verbinden und sie unter wenigen, allgemeinen Begriffen zu erfassen, um dadurch das Horoskopstudium zu vereinfachen. Z. B. bilden in diesem Horoskop Mars und Venus keinen Aspekt, stehen aber beide in Feuerzeichen; Mond und Saturn bilden keinen Aspekt, stehen aber in kardinalen Zeichen; Mond und Neptun aspektieren sich nicht, stehen aber beide in fallenden Häusern. Bildet man derartige Gruppen, so vereinigt man Einflüsse, die sonst oft getrennt bleiben würden, und es fällt Licht auf das Problem eines bestimmten Horoskops.

Beginnt man bei den Häusern, so findet man vier Planeten in Eckhäusern, drei in folgenden und zwei in fallenden Häusern. Die Eckhäuser sind also am stärksten besetzt und beherrschen das Horoskop, soweit man von dieser Einteilung ausgeht. Die beiden betroffenen Häuser sind das 7. und das 10., und die Planeten in diesen beiden Häusern sind Sonne, Venus, Merkur und Saturn. Eckhäuser führen den Geborenen irgendwie in die Öffentlichkeit; ob im günstigen oder ungünstigen Sinne, hängt von der Art der Kombination ab. Der Horoskopinhaberin bringt dies viele Bekanntschaften, und es sichert ihr einen weiten Bekanntheitsgrad. Im vorliegenden Fall sind die Ehe und die Verbindung mit anderen Menschen außerhalb des häuslichen Lebens die Lebensbereiche, die eine entsprechende Wirkung ausüben, da das 7. Haus am stärksten betont ist. Könnte man Sonne, Venus und Merkur ganz für sich betrachten, so wäre das Ergebnis im Sinne von Popularität, Freundschaft, Glück und Erfolg durchaus günstig. Bis zu einem gewissen Grade wirkt sich das auf jeden Fall aus, weil auch die Hemmungen, die sich bemerkbar machen, so starke Stellungen im 7. Haus nicht völlig neutralisieren können. Die ungünstigen Einflüsse kommen zum Teil vom Mars (Sonne im Eineinhalbquadrat zu Mars) und bedeuten Unannehmlichkeiten mit Geld, Geldverluste, einen Prozeß um Geld. Vor allem aber kommen ungünstige Einflüsse vom Saturn, der im 10. Haus im Quadrat zum 7. Haus steht und das 4. beherrscht. Daraus ergeben sich Sorgen im häuslichen Leben, Disharmonie zwischen den Eltern, Widerstreit zwischen

Vater und Verheiratung, Sorge und Kummer durch den Vater sowie die Gefahr feindlicher Kritik und unliebsamen Aufsehens in der Öffentlichkeit. Dabei verleiht Saturn jedoch auch eine gewisse Kraft und Autorität, die durch die erhöhte Sonne im Eckhaus stark geschützt wird, und die Quadrate widersprechen dem nicht.

Wenden wir uns nun der Stellung in den Zeichen zu, so finden sich fünf Planeten in kardinalen, zwei in festen und zwei in veränderlichen Zeichen. Hier zeigt sich ein beträchtliches Übergewicht des Kardinalen, noch verstärkt dadurch, daß ein Kardinalzeichen aufsteigt. Allgemein entsprechen die kardinalen Zeichen den Eckhäusern und bedeuten auch ähnliches. Aber die Stellung in den Zeichen betrifft die inneren, aus dem Charakter entspringenden Impulse, während die Stellung in den Häusern mehr das betrifft, was dem Menschen als Schicksal, als unvermeidlicher Zwang der Lebensumstände erscheint. In unserem Fall stimmt beides überein, denn mit Ausnahme des Mondes stehen die Planeten in kardinalen Zeichen gleichzeitig in Eckhäusern. Kardinalzeichen zeigen einen aktiven, energischen Charakter an, der unternehmerisch und selbstvertrauend ist, den Wechsel liebt, sich nach mehreren Richtungen hin entfaltet, viele Interessen hat, mit verschiedenen Bevölkerungsschichten in Berührung kommt und die mannigfaltigsten Verbindungen mit den unterschiedlichsten Menschen eingeht. Das führt zu vielen Freundschaftsbündnissen (oder Feinden, wenn die Aspekte schlecht sind) oder zu einem wie auch immer gearteten bedeutsamen Hervortreten an die Öffentlichkeit. Aber während ein Mensch mit starken kardinalen Zeichen dies durch eigene Anstrengungen zuwege bringt – mehr oder weniger vorsätzlich und zu bestimmtem Zwecke, erreicht ein anderer, der Planeten in Eckhäusern hat, aber wenige oder keine Planeten in kardinalen Zeichen, Bedeutung, Macht, Ruhm usw. durch äußere Umstände, selbst wenn es gar nicht sein Wunsch ist oder wenn er keinen Erfolg hat. Lord Tennyson hat Mond, Venus und Sonne in Eckhäusern, aber nur zwei Planeten kardinal und ein veränderliches Zeichen (Zwillinge) am Aszendenten. Er kam zu großer

Berühmtheit, die er ruhig hinnahm, aber er selbst war sehr zurückhaltend und liebte persönliches Hervortreten oder Popularität gar nicht. Lord Byron hatte auch drei Planeten in Eckhäusern: Mars, Saturn und Venus. Aber er hatte fünf in kardinalen Zeichen und ein kardinales Zeichen am Aszendenten; er wußte den Wert der Popularität wohl zu schätzen und freute sich darüber, daß er die Blicke der Menge auf sich zog.

Von den verschiedenen Faktoren, die die Aussagen über die Zeichenbesetzung und andere Gruppen unterstützen oder einschränken, hat der Aszendent selbstverständlich den größten Einfluß, weil er den Horoskopeigner in der direktesten Weise verkörpert und der Schlüssel zum Ganzen ist. Da im vorliegenden und in Lord Byrons Horokop der Aszendent in einem kardinalen Zeichen liegt, gehört jeweils der Aszendent zu der Gruppe, die die meisten Planeten enthält. Das gibt den Aussagen über die kardinalen Zeichen noch größeren Nachdruck und mehr Bedeutung. Im Gegensatz dazu hat in Tennysons Horoskop das aufsteigende veränderliche Zeichen Zwillinge sehr wenig Verwandschaft mit Eckhäusern oder kardinalen Zeichen und schwächt infolgedessen nicht nur ihre direkte Bedeutung ab, sondern läßt ihren Einfluß nur indirekt wirken. Daraus sieht man, daß mehrere verschiedene Kombinationen von Zeichen- und Häuserbesetzung auf diese Weise gewonnen werden können.

Bei der Suche nach dem stärksten Planeten finden wir Saturn über alle anderen Himmelskörper erhöht; deshalb hat er die stärkste mundane Kraft. Die im Widder erhöhte Sonne hat die größte zodiakale Kraft. Beide stehen kardinal und in Eckhäusern und unterstreichen die Aussagen, die in bezug auf diese Gruppen gemacht worden sind.

Sonne, Mond und Aszendent

Wenn wir dieselbe Methode zur Untersuchung der drei bedeutsamen Punkte im Horoskop annehmen, finden wir alle in Kardinalzeichen, so daß die Bedeutung dieser Gruppe erneut hervorgehoben wird. Die Einteilung dieser drei ist in »Die

Kunst der Synthese« (3. Ausgabe) ausführlich dargestellt. Die Vereinigung aller drei in Zeichen derselben Quadruplizität – kardinal, fest oder veränderlich – konzentriert ihre Kraft und läßt gewissermaßen das gesamte Wesen in eine Richtung wirken. Alle verschiedenartigen Energien, Erkenntnisse, Wünsche und Handlungen arbeiten gemeinsam demselben Ziele zu. Der Charakter ist von einem schärferen und zugleich homogenerem Wesen, als dies bei anderen Horoskopen mit größerer Verteilung der Fall ist. Andere bekannte Persönlichkeiten mit Sonne, Mond und Aszendent in Kardinalzeichen sind: Mrs. Besant, Gladstone, Sir Isaac Newton, Sir Isaac Pitman, L. M. Fowler, Carmen Sylva, Swami Vivekananda, Mr. A. P. Sinnett und Bhagavan Das. Wie sehr diese Menschen sich auch in anderen Punkten voneinander unterscheiden mögen, so gehören sie doch alle zu der kardinalen Gruppe; sie sind alle auf bedeutungsvolle Weise an die Öffentlichkeit getreten; es sind Menschen mit großer Aktivität und starkem Unternehmungsgeist, in geistiger oder körperlicher Beziehung oder in beiden. Die meisten von ihnen haben in irgendeiner Weise Macht ausgeübt oder öffentliche Stellungen bekleidet; sie haben neue Ideen entweder entdeckt oder vorbereitet, und sie haben in dieser oder jener Beziehung einen neuen und führenden Geist gezeigt.

Positiv oder negativ

Wenn wir uns der Frage zuwenden, ob das vorliegende Horoskop eher positiv oder negativ ist, finden wir nur vier Planeten in ungeraden Zeichen gegenüber fünf in geraden Zeichen, und wenn das alles wäre, was beachtet werden müßte, würde es relativ negativ sein. Aber hier müssen noch andere Faktoren in Betracht gezogen werden. Ein positives Zeichen steigt auf. Die Sonne ist viel stärker als der Mond, der relativ schwach und bedeutungslos steht. Wenn wir die Sonne auf der Spitze des 7. Hauses dazuzählen, befinden sich sechs Planeten über der Erde und nur drei in der negativen Hälfte des Horoskops. Dabei schließen diese sechs den Geburtsherr-

scher ein; zwei Himmelskörper stehen auf der Spitze von Eckhäusern, der stärksten Position in jedem Horoskop, und diese
beiden sind Sonne und Saturn – beide positiv. Diese Tatsachen
genügen, um dem positiven Temperament einen beträchtli-
chen Vorrang zu geben. Das bedeutet Willensstärke, Energie,
Bestimmtheit, die Fähigkeit, sein eigenes Schicksal zu meistern und Menschen und Umstände zu beherrschen, Gefühls-
tiefe, einen starken Charakter und Selbstvertrauen; aber dies
alles wirkt zum großen Teil durch die Mars- und Venusele-
mente im Wesen, die mit den negativen Faktoren zusammenhängen und Rezeptivität und Anpassungsfähigkeit verleihen.

Planetarische Zeichengruppierung

Wenn wir untersuchen, in welcher Weise die Planeten in den
nach dem jeweiligen Herrscher definierten Zeichen verteilt
sind, finden wir: drei Planeten in von Mars beherrschten Zeichen, zwei Planeten und den Aszendenten in durch Venus beherrschte Zeichen. Kein Planet steht in den von Merkur, Sonne
und Mond beherrschten Zeichen. In Zeichen, in denen der Jupiter herrscht, finden sich zwei Planeten, und ein Planet steht
in einem Saturn-Zeichen. Das führt uns wieder zu demselben
Schluß. Venus und Mars beherrschen dieses Horoskop, und
die Lebenseinstellung der Horoskopeignerin wird in hohem
Maß von Gefühlen bestimmt und von Motiven geleitet, die im
Gefühl ruhen. Das Gefühlsleben prägt sie sehr stark, positiv in
dem Sinne, daß Venus und Mars sie zum Wirken in der Welt
befähigen. Venus und Mars bestimmen weitgehend die Richtung ihres Lebens und auch ihre Einstellung anderen Menschen gegenüber. In negativer Hinsicht zieht der Einfluß dieser beiden Planeten nach sich, daß sich die Horoskopeignerin
in die Gefühle der Menschen einleben, ihre Freuden und Leiden wie die eigenen erleben kann und auf einen gefühls-
mäßigen Anstoß von außen zu leicht reagiert.

Mars und Venus sind Ergänzungen, sind ein Gegensatzpaar.
Mars ist aktiver, energischer, nach außen gerichtet, ungestüm,
hitzig, enthusiastisch und schnell; Venus ist zärtlich, lieblich,

weich, leidenschaftlich, sympathisch und gesellig. Auf geistiger Ebene haben wir ein ähnliches Paar in Merkur und Jupiter. Der vollendete Mensch gleicht Gegensätze wie diese aus, nutzt beide, beherrscht sie von innen heraus und läßt sich nicht zu sehr in die eine oder andere Richtung drängen. Zwischen jedem Gegensatzpaar ruht das Selbst, dessen Aufgabe es ist, Gleichgewicht zu halten, und wenn es auch unmöglich ist, dem Auf und Ab wechselnder Gedanken, Gefühle und Erfahrungen zu entgehen, so muß sie das Selbst doch seinen Zwecken anpassen, muß sie benutzen, um die lebensnotwendigen Wandlungen zu vollziehen. Der harmonische Ausgleich von Mars und Venus im Gefühlseben und von Merkur und Jupiter im Geistesleben bringt die Menschheit sicherlich der Vollendung näher. Aber stets ist Saturn nötig, um die Herstellung des Gleichgewichts und die Erreichung der Harmonie, im Gefühl wie im Verstand, zu ermöglichen.

Triplizität und Quadruplizität

Prüfen wir das Horoskop auf die Verteilung der Himmelskörper in den vier Dreiheiten, so ergibt sich:

Luft: nur der Aszendent;
Feuer: die Sonne, der Geburtsgebieter Venus, Merkur und Mars;
Wasser: Saturn und Neptun;
Erde: Jupiter, Uranus und der Mond.

Das Übergewicht hat also das Feuer, jenes geheimnisvolle Element, das schöpferisch und auch zerstörerisch wirkt. Es ist schöpferisch, sofern es die Energie liefert, die Körper und Seele, Empfindungen und Denken belebt und eine Manifestation des »Willens zum Werden« ist, von dem alles lebt. Es zerstört insofern, als es Formen aller Art zerreißt und in ihre Komponenten zerlegt, um neue Kombinationen möglich zu machen. Der Widder, das hier betonte Feuerzeichen, ist trennend und individualisierend. Es entpsricht dem Aszendenten, dem »besonderen Selbst« des Horoskops, von dem alle anderen Häuser und Zeichen verschiedene Aspekte und Kräfte darstellen. Der Widder ist selbstsicher, in sich ruhend, mutig, unabhängig, aktiv, positiv, feurig, begeistert und wandelbar. Die körperliche Form der Horoskopeignerin stammt von der Waage und Venus, aber das sie beseelende Leben von Widder und Mars; es gehört dem »Feuer-Stadium« an. Könnte dieses Paar zum Ausgleich gebracht werden, so würde darauf seine hervorragend physische und eine aktiv-energische seelische Form resultieren. Aber das Übergewicht des Feuers, zusammen mit den vielen schlechten Aspekten und den Schwächen von Mond, Saturn und Venus, zeigt eine Energie, die ihren physischen Träger überanstrengt, und einen Körper, der nicht rasch genug den an ihn gestellten großen Anforderungen entsprechen kann.

Die Kombination der Feuerdreiheit und der kardinalen Vierheit ist in den vorhergehenden Abschnitten schon besprochen worden und bedarf keiner Wiederholung.

Kurze Zusammenfassung

All das sind verschiedene Methoden, ein Horoskop abzuwägen oder zu prüfen – beziehungsweise, verschiedene Gesichtspunkte, unter denen man es ansehen kann, um zu entscheiden, zu welcher Ordnung, Klasse, Genus und Spezies es gehört. In diesem Fall kommen die meisten Methoden zu demselben Schluß, und wir können das Horoskop wie folgt klassifizieren:

1. Aszendent: *Waage;*
2. Geburtsgebieter: *im 7. Haus im Widder;*
3. stärkste Triplizität: *Feuer;*
4. stärkste Quadruplizität: *kardinal;*
5. zodiakal stärkster Planet: *die Sonne;*
6. nach mundaner Stellung stärkster: *Planet Saturn;*
7. stärkstes Zeichen: *Widder;*
8. stärkstes Haus: *das 7.; mehr positiv als negativ;*

9. stärkster Quadrant: *der südwestliche; doppelt so viele Planeten über der Erde wie darunter;*
10. Zahl der besetzten Häuser: *sechs;*
11. Planeten in Würden: *die Sonne erhöht;*
12. Planeten in Schwächen: *Mond, Venus und Saturn vernichtet;*
13. Planeten in Eckhäusern: *Sonne, Venus, Merkur und Saturn.*

Das Horoskop stellt demnach einen Venus-Mars-Charaktertyp dar, bei dem die entscheidenden Ereignisse und Merkmale des Lebens gefärbt sind durch Venus-Gefühle und Mars-Impulse, die aber stets durch saturnische Keuschheit gemäßigt werden. Eine rasche Auffassungsgabe, gepaart mit lebhaften Eindrücken und schnellem Urteil, verleiht die Fähigkeit, alles das, was die Formseite des Lebens betrifft, scharf zu beobachten. Die Auffassungsgabe des Zeichens Waage und das Interesse an Menschen, das die Wassermann-Dekade der aufsteigenden Waage zeigt, bringt den nötigen Antrieb, um die wesentlichen Züge des Geburtsgebieters herauszuarbeiten, der zwischen Sonne und Merkur im Widder im 7. Haus untergeht. Es herrscht ein Wechselspiel zwischen Waage und Widder oder Venus und Mars, im Persönlichkeitsbereich, auf der Horizontlinie. Man erkennt eine ausgeprägte, klar umrissene Persönlichkeit, die auf den Intellekt hin orientiert ist. Die Intuition des Widders und die Auffassungsgabe der Waage betonen die Gehirntätigkeit und erklären den Intellekt zum Zentrum, durch welches das ganze Leben gesehen wird. Die Erhöhung der Sonne und die Konjunktion von Venus und Merkur im Zeichen Widder machen das Gehirn sehr sensitiv, so daß die Lebens- und Nervenkraft sich leicht in diesem Zentrum sammelt. Verbunden mit den im Widder untergehenden Planeten, die öffentliche Anerkennung bezeichnen, ist das Zeichen Stier, das durch die Sonne im Halbsextil zu Jupiter und Merkur Halbsextil Uranus hereingezogen wird. Es verleiht Redetalent und den Wunsch, sich auszusprechen. Aus dieser Kombination können wir leicht deuten, daß die Horoskopeignerin scharf beobachtet, lebhafte Eindrücke empfängt und sich gut ausdrücken kann. Das befähigte sie zu dem Beruf, den sie aus freiem Antrieb wählte, und zu dem Studium, dem sie ihre ganze Kraft widmete. So wurde sie eine erfolgreiche Phrenologin, Chirologin und Graphologin, die sich ganz in ihrem Element fühlte, wenn sie vor der Öffentlichkeit ein Thema über Charakterforschung und Charakterdeutung behandelte.

Bemerkenswerte psychische Gaben

Mit der Fähigkeit der Charakterdeutung hängen andere Stellungen und Aspekte zusammen, aus denen der tüchtige Astrologe noch weitere Schlüsse ziehen kann. Neptun steht in diesem Horoskop günstig in den Fischen an der Spitze des 6. Hauses, vorzüglich aspektiert durch ein Halbsextil zu Venus und Merkur, durch ein Sextil zu der Jupiter/Uranus-Konjunktion und durch ein Trigon zu Saturn, ohne jede Beschädigung. Das verlieh dieser Person eine eigenartige und bemerkenswerte psychische Begabung: Eine seltsame Kraft des Vorhersehens, ein Vorwissen, das hellsehend und hellhörend wirkt, dadurch das sie um Ereignisse weiß, die im Leben von ihr nahestehenden Menschen eingetreten sind. Diese Tatsachen treten als Bilder vor ihr Denken, die sie leicht und treffend beschreiben kann, ohne zu wissen, auf welchem Weg sie entstanden sind. Daher rührt auch ihr Interesse an allem Psychischen und Okkulten. Das erklärt auch ihre Träume und anscheinend lebhaften astralen Erlebnisse.

Allgemeine Synthese: Westhälfte

Wir können den Einfluß der drei Zeichen Widder, Stier und Fische zusammenfassen, die die Mehrzahl der Planeten enthalten, und zwar gemäß der Häuser, mit denen sie verbunden sind, wie nach der Natur der Zeichen. Betrachtet man das Horoskop, so sieht man das positive Zeichen Widder in Eckhausstellung zwischen den negativen Zeichen Stier und Fische. Normalerweise treten die positiven, nach außen drängenden Energien am meisten hervor, und der Widder weist in diesem Fall auf die Linie des geringsten Widerstandes hin. Die Lebenskräfte werden polarisiert in Kopf und Hirn. Aber die Ebbe wie die Flut dieser Lebenskraft findet in diesem Fall keine Entspannung durch das Zeugungssystem, und deswegen regeneriert und transformiert sie sich in psychische Kraft und verleiht der Seele jene intuitiven Einfälle und Bilder vergangenen Geschehens. Im destruktiven Zustand bringt dieser negative Einfluß eine Fülle von Sorgengeistern, die sich in ihrer sympathetischen Aura aufhalten und an dem Licht dieser regenerativen Kraft erwärmen. Das erklärt sich aus der Stellung Saturns im Krebs im Quadrat zu Venus, aber gleichzeitig im Trigon zu Neptun und Sextil zu Jupiter. Diese Saturnstellung bezeichnet eine sehr teilnehmende und aufnehmende Gefühlsnatur, da er am Beginn der Fische-Dekade, dem Zeichen tiefer und echter Gefühle, steht. Ein Untergebener (6.-Haus-Einfluß) in Not und hilflos, Bettler und Kranke können mit einemmal alle Sympathie erregen und Zuneigungen im Übermaß erwecken, so daß man dann oft den Eindruck törichten Handelns und verschwendeter Neigung hat.

Auf diesem Wege synthetischen Erfassens sind wir zu einer Reihe von Schlüssen gekommen, die den Einfluß von nicht weniger als sieben Planeten und damit den Hauptteil der Horoskopeinflüsse umfassen. Auf diese Art erfolgen alle zutreffenden Ableitungen bei einer vollständigen Horoskopdeutung.

Allgemeine Synthese: Osthälfte

Nun bleibt nur noch übrig, den Einfluß von Mond und Mars auf die Ostseite der Nativität einzubeziehen. Der im Schützen aufsteigende Mars unterstreicht die schon erwähnte Gabe des inneren Gesichts. Das Zeichen ist prophetisch, ausdrucksvoll und unmittelbar. Allein in diesem Zeichen wirkt Mars unschädlich, wenn auch enthusiastisch, impulsiv und eigenwillig. Die daraus entstehenden ungünstigen Wirkungen sind

Sorglosigkeit, impulsives Reden und Unduldsamkeit. Das Eineinhalbquadrat zur Sonne weckt Ärger und Neigung zu Reizbarkeit und Extremen. Gemildert wird dies durch den Mond im Steinbock, der Vorsicht und beharrende Neugier gibt.

Diese beiden Stellungen von Mond und Mars zeigen die Schwächen des Charakters vom ethischen Standpunkt. Zusammen mit den Planeten im Widder bezeichnet Mars im Schützen Impulsivität und die Neigung, in gewissen Richtungen ins Extreme zu gehen, eine gewisse Überschwenglichkeit und Übertreibung und eine besondere Unabhängigkeit und Freiheitsliebe in Denken und Handeln. Der Mond lenkt stark davon ab und führt so zu gelegentlicher Doppelnatur. Im Steinbock verkörpert er den Wunsch, Besitz zu erwerben, Sorgfalt im kleinen und Unbedeutenden, Sparen an Pfennigen und wirtschaftliche Neigungen. Das ist gut ausgeprägt durch die Polarität von Sonne im Widder und Mond im Steinbock.

Die Ergänzung zum Mond ist die Erhöhung Saturns bei gleichzeitigem Fall und im Quadrat zu Venus. Es zeigt, daß die Horoskopeignerin als Folge einer selbstischen Erbschaft und Umgebung bisweilen eigenartig bestimmt auftritt. So haben wir Extreme von Selbstsucht und Selbstlosigkeit, Sparsamkeit und Freigebigkeit, Genauigkeit und Mitgefühl herausgestellt. Vom esoterischen Standpunkt aus hat sie im gegenwärtige Leben den weitesten Umkreis durchlebt, und durch die Progression des Horoskops ist die Rückkehr von der Materie zum Geist gesichert.

Planeten in Schwächen

Wir schließen diesen Überblick mit einer vom esoterischen Standpunkt aus sehr wichtigen Erwägung. Nicht weniger als drei Eckhäuserplaneten stehen in ihrer Vernichtung: Mond im Steinbock, Saturn im Krebs und Venus im Widder, und nur ein Planet steht erhöht. Ist ein Planet in seiner Vernichtung oder seinem Fall, dann ist sein Einfluß, in jeder Beziehung, schwach, und er hat wenig Möglichkeiten, seine typischen Qualitäten auszudrücken. Die drei Planeten repräsentieren in unserem Fall den Vater (Saturn), die Mutter (Mond) und die Horoskopeignerin (Venus). Diese drei Planeten in ihrem Fall drücken also vornehmlich die Eltern, die Umgebung und das Verhältnis der Horoskopeignerin dazu aus. Der Ehepartner wird durch die im Widder erhöhte Sonne repräsentiert, und durch die Heirat änderte sich die Umgebung im glücklichen Sinne. Mann beachte, daß sich die Sonne zunächst auf das Eineinhalbquadrat zu Mars zubewegt – erster Gatte, gesetzliche Trennung (Mars im Schützen). Dann kommt die Sonne zum Halbsextil mit Saturn – dem zweiten Gatten.

Die Deutung dieses Horokops wurde eingehender durchgeführt, weil es ein brauchbares, methodisches Beispiel darstellt, wie die Lehren der Esoterischen Astrologie auf die vielen Einzelheiten anzuwenden sind, die sich beim gewöhnlichen exoterischen Deuten eines Horoskops ergeben. Hoffentlich macht es der so gewonnene praktische Einblick in die Durchführung dieser Gedanken dem Leser leichter, die folgenden Kapitel in ihrer Wichtigkeit zu beurteilen.

Teil III
Die Einteilung
des Tierkreises

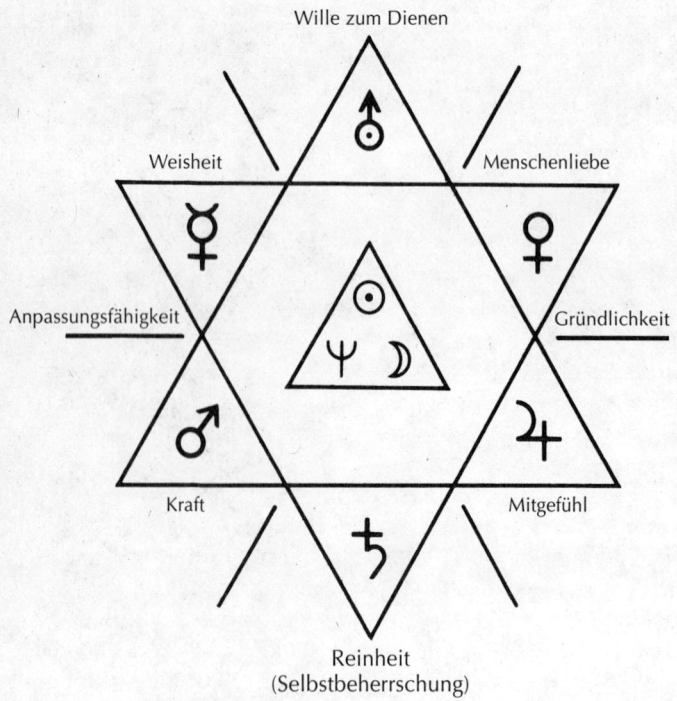

Wille zum Dienen

Weisheit

Menschenliebe

Anpassungsfähigkeit

Gründlichkeit

Kraft

Mitgefühl

Reinheit
(Selbstbeherrschung)

XX Die dreifachen und vierfachen Teilungen

Die Dunkelheit strahlt Licht aus, und das Licht fällt in einem einsamen Strahl in die Wasser, die mütterliche Tiefe. Der Strahl durchdringt das jungfräuliche Ei, der Strahl läßt das Ewige Ei erbeben, es fällt der zeitliche Keim, aus dem sich das weltliche Ei verdichtet. Die Drei wird zur Vier.

H. P. Blavatsky »Die Geheimlehre«

Dieses Werk hat den Versuch gemacht, auf einen Grundgedanken hinzuführen, der schwer in Worte zu fassen, aber außerordentlich wichtig ist, denn er bildet die Basis aller Gedanken der Esoterischen Astrologie. Warum werden wir in diese Welt geboren? Warum erleben wir Freud und Leid? Warum müssen wir sterben, wenn wir eben zu lernen anfangen, wie man leben sollte? Und warum die Ungleichheiten unter den Menschen?

Die Astrologie kennt nur eine Hypothese, mit der man diese Fragen beantworten könnte: Jedes Menschenwesen ist ein »Ebenbild Gottes«, ein Zentrum innerhalb des göttlichen Universalbewußtseins, untrennbar verbunden mit allen anderen Zentren, die letztlich alle in eins zusammenfließen durch das kosmische Leben und Bewußtsein, in dem sie ruhen. Vergleichen wir das kosmische Leben mit einer Flamme, so ist die Menschenseele ein Funke dieser Flamme, der nicht gänzlich von ihr getrennt ist. Vergleichen wir es mit einem Diamanten, so ist die menschliche Seele eine Facette davon. Sprechen wir in der Symbolik der Töne, so ist die Seele eine Note in der gewaltigen Sympohonie, die die ganze Schöpfung durchbraust. Sie ist ohne Anfang und ohne Ende, aber außer dem Leben ist sie nichts. Der Strahl der Seele, der persönlich Mensch, geht die Inkarnation ein, um Erfahrungen zu sammeln. Das Horoskop zeigt die Kräfte und Merkmale dieses bestimmten Strahls bei seiner Inkarnation, die Art der Erfahrung, um derentwillen er in die Welt gekommen ist, und das Lebenswerk, das vor ihm liegt.

Das »Ebenbild Gottes« selbst kann man sich als einen kleinen leeren Kreis im Mittelpunkt eines Horoskops oder als Zentrum des Tierkreises vorstellen. Von diesem Zentrum aus laufen gewissermaßen Fäden in verschiedenen Richtungen innerhalb des Horoskopkreises; sie bleiben an den Punkten des Kreises stehen, auf die sie bezogen sind. Alles, was war, und alles, was sein wird, ist in jenem Kreis beschlossen, wie auch die Sonne, der Mond und die Planeten, der Zodiakus und seine zahlreichen Teile. In bezug auf das durch den leeren Kreis repräsentierte *Selbst* ist alles außer ihm Existierende das *Nicht-Selbst*. Wahrscheinlich klingt das sehr metaphysisch, aber man muß (wenn man in die Geheimnisse des Esoterischen Astrologie eindringen will) den Gedanken erfassen, daß das Selbst ewig rein, unsterblich und göttlich ist. Dem Wesen nach ist es eins mit Gott, und bis dieses Wesen eins geworden ist mit einer Form, in der zuerst Selbst-Bewußtsein und dann Über-Bewußtsein erreicht ist, erkennt es sich nicht als selbständig und doch als eins mit seiner Quelle.

Der Ursprung des Individuums

Ein indischer Astrologe hat diesen Gedanken in folgende Worte gefaßt:

> Studieren wir den Ursprung des Individuums, so finden wir etwas, das uns zur Klärung verhilft. Das Individuum, oder wie man es auch nennt, das individualisierte Selbst, ist, wenn es in Erscheinung tritt, ein heller Funke des Göttlichen Lichts, eingeschlossen in einem farblosen Häutchen Materie. Es ist ein Funke Emanation der Göttlichen Flamme und enthält alle Qualitäten seines Ursprungs. Die Saat fällt in den Boden der Erscheinungswelt, damit sie zur Gleichheit mit ihrem Vater heranwächst. Was den Funken des Lichts an sich betrifft, so ist er überall dasselbe Göttliche Licht – er ist überall ein Teil der Substanz, die in der Bhagavad Gita das »Daivi Prakriti« heißt. Vom Standpunkt dieses Lichtes aus gibt es aber keine Differenzierung oder Ent-

wicklung. Wir können ihm keinen Anfang im zeitlichen Sinne zusprechen, denn Er ist ewig. Daher müssen wir die Wurzel der Entwicklung woanders suchen.

Obwohl es seinem Wesen nach im Anfang farblos ist, findet doch in seiner tatsächlichen Manifestation eine Veränderung statt. Der Göttliche Funke kann in die Matrize der Materie nur eingehen durch gewisse Vermittler, die Strahlen des Lichts, die den Namen »Söhne des Geistes« tragen. Wenn das göttliche Licht aus dem Stadium des Pralaya heraus das Universum manifestiert, dann wirkt es auf die materielle Basis nicht direkt ein, sondern nur durch die bestimmten »Strahlen«. Diese Strahlen des Lichts fangen das Bild des Logos eines Systems auf und spiegeln es in den verschiedenen Upadhis (Träger) wider. Die Merkmale dieser Strahlen wie auch ihre Funktionen sind verschieden. So werden die Strahlen, die die kosmische Materie mit Energie und Leben erfüllen und in mehreren Ebenen von unterschiedlicher Dichte zerlegen, in der theosophischen Literatur oft »die erste Lebenswelle« genannt. Dann kommen die Devas, denen der Aufbau der Formen und die Ausbildung des Menschenkörpers obliegt, aus der zweiten Lebenswelle. Ist dies geschehen, folgt wieder ein Zustrom aus dem Logos, die dritte Lebenswelle. Das ist die Geburt des Individuums.

Die Saat im Zentrum

Wenn wir den Begriff nicht materiell auffassen, können wir den leeren Kreis im Zentrum des Horoskops die Monade nennen. Dann stellt das Horoskop das Nicht-Selbst oder die Welt der Formen dar. Die vom Zentrum ausgehenden Fäden sind dann die Beziehung zwischen Selbst und Nicht-Selbst oder zwischen Geist und Stoff, und diese Relation können wir als Verstand, Intelligenz oder Trieb bezeichnen. Wir können auch, wie es der indische Astrologe tut, das Selbst als eine Saat auffassen, die in die manifestierte Formwelt eingeht, um zur Gleichheit mit ihrem Vater heranzuwachsen. Vom astrologischen Standpunkt aus beschäftigen wir uns hauptsächlich mit diesem Wachstum, dieser Entfaltung der göttlichen Anlagen der »Saat«.

Die Monaden oder Geister erhalten von den göttlichen Intelligenzen die menschlichen Prinzipien, aus denen die Seele besteht. Durch die Seele oder das Ich werden sie an die physischen Körper gebunden, um sich im physischen Universum zu offenbaren. Auf irgendeine geheimnisvolle Art und Weise, die uns verschlossen ist, sind die Sieben Spirituellen Intelligenzen mit den »Einflußsphären« verknüpft, deren physische Kerne die Planeten bilden, deren Natur wir in unseren astrologischen Forschungen zu ergründen suchen. Es sind die Strahlen, denen wir in Gruppen unterstehen, und bis wir überbewußt sind, sind sie unsere Schutzgeister, in denen wir wahrhaft leben und wirken und sind.

An der Spitze jeder Gruppe stehen die Herren oder göttlichen Menschen, die das überbewußte Stadium voll erreicht haben. Bis wir dieses Stadium selbst erreichen, schützt und beschränkt uns unser Kausal- oder Intelligenzkörper. Solange müssen wir bei dem Strahl bleiben, zu dem wir von Beginn an gehören. Dieser Kausalkörper ist die einzige Form, die im ganzen Zyklus der menschlichen Pilgerschaft konstant bleibt. Er besteht in jedem Leben und enthält alle Saaten, die guten wie die schlechten, aus jeder irdischen Existenz. Bei jedem Eintritt in ein neues physisches Leben erwachen diese Saaten aus ihrer Latenz und senden die Schwingungskräfte aus, die durch den Antrieb des Ichs in Aktivität treten.

Wenden wir uns nun wieder dem leeren Kreis im Mittelpunkt des Horoskops zu. Zunächst relativ farblos und bewußtseinslos auf jeder Ebene unterhalb der spirituellen, bekommt dieser leere Kreis zuerst Farbe durch die »Planetengeister«, mit deren Einflußsphäre er für die Lebenszeit verbunden ist. Diesen getönten Kreis kann man nun als den Kausalkörper des Ichs auffassen. Er ist stets das Zentrum jedes Horoskops und erhält von ihm immer mehr Farbe und mehr Kraft, in neuen Richtungen zu schwingen, bis er ein strahlender, glänzender Körper wird, in dem der wahre

Mensch immer stärker wird bis zu der Zeit, da die Peripherie dieses Kreises bricht und er frei wird.

Außenwelt und Heimat

Man kann mit Sicherheit sagen, daß jedes zur Offenbarung gelangende Ich aus der Liebe der Göttlichen Wesen hervorging, hinein in eine Welt der Vereinzelung, um seines eigenen Selbst bewußt zu werden. Jede Horoskopbetrachtung zeigt die Verflechtung, durch die sich die Seele ihren Weg bahnt, entweder um selbständiger zu werden oder um zurückzufinden zum Zentrum der Liebe und Weisheit. Gerechtigkeit ist das Ziel der ausziehenden, Liebe die Verlockung der heimkehrenden Seele.

Solange wir in Vereinzelung und Egoismus befangen sind, sind wir an die Hemmungen unserer Horoskope gebunden. Wenn uns aber Einheit und Liebe vorschweben, verstehen wir, daß das Geheimnis, das uns von zukünftiger Knechtschaft frei macht, in den Worten des großen Lehrers liegt: »Die Liebe ist des Gesetzes *Erfüllung.*« Benutzt man die Astrologie zum besseren Verständnis des menschlichen Wesens, so erkennt man die Pfade, die alle Seelen wandeln, die auf dieses Ziel zusteuern. Je besser wir aber den Menschen und die Fäden erkennen, die ihn an Vereinzelung und Egoismus binden, um so eher können wir anderen helfen.

Die drei Phasen des einheitlichen Bewußtseins

Wo es Offenbarung gibt, da herrscht auch stets Dualismus, den man verschieden bezeichnen kann: Kraft und Stoff, Seele und Körper, Bewußtwein und Außenwelt. Verfolgen wir diese beiden Entwicklungslinien, so finden wir, daß sie parallel verlaufen und koordinierte (oder koordinierbare) Merkmale aufweisen.

Kraft, Leben, Seele oder Bewußtsein – denn das sind nur verschiedene Namen für verschiedene Seiten derselben Realität – offenbaren sich stets in drei Formen, und zwar in jeder

Materie, Ebene oder Welt. Das Bewußtsein muß unbedingt aktiv sein und nach außen drängen, denn sonst könnte es nie in der Welt wirken, nichts vollbringen, keine Veränderungen bewirken oder sich überhaupt äußerlich manifestieren; es würde ewig in Verborgenheit ruhen und schlummern. Es muß aber auch die Fähigkeit besitzen, relativ passiv und rezeptiv zu werden, denn sonst würde die Außenwelt das Bewußtsein nie über den Weg der fünf Sinne beeinflussen können; hier würde es also sonst auch nur nach innen gerichtet sein – also unbewußt. Schließlich kann das Bewußtsein weder ganz aktiv noch ganz passiv sein; es muß eine Haltung geben, in der beides sich die Waage hält und ineinander übergeht. Diese dritte Seite muß also neutral und dualistisch sein, zwischen den beiden Extremen schwanken, ohne sich ausschließlich mit einem zu identifizieren.

Diese drei sind nur verschiedene Seiten einer und derselben Bewußtseinseinheit oder desselben »Selbst«, und diese Einheit ist ebenso notwendig wie ihre drei Phasen. Sonst gäbe es ein Selbst, das ganz Aktivität, ein anderes, das absolute Passivität wäre, und ein drittes neutrales. Aber derartige Wesenheiten kommen in unserem Universum nicht vor. Sondern dasselbe Selbst, das zu einer bestimmten Zeit aktiv ist, wird zu einer anderen passiv sein und manchmal auch im Gleichgewicht verharren. Jede Einheit, sei es eine des Bewußtseins oder der Materie, muß sich in drei Phasen offenbaren; diese sind aber stets nur drei äußere Erscheinungsformen einer zugrunde liegenden Einheit. Geht man vom persönlichen Bewußtsein des Menschen aus, so sind die drei Seiten Handeln, Fühlen und Denken; ihre Einheit liegt im Selbst. Das Selbst, das handelt, fühlt und denkt auch, denn es ist eine Einheit, an die diese ewig schwankenden Bewußtseinsphasen gebunden sind wie Perlen an eine Kette.

In der Sphäre der Tierkreiszeichen sind diese drei Phasen die sogenannten Qualitäten oder *Gunas*, die den Tierkreis in die drei Vierheiten, die kardinale, feste und veränderliche, teilen. Ihre Einheit liegt in der Materie oder dem Bewußtsein, das den drei zugrunde liegt und diese drei Phasen entwickelt.

Z. B. ist die Waage ein kardinales, der Wassermann ein festes, und die Zwillinge sind ein veränderliches Zeichen. Aber alle drei sind Luftzeichen und diesbezüglich eine Einheit. Dieselbe »Luft«, die in der Waage kardinal ist, ist im Wassermann fest und veränderlich in den Zwillingen. Dasselbe Selbst, das durch die Waage in häufiger Aktivität in die Außenwelt drängt, bleibt im Wassermann fest und unverwandelt in sich selbst beharrend, und hält in den Zwillingen die beiden Extreme in einer fluktuierenden Beziehung zusammen. Man symbolisiert sie daher treffend in einem gleichseitigen Dreieck; manchmal wird das Dreieck auch in einem Kreis gezogen. Dann schneiden die drei Ecken vom Kreis drei gleich Bogen ab, die drei verschiedene Blickwinkel zur Welt darstellen, während der Kreis selbst die Einheit der Drei ist.

Die vier Körper

Wenden wir uns den Körpern zu, in denen der Mensch lebt und den Welten oder Ebenen, mit denen diese Körper in Kontakt stehen und aus deren Materie sie geschaffen sind, so bekommen wir ein ganz ähnliches Bild, das aber doch deutliche Unterschiede zeigt. Nimmt man den Durchschnittsmenschen, der eine Individualität ist, die sich als Persönlichkeit manifestiert und von einem Körper umschlossen ist, so findet man, daß es vier Körper hat, die sich aus verschiedenartigen Materie-Typen aufbauen, die von verschiedenen Ebenen stammen.

Körper	Ebene	Materie	Selbst
Kausalkörper	höhere Mentalebene	Luft	Individualität
Mentalkörper	niedere Mentalebene	Feuer	Persönlichkeit
Astralkörper	Astralebene	Wasser	Persönlichkeit
physischer Körper	physische Ebene	Erde	Persönlichkeit

Man sollte sich hier des Unterschieds zwischen Luft und Feuer erinnern, der in den vorhergehenden Kapiteln besprochen wurde. Was »Luft« genannt wird, gehört in Wirklichkeit einer Ebene an, die über und jenseits der Mentalebene liegt. Da sich der Durchschnittsmensch, mit dem wir es zu tun haben, aber nicht bis zu dieser Höhe erhebt, betrachten wir alle vier Elemente als innerhalb der Grenzen der drei Welten beschlossen: der physischen, der astralen und der mentalen Ebene; letztere teilt sich dabei in zwei Hälften. »Luft« steht dann für die sogenannte »formlose Materie« die sich auf der höheren Mentalebene findet. Daraus wird der Kausalkörper erbaut, und in ihm lebt die unvergängliche Individualität in Hunderten von Inkarnationen. Sie entspricht dem abstrakten Denken und dem Selbst als Einheit.

»Feuer« steht für die Art von Materie, die sich auf der niederen Mentalebene findet. Aus ihr wird der mentale Körper erbaut, der bei jeder Inkarnation wieder neu gebildet wird; im Mentalkörper lebt das praktische konkrete Denken der Persönlichkeit. In Wirklichkeit gehört das Feuer der ganzen Mentalebene an, und die Luft der Ebenen jenseits des Mentalen. Wenn wir uns jedoch auf die drei Welten beschränken, haben sie die angegebenen Entsprechungen.

»Wasser« steht für die Art Materie, die sich auf der Astralebene findet. Der Astralkörper des Menschen, der bei jeder Wiederverkörperung neu gebildet wird, entsteht daraus. Im Astralkörper liegen die Funktionen aller Gefühle, Leidenschaften, Wünsche und Empfindungen, die guten wie die schlechten, die hohen wie die niederen. Wenn der persönliche Mensch etwas gern hat oder nicht, so gerät die Materie dieses Körpers in Schwingung, genauso wie die seines Mentalkörpers, wenn er über irgendeinen Gegenstand nachdenkt.

»Erde« steht für die physische Materie der physischen Ebene, aus dem des Menschen äußerer Körper besteht, das Kleid, die Hülle, die bei der Geburt geboren wird und beim Tode stirbt. Handeln oder Wille zum Handeln ist der für diesen Körper charakteristische Bewußtseinszustand.

Die Bewußtseins-Stadien

Gehen wir vom niedersten dieser Materie-Zustände aus und stellen wir uns die Selbst-Evolution des Bewußtseins in immer höheren Stufen vor, wie sie alle durchläuft, so beginnt die bloße Bewegung, die im Menschen zum bestimmten Handeln wird, in dem mit »Erde« bezeichneten Stadium. Es entspricht dem Mineralreich, denn unorganische Materie, Mineralien, können zwar beeinflußt werden und auch reagieren, aber sie zeigen kein Fühlen oder Denken. Ihre höchste Ebene erreichen sie in Pflanzen, die als Typus der subtilen oder ätherischen Materie der physischen Ebene entsprechen.

Ist das mit »Wasser« bezeichnete Entwicklungsstadium erreicht, so tritt zu dem bloßen Handeln und Reagieren das Bewußtsein von Freud und Leid, von Sympathien und Antipathien. Das Selbst hat sich jetzt bis zur Höhe der Astralebene entwickelt und seine Funktionen entsprechen dem Tierreich. Mischen sich die beiden Stadien und wird das Handeln der irdisch-physischen Art in die Gefühlszone der wasserastralen Ebene getragen, so ergeben sich der Wunsch und sein Gegenteil, die Abneigung, denn das folgt ohne weiteres, wenn das Bewußtsein in der Sphäre von Freud und Leid lebt und sich dann auf die Objekte zubewegt oder vor ihnen zurückweicht. Dieses Hinbewegen und Zurückweichen ist der Bestandteil des Handelns, der zu dem rein passiven Gefühl hinzugetreten ist und sich mit ihm gemischt hat.

Ist dann das mit »Feuer« bezeichnete Stadium erreicht, so entwickelt sich ein selbst-bewußtes menschliches Wesen mit der Kraft des Denkens. Zum Handeln und Fühlen tritt das Denken hinzu. Der feurige Widder ist das Zeichen dieses menschlichen Selbst, das seine Selbständigkeit anderen gegenüber erkennt und sich als »Ich« erlebt.

Wird das »Luft«-Stadium erreicht, so entwickelt sich jenseits des mentalen der Übermensch. Aber wie schon bemerkt, der gewöhnliche Mensch zeigt dieses Stadium nur als Denken in seinen verschiedenen Stufen, als das abstrakte Denken der höheren Mentalebene, die der Mensch eines Tages überschreiten soll. Voll entwickelt wirkt das abstrakte Denken synthetisch und vereinigend, im Unterschied zur trennenden Wirkung des Feuers. Das getrennte Selbst des Widders und des Aszendenten mischt sich in der Waage und dem 7. Haus mit einem anderen Selbst. Derselbe synthetische Vorgang ist in der Verbrüderung der Zwillinge und des 3. Hauses und in der Freundschaft oder Menschheitsverbrüderung des Wassermanns und des 11. Hauses zu beobachten.

Das Kreuz im Kreis

Hier gibt es vier bestimmte Stadien: Erde, Wasser, Feuer, Luft. Man hat dabei zu beachten, daß eine Ähnlichkeit mit der vorher besprochenen Klassifikation des Dreiecks im Kreis besteht, aber dennoch ein deutlicher Unterschied vorhanden ist. Die Ähnlichkeit liegt darin, daß diese vier Stadien aus einer niederen oder äußeren Dreiheit, wie z. B. Erde, Wasser oder Feuer, bestehen, die sich in der Persönlichkeit des Durchschnittsmenschen voll manifestieren, sich bei der Geburt jeder neuen Persönlichkeit erneut bilden und nach jedem Tod sterben und wesenlos werden. Dazu kommt eine höhere, synthetische Einheit, das Element Luft, aus der die drei stammen und in die sie zurückkehren. Wenn das alles wäre, so könnte man allerdings auch diese vier Körper in demselben Symbol eines Dreiecks in einem Kreis darstellen, wobei das Dreieck für die drei niederen und der Kreis für die höhere synthetische Einheit stände.

Dieses Symbol benutzt man jedoch nicht. Die Materie und die aus ihr bestehenden Körper werden durch das Kreuz im Kreis symbolisiert. Da erhebt sich die Frage, warum und wie dieser Unterschied gemacht wird. Die Antwort lautet, daß die vier Körper sich zwar in eine Dreiheit und ihre Einheit zerlegen lassen, daß sich aber diese vier Punkte, jeder auf seiner Ebene, ganz sicher für alle die manifestieren, deren Sinne dafür offen stehen. Man kann diese vier Punkte voneinander trennen, und sie sind wirklich getrennt für das Auge des geübten Hellsehers, der erst die eine Materie und dann die andere beobachtet, ihre Grobstofflichkeit oder Feinheit vergleicht und den Grad der Beherrschung abschätzt, den das Ich über sie ausübt. Aber vier Objekte, die voneinander getrennt werden können, verlangen zu ihrer Symbolisierung auch vier Punkte im Kreis. Und wenn man diese Punkte verbindet, entsteht ein Kreuz.

Das Dreieck im Kreis

Betrachtet man das Bewußtsein, das Leben oder den Geist getrennt vom Körperlichen, dann liegt es anders. Auch hier manifestiert sich eine Dreiheit: Erkennen, Fühlen und Handeln, und eine synthetische Einheit, das zugrundeliegende Selbst, das die drei offenbart und ohne das sie nicht beständen. Aber das ist der wichtige Unterschied. Das Selbst, die einheitliche Synthese, ist untrennbar von seiner dreifachen Manifestation und diese untrennbar von ihm. Wo immer ein Selbst in aktiver Manifestation besteht, äußert es sich in Erkennen, Fühlen und Handeln. Ein von diesen drei und ihren Kombinationen und Entsprechungen abgelöstes Selbst existiert nicht. Wenn sich ein Selbst überhaupt offenbart, dann nur durch diese Dreiheit. Diese Dreiheit ist wahrnehmbar, das Eine, das Selbst, nicht. Es gibt kein reines, abstraktes Selbst in Manifestation, das sich weder durch Denken, Fühlen noch durch Handeln äußert – weder auf höheren noch auf niederen Ebenen. In diesem Fall symbolisiert man daher diese drei durch ein Dreieck im Kreis, und das einigende Selbst ist der Kreis, als Hintergrund des Dreiecks. Einen vierten Punkt im Kreis, getrennt von den anderen drei, kann das Selbst nicht setzen.

Die Dreiheit und die Vierheit

Im Tierkreis finden sich also diese beiden Klassifikationen. Die Teilung des Kreises durch das Dreieck zeigt uns die drei Vierheiten, von denen jede einer der drei Bewußtseinsformen und einem der drei Pfade entspricht, auf denen sich alle Seelen entwickeln. Dieses Dreieck gehört zum Lebensaspekt und steht in Zusammenhang mit der Sonne. Das Sonnenzeichen Löwe teilt, vom Anfang des Tierkreises an gerechnet, eines der drei Segmente ab, in die der Kreis durch das Dreieck geteilt wird.

Die Teilung des Kreises durch das Kreuz liefert die vier Dreiheiten, von denen jede einem der vier Körper und einem der vier Materie-Zustände (Erde, Wasser, Luft, Feuer) entspricht. Dieses Kreuz gehört der Formseite an und steht in Beziehung zum Mond. Das Mondzeichen Krebs trennt, vom Anfang des Tierkreises ausgehend, einen der vier Quadranten ab, in die der Kreis durch das Kreuz zerlegt wird.

Diese Dreiheiten und Vierheiten durchdringen einander überall und in allen Punkten, und sie bilden die erste siebenfache Einteilung des Zodiakus. Aber diese Siebenheit kann

	Fühlen	Erkennen	Handeln	
Individuelles Selbst **Luft**	♒	♊	♎	*Spirituell*
Persönliches Selbst **Feuer**	♌	♐	♈	*Intellekt*
Persönliches Selbst **Wasser**	♏	♓	♋	*Gefühl*
Physisches Selbst **Erde**	♉	♍	♑	*Tat*

man auch, je nach Standpunkt, als Dreiheit, Vierheit oder als

Drei Quadruplizitäten	Fest	Veränderlich	Kardinal
Drei Gunas	Trägheit oder Stabilität	Harmonie oder Rhythmus	Aktivität oder Bewegung
Drei Pfade	Opfer	Wissen	Dienst

Zweiheit betrachten. Sie gehen viele Kombinationen und Unterteilungen ein, von denen einige schon beschrieben worden sind.

Das Studium dieser Übersicht läßt erkennen, daß sie alles bisher Gesagte zusammenfaßt und noch andere Gedankengänge eröffnet. Man sollte sie mit der in einem frühren Kapitel gegebenen Tafel vergleichen.

XXI Weitere Einteilungen
des Tierkreises

So ist die Ziffer sieben, als Summe von 3 und 4, ein Element jeder an-
tiken Religion, weil sie ein Element der Natur ist . . . Das Universum
ist eine Siebenheit; seine Totalität setzt sich aus Siebenergruppen zu-
sammen – da die Wahrnehmungskraft aus sieben verschiedenen Sei-
ten besteht, die den sieben Zuständen der Materie oder den sieben
Reichen entsprechen.

H. P. Blavatsky »Die Geheimlehre«

Kapitel 20, das vom einfachen Kreis ausging, zeigte, wie die
Dreiteilung und Vierteilung des Kreises, der allgemeinen dreifachen Offenbarung des Lebens oder des Bewußtseins und
der vierfachen Erscheinung der Form in den menschlichen
Körpern entsprechen und durchdringen. Wo eine Dreiteilung
ist, finden wir auch stets eine Vierteilung. Jeden einzelnen Teil
des Kreises kann man in die Drittelung wie in die Viertelung
einordnen. Es ist ein den meisten Menschen geläufiger Gedanke, daß jeder Teil eines größeren Ganzen ein verkleinertes
Abbild dieses Ganzen ist. Man begegnet ihm in Ausdrücken
wie z. B. »Der Mikrokosmos ist ein Spiegel des Makrokosmos« oder »Wie oben, so unten«. Die Astrologie bedient sich
dieses Gedankens an verschiedenen Stellen. Hier verhilft er
uns zu der Einsicht, daß der ganze Tierkreis sich in jedem einzelnen Zeichen widerspiegelt. In Analogie zu der Lehre, daß
jede der sieben kosmischen Ebenen sieben Unterebenen enthält, versteht man, daß jedes der zwölf Zeichen wieder in
zwölf Teile unterteilt wird. Es wurde schon erwähnt, daß diese
Einteilung eher in der indischen Astrologie als in der europäischen Astrologie üblich ist. Diese Einteilung dient jedoch als
Ausgangspunkt für Methoden nicht nur der Teilung, sondern
besonders der Kombination von Zeichen, und eine davon –
die Dekanat-Einteilung – hat sich uns schon als in der Praxis
brauchbar erwiesen.

Der Kreis des Tages

Es ist allgemein bekannt, daß die Wochentage nach dem Planeten benannt sind, der die erste Stunde des Tages regiert. Aber es ist weniger bekannt, daß das verschieden anwendbar ist und sich im Prinzip mit der Ordnung und Teilung der Tierkreiszeichen deckt. Alle älteren europäischen Astrologen teilten den Tag in 24 Stunden ein. H. P. Blavatsky aber gibt eine auf okkulte Tatsachen gegründete Einteilung jedes Tages in vier Viertel:

Wochentag	0^{00}–6^{00}	6^{00}–12^{00}	12^{00}–18^{00}	18^{00}–24^{00}
Montag	*Mond*	*Merkur*	*Venus*	*Sonne*
Dienstag	*Mars*	*Jupiter*	*Saturn*	*Mond*
Mittwoch	*Merkur*	*Venus*	*Sonne*	*Mars*
Donnerstag	*Jupiter*	*Saturn*	*Mond*	*Merkur*
Freitag	*Venus*	*Sonne*	*Mars*	*Jupiter*
Sonnabend	*Saturn*	*Mond*	*Merkur*	*Venus*
Sonntag	*Sonne*	*Mars*	*Jupiter*	*Saturn*

Der Montag hat seinen Namen, weil sein erstes Viertel, das kurz vor Sonnenaufgang beginnt, vom Mond beherrscht wird, der auch den ganzen Tag vorzugsweise regiert. Das zweite Viertel, das zu Mittag am stärksten ist, untersteht dem Merkur; das dritte Viertel, das bei Sonnenuntergang am stärksten ist, der Venus; das vierte Viertel, von Mitternacht an, der Sonne. Und so geht es weiter durch alle Wochentage. Diese Einteilung entspricht der Teilung des Tierkreises in die vier Triplizitäten Feuer, Erde, Luft und Wasser. Beides ist im selben Symbol faßbar, dem Kreuz im Kreise. Es kann nicht verwundern, daß man – was die Namen der Tage betrifft – genau dasselbe Resultat erzielt, wenn man jeden Tag drittelt. Diese drei Teile entsprechen der Einteilung des Tierkreises in die drei Vierheiten (Quadruplizitäten), die im vorigen Kapitel behandelt wurden. Bei der Vierteilung wurden die sieben Planeten ihrer Geschwindigkeit nach angeordnet, wie sie von der Erde aus erscheint. Dort wurde mit dem Mond als schnellstem begonnen. Die Dreiteilung beginnt mit Saturn als dem langsamsten Planeten. Diese Einteilung des Tages in drei gleiche Teile war in Ägypten gebräuchlich.

Wochentag	0^{00}–8^{00}	8^{00}–16^{00}	16^{00}–24^{00}
Sonnabend	Saturn	Jupiter	Mars
Sonntag	Sonne	Venus	Merkur
Montag	Mond	Saturn	Jupiter
Dienstag	Mars	Sonne	Venus
Mittwoch	Merkur	Mond	Saturn
Donnerstag	Jupiter	Mars	Sonne
Freitag	Venus	Merkur	Mond

Wir erwähnen diese Dinge hier, weil die Dreiteilung und Vierteilung des Tages genau den Quadruplizitäten und Triplizitäten des Tierkreises analog ist und weil ähnliche Prinzipien auch die Unterteilung jedes einzelnen Zeichens bestimmen.

Der Kreis des Zeichens

Nimmt man den Gedanken wieder auf, daß sich in jedem Zeichen der ganze Tierkreis spiegelt, so ergibt sich daraus die Teilung jedes Zeichens in zwölf gleiche Teile von je $2^{1}/_{2}$ Grad. Diese Teile entsprechen den Zeichen, werden nach ihnen benannt und von ihnen beherrscht. Der erste Teil von $2^{1}/_{2}$ Grad eines jeden Zeichens wird von dem betreffenden Zeichen selbst, der zweite Teil vom nächsten Zeichen beherrscht usw. Hat man so jedes Zeichen in zwölf Teile zerlegt, so kann man auch die Gruppierung nach Dreieck und Kreuz anwenden.

Die Ergebnisse sind nicht nur gedankliche Spielereien. Mindestens eines von ihnen hat sich in der Praxis als sehr brauchbar erwiesen, und das wird mit wachsender Erfahrung auch bei den anderen der Fall sein.

Wird jedes Zeichen mit seinen zwölf Unterteilungen in einem kleinen Kreis angeordnet, in dem ein gleichseitiges Dreieck eingezeichnet ist, bekommt man folgende Resultate: Die erste Spitze des Dreiecks am Beginn des Zeichens zeigt die Unterteilung, die nach dem Zeichen selbst benannt ist. So wie der herrschende Planet des ersten Teils des Tages regiert, bis der nächste Teil beginnt, so übt das erste Zwölftel des Zeichens in dieser Anordnung allgemein die Herrschaft über das ganze erste Drittel oder Dekanat des Zeichens aus. Die zweite Spitze des Dreiecks zeigt das fünfte Zwölftel des Zeichens. Dieses fünfte Zwölftel wird, vom Basis-Zeichen aus gezählt, dem fünften Zeichen entsprechen. Handelt es sich z. B. um den Wassermann, so ist das fünfte Zwölftel von der Natur der Zwillinge. Dieses Zeichen entspricht immer dem nächsten derselben Triplizität – und es beherrscht immer auch das ganze zweite Dekanat. Die dritte Spitze des Dreiecks beginnt beim neunten Zwölftel, das in unserem Beispiel der Waage-Natur entspricht. Das neunte Zwölftel eines jeden Zeichens beherrscht prinzipiell das dritte Dekanat des Zeichens.

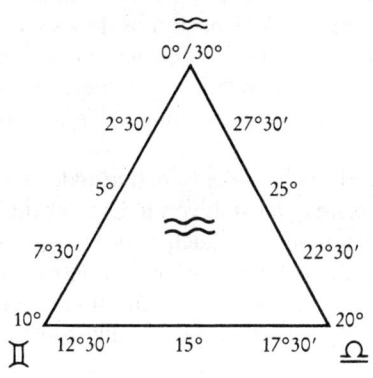

Das ist die eigentliche Basis der Dekanat-Einteilung, bei der das erste Dekanat die Natur des Zeichens selbst zeigt; das zweite entspricht im Wesen dem nächsten Zeichen derselben Triplizität; das dritte dem dritten Zeichen derselben Triplizität.

Die Dekanate

Die Einteilung der Dekanate, die eine sehr lehrreiche Einordnung der verschiedenen Einflüsse darstellt, sollte man sich genau einprägen, ehe man sich der anderen Methode, der Vierteilung des Zeichens zuwendet. Das Dreieck teilt sowohl den ganzen Tierkreis als auch jedes Zeichen in drei Teile. Wer A. Besants »Studie über das Bewußtsein« gelesen hat, weiß, daß sie im dritten Kapitel ausführt, wie »eine Dreiheit aus ihren eigenen inneren Gesetzen eine Siebenheit entwickelt, da ihre drei Faktoren sich auf sieben Arten und *nur* auf sieben Arten gruppieren (permutieren) können«.[36] Wird der Tierkreis in drei Teile geteilt, so bestimmt der Widder als kardinales Zeichen das erste Drittel; der Löwe, ein festes Zeichen, bestimmt das zweite Drittel; der Schütze, ein veränderliches Zeichen, bestimmt das dritte Drittel. Diese drei, die von den *Gunas* beherrscht werden, bilden siebenfache Wirkungsgruppen. Teilt man diese Dreiheiten in drei Zeichen und wiederum jedes Zeichen in drei Dekanate, so bilden auch diese Dreiheiten siebenfache Wirkungsgruppen. Diese Einteilung und Differenzierung ist durchaus nicht sinnlos. Jedes Dekanat, das die Natur des einen oder anderen Zeichens derselben Dreiheit repräsentiert, ist zwar ein Teil dieser Dreiheit, enthält jedoch zugleich die ganze Dreiheit als Einheit, wie folgende Übersicht zeigt:

Die erste und höchste Kombination jeder Triplizität bildet sich aus dem ersten Dekanat von jedem der drei Zeichen der betreffenden Dreiheit, die gleich stark nebeneinanderstehen. Die folgenden sechs Kombinationen in jeder Triplizität erfolgen mit den zweiten und dritten Dekanaten jedes Zeichens. Das Ganze zeigt, daß jede Triplizität eine Siebenheit, ein Septil, bildet.

Luft	Feuer	Wasser	Erde
♒ — ♊ — ♎	♌ — ♐ — ♈	♏ — ♓ — ♋	♉ — ♍ — ♑
♒ — ♊	♌ — ♐	♏ — ♓	♉ — ♍
♒ — ♎	♌ — ♈	♏ — ♋	♉ — ♑
♊ — ♎	♐ — ♈	♓ — ♋	♍ — ♑
♊ — ♒	♐ — ♌	♓ — ♏	♍ — ♉
♎ — ♒	♈ — ♌	♋ — ♏	♑ — ♉
♎ — ♊	♈ — ♐	♋ — ♓	♑ — ♍

Dekanate, Septile und Ebenen

Wenn man, wie in den Übersichten des vorigen Kapitels, die Triplizitäten zu den Ebenen des Universums in Beziehung setzt, so ist hier die Analogie zur siebenfachen Teilung jeder Ebene selbstverständlich. Wenn die siebenfältige Luft auf die höhere Mentalebene herabkommt, so entspricht sie den sieben Unterteilen des ersten Reichs der Elemente. Das auf die niedere Mentalebene gebrachte siebenfache Feuer entspricht den sieben Unterteilen des zweiten Reichs der Elemente. Das siebenfältige Wasser ergibt die sieben Unterebenen des astralen, des dritten Reichs der Elemente; das irdische Septil führt zur physischen Ebene. Die Menschen, die unter irgendeiner dieser Kombinationen oder mit vielen Planeten in einer dieser Kombinationen geboren werden, stehen in Beziehung zu dem entsprechenden Bewußtseinstyp und der betreffenden Art von Element.

Planeten und Triplizitäten

Die Erd- und Wasserzeichen sind Widerspiegelungen und Umkehrungen der Luft- und Feuerzeichen und haben auch dieselben Herrscher. Das gilt nicht nur für die Zeichen als Ganze, sondern ebenso für ihre Dekanate. Saturn, Merkur und Venus beherrschen die Luftzeichen und auch ihre ersten

Dekanate. Saturn, Merkur und Venus beherrschen ebenso die drei Erdzeichen. Auch die sechs (zweiten und dritten) Dekanate der Luftzeichen unterstehen denselben Planeten, wie die entsprechenden sechs Dekanate der Erdzeichen.

Saturn gehört zu den Gruppen Erde und Luft. Die Herrschaft des Uranus über Wassermann wird erst offenbar, wenn die Individualität in ihrer Entwicklung sehr weit fortgeschritten ist. Andernfalls ist Saturn der herrschende Planet des Wassermanns, denn beide Planeten unterscheiden sich nur durch den Grad der Willenskraft, den sie anzeigen. Saturn repräsentiert den gebundenen, konkreten Willen, der frei und ungehemmt ist. Saturn beherrscht den Kausalkörper und bindet den Menschen an seine vereinzelte und beschränkte Individualität; Uranus befreit den Menschen von dieser Bindung, so daß sich sein Bewußtsein auf höhere Ebenen erheben kann. Die Sonne als Lebenskraft und Saturn als Wille sind nur Stellvertreter, bis der Lufteinfluß stark genug wird und Uranus an die Stelle von Sonne und Saturn tritt. Kommt aber der Uranuseinfluß voll zur Auswirkung, so hemmt und beschränkt der Kausalkörper das Individuum nicht mehr: Es ist zur vollen Menschlichkeit gelangt.

Merkur, der das Luftzeichen Zwillinge und das Erdzeichen Jungfrau beherrscht, ist ein Planet mit zwei Gesichtern und in vieler Beziehung der dualistischste Planet von allen. So wie Saturn im Bereich des Willens die Brücke zwischen dem Individuellen und dem Persönlichen ist, so hat Merkur dieselbe Bedeutung im Reich des Denkens und des Gedächtnisses; er ist Bindeglied zwischen Höchstem und Tiefstem, denn sein Einfluß ist im zweiten Dekanat des Wassermann (Kausalkörper) und im dritten Dekanat des Steinbocks (physischer Körper) betont. Sein »Gegenspieler« in den Feuer- und Wasserzeichen ist Jupiter, der Planet der Expansion und Durchdringung. Beide beziehen sich auf die Erkenntnissphäre des Bewußtseins; Jupiter steht dabei auf der formalen und objektiven Seite, Merkur auf der vitalen oder subjektiven.

Venus, die das Luftzeichen Waage und das Erdzeichen Stier beherrscht, steht für die schöpferische Seite des Bewußtseins und ist in den Feuer- und Wasserzeichen gepaart mit Mars, dem Planeten der Zeugung und objektiven Aktivität. Ähnlich verhalten sich die Feuer- und Wasserzeichen zueinander, nur daß als Repräsentant der Sonne in der Feuerdreiheit in der Wasserdreiheit der Mond steht. So wie die Sonne die Individualität repräsentiert, bis Uranus seine Herrschaft beginnt, so nimmt man – ohne allerdings restlos sicher zu sein – an, daß der Neptun als Repräsentant der vollendeten Persönlichkeit den Mond ersetzt. Der Mondeinfluß durchläuft die niederen drei Triplizitäten, denn er ist im Erdzeichen Stier erhöht, hat sein »Haus« im Wasserzeichen Krebs, und seine Polarität, die Sonne, gehört zum Feuerzeichen Löwe.

Dreieck und Kreuz

Diese Siebenheiten ergeben sich, wenn man in den Tierkreis oder in den kleineren Kreis eines Zeichens das Dreieck einsetzt. Sie liefern die drei Vierheiten (Quadruplizitäten), an deren Spitze die drei »menschlichen« Luftzeichen Wassermann, Zwillinge und Waage stehen. Stier, Skorpion und Löwe sind feste Zeichen, die ein starkes, unerschütterliches Zentrum bilden, das allen Schicksalsschlägen Widerstand leisten und ein beharrliches Selbst aufbauen kann, das im höchsten Sinne im Willen des Wassermanns zum Ausdruck gelangt. Steinbock, Krebs und Widder stellen eine nach außen gerichtete geballte Energie dar, die durch die Aktivität der Waage, dem Zeichen der Individualisierung und Vereinzelung, aber auch der Vereinigung, in eine höhere Form umgewandelt wird. Jungfrau, Fische und Schütze bringen die Harmonie der Gegensätze zum Ausdruck, die ihren Höhepunkt in den Zwillingen, dem Willen, erreicht, dem Zeichen des »Großen Menschen«, über den Swedenborg schreibt, und des Adam Kadmon der Kabbala. Das dem Kreis eingesetzte Kreuz soll im nächsten Kapitel besprochen werden.

XXII Die Verteilung der Zeichen

Es ist ein Kreuz in einem Kreis, eine wahre »Crux Ansata«; aber es ist das Kreuz, auf dem alle menschlichen Leidenschaften gekreuzigt werden müssen, ehe der Yogi durch das »enge Tor« eingeht, das sich dann ins Unendliche weitet, wenn der innerliche Mensch die Schwelle überschritten hat.

H. P. Blavatsky »Die Geheimlehre«

Wir beschäftigen uns damit, was sich ergibt, wenn man den Kreisen des Zodiakus, des Tages und der Zeichen ein Dreieck einsetzt. Die Anwendung des Kreuzes oder der Verteilung auf den Tierkreis und den Tag wurde auch schon aufgezeigt. Somit bleibt nur noch übrig, jedes *Zeichen* in vier Teile zu zerlegen, wie es die Tabelle auf Seite 339 zeigt.

Im vorigen Kapitel wurde gezeigt, daß bei der Zwölfteilung jedes Zeichens das erste Zwölftel von derselben Natur wie das Zeichen ist; der fünfte Teil entspricht dem nächsten Zeichen derselben Triplizität und der neunte Teil dem dritten Zeichen derselben Dreiheit. Und das ist der Schlüssel zum Verständnis der Dekanats-Herrscher. Dieselbe Regel findet auf die Teilung des Zeichens in vier Viertel Anwendung. Das erste Viertel zeigt wieder die Natur des Zeichens selbst. Das zweite Viertel beginnt bei dem vierten Zwölftel, dessen Natur dem nächsten Zeichen der Vierheit entspricht, welches das ganze Viertel beherrscht. Ist das Zeichen z. B. Wassermann, so ist das zweite Viertel durch den Untereinfluß Stier geprägt. Das dritte Viertel beginnt bei dem Untereinfluß des dritten Zeichens derselben Quadruplizität, z. B. Löwe im Falle von Wassermann – und dieser charakterisiert das ganze Viertel. Das vierte Viertel entspricht dann dem Wesen des Skorpions, des letzten Zeichens derselben Vierheit, wenn man bei Wassermann anfängt.

Die Tabelle zeigt die Viertel in der Anordnung der vier Eckhäuser des Horoskops. Das Zeichen selbst steht am Arm des Kreuzes, der für den Aszendenten steht. Das zweite Viertel steht am 4., das dritte am 7. Haus und das vierte Viertel am 10.

Haus. So stimmen die Viertel eines Zeichen und die Viertel des Tierkreises, die bei dem Zeichen beginnen, im Wesen überein.

Luft

	♏			♓			♋	
♒	+	♌	♊	+	♐	♎	+	♈
	♑			♍			♉	

Feuer

	♑			♍			♉	
♌	+	♒	♐	+	♊	♈	+	♎
	♏			♓			♋	

Wasser

	♌			♐			♐	
♏	+	♑	♊	+	♍	♊	+	♍
	♒			♓			♓	

Erde

	♒			♊			♎	
♑	+	♏	♍	+	♓	♉	+	♋
	♌			♐			♈	

Die Durchdringung der Prinzipien

Die Prinzipien der Unterteilung des Tages, des Monats (oder Zeichens) und des Jahres (oder ganzen Tierkreises) sind gleich, ob man in drei oder in vier Teile teilt; diese verschiedenen Einteilungen widersprechen einander nicht, weil sie verschiedenen Klassifikationen angehören. Wenn man Widder ein kardinales Zeichen nennt, so widerspricht das nicht der Tatsache, daß es auch ein Feuerzeichen ist, denn diese beiden Kennzeichnungen werden verschieden interpretiert. Die erste Interpretation entsteht bei der Anwendung der dreifachen Anordnung, wodurch die Zeichen mit den drei *Gunas*, den drei Pfaden und den drei Bewußtseinssphären, dem Denken,

Fühlen und Handeln, in Beziehung gesetzt werden. Die letztere resultiert aus der vierfachen Klassifikation, die sich auf die vier Elemente, die vier Körper und andere Vierergruppen bezieht. Jene gehört mehr zum Leben, diese mehr zur Form.

Eine Betrachtung der Übersicht zeigt, daß die Luftzeichen, wie in den vorhergehenden Tafeln, an höchster Stelle stehen. Wenn man jedes Zeichen viertelt, so werden alle zwölf Zeichen des Tierkreises auf die Luft-Ebene gehoben, wo sie als Untereinflüsse oder Polaritäten der Materie dieser Ebene und des daraus gebildeten Körpers existieren. Die nächste Ebene ist die des Feuers, zu der besonders Widder, Löwe und Schütze gehören. Aber auch hier sind alle zwölf Zeichen als Wasser-, Erd- und Luftuntereinflüsse vorhanden; dasselbe gilt bei den Ebenen von den Elementen Erde und Wasser. Diesen Schluß hätte man auch aus dem vorher erwähnten Prinzip ableiten können, daß der Mikrokosmos ein Spiegel des Makrokosmos ist. Wenn die vier Quadranten des Tierkreises den vier Ebenen entsprechen, muß jeder Quadrant und jede Ebene das Ganze widerspiegeln.

In der dreifachen Gliederung der Zeichen, mit Anordnung der Dekanate in Siebenergruppen, gehören alle zu dem Element des betreffenden Zeichens. Die Siebenerteilungen der Erdzeichen z. B. sind von der Natur des Erdelements, jedoch innerhalb der Siebenergruppe sind alle drei Quadruplizitäten dargestellt.

In der vierfachen Gliederung eines beliebigen Zeichens sind die Unterteile alle von der Natur derselben Quadruplizität, aber es sind alle vier Elemente zugegen. Zum Beispiel steht Wassermann als festes Zeichen durch sein zweites (Zwillinge-)Dekanat mit dem veränderlichen Kreuz und durch sein drittes (Waage-)Dekanat mit dem kardinalen Kreuz in Verbindung. Als Luftzeichen steht Wassermann in Beziehung zur Erde und zur physischen Ebene durch sein zweites (Stier-)Viertel, zum Feuer und der Mentalebene durch das dritte (Löwe-)Viertel und zum Wasser und der Astralebene durch sein viertes (Skorpion-)Viertel.

Anwendung auf das Horoskop

Aus der Anwendung auf das Horoskop leiten sich folgende Tatsachen her:

1. Planeten im ersten Viertel eines Zeichens beziehen sich auf den Geborenen selbst, auf seine Kräfte und Wesenszüge. Sie bringen die eigenen persönlichen Fähigkeiten der Person zur Auswirkung und prägen sie als in sich ruhendes und geschlossenes Einzelwesen.

2. Planeten im zweiten Viertel eines Zeichens beziehen sich auf Heim und Häuslichkeit, auf den elterlichen Einfluß und die Sphäre der Familie. Sie prägen sich in seiner Beziehung zu Eltern und Kindern, indirekt auch zu anderen Menschen, aus. Der Umkreis des Selbst ist somit erweitert, aber er ist immer noch relativ persönlich und abgeschlossen.

3. Planeten im dritten Viertel eines Zeichens deuten auf die Beziehung des Individuums zur äußeren Welt im Sinne von mehr oder weniger Gleichberechtigung hin. Ehe, Teilhaberschaft, Freundschaft, Feindschaft und allgemeine Popularität sind nur Varianten derselben Beziehung. Der Umkreis des Selbst ist hier schon so erweitert, daß er einen großen Teil des Nicht-Selbst einschließt.

4. Im letzten Viertel eines Zeichens stehende Planeten drücken die Beziehung zur Welt im Sinne von Überlegenheit, Macht, Herrschaft, Ruhm, Erfolg, Bekanntheit und Bedeutung aus.

Die Art der Kombination von Planet und Zeichen entscheidet dann darüber, ob diese Beziehungen angenehm oder unangenehm, günstig oder ungünstig sind.

Vier große Symbole

In der Einführung in das Studium der Esoterischen Astrologie, die im 9. Band (Neue Folge) der Zeitschrift »Modern Astrology« gegeben wurde, finden sich einige Gedanken über eine spirituelle, zentrale Sonne und ihren Zusammenhang mit den Strahlen und Monaden. In Esoterischer wie in Exoterischer Astrologie sollte man mit vier Symbolen vertraut sein. Die Zentralsonne ist symbolisiert im Polarstern, den man als Korrelat der Monade oder des »Ebenbildes Gottes« betrachten kann. Dann entspricht die Sonne im Zentrum unseres Sonnensystems dem Licht und Geist des individuellen oder kausalen Körpers, der Mond dem Dämmerlicht des astral-mentalen Bewußtseins und die Erde dem physischen Körper. Diese vier symbolischen Repräsentanten entsprechen noch bestimmter den vier Triplizitäten Luft, Feuer, Wasser und Erde.

Zwischen zwei dieser Stufen, einer höheren oder individuellen und einer tieferen oder persönlichen, besteht eine ständige Wechselwirkung. Im gegenwärtigen Entwicklungsstadium repräsentiert sich das Individuum im Kausalkörper und die Persönlichkeit in den drei niederen Bewußtseinssphären. Wenn der Mensch aber im Laufe der Entwicklung den Kausalkörper überwunden hat, dann ist sein Bewußtsein nicht mehr an die Bedingungen gebunden, die mit dem Zodiakus der Erde zusammenhängen. Er kann sich dann willkürlich eigene Bewußtseinsträger schaffen. So ist die Entwicklung der Menschenwesen mit vier bestimmten Stufen der Materie verknüpft; jedes dieser vier Entwicklungsstadien muß in allen seinen feineren und gröberen Teilen durchlaufen werden.

Zugänge zu den Zeichen

Die Unterteilung der Zeichen in Drittel und Viertel macht jedes Zeichen, wie schon erläutert, siebenfältig. Aber von diesen sieben Teilen führen eigentlich nur fünf aus dem Zeichen heraus. Denn das erste Dekanat und das erste Viertel sind von derselben Natur wie das Zeichen. Aber durch das zweite und dritte Dekanat und das zweite bis vierte Viertel steht das Zeichen in Kontakt mit anderen Bewußtseinssphären, anderen Körpern und Ebenen des Seins. Der Löwe z. B. ist ein festes Feuerzeichen und bezieht sich durch seinen Feuercharakter auf der Mentalebene, durch seine feste Qualität auf die Willenssphäre, die im unentwickelten Menschen triebhaft ist. Sein zweites (Schütze-) und drittes (Widder-)Dekanat bringen ihn in Berührung mit Jupiter und dem Wissens-Strahl und mit Mars und dem Aktivitäts-Strahl. Das zweite (Skorpion-)Viertel bringt den Einfluß des Astralkörpers hinzu, das dritte (Wassermann-)Viertel den des Luftelements, und das vierte (Stier-) Viertel führt auf die physische Ebene herab.

Auf den ersten Blick könnte es scheinen, als seien diese Unterteilungen der Zeichen für praktische Arbeit zu komplex und als ob es genügen würde, das Zeichen als Ganzes zu betrachten. Für viele Zwecke ist das tatsächlich richtig. Jedenfalls widerspricht die Tatsache, daß ein Zeichen derartig geteilt werden kann, in keiner Weise dem Grundsatz, daß das Zeichen Löwe als Einheit wirkt und von der Sonne beherrscht wird; genausowenig hebt die Tatsache, daß der Mensch ein Individuum ist, den Gedanken auf, daß er in drei Bewußtseinsformen und in vier Körpern lebt.

Primäre und sekundäre Typen

Die Notwendigkeit dieser und anderer Zusammenhänge werden verständlicher, wenn man sich des Gedankens erinnert, daß es auf Erden sieben Entwicklungsgruppen von Seelen unter der Leitung der sieben erhabenen Wesen gibt, die die spirituellen Herrscher der sieben Planetenketten sind. Jede Menschenseele untersteht als Individuum direkt einem dieser Wesen und eignet sich vorwiegend die Charakteristika, Kräfte und Fähigkeiten an, die zu jenem der sieben gehören. Jede Seele eignet sich jedoch auch, obgleich in weniger hohem Grade, die Charakterzüge an, die zu den anderen sechs Typen gehören. Das geschieht durch die Aufeinanderfolge von Inkarnationen in Körpern, die der Natur aller sieben Herrscher entsprechen. Z. B. wird eine Individualität, deren Hauptentwicklungslinie von Saturn beherrscht wird, nicht immer in einer saturnischen Persönlichkeit geboren. Bei der einen Geburt wird Jupiter Einfluß ausüben, bei einer anderen Mars und so weiter. So wird zwar Saturn stets die stärkste und beste Seite des Wesens der individuellen Seele darstellen, aber sie erwirbt auch, mit wechselndem Erfolg, die Kräfte der anderen sechs Herrscher.

Daraus folgt, daß die Klassifizierung der Individuen auf einer siebenfachen Skala nicht erschöpfend ist. Es genügt nicht die Feststellung: Dieser Mensch untersteht Saturn, jener Jupiter, ein anderer Venus usw. Gäbe es außer den sieben Typen keine anderen Unterscheidungen, so würden Individuen, die demselben Planetenstrahl angehören, ganz gleich sein. Zwei Saturnier würden Kopien voneinander sein; zwei von der Sonne beherrschte Menschen wären nicht zu unterscheiden. Wir wissen, daß dies bei der physischen Persönlichkeit sicherlich nicht zutrifft, und die Aussagen hochentwickelter Individuen führen zu dem Schluß, daß dies von der Individualität ebensowenig gilt.

Haben wir ein Individuum als überwiegend einem der sieben Strahlen zugehörig klassifiziert, so bleibt noch die Frage zu beantworten, in welchem Umfang es ihm gelungen ist, die Kräfte der anderen sechs Strahlen aufzunehmen. Wenn seine stärksten und besten Fähigkeiten saturnischer Art sind, welcher Planet steht dann bei ihm an zweiter Stelle? Es gibt noch sechs andere, und theoretisch kann jeder von ihnen an zweiter Stelle stehen. Wenn es auch zu Anfang nur sieben Typen gibt, so wird die Klassifikation doch durch die Tatsache kompliziert, daß jeder der sieben in sechs verschiedenen Richtungen variieren kann; das gibt also zweiundvierzig sekundäre Typen. Das ist aber noch nicht alles, denn es gibt noch fünf andere Entwicklungslinien, Unterlinien der einen Hauptlinie, der die Seele folgt. Und auch hier wieder kann sie sich deren Wesenszüge in jeder Anordnung aneignen. Daher kann jeder sekundäre Typus in fünf verschiedenen Richtungen variieren; daraus folgen 42 x 5 oder 210 Typen dritter Ordnung. Ohne weiteren Beweis wird es einleuchten, daß diese dritte Ordnung eine vierte möglich macht, die in vier Richtungen variiert; 210 x 4 oder 840 Typen vierter Ordnung; eine fünfte variiert dann in drei Arten, 840 x 3 oder 2520 Typen fünfter Ordnung, und eine sechste in zwei Arten, 2520 x 2 oder zusammen 5040.[37] All das ergibt sich aus der Existenz von sieben Grundtypen, deren jeder die anderen sechs als Untertypen in sich enthält.

Es erübrigt sich, weitere Zusammenhänge anzuführen, wie etwa die auf dem Tierkreis beruhenden, wodurch die Zahl der Typen ins Unendliche stiege, denn es ist offensichtlich, daß zwei Individuen nicht ganz gleich sind. Ihre Unterscheidungen erklären sich aus den verschiedenen Erlebnissen, die sie in vergangenen Inkarnationen auf dieser und anderen Welten gemacht haben. Erfahrung in der Umwelt erzeugt oder fördert Fähigkeit in der Seele, und da die von den Seelen gewandelten Pfade nie für zwei ganz genau gleich sind, müssen auch die gewonnene Erfahrung und die entstandenen Kräfte entsprechend verschieden sein. Der Heilige unterscheidet sich dadurch vom Sünder, daß er eine ältere Seele mit größerer Erfahrung und reicheren Kräften ist. Das Genie hat seine Fähigkeiten in höherem Maß entfaltet als der Durchschnittsmensch. Und selbst wenn alle Seelen dasselbe Alter hätten, wäre die Verschiedenheit (wie wir gesehen haben) groß; da es aber große Unterschiede im Alter und damit im Entwicklungsstadium gibt, ist die Komplexität enorm. Und doch sind alle in den sieben Typen erfaßt, die symbolisiert werden von den Planeten und die drei Pfade der Macht, der Liebe und der Weisheit wandeln.

Nunmehr wird deutlich geworden sein, daß gewohnte Ausdrücke in der Esoterischen Astrologie einen neuen Sinn annehmen; daher soll sich das nächste Kapitel mit den wichtigsten dieser Begriffe beschäftigen.

XXXIII Die esoterische Bedeutung astrologischer Begriffe

Das Wort »Sein Atem gab den Sieben Leben« (in den Stanzen von Dzyan) bezieht sich sowohl auf die Sonne, die den Planeten Leben gibt, wie auf die »Höchste«, die spirituelle Sonne, die den ganzen Kosmos belebt. Die astronomischen und astrologischen Schlüssel zur Erkenntnis der Geheimnisse der Theogonie finden sich erst in den späteren Glossaren zu den Stanzen.

H. P. Blavatsky »Die Geheimlehre«

Das folgende Glossar paßt die üblichen astrologischen Ausdrücke den Zwecken der Esoterischen Astrologie an. Es wird zum Nachschlagen gute Dienste leisten. In vielen Fällen sind Beispiele gegeben, um die Erklärungen verständlicher zu machen.

Annäherung (Applikation)
Bei allen Horoskopdeutungen ist es wichtig, Aspekte, die im Entstehen begriffen sind und schon innerhalb des Planetenorbis stehen, von denen zu unterscheiden, die sich wieder trennen. Applikation nennt man die Annäherung eines Aspekts, Separation seine Trennung. Die Mond/Saturn-Opposition in Napoleons Horoskop war ein sich trennender Aspekt aus dem 10. und dem 4. Haus. Diese Opposition betonte alle Entfremdungen und Trennungen, die Napoleon durchzumachen hatte und die ihn am Lebensende von allem, was ihm teuer war, isolierten. Auch die Sonne trennte sich von einem Quadrat zu Jupiter; das bedeutet den Zusammenbruch seines Stolzes, dem es letztlich versagt war, die von ihm erstrebte Höhe zu erreichen und zu behaupten. Man beachte die Applikationen im Horoskop von Cecil Rhodes. Der Mond stand applikativ zu Mars, Uranus, zur Sonne und zum Neptun, sein Leben war aufbauend und nicht auflösend. Ähnliches gilt für Bismarcks Mond.

Aspekte

Hat man alles gedeutet, was Zeichen und Stellung betrifft, so muß man seine Aufmerksamkeit den zwischen den Himmelskörpern gebildeten Aspekten widmen. Die Aspekte modifizieren den Planeteneinfluß mehr als Haus oder Zeichen; z. B. kann ein günstiger Mars- oder Jupiteraspekt die Vereinsamung und die isolierende Wirkung Saturns stark modifizieren, oder die gute Stellung Jupiters nach Haus und Zeichen wird durch einen ungünstigen Aspekt zu Mars oder Saturn wesentlich beeinträchtigt. Wenn ungünstige Aspekte die Selbstsucht und Kälte noch betonen, kann der Saturneinfluß noch ungünstiger werden. Jupiter unter schlechten Aspekten steht für Heuchelei und Falschheit statt eines gerechten und umfassenden Denkens. Bei der Aspektdeutung sollte man zuerst die Aspekte der Lichter und Merkurs betrachten, denn sie sind die Leiter, Empfänger und Verteiler des Planeteneinflusses. Die Mondaspekte beziehen sich vornehmlich auf physische Dinge; die Sonne beeinflußt den moralischen oder individuellen Charakter, Merkur die Verstandesseite. Große Aspekte dürfen nie übersehen, kleine Aspekte nie überbewertet werden. Primär wichtig sind Konjunktionen und Oppositionen, dann Trigone und Quadrate, schließlich Sextile und kleinere Aspekte. Das Eineinhalbquadrat ist oft ein wichtiger Aspekt, wird aber nicht immer richtig erfaßt, da es ein sehr widerspruchsvoller Einfluß ist.

Aufsteigend

Alle aufsteigenden Planeten im Horoskop sind bedeutsam, den Haupteinfluß haben aber diejenigen, die der Spitze des Aszendenten am nächsten stehen. Dabei sind die großen Planeten wichtiger als die kleineren.

Uranus, Saturn und Mars als aufsteigende Planeten haben stärkeren Einfluß als Neptun, Jupiter oder Venus, während es bei den Lichtern und Merkur von Aspekten und Zeichen abhängt, ob sie wirklich stark stehen. Ein aufsteigender Uranus verleiht Unabhängigkeit, Wissensstärke und eine gewisse Neigung zum Egozentrischen. Saturn gibt Widerstandskraft,

Ausdauer, Geduld und Festigkeit. Mars verleiht Stärke, Kraft und Bestimmtheit. Neptun macht zu mediumistischen und Traumerlebnissen geneigt. Jupiter weitet und bereichert und bringt das Leben zu günstiger Reife. Venus verleiht Freude am Schönen, Zuneigung und ein angenehmes Leben. Merkur macht geistig beweglich und anpassungsfähig. Die Sonne gibt Ehrgeiz, Stolz und Sinn für Herrschertum, dabei aber viel Edelmut. Der Mond bedeutet Vorliebe für Abwechslung und Stimmungen. In manchen Fällen wird der aufsteigende Planet zugleich Geburtsgebieter sein. Als Mitherrscher kommt er stets in Frage und wird Bewußtsein und Leben wandeln. Nimmt man z. B. das Horoskop eines Menschen, der eine Neigung zur Übertreibung zeigt, so kann er durch einen aufsteigenden Saturn Wahrheitsliebe und Vorsicht annehmen.

Bedrängung

Der Ausdruck stammt aus der Stundenastrologie, kann aber unter Berücksichtigung von Zeichen, Haus und Aspekten auch auf die Geburtsastrologie Anwendung finden. Steht ein »Wohltäter« zwischen »Übeltätern«, so modifiziert das seinen Einfluß. Durch die Progression des Horoskops besteht indessen die Möglichkeit für den »Wohltäter«, dieser Bedrängung und den damit zusammenhängenden Beeinträchtigungen zu entgehen.

Beschädigungen

So nennt man Aspekte zwischen den Himmelskörpern, wenn sie ungünstig sind. Das liegt teils an der Art des Aspekts, teils an den Zeichen, in die die Aspekte fallen, und teils an der Natur der Planeten, die die sogenannten Beschädigungen hervorrufen. Saturn und Mars beschädigen sich, weil sie Gegensätze darstellen. Durch seinen von Natur aus kalten Einfluß hemmt und beschränkt Saturn den gleichmäßigen Fluß der Lebenskraft und des Bewußtseins; durch seine expansive Heftigkeit und Hitze erzeugt Mars unregelmäßige oder exzessive Vorgänge im Körperlichen wie im Seelischen.

Der Quadrataspekt zwischen Planeten ist eine Beschädigung, weil die beteiligten Zeichen, wenn man sie außerhalb ihres Zusammenhangs im Tierkreis betrachtet, disharmonisch sind. Zum Beispiel passen Feuer und Wasser als Gegensätze oder Inversionen, wie positive und negative Elektrizität, nicht zusammen. Ähnliches gilt für die veränderlichen Luft- und festen Erdzeichen. Andererseits beschädigt Saturn die Sonne mehr oder weniger stark, weil der Einfluß der Sonne expansiv und der Saturn kontraktiv ist. Mars beschädigt stets den Mond mehr oder weniger, weil der Mond kalt und feucht und der Mars heiß und trocken ist. Die Beurteilung von Beschädigungen bedarf ganz besonderer Sorgfalt, denn es kann sein, daß in manchen Horoskopen eine Beschädigung von wohltätigem Einfluß ist, weil die betreffende Person Gegenwirkungen nötig hat. Einige der Beispielhoroskope können Vorteile und Nachteile von Beschädigungen illustrieren.

Der Quadrataspekt zwischen Merkur und Uranus im Horoskop von Cecil Rhodes beeinträchtigte seine Gesundheit und zwang ihn, ein ihm zusagendes Klima aufzusuchen – er ging nach Afrika, das dem Zeichen Krebs untersteht, wo er sich entfalten und seine Begabung im Dienst des Landes ausdrücken konnte. Viele Beschädigungen sind verborgene Segnungen. Sie heben alte Bindungen auf und bilden neue, zerstören, was alt und unbrauchbar ist, und bringen den Geborenen in Kontakt mit neuen und günstigeren Erfahrungen. Der Quadrataspekt zwischen Mars und Uranus im Horoskop von Lord Randolph Churchill bewirkte Wandlung und Fortschritt. Hätte er länger gelebt, so hätte er viele Reformen und neue Ideen in das parlamentarische Leben einführen können. So aber diente der Aspekt zur Aussaat, die in kommenden Generationen reifen soll.

Derartige Beispiele könnte man unzählige anführen, denn etwas Ähnliches geschieht im Leben der meisten Menschen. Aber sie genügen, um zu zeigen, daß man Beschädigungen nie als ausschließlich ungünstig deuten sollte. Die antiken Astrologen interpretierten alle Aspekte als wesentlich und heilsam. Nur die Einstellung des niederen Denkens macht sie ungünstig.

Dekanate

Die Dekanate der Zeichen sind wichtiger, als manche Astrologen zu glauben scheinen. Allerdings besteht die Gefahr, daß die Deutung erschwert wird, wenn der Lernende nicht eine besonders gute Kombinationsgabe besitzt. Dieselbe Schwierigkeit macht sich aber schon bemerkbar, wenn der Tierkreis in Zeichen, Triplizitäten und Quadruplizitäten geteilt wird. Jedes Zeichen enthält die Triplizität, zu der es gehört, als Ganzes in sich. Das erste Dekanat von 10 Grad hat stets dieselbe Natur wie das Zeichen selbst. Das zweite Dekanat, von 10 Grad bis 20 Grad, entspricht dem nächsten Zeichen derselben Triplizität und bringt einen Untereinfluß hinzu, und das dritte Zeichen der Triplizität wirkt als Untereinfluß im dritten Dekanat. Durch diese Anordnung wirken die Einflüsse kardinal, fest und veränderlich kombiniert in *einem* Zeichen.

Wir verdeutlichen den Wert der Dekanate an unseren Beispielhoroskopen. Napoleons Geburtsgebieter stand im ersten Dekanat Krebs. Auch Merkur und Neptun standen in den ersten Dekanaten ihrer Zeichen. Jupiter befand sich im zweiten, dem Fischedekanat des Skorpions, auch Saturn erhielt im Krebs einen ähnlichen Fische-Untereinfluß. Damit prägte sich durch Saturn und Jupiter das Wasserdreieck als Ganzes aus. Die Sonne stand im dritten Dekanat des Löwen (1. Löwe, 2. Schütze, 3. Widder). Mars befand sich im zweiten Dekanat der Jungfrau (1. Jungfrau, 2. Steinbock, 3. Stier), und der Mond befand sich im dritten Dekanat des Steinbocks (1. Steinbock, 2. Stier, 3. Jungfrau). Dazu war Uranus in der Jungfrau-Dekade des Stiers. Die Verteilung der Planeten auf die Dekanate zeigt drei primär kardinale, vier primär feste und zwei primär veränderliche Einflüsse. Umgekehrt liegen die Untereinflüsse: sechs veränderliche, vier feste und fünf kardinale. Die weitere Analyse zeigt vier Einflüsse Erde, drei Wasser, drei Feuer, keine Luft. Weiter erweist die Analyse, daß die Eckhäuser betont werden: Venus als Geburtsgebieter in einem kardinalen Zeichen; die Sonne im 7. Haus, der Mond im 4. Haus/Steinbock; Saturn im 10. Haus/Krebs; Mars im Steinbock-Dekanat der Jungfrau, 10. Haus-Einfluß, usw. Ein eigenartiges Gegenstück dazu bildet das Horoskop des Viscount Hinton, der sechs primär veränderliche, drei kardinale und keine festen Einflüsse hat. Veränderliche Untereinflüsse gibt es sieben, kardinale drei und feste vier.

Deklination

Lernende Astrologen, die ihre Bedeutung nicht kennen, vernachlässigen oft die Parallelen der Deklination. Man sollte sie aber in allen Horoskopen genau beachten, denn sie haben starken Einfluß und fallen oft mit sonst übersehenen Wirkungen zusammen. Betrachtet man sie allein, dann wirken sie zwar ähnlich wie Konjunktionen, aber wenn die beiden Planeten gleichzeitig einen Aspekt bilden, dann wirkt die Parallele genauso wie der Aspekt. Sonne und Jupiter können eine Parallele haben, wenn sei ein applikatives oder separatives Quadrat bilden; dann hat die Parallele denselben Charakter wie das Quadrat. Sehen wir die Parallele wie eine Konjunktion, so haben wir ihr oft den schlechten Einfluß zuzuschreiben. In Napoleons Horoskop würde eine Parallele zwischen Mond und Saturn ebenso wirken wie die Opposition; sie würde ihren Einfluß betonen und nicht abschwächen.

Deszendent

Das 7. oder westliche Eckhaus ist, wenn es einen oder mehrere Planeten enthält, stets wichtig. Dieses Eckhaus bezieht sich nicht ausschließlich auf die Ehe, sondern zeigt das Zustandekommen von Verbindungen. Manchmal steht es für die Entfaltungsmöglichkeit des Geborenen und seine Art, die Einflüsse dieses Hauses nach außen zu bringen, z. B. vor die Öffentlichkeit zu treten, öffentlich zu wirken und Dienst oder Opfer zu leisten. Es repräsentiert stets das, was dem Geborenen am entferntesten gegenübersteht, z. B. seine Ideale. Im guten Sinne, wenn es sich um Wohltäter und gut aspektierte Planeten handelt, gibt das 7. Haus die Fähigkeit, mit anderen zusammenzuwirken, mit ihnen zu denken, zu fühlen und zu handeln, im höchsten Sinne die Darstellung des *Buddhi* und der Brüderlichkeit. Umgekehrt bewirkt es im schlechten

Sinne, unter ungünstigen Aspekten, Trennung, Feindschaft, Unfähigkeit zur Gemeinschaft aus Schwäche, Haß oder zu ausgeprägtem Egoismus.

Direktionen
Das Geburtshoroskop, das die Persönlichkeit und ihre Möglichkeiten und Grenzen zeigt, ist durchaus nicht statisch. Die Verwendung von Direktionen gibt an, inwieweit Hemmungen beseitigt und Möglichkeiten gesteigert werden können. Wer das Horoskop als durchaus festliegendes Schicksal betrachtet, schließt meist die Direktionen mit ein, aber es ist richtiger, darin Möglichkeiten der Wandlung und des Fortschritts zu sehen. Gute Direktionen eröffnen die Aussicht, die besseren Eigenschaften der an der Direktion beteiligten Planeten zu entwickeln. In einer solchen Zeit gelingt das leichter, und die Bemühungen tragen dann bessere Früchte als sonst. Gerechte, wohlwollende, humane oder religiöse Qualitäten können unter einer guten Jupiterdirektion zur Entfaltung kommen; Vorbedachtheit, Klugheit und Selbstbeherrschung unter einer Saturndirektion; Mut, Unternehmungsgeist, Selbstsicherheit und Selbstaufopferung unter Marsdirektion; Schärfe und Regsamkeit des Verstandes unter Merkur usw. Und nicht nur der Charakter wird sich stärken und entfalten, sondern auch die Ereignisse in der Außenwelt, die mit den Direktionen zusammenfallen; das Glück, wie man es oft nennt, wird sich steigern und mehr Erfolg erzielt werden.

Bei ungünstigen Direktionen besteht die Möglichkeit, die negativen Eigenschaften, die mit beschädigten Planeten zusammenhängen, zurückzudrängen. Diese Bemühung stärkt die Willenskraft und gibt mehr Herrschaft über sich selbst, als wenn man sich ohne Widerstand ergibt. Zwar haben wir uns im vergangenen Leben durch das Karma einiges selbst zugezogen, was vielleicht vorherbestimmt und unvermeidlich ist. Aber alle Ereignisse sind das sicherlich nicht, wahrscheinlich nicht einmal die Mehrzahl; durch Selbstbeherrschung beherrschen wir auch unser Schicksal.

Abgesehen von den Fragen der Stärke und Schwäche, des

günstigen und ungünstigen Einflusses scheinen die verschiedenen Menschen auch verschieden auf Planeteneinflüsse zu reagieren. Sehr hingebungsvolle und auch sehr empfindsame Menschen scheinen leicht zu reagieren und unterliegen daher Planeteneinflüssen aller Art stärker als andere, die keine so empfindliche Natur haben. Die sensitivsten Menschen scheinen diejenigen zu sein, die den Einflüssen kardinaler Zeichen unterstehen. Die am schwächsten reagierenden sind meist diejenigen, die den veränderlichen Zeichen angehören. Außer der sensitiven Art derer, die unter kardinalem Zeicheneinfluß geboren sind, können sich in einem Horoskop noch andere Sensitivitäts-Konstellationen finden. Andererseits gibt es auch noch Nativitäten, die wenig Reaktionsfähigkeit zeigen. Es ist aber wahrscheinlich, daß auf der Fähigkeit, auf Planeteneinflüsse zu reagieren, der Fortschritt und die Entwicklung eines Menschen beruht. Die richtige Deutung des Horoskops hängt offenbar stark davon ab, daß man zuallererst diesen einen Faktor kennt.

Alle Menschen, die mit Planeten in Eckhäusern geboren werden, haben das Schicksal oder die Bestimmung, auf die Einflüsse zu reagieren, ob sie wollen oder nicht; sie haben im allgemeinen die ereignisreichsten und aktivsten Lebensläufe. Dann kommen die folgenden Häuser und zuletzt die fallenden. Alle Planeten in Eckhäusern bedeuten stärkste Aktivität, alle Planeten in fallenden Häusern äußerste Zurückhaltung; die folgenden Häuser halten die Mitte. Manche Menschen reagieren stark auf Transite im Horoskop, andere weniger. Es gibt anscheinend keine genaue und sichere Regel dafür, mit der man in jedem Falle Prognosen stellen könnte. Reiche Erfahrung in dieser Hinsicht lehrt, daß im Horoskop eines Diebes oder eines sehr hinterlistigen Menschen jede Versuchung zu Diebstahl oder Betrug ausgelöst wird, wenn die Geburtseinflüsse durch ungünstige Direktionen wachgerufen werden. Ein Mensch, dessen Horoskop eine starke sinnliche Natur anzeigt, wird sinnlichen Neigungen erliegen, wenn er in eine Atmosphäre kommt, in der sich seine Konstellationen auswirken können; wenn er unter ungünstigen Direktionen steht, ist er in dieser Hinsicht schwächer und widerstandsloser als sonst.

Drachenkopf und Drachenschwanz

Der Drachenkopf ist der aufsteigende Mondknoten oder der Punkt, an dem der Mond bei seiner Bewegung nach Norden die Ekliptik kreuzt. Der Drachenschwanz oder absteigende Mondknoten ist der gegenüberliegende Punkt, an dem der Mond die Ekliptik auf seiner südlichen Bewegung schneidet. Die alten Astrologen maßen ihnen Bedeutung bei, und die Hinduastrologen benutzen sie noch heute. Ihnen gilt der Drachenkopf als wohltätig und erhöht in den Zwillingen, der Drachenschwanz als übelwirkend und erhöht im Schützen. Die meisten modernen Astrologen lassen sie als wertlos beiseite. Die einzige praktische Bedeutung, die sie zu haben scheinen, ist die, daß sie anzeigen, wohin etwa in der Periode vor der Geburt die Eklipsen gefallen sind; es ist durchaus denkbar, daß dieser Punkt weitere Untersuchung lohnt. Eine Finsternis, besonders eine sichtbare, prägt den Punkt des Tierkreises, auf den sie fällt, stark, und diese Prägung wirkt eine Zeitlang nach. Daher kann das ein bedeutsamer Punkt in einem Horoskop sein, den man leicht übersieht, weil die Lichter inzwischen weitergerückt sind. Eklipsen fallen jedoch nicht immer genau auf Drachenkopf oder -schwanz, sondern nur in ihre Nachbarschaft.

Eckstellungen

Die Eckstellungen der Planeten sind für Auswirkung und volle Manifestation ihres Einflusses sehr wichtig. Alle Menschen, die im Vordergrund stehen oder in der Öffentlichkeit und sehr aktiv leben, haben viele Planeten in Eckhäusern. Diese Stellungen können jedoch ebenso Berühmtheit im schlechten Sinne wie Popularität und guten Ruf bedeuten. Die Beschädigungen und die wohltätigen Einflüsse aus Eckhäusern sind stets die bedeutsamsten Faktoren in einem Horoskop. Sie bringen alles, was ihnen entspricht, aus der Latenz zur Entfaltung.

Eingeschlossene Zeichen

Viele lernende Astrologen finden es schwierig, die Wirkung eingeschlossener Zeichen zu beurteilen. Im allgemeinen absorbieren sie das Haus, in dem sie liegen, als Ganzes; gleichzeitig verbinden sie damit einen Einfluß der anderen Zeichen, die das Haus betreffen. Planeten in den eingeschlossenen Zeichen wirken auf die Angelegenheiten des Hauses, in dem sie stehen, stärker als sonst.

Elevation

Jeder Planet, der höher in den Häusern steht als ein anderer, steht »in Elevation« über ihm. Allgemein wendet man den Ausdruck aber auch auf Planeten an, die über der Erde stehen. Der Planet, der der Spitze des 10. Hauses am nächsten steht, ist der höchste im Horoskop. Stehen zwei Planeten im Aspekt zueinander, so ist gewöhnlich einer höher als der andere, und wenn einer über, der andere unter der Erde steht, so gewinnt der Höherstehende durch seine Elevation an Kraft und Bedeutung. Wenn es sich bei dem Aspekt um ein Quadrat oder eine Opposition handelt, so wird der tiefere der beiden Planeten geschwächt, und die Angelegenheiten, die ihm entsprechen, leiden viel mehr als die des anderen. In Napoleons Fall war Saturn über den Mond erhöht. Planeten in Elevation beeinflussen oft das Temperament. Steht Mars allein am MC, ohne daß andere Planeten aufsteigen, dann tritt das marsische Temperament am stärksten hervor, und dasselbe gilt für alle anderen Planeten.

Exaltion (Erhöhung)

Der Einfluß eines Planeten ist im allgemeinen betont, wenn er im Zeichen seiner Erhöhung steht. Handelt es sich dabei um unentwickelte Menschen, so können Störungen durch Täuschung, übersteigerten Egoismus oder übertriebenes Selbstbewußtsein entstehen, während entwickelte Menschen den Einfluß in ungeformtem und geläutertem Sinn benutzen. Mars im Steinbock z. B. mäßigt die marsische Kraft, so wie ein rohes Eisen zu feinem Stahl transformiert wird. Diese Analogie ist auf alle Erhöhungen anzuwenden. Die bleierne Schwere Saturns verflüssigt sich in der Waage, die flüchtigen und leichtbewegten Empfindungen des Mondes werden im Stier beständig, und die Liebesempfindung der Venus wird zur allgemeinen Menschenliebe in den Fischen usw.

Fall
Siehe Vernichtung.

Fixsterne
Die moderne Astrologie hat noch nicht versucht, die Fixsterne in größerem Maßstabe heranzuziehen und ihren Einfluß in Nativitäten zu beobachten. Man sollte sie in die Beispielhoroskope eintragen und ihre Wirkung studieren. Im Horoskop der Lady Burton stand der Mond in Konjunktion mit dem Fixstern Capella. In Gladstones Nativität standen Merkur und Sonne Konjunktion mit Wega. Bismarcks Sonne stand in Konjunktion mit Caput Andromeda, und Robespierres Saturn stand in Konjunktion mit dem Fixstern Fomalhaut.

Geozentrische und Heliozentrische Astrologie
In der Antike, als man glaubte, daß sich die Sonne und alle Himmelskörper um die Erde drehten, stand die Richtigkeit der geozentrischen Astrologie außer Frage. Seit wir aber wissen, daß die Sonne das Zentrum unseres Systems bildet, treten immer wieder Schriftsteller dafür ein, daß die Astrologie heliozentrisch sein müsse und man das alte geozentrische System aufgeben solle. Wir können aber diesem Gedanken nicht zustimmen, und zwar aus folgenden Gründen: Wir leben auf dieser Erde, und die Astrologie ist die Wissenschaft von den Wirkungen der Einflüsse von Sonne, Mond und Planeten auf die Erde. Um diese Wirkungen zu beurteilen, müssen wir die Stellungen und Winkel der Planeten von der Erde und nicht von der Sonne aus betrachten, auf der wir nicht leben. Wir leben unser Schicksal auf der Erde, und es gehen uns nur die Einflüsse an, die die Erde treffen, nicht diejenigen, die die Sonne treffen. Vielleicht wird eines Tages eine heliozentrische

Astrologie ausgearbeitet, aber das bisher von ihr geleistete kann sich in den Ergebnissen nicht mit der herkömmlichen Astrologie vergleichen.

Glückspunkt

Dieses Symbol mag im Bereich der Stundenastrologie Bedeutung haben, aber in der Geburtsastrologie bleibt der Glückspunkt im allgemeinen unberücksichtigt. Er ist vom Aszendenten genausoweit entfernt wie der Mond von der Sonne, in der Richtung der Zeichen gezählt. Einige ältere Astrologen haben noch viele andere solcher »Punkte« eingeführt. Gadbury bezeichnet die Umkehrung des Glückspunktes als »Punkt des Geistes«, indem er in der Richtung der Zeichen vom Mond bis zur Sonne zählt und dann dieselbe Entfernung vom Aszendenten aus abträgt. Die Distanz zwischen Sonne und Saturn soll den Punkt für Geschwister, die von Saturn zur Sonne den Punkt des Vaters ergeben. Was die Sonne betrifft, so decken sich die Punkte mit einem Horoskop, das man auf den genauen Sonnenaufgang berechnet; aber oft bezieht sich die Berechnung auf andere Himmelskörper. Der Punkt für die Ehe soll in derselben Entfernung vom Aszendenten liegen wie die Spitze des siebenten Hauses von der Venus, wenn man von dieser aus rechnet. Alle diese Punkte werden als günstig oder ungünstig gedeutet je nach den Aspekten, die sie empfangen. In der heutigen Astrologie werden sie im allgemeinen unberücksichtigt gelassen.

Häuser

Jedes der zwölf Häuser einer Nativität hat eine eigene Bedeutung und unterscheidet sich in seinem speziellen Einfluß von jedem anderen. Diese zwölf Häuser sind die konkreten Kraftzentren, die bei entwickelten Menschen auf die subjektiveren Zentren der Zeichen und Planeten zurückwirken und diese modifizieren. Das erste Haus repräsentiert den Kopf des Geborenen, das zweite Hals und Kehle usw. In diesem Sinne repräsentieren die Häuser Vererbungsbedingungen und alles, was an Schicksal für das vorliegende Leben festgelegt ist.

Menschen, die ausschließlich in ihren physischen Bedingungen leben und der Meinung sind, daß sie ausschließlich physische Körper sind, werden auf die Einflüsse der zwölf Häuser, abgesehen von den Zeichen und Planeten in ihnen, reagieren.

Häuserherren

Planeten in den Häusern sind im allgemeinen stärker als die Herrscher oder Herren der Häuser und sollten bevorzugt berücksichtigt werden.

Hyleg

Wichtig ist die Frage, welche Lebensdauer in einem Horoskop angezeigt ist. Aber die herkömmlichen Regeln sind nicht in allen Fällen anwendbar, und es bedarf spezieller Beurteilung, wo das Horoskop eine Neigung dazu zeigt, die Gesetze der Gesundheitsvorsorge zu befolgen und mäßig zu leben. Die Astrologie lehrt nicht den Fatalismus, sondern das Wirken natürlicher Gesetze. Manche Horoskope zeigen ein langes Leben, andere eine kurze Lebensdauer, während die Mehrzahl gewissermaßen eine Grenze zeigt, bis zu der das Leben reichen kann. Es ist nicht möglich, für individuelle Fälle Regeln zu geben, die die Lebensgrenze bestimmen. Es bleibt eine besondere Aufgabe der Deutung zu entscheiden, ob der Geborene einen kritischen Aspekt übersteht oder nicht. Ist aber über eine längere Zeit hin eine Anzahl schlechter Direktionen wirksam, dann muß man den Tod erwarten, sobald die Vitalität geringer wird als die Genesungskräfte. Viele Horoskope zeigen einen zarten Gesundheitszustand in der Kindheit, aber Widerstandsfähigkeit im späteren Leben; bei anderen liegt es umgekehrt. Pflicht des Astrologen ist es, ein vorsichtiges und mäßiges Leben, besondere Beachtung der Gesundheitsregeln und sparsame Verwendung der Lebensenergie anzuraten; nie aber darf er den Tod voraussagen. Dabei kann man die Lebensgrenze und ungefähre Lebensdauer bestimmen, aber nie das eigentliche Datum. Was wir Tod nennen, ist doch nur der Übergang des Lebens vom Physischen in einen feineren Körper und eine andere Ebene. Diese Tatsache sollte uns klarmachen, daß wir in vielen Fällen das genaue Todesdatum genausowenig angeben können wie wir voraussagen können, wann jemand an einem bestimmten Abend schlafen gehen wird. Wir können Zeiten angeben, in denen eine Neigung zu Unglücksfällen, zu Krankheit oder herabgesetzter Lebenskraft besteht, aber wir können nicht die hinter der Persönlichkeit stehende Kraft abschätzen, die dem Einfluß eine andere Richtung geben kann. In unentwickelten Horoskopen kann man mehr oder weniger deutlichdas Wirken des Schicksals verfolgen, aber wo das Leben mehr und mehr selbst-bewußt wird, wird das schwieriger.

Ein Beispiel möge das Wirken eines höheren Gesetzes veranschaulichen. Vor vielen Jahren prophezeite ein Astrologe öffentlich den Tod von Annie Besant in ihrem 60. Lebensjahr. Besant hat diese kritische Zeit überstanden. Wenn man sie nach ihrer Meinung über die Vorhersage fragte, ignorierte sie sie nicht, sondern sagte, sie würde zur vorhergesagten Zeit gestorben sein, wenn ihr der Meister nicht geholfen hätte, der die Bedeutung ihres Lebens kannte und die Verantwortung, es weiterzuführen, auf sich nahm. Jeder werdende Astrologe muß erkennen, daß es ein Gesetz der Liebe gibt, das außerhalb der Naturgesetze steht und das niedere in das höhere Gesetz verwandelt. Aber nur, wer das Gesetz kennt und es lebt, hat die Macht, Niederes in Höheres zu wandeln. Könnte man in *allen* Fällen den Tod mit absoluter Gewißheit vorhersagen, dann wäre die Hoffnung vergebens, daß das Streben stärker ist als das Schicksal. Überall ruhen Kreise in größeren Kreisen, und alle Entwicklung ist ein Sichausbreiten aus engeren in weitere Kreise.

Kulmination
Alle kulminierenden, d.h. nahe dem MC stehenden Planeten wirken stark und haben großen Einfluß, besonders wenn sie außerdem in Würden, in ihrem Haus oder ihrer Erhöhung stehen. Haben sie keine derartige essentielle Würde, so gibt ihnen ihre bloße Stellung nahe dem oberen Meridian eine akzidentielle Würde. Ein Planet im 10. Haus steht »in Elevation«.

Es bestehen oft Zweifel, welcher Planet stärker ist: einer, der aufsteigt und nahe dem Aszendenten steht oder ein kulminierender. Napoleon hatte Jupiter aufsteigend im Skorpion, aber nicht am Horizont; Saturn kulminierte im Krebs. Damit hatte er eine akzidentielle, aber keine essentielle Würde. Er stand im 10. Haus, zu dem er gehört, aber im Zeichen seiner Vernichtung. Jupiter jedoch hatte im Skorpion keine Würde. Der aufsteigende Jupiter brachte Napoleon Glück, und er war stark genug, es zu ergreifen; sein Geburtsgebieter in Elevation bedeutete den Wunsch, sein Glück zu machen, und der kulminierende Saturn gab ihm die Kraft dazu. Der aufsteigende Jupiter stärkte Mars und Saturn durch gute Aspekte. In diesen Konstellationen liegen aber sein Aufstieg wie sein Sturz. Die Kulmination der Venus in Fürst Bismarcks Horoskop war für ihn als Staatsmann von ungeheurem Wert; dadurch begünstigte ihn das Glück.

Lichter

Sonne und Mond sind stets als Sammler und Verteiler der Einflüsse, nicht aber als Faktoren oder Ursachen von Einflüssen zu werten.

Mundanaspekte

Den Wert von Mundanaspekten sollte man nicht unterschätzen. Sie gelten zwar als nicht so wirksam wie zodiakale Aspekte, sind aber doch wichtig und beeinflussen gewöhnlich den Körper oder rein materielle Bereiche. Man nehme z. B. Robespierre. Könnten wir in diesem Fall die Motive durchschauen, so wüßten wir, warum die Mundanaspekte über die zodiakalen siegten. Nutzte er seine Glücksmöglichkeiten nur schlecht aus, oder war es ihm von Geburt an bestimmt, von der Hand seiner Feinde einen gewaltsamen Tod zu erleiden?

Östlich

Dieser Ausdruck wird in doppeltem Sinne gebraucht; erstens von den Himmelskörpern, die in der östlichen Hälfte des Horoskops, besonders beim Aszendenten, stehen; zweitens von einem Planeten, der unmittelbar vor der Sonne aufgeht, »östlich von der Sonne« steht – eine wichtige und starke Stellung. Im Horoskop von Lord Roseberry sind Merkur und Uranus in beiden Bedeutungen östlich. Die entgegengesetzte Konstellation wird westlich genannt.

Der Aszendent bezieht sich auf den Geborenen, das Selbst; Planeten auf oder nahe dem Aszendenten beeinflussen den Charakter und Handlungen, die aus dem Charakter folgen. Der Deszendent andererseits bezieht sich auf Personen und Dinge in der Außenwelt und ihren Zusammenhang mit dem Geborenen. Der Meridian kombiniert beides. Man kann daher sagen, daß Planeten in der Osthälfte des Horoskops und besonders die am Aszendenten dazu neigen, neues Karma zu schaffen. Sie stellen Schicksal dar, das aus dem Charakter resultiert und vermeidbar ist, wenn der Charakter beherrscht wird. Planeten in der westlichen Hälfte des Horoskops repräsentieren mehr die Erfüllung oder Auswirkung eines früher geschaffenen Schicksals sowie die Wirkung der Umgebung auf den Geborenen – Wirkungen, die weniger vermeidbar und wandelbar sind.

Revolution (Jahreshoroskop)
Ein Horoskop auf die Zeit berechnet, wenn die Sonne nach Grad, Minuten und Sekunden genau auf ihren Stand zur Geburt zurückkehrt, wird (solare) Revolution, Jahreshoroskop oder Solar genannt. Es beleuchtet, allgemein gesprochen, das Geschick im kommenden Lebensjahr. Eine andere, auch gebräuchliche Methode ist es, die Stunde und Minute festzustellen, wann die Rektaszension des MC dieselbe ist wie zur Geburt, und zwar an dem Tage, wo die Länge der Sonne derjenigen zur Geburt am nächsten kommt (was im allgemeinen am Geburtstag selbst oder einen Tag früher oder später der Fall ist). Für diese Zeit wird dann ein Horoskop errechnet; dessen Häuserspitzen decken sich mit denen des Geburtshoroskops. Die erste Methode baut sich auf die Sonnenstellung als genauen Zeitmesser für den Geburtstag auf; die zweite Methode benutzt die Sonnenstellung nur zur Feststel-

lung des Tages, während sich Stunde und Minute aus der Rückkehr des Aszendenten zu seiner Radixstelle ergeben. Bei jeder der beiden Methoden – und oft unterscheiden sie sich gar nicht wesentlich – müssen die Planetenstände zum Geburtshoroskop in Beziehung gesetzt und besonders günstige und ungünstige Transite festgestellt werden. Die Deutungen, die man oft in astrologischen Kalendern findet, sind praktisch wertlos, weil sie nicht auf das persönliche Radixhoroskop bezogen sind. Die ganze Frage bedarf überhaupt eingehenderer Prüfung, als man ihr bisher gewidmet hat, und es muß besonders die Frage des progressiven Geburtstages nach dem Schlüssel von 1 Tag = 1 Jahr untersucht werden.

Rezeption
Wenn zwei Planeten gegenseitig im Zeichen des anderen stehen, so bezeichnet man das als Rezeption. Es stärkt beide und schwächt die ungünstige Bedeutung irgendeines schlechten Aspekts zwischen ihnen ab. In Napoleons Horoskop stehen Saturn im Krebs und Mond im Steinbock in Rezeption. Im Horoskop Kaiser Wilhelms II. befinden sich Saturn im Löwen und die Sonne im Wassermann in Rezeption. Manche dehnen die Rezeption auch auf die Erhöhung (Exaltation) aus, z.B. Sonne in der Waage und Saturn im Widder. Andere legen der Aspektierung von zwei Planeten aus ihren eigenen Häusern eine ähnliche Bedeutung bei; z.B. Mars im Widder und Mond im Krebs. Das verleiht viel Kraft, wenn auch marsischer und impulsiver Art. Ein Planet im eigenen Zeichen oder in Exaltation zeigt stets an, daß seine Charakteristika in dem Menschen stark und entwickelt sind.

Rückläufigkeit
Rückläufigkeit sieht man oft als ein Zeichen von Schwäche und Ungunst an, aber es ist nicht sicher, ob diese Auffassung zutrifft. Die Frage ist noch sehr umstritten. Rückläufige Konjunktionen von Venus und Merkur mit der Sonne scheinen sehr stark zu wirken, aber ob sie ungünstige Bedeutung haben, ist schwer zu entscheiden; die Erfahrung spricht kaum dafür.

Synthese
Die Fähigkeit zur Synthese eines Horoskops ist die Krönung des Könnens in der Geburtsastrologie, denn sie führt schließlich, durch die Intuition, die zu einer erfolgreichen Zusammenschau erforderlich ist, zu den abstrakten Methoden reiner Synthese, die in ihrem Endziel den wahren Zweck jedes Horoskops enthüllen. Man sollte die Kunst der Synthese zuerst daran üben, daß man jeder Aufzeichnung eines Horoskops etwa folgende Zusammenfassung anfügt (Beispielhoroskop Napoleon):

Elementeverteilung: 2 x Feuer, 4 x Erde, 3 x Wasser, kein Luftelement.

Vierheiten: 3 x kardinal, 4 x fest, 2 x veränderlich.

Schwerpunkte: Erdelement und feste Zeichen.

Hauptzüge: Aszendent 2. Dekanat Waage. Venus Geburtsgebieter im Krebs, nahe MC, im 9. Haus. Sieben Planeten über der Erde. Venus im Sextil zu Neptun, Uranus und Mars; Mars Trigon Jupiter; Jupiter aufsteigend im Skorpion.

Persönlichkeit: Zäh, aber liebenswürdig und sehr aufnehmend, große magnetische Anziehung, ruhig und kritisch, ein guter Menschenkenner, enorm starker Ehrgeiz.

Zusammenfassung des Horoskops: Entschlossen und beharrlich. Machtliebe, ausgezeichnetes Organisationstalent, eine Art Genialität (Mars Trigon Uranus), verbunden mit praktischen Fähigkeiten.

Spitze
Oft ist es schwer zu entscheiden, zu welchem Haus ein Planet gehört. Wenn z. B. ein Planet 8 Grad von der Spitze des 9. Hauses entfernt ist, soll man ihn dann zum 9. oder 8. rechnen? Man kann zwar für den Einfluß jeder Häuserspitze einen Umkreis (Orbis) von 5 Grad angeben, sollte sich aber an keine unabänderliche, feste Regel binden. Wenn Jupiter 8 Grad von der Spitze des 9. Hauses entfernt im Zeichen Schützen steht, so hat er einen 9.-Haus-Einfluß; steht er aber im Skorpion, so gehört er zum 8. Haus. Jedenfalls sollte die Regel elastisch genug sein, um ein persönliches Urteil zu ermöglichen. Nahe

den Eckhäusern sollte man den Orbis weiter fassen. Beurteilt man aber Aspekte zu den Häuserspitzen, so muß der Orbis enger gefaßt werden. Eine brauchbare Regel ist es, die Häuserspitzen wie Konjunktionen zu behandeln. Ein Planet in der Mitte eines Hauses ist manchmal stärker als auf der Spitze, aber im allgemeinen wächst die Stärke, je näher er der Spitze steht. Oft stößt man darauf, daß ein einziger Planet, der 8 Grad vor der Spitze des Aszendenten steht, diesen sehr prägt; bisweilen gilt das auch von einem Planeten unterhalb der Spitze des 7. Hauses.

Stundenastrologie

Ohne den Wert der Stundenastrologie bestreiten zu wollen, hat sich die moderne Astrologie doch bemüht, die Stundenastrologie von der Geburtsastrologie zu trennen, und mit sehr befriedigenden Ergebnissen. Durch die übertriebene Verwendung der Stundenastrologie wurde die ganze Wissenschaft diskreditiert. Es war nur zu leicht, wenn die Geburtszeit unbekannt war, ein Stundenhoroskop zu errichten und es als Ersatz für die Geburtsfigur zu verwenden. Tausende derartiger Stundenhoroskope wurden im neunzehnten Jahrhundert als Geburtshoroskope ausgegeben und, sehr zum Schaden der echten Astrologie, als zuverlässig betrachtet. Brauchbar ist eine Stundenfigur, um bei unbekannter Geburtszeit ernste Fragen beantworten, oder wenn den Menschen irgendein wichtiges Ereignis lebhaft beschäftigt. Solange sie nicht mit Geburtsastrologie vermischt wird, kann die Stundenastrologie sehr nützlich sein. Allerdings schwächt sie leicht Willen und Initiative dessen, der sich einfach auf das Stundenhoroskop verläßt, und er wird dadurch mehr oder weniger Fatalist.

Benutzt man die Stundenastrologie als Ergänzung zu Horoskop und Direktionen, so kann sie z. B. zu der Feststellung verhelfen, ob Geldanlagen sicher oder Spekulationen ratsam sind. Sie beantwortet alle Fragen, auf die der Fragesteller ernstlich eine Antwort sucht, und ihre Regeln sind sehr einfach.

Berechnet man auf den Moment, wenn ein Gedanke zuerst

auftaucht, ein Horoskop, so steht der Aszendent für den Fragesteller, und das Haus oder der Herr irgendeines Hauses, das sich auf die Frage bezieht, gibt die Antwort. Das erste Haus repräsentiert dann den Fragesteller, und sein Herr oder Planeten in ihm sollen ihn beschreiben. Handelt es sich um Geld, so muß man das zweite Haus, seinen Herren und Jupiter oder Venus in Betracht ziehen. Sind Verwandte, Reisen und Schriftwechsel Gegenstand der Frage, so untersucht man das dritte Haus mit seinem Herren, Planeten in ihm und den Mond. So geht es weiter, und jedes Haus dient zur Beantwortung der ihm zugehörigen Fragen.[38] Durch Mißbrauch wird die Stundenastrologie gefährlich, aber klug angewandt ist sie ein brauchbares und oft verläßliches Mittel der Divination.

Stundenwahl (Elektionen)
Sie dient zur Auswahl der besten Zeit, um wichtige Unternehmungen zu beginnen, wie z. B. Reisen, Käufe oder Verkäufe, Unterzeichnungen von Dokumenten, Grundsteinlegungen usw. Benutzt man sie zusammen mit Horoskop und Direktionen, so haben sie großen Wert. Claudius Ptolemäus sagt darüber:

> *Es ist vorteilhaft, Tage und Stunden im Einklang mit der Nativität auszuwählen. Ist die Zeit ungünstig, so wird sich die Wahl in keiner Weise lohnen, einen so günstigen Ausgang sie auch versprach.*

Verbrennung
Auch ein Begriff aus der Stundenastrologie. Steht ein Planet nahe der Sonne, dann ist er nicht so wirksam wie in größerer Entfernung von ihr. Es betrifft den Merkur mehr und Mars weniger als irgendeinen anderen Planeten.

Vernichtung
Bezeichnung für die Stellung eines Planeten in Opposition zu dem Zeichen, das er beherrscht, wie Mars in der Waage oder Saturn im Krebs. Betrachtet man den Tierkreis ohne Be-

zug auf die Häuser, so gilt im allgemeinen die Ansicht, ein Planet sei stark und günstig, wenn er in seinem Zeichen oder seiner Erhöhung steht, so daß er dann seine volle Kraft und die beste Seite seiner Natur entfaltet und daß Direktionen zu ihm, besonders die guten Aspekte, volle Wirkung haben. Andererseits, wenn ein Planet in seiner Vernichtung steht, ist er schwächer und weniger günstig und zeigt leicht die weniger erfreuliche Seite seiner Natur. Gute Direktionen haben dann verhältnismäßig wenig Wirkung, und schlechte Direktionen wirken sehr ungünstig. Das bezieht sich aber ausschließlich auf die zodiakale Position und wird modifiziert, weil ein Planet dem Zeichen nach schwach, der mundanen Stellung nach aber stark stehen kann. Steigt z.B. Mars im Stier auf, so mindert das die harte Kraft des Planeten und bringt einige seiner edleren Qualitäten zum Ausdruck, während Mars im Widder zwar einen starken und selbstvertrauenden Charakter zeigt, aber auch zu großer Selbstdurchsetzung und Impulsivität verführt, die unkontrolliert zu vielen Störungen führt und in anderen Kritik, Rivalität und offene Feindschaft hervorruft. Mars in der Waage verleiht einer entwickelten und von Natur aus verfeinerten Persönlichkeit Intuition, rasche Auffassungsgabe und künstlerische Fähigkeit; in unentwickelten und ungebildeten Menschen wird er schädlich wirken und einen Einfluß bedeuten, der nicht klar zum Ausdruck kommt.

Saturn im Steinbock ist langsam, fleißig, selbstbeherrscht, fest und von starken Willen; es kann sich die beste Seite des Planeten offenbaren. Saturn im Krebs prägt sich zwar weniger stark und voll aus, kann aber insofern günstig wirken, als er die überstarken emotionalen Tendenzen vermindert; führt diese Hemmung aber zu Kummer und Depressionen oder sind die Gefühle krankhaft, so ist es ein sehr schädlicher Einfluß, der auf die physische Gesundheit und das irdische Schicksal höchst abträglich wirken kann. Ein im Krebs kulminierender Saturn ist der mundanen Stellung nach stark, aber schwach nach dem kosmischen Zustand. In diesem Fall bietet das Karma oder Schicksal günstige Gelegenheiten, um Ehrgeiz, Ansehen, irdischen Erfolg oder Reichtum zu erzielen; wird Saturn durch das übrige Horoskop stark gestützt, so führt er sicher zum Erfolg. Aber die zodiakal schwache Stellung bedeutet eine Neigung zu Fehlschlägen oder Erfolgen, die aufgrund schwacher Gesundheit nicht ausgenützt werden können, oder einen Riß im Charakter, der von der ungünstigen Seite Saturns herrührt, z. B. Melancholie, Selbstsucht, Vereinsamung, Zurückhaltung, Unaufrichtigkeit usw. Im allgemeinen gesprochen sind vernichtete Planeten für schwache Charaktere ungünstig; für starke und entwickelte Persönlichkeiten muß dies aber nicht so sein.

Vierheit (Quadruplizität) oder Qualität
Diese Begriffe sind deshalb so wichtig, weil sie die Bedeutung des Horoskops als Ganzes erschließen und die Grundlage der Synthese bilden. In langjähriger praktischer Arbeit haben sie sich bewährt und als zuverlässig erwiesen. Ursprünglich verwendete man die Bezeichnung Qualität als Übersetzung der *Gunas: Rajas* – die aktive bewegliche Qualität; *Tamas* – die feste stabile Qualität; *Sattwa* – die pendelnde, harmonisierende rhythmische Qualität. Seit einiger Zeit hat sich der Ausdruck Quadruplizität eingebürgert, weil er eine Analogie zu Triplizität ist. Jede Triplizität enthält drei Zeichen, die den sogenannten Elementen oder Zuständen der Materie entsprechend geordnet sind:

Luftzeichen:	Wassermann, Zwillinge, Waage
Feuerzeichen:	Löwe, Schütze, Widder
Wasserzeichen:	Skorpion, Fische, Krebs
Erdzeichen:	Stier, Jungfrau, Steinbock

Sie teilen den Kreis in vier Teile, das Kreuz im Kreis.

Jede Quadruplizität enthält vier Zeichen, die den *Gunas* oder Bewußtseinsformen in der Materie entsprechend geordnet sind:

Raja:	aktiv/beweglich	Widder, Krebs, Waage, Steinbock
Tamas:	fest/umwandelbar	Stier, Löwe, Skorpion, Wassermann
Sattwa:	rhythmisch	Zwillinge, Jungfrau, Schütze, Fische

Die *Sattwa*-Zeichen stehen ihrem Wesen nach zwischen den beiden anderen. Diese drei Gruppen teilen den Kreis in drei Teile; das Dreieck im Kreis. Daher hat jedes Tierkreiszeichen zwei Charakteristika, eins nach der Triplizität und das andere nach der Quadruplizität, z. B. Widder = aktiv, (kardinal) feurig. Wenn man den Sinn und Inhalt dieser Begriffe voll erfaßt, kennt man die Natur des Widders völlig; dasselbe gilt für alle Zeichen. Ausführlich sind sie in dem Buch »Die Kunst der Synthese« erklärt.

Weibliche Zeichen

Die geradzahligen Zeichen Stier, Krebs, Jungfrau, Skorpion, Steinbock und Fische sind weibliche oder negative Zeichen. Sie haben speziellen Bezug auf die Formseite des Ausdrucks im Unterschied zu der inhaltlichen und positiven Kraft der Lebensseite, die die männlichen Zeichen zum Ausdruck bringen. Napoleon hatte nicht weniger als sieben Planeten in den geradzahligen oder Formzeichen. Er strebte nach der Beherrschung der Erde und war stets ein materieller Ausdruck seiner selbst. Bismarck jedoch hatte sechs Planeten in positiven, ungeraden Zeichen. Er strebte den Aufbau eines Reiches an; Napoleon war zerstörerisch. Es sind also Repräsentationen der konstruktiven und der destruktiven Kräfte der Natur.

Wohltäter

Jupiter und Venus sind im allgemeinen wohltätige Planeten, können aber unter Umständen auch gegenteilig wirken; z. B. kann Jupiter ein Übermaß und einen Überfluß dessen bringen, was man gewöhnlich und fälschlich als »Gutes« bezeichnet. Venus kann durch Vergnügen und lustige Gesellschaft zum Ruin führen. Dieser Begriff gehört jedenfalls mehr in die Stunden- als in die Geburtsastrologie.

Würden

Es gibt zwei Arten von Würden: essentielle und akzidentielle. Essentielle Würde ist die zodiakale Stellung im eigenen Zeichen der Erhöhung. Akzidentielle Würde ist die Stellung in den mundanen Häusern. Jeder Planet steht in akzidentieller Würde, wenn er sich nahe an den Spitzen des ersten, zehnten oder siebten Hauses befindet, und das bringt Bedeutung; der Planet wird sozusagen in den Vordergrund gerückt. Eine andere Art akzidentieller Würde ist es, wenn der Planet nicht prominent, sondern in einem seiner Natur entsprechenden Haus steht, z. B. Merkur im dritten, Mond im vierten, Sonne im fünften, Jupiter im neunten Haus usw.

XXIV Das Werden des Ichs

Wer auch nur ein wenig über Esoterische Astrologie nachgedacht hat, dem wird bewußt geworden sein, welch ungeheures Gebiet sie umfaßt und wie sie den schärfsten Intellekt und die ernsteste Konzentration verlangt, um voll verstanden zu werden. Wer den inneren Sinn des Ganzen gespürt hat, wird am besten den wahren Wert dieser Wissenschaft beurteilen können. Manchen wird ein Horoskop nichts sagen, manche werden den Zweck des Lebens, das es darstellt, nicht erkennen, während es für andere voller Leben oder Ideen ist und sie die latenten Möglichkeiten sehen.

Bei manchen scheint der göttliche Funke zu tief verborgen zu sein, um seine zukünftigen Möglichkeiten irgendwie zu offenbaren; bei anderen wird die Manifestation reich und nahezu vollkommen sein. In dem göttlichen Funken hinter der Offenbarung ruhen alle Möglichkeiten der mächtigen Flamme, zu der er werden kann, denn jeder Funke enthält alle Potenzen der Flamme Gottes, und jeder ist dazu bestimmt, wieder die Flamme zu werden. Symbolisch gesprochen ist der Funke der Punkt im Kreis, der latent in jedem Horoskop angedeutet ist durch das Symbol der Sonne, das sich letzten Endes in das Uranussymbol wandeln soll, worin der Kreis (oder korrekter wohl das Dreieck) über dem Halbkreis und dem Kreuz steht. Das Symbol der Sonne allein manifestiert den Willen, das Zentrum zwischen Geist und Materie. Mit dem Merkursymbol verbunden, wird die Erfahrung noch umfassender; es tritt die Unterscheidung zwischen dem Wirklichen und dem Unwirklichen hinzu, und die reine oder abstrakte Vernunft wird wirksam. Merkur ist das Zentrum zwischen Weisheit und Wissen, das einende Prinzip. Mit dem Venussymbol verbunden, tritt das Prinzip der Schöpfung hinzu. Venus vermittelt zwischen Inhalt und Form – die menschliche

Seele. In einer Zeichnung könnten wir diese Symbole folgendermaßen anordnen: Sonne an der Spitze, allein; Uranus, Merkur und Venus darunter in einem Dreieck. Diese drei Symbole sind die abstrakten Repräsentanten des unsterblichen Bewußtseins – der Geist, die Geistseele und die Menschenseele. Sie stehen an der Spitze der drei großen kardinalen, veränderlichen und festen Kreuze. Von diesen drei Symbolen ist nur eines, nämlich die Venus, in einem Zeichen des Tierkreises erhöht, und diese Erhöhung der Venus in den Fischen stellt das Ende des Kreises der Notwendigkeit, die allgemeine Lösung, den Triumph der Liebe und die Erfüllung des Gesetzes dar.

Uranus ist die abstrakte Qualität oder Quintessenz des festen Kreuzes, Merkur repräsentiert die Abstraktion des veränderlichen Kreuzes und Venus die des kardinalen Kreuzes. Sie sind Prinzipien und als solche in keinem Zeichen des Tierkreises wahrhaft ausgeprägt.

Die Lehre der drei Kreuze

Die Mission des kardinalen Kreuzes, des Kreuzes der Aktivität und Schöpfung, erfüllen heißt, das Kreuz sozusagen über die materielle Basis erheben und in die Sphäre des freien Geistes eintreten, dem durch die göttliche Phantasie schöpferische Kraft zukommt. Die Mission des veränderlichen Kreuzes erfüllen heißt, Willen gegen Weisheit eintauschen und es über die Basis des Nichtwirklichen erheben, auf der es in der Welt des Scheins ruht. Um unter den Einfluß des eigentlichen Merkurs zu kommen, muß die Urteilskraft aufs äußerste geübt werden, bis die Intuition an die Stelle des Verstandes tritt. Die Mission des festen Kreuzes erfüllen heißt, statt Trieb und Neigung den Willen und die Freiheit eintauschen. Wer frei von allen Banden und Hemmungen ist, wird der heimatlose Wanderer, der ein Heim findet in allen Heimen und Bruderschaft in der ganzen Menschheit.

Wer das Ganze dieser drei in einem erfaßt, wer den Punkt aus dem Zentrum auf die Peripherie bringt, so daß er alles in einem weiß und fühlt, wird Herr des Schicksals, Herr der Weisheit und der Liebe. Der *Chela* oder Schüler der Venus wird zum Adepten Merkurs, durch den uranischen Meister, und schließlich sein eigener Meister. Wenn der Punkt im Anfang aus dem Zentrum heraustritt in die Ebenen unterhalb der Göttlichen, dann gewinnt das Selbst mit Hilfe der Triplizitäten der Zeichen, die die kausale, mentale, astrale und physische Ebene beherrschen, Bewußtsein seiner selbst. Jede dieser Dreiheiten muß sich im Bewußtsein des Ichs, das nacheinander an der Spitze jedes Dreiecks steht, vollenden. Unbewußt wird es herabgezogen, um im Physischen zu erwachen und die Mission der Erdzeichen zu erfüllen: Stier – *Gehorsam*, Jungfrau – *Verantwortung*, Steinbock – *selbstgewolltes Wirken*. Wenn diese Glieder durch selbstbewußte Bemühungen mittels der saturnischen Hemmungen in Umgebung und Umständen gewonnen sind, dann beginnt die Ausbreitung des Bewußtseins, und Jupiter, der expansive Planet der Aura, bringt Glück und Lohn auf allen Ebenen. Jupiter ist das große Glück auf der physischen Ebene, seine Kräfte können aber auch in der Seele auf höhere Ebenen getragen werden.

Die Mission des Wasserzeichen-Dreiecks ist die Erweckung der selbstbewußten Empfindung und der ersten Intuitionsstrahlen durch Krebs – *Instinkt*, Skorpion – *Neigungen*, Fische – *gefühlsmäßige Sympathien*. An der Spitze dieses Dreiecks steht Mars, der Planet der persönlichen Hingabe. Sein Symbol zeigt, daß der Geist sich stetig müht, die Materie zu besiegen, und sein Bewußtsein ist die Energie des Wunschlebens, das im Astralkörper wirkt. Die Mission des Feuerzeichen-Dreiecks ist die Erweckung der mentalen Selbst-Bewußtheit, der Erwerb von Kenntnissen durch Widder – *geistige Schau*, Löwe – *Treue des Herzens* und durch Schütze – *Einsicht*, die Krönung der Jupiter-Expansion des Denkens, so wie Jupiter in den Fischen die Expansion der Empfindungen auf der Astralebene darstellt. Die Mission des Luftzeichen-Dreiecks, des höchsten der vier, ist die Synthese, Abstraktion und Entpersönlichung all dessen, was in den Feuer-, Erd- und Wasser-Dreiecken erworben wurde. An der Spitze dieses Dreiecks steht Venus, der Planet der »Fertigkeit im Handeln«, der schöpferischen Kraft und des Ideals.

Der schmale Weg und die enge Pforte

Die Trennung der drei höheren Planeten von den vier, die die niedere oder persönliche Manifestation beherrschen, vollzieht der große Planet Saturn, der Herr des Erdzeichens Steinbock und des Luftzeichens Wassermann. Er ist der individualisierende Planet, der Herr des schmalen Weges und der engen Pforte: verfeinernd, hemmend, läuternd; oft Schmerz und Sorge, aber auch durch Ausdauer und Selbstbeherrschung. Keiner besteht den Saturn, der nicht Reinheit, Liebe und Wahrheit als seine echten Ideale hat.

Die Tierkreiszeichen haben stets Bezug auf die Formen oder Körper, während die Planeten sich immer auf das Bewußtsein, abgesehen von den Formen, beziehen. Steht beides in Harmonie, so geht alles gut, und die Entwicklung verläuft rasch; bestehen aber Disharmonien, so geht nichts gut, alles führt zu Zwist, Streit, Verwirrung und Uneinigkeit. Zum Beispiel kann Steinbock Verantwortung, Macht und Ehre, Pflichtbewußtsein und Verantwortlichkeitssinn usw. verleihen. Aber die Schwingung Saturns, seines Herrschers, bedeutet insbesondere Verantwortlichkeit, und daher muß man, um der Form und ihren Hemmungen zu entgehen, seine Pflichten selbstbewußt bejahen, Ehre nur um der Ehre willen, Dienst nur um seiner selbst willen suchen und in der Welt wirken, weil es die Pflicht gebietet. Dadurch treten wir unter Saturns direkten Einfluß.

Dasselbe trifft auf jedes Kreuz und jeden Aspekt zu. Die Vereinigungen des Zeichens Waage müssen zurücktreten hinter der Einheit der Venus, um das abstrakte Ideal der Einheit zu verwirklichen. Die Impulsivität des Widders muß der wahren Energie des Mars weichen, und der Gefühlseinfluß des Zeichens Krebs dem instinktiven des Mondes. Entscheidend ist dabei, ob sich das Selbst mit der Formseite in ihrer konkreten und beschränkten Ausdrucksform identifiziert oder vielmehr mit der Lebensseite in ihrer abstrakten und unabhängigen Manifestation.

Die Bedeutung der Kaste

Die erfahrenen Astrologen des alten Indien kannten den Wert und wahren Sinn der Kaste, die noch jetzt – wenn auch überspannt in unzähligen Unterteilungen – dort herrscht. Die Kasten beziehen sich auf die vier Dreiecke: die *Shudra* oder Arbeiterkaste auf das irdische Trigon; die *Vaishya* oder Kaufmannskaste auf das Wasserdreieck; die *Kshattriya* oder Herrscher- und Militärkaste auf das Feuerdreieck und die *Brahmanen*- oder Lehrer- und Priesterkaste auf das Lufttrigon. Die Zugehörigkeit zu irgendeiner dieser Kasten war eine Frage der Geburt, nicht des Glücks, der Protektion oder des Ehrgeizes. Wenn eine Seele in natürlicher Entwicklung über ihre Kaste hinausgewachsen ist, indem sie alles gelernt hat, was diese Kaste zu lehren hat, wird sie in die nächste hineingeboren, deren Aufgaben sie dann übernimmt.

Reaktionsfähigkeit

Ein intuitiv Begabter wird nun in der Lage sein, das Werden des Ichs nach diesen Dreiecken zu beurteilen. Aber er muß dabei mit gewissen Ausnahmen von der Regel rechnen, denn die Astrologie ist nicht nur klar symbolisch, sondern bedeutet noch viel mehr. Die erwähnten drei Kreuze wurzeln, ehe sie über die Ebene der groben Materie hinausgehoben werden, zunächst fest in einem Boden, der kein Wissen und keine Reaktion auf die feineren Schwingungen der sie beherrschenden Planeten erlaubt.

So stellt das feste Kreuz das Guna *Tamas* dar, die Qualität der Beharrung, in der zuerst Gehorsam und Festigkeit erworben werden müssen. Die korrekte Anordnung der drei Kreuze und vier Dreiecke ist kompliziert und verwirrt denjenigen leicht, der nicht abstrakt denken und dadurch die Gedanken klären kann. Man sollte aber nie vergessen, daß das feste Kreuz, das die Willensschwingung des Bewußtseins reflektiert, sowohl Trägheit und Finsternis als auch Festigkeit und Sicherheit bedeutet, da jede Form zwei Seiten hat, die helle und die dunkle. Dasselbe gilt für alle Zeichen und ihren Teilen. Die kardinalen Zeichen können in jeder Beziehung zu ehrgeizig, trennend und über das Ziel hinausschießend wirken, aber auch außerordentlich verantwortlich und schöpferisch. Die veränderlichen Zeichen können stumpf, gleichgültig und flüchtig, aber auch verbindend, harmonisch und menschenfreundlich wirken. Darin liegt die Schwierigkeit für jeden Astrologen. Als Lernende können wir analysieren, sezieren und alles an seine rechte Stelle setzen. Alles richtig abzuwägen aber, das Ganze synthetisch zu erfassen und mit einem Blick das Alter der Seele zu erkennen, ist eine Gabe, die manche in genialer Form besitzen. Aber auch Lernende sehen schon so viel, um zu erkennen, daß etwas Wahres an der Reinkarnationstheorie sein muß, und der Grund zum Glauben an das Karma oder das selbstgeschaffene Schicksal besteht, wenn sich Formen ausdehnen und vom Ich überwunden werden können.

Der Weg des Heils

Unser aller Bestimmung ist es, eine lange Pilgerschaft zu durchleben, um die Selbst-Bewußtheit zu erwerben, die die Verwirklichung unserer göttlichen Bestimmung erfordert. Das Studium des Geburtshoroskops verhilft uns nicht nur zu dem Verständnis, warum wir gewisse Dinge erleben müssen, sondern auch, warum wir so langsam auf das entfernte ideale Ziel hin vorschreiten. Zwar beeinflussen uns zu jeder Minute des Tages Millionen von Schwingungen, aber mit Einsicht und Bewußtsein reagieren wir auf so wenige. Statt hilfreich dem dahinterstehenden Ich zu dienen, bleiben die Formen des Lebens in der Fesselung an ihren Grenzen, dadurch bewegen sich viele Seelen dauernd im Kreis des Zwangs wie ein in einen Käfig gesperrtes Eichhörnchen, statt die Spirale neuer Zu-

stände der Materie hinaufzusteigen und damit neue Bewußtseinsphasen zu erleben.

»Was sollen wir tun?« wird jeder fragen, der sich ernstlich
bemüht. Das ist die letzte Frage dieses Buches. Zuerst versuchen wir unsere eigenen Horoskope und uns selbst zu verstehen; haben wir das eine oder andere recht verstanden, dann
werden wir nicht mehr das Falsche und Schlechte, sondern
kraft unserer inneren Möglichkeit das Gute tun. Wir werden
auf die höheren Schwingungen in unserem Horoskop mehr
und auf die niederen weniger reagieren. Es wird uns klarwer-
den, inwieweit wir unsere Einflüsse mit denen anderer verbinden können, bis wir unter den einen großen Einfluß des
Herrschers kommen, der Repräsentant unserer eigenen Entwicklungslinie ist. Dann werden wir wirklich die Weisen werden, die ihre Sterne beherrschen, und nicht mehr die Toren,
die ihnen blind gehorchen.

XXV Fluch und Segen der
Astrologie

Der Fluch der Astrologie ist ihr materialistischer Standpunkt. Ihre Lehren sind nur mit dem niederen Denken erfaßt worden, und wem es gelang, ihren wahren Wert zu erkennen, der hat diese Kenntnis zur Selbstentwicklung benutzt. Die Folgen dieser ich-zentrierten Art von Astrologie kann man an dem allgemein üblichen Gebrauch von Ausdrücken wie »mein Mond«, »meine Sonne« usw. beobachten. Wähend des Abstiegs in die Materie auf dem Pfad der Vereinzelung identifiziert sich jedes Individuum mit gewissen Planeteneinflüssen; diese Identifikation wird so stark, daß sie ein spezieller Einfluß für dieses Individuum wird. Nur schwer lernt dieser Mensch den Gedanken zu erfassen, daß andere außer ihm demselben Einfluß unterstehen, und selbst dann sondert er sich noch weiter von anderen ab, weil er mit Recht sagt, daß kein zweites Horoskop dem seinen genau gleicht, sowie nicht zwei Gesichter ganz gleich sind.

Der ganze Fluch der Astrologie liegt darin, die Form, über die Planetenschwingungen die größte Macht haben, irrtümlich für das Leben zu halten. Das junge Ich wird von den Häusern des Horoskops, in das es geboren wird, gehemmt. Seine Umgebung und seine Lage beschränken es in jeder Beziehung; es kann die Fesseln des Schicksals nicht brechen, da es weder weise noch stark genug dazu ist, und erliegt daher seinem Wirken. Das schon fortgeschrittenere Ich wird noch durch die Tierkreiszeichen und die ihnen entsprechenden körperlichen Fähigkeiten gehemmt. Seine Empfindungen und Triebe binden und fesseln es durch Sympathien und Antipathien, die Anziehungen und Abstoßungen seiner Sinne. Das Individuum kann sich nicht darüber erheben und betrachtet daher den Einfluß des Mars als unvermeidbar und schicksalhaft. Der Mensch urteilt nur nach den Neigungen seiner Sinne und läßt sich von ihnen beherrschen. Das entwickelte Ich ist gebunden an die Planeteneinflüsse, die im Tierkreis wirken, und an die Grenzen seines Geistes. Dem Menschen, den seine Sinne durch Neigung und Vorurteile blenden, ist er zwar überlegen, aber er engt sich geistig auf seinen persönlichen Standpunkt ein und ist deshalb in die Grenzen seiner eigenen Erfahrungen, seiner Gewohnheiten und seines Egoismus eingeschlossen. Erwirbt er irgendwie astrologische Kenntnisse und faszinieren ihn die Wunder seines Horoskops, so macht er einen Fetisch daraus; es ist *sein* Horoskop, und er trennt sich sofort von der übrigen Menschheit, indem er für sich die Vorzüge der guten Aspekte und Planetenpositionen in Anspruch nimmt und sich wegen der schlechten bedauert.

Tausende von denen, die heutzutage Astrologie studieren, verstehen das Motto des Astrologen: »Der Weise beherrscht seine Sterne, der Tor gehorcht ihnen«, restlos falsch. Jeder, der Astrologie studiert hat, hat zu unschätzbarer Weisheit Zugang, und doch weiß er es meist nicht.

Der Fluch

Der erleuchtete Hindu-Astrologe weiß, daß es einen Unsegen der Astrologie gibt, der nur behoben und in Segen gewendet werden kann durch denjenigen, der die Beschränkungen der Vereinzelung überwindet. Für den Wissenden hebt die Kenntnis der Esoterischen Astrologie den Fluch auf. Von unten und mit den Augen des stofflichen Denkens gesehen, ziehen die Planeten als getrennte Körper ihre Bahnen, unverbunden miteinander und mit Sonne und Mond. Die Zeichen des Tierkreises sind getrennte Zeichen, die jedes eine besondere Bedeutung haben. Auch die Erde wird als getrennter und isolierter Körper betrachtet, der sich im Raum bewegt und dadurch Tag und Nacht hervorruft. Für das stoffliche, niedere Denken ist alles getrennt und unterschieden. Für das höhere und erleuchtete Denken hängt alles von allem ab und ist nur vollständig, sofern es einen Teil des Ganzen bildet. Für den esoterischen Astrologen sind die Planeten Einflußsphären innerhalb von Einflußsphären, die das Ganze in Harmonie und Einheit zusammenfassen; getrennt sind sie nur in ihren Schwingungsformen und in den verschiedenen Phasen, die sie von dem einen allumfassenden Leben darbieten, in dem sie leben und weben und sind.

In seiner Grundlage ist der Tierkreis ein homogenes Ganzes, vollkommen in der Harmonie seines Kreises, getrennt und geteilt nur in den Untereinflüssen seiner Zeichen. Die Erde ist Teil einer weit umfassenderen Entwicklungssphäre, die selbst wiederum nur ein Teil des ganzen Sonnensystems und untrennbar eins mit ihm ist.

Der Segen

Der Segen der Astrologie liegt in ihrer Lehre der Einheit. In jedem Horoskop sind *dieselben* Planeten Symbole eines großen Einflusses, der ihnen allen gemeinsam ist. Jeder Mensch, der unter Marseinfluß geboren ist, besitzt einen Strahl von genau demselben Einfluß wie jeder andere Mensch, der seinem Horoskoptypus nach zu demselben Planeten gehört; dasselbe ist bei denen der Fall, die unter irgendeinem anderen Planeten geboren sind. Es gibt nur einen höchsten und göttlichen Einfluß, und alle anderen, wie weit sie auch von ihm entfernt zu sein scheinen, liegen in der Sphäre dieses einen höchsten Einflusses. Jedes menschliche Wesen teilt mit jedem anderen den Kreis des Zodiaks, und jedes menschliche Wesen durchwandert diesen Kreis nach und nach und assimiliert, soweit es dazu fähig ist, in jeder Phase seiner Existenz einen Teil des Tierkreiseinflusses, bis es schließlich den ganzen Kreis überwunden und als Einheit erlebt hat. Die Schwierigkeit, diese dem Ganzen der astrologischen Lehren zugrundeliegende Einheit zu begreifen, liegt in dem Unvermögen des Astrologen, die verschiedenen Teile auf das Ganze zu beziehen. Sie wird zum Teil durch die Zuordnung der Planeten zu den Tierkreiszeichen behoben.

Die beiden Waagschalen

Die sieben Planeten und die Hälfte der Tierkreiszeichen gehören zu der spirituellen Seite der menschlichen Entwicklung. Dagegen betrifft die andere Hälfte der Zeichen mit den Häusern des Horoskops die materielle Seite seiner Entwicklung. Diese beiden Seiten müssen in die richtige Beziehung zueinander gesetzt werden, um die Einheit des Ganzen zu verstehen.

Die Zeichen des Erd- und des Wassertrigons vermitteln konkrete Erfahrung und reagieren auf Anstöße, die der materiellen Welt entstammen. Dadurch erzeugen sie im physischen und astralen Körper des Menschen ein Bewußtsein, das triebmäßig und selbstbewahrend ist und das subjektiv-persönliche Bewußtsein bildet. Wir veranschaulichen es durch die Einzeichnung der senkrechten Geraden, die den oberen und unteren Meridian des Horoskops darstellt, oder durch die verflochtenen Dreiecke der Erd- und Wassertriplizität.

Die andere Hälfte des Tierkreises, die die Luft- und Feuerdreiheit umfaßt, ist abstrakter Natur und reagiert auf Eindrücke aus der mentalen Welt, die das Individuum in einer höheren Sphäre treffen als es die der persönlichen Strebungen ist. Das wird veranschaulicht durch die horizontale Linie, die die Senkrechte von Osten nach Westen kreuzt. Vom materiellen Gesichtspunkt aus herrscht zwischen den Teilen dieses Kreuzes, an das das individuelle und das persönliche Bewußtsein gebunden ist, Disharmonie und Widerstreit. Denn Feuer und Luft harmonieren untereinander, und Wasser und Erde streben nach Vereinigung, aber zwischen den beiden Paaren besteht keine so offensichtliche Harmonie. Die vereinzelte Persönlichkeit erkennt nichts als Kampf und Streit zwischen den Elementen der Natur, und solange der Mensch seine eigene Vereinzelung als Individuum spürt, kann er diese widerstreitenden Kräfte in sich selbst nicht völlig individualisieren, denn stetig spielt sich in ihm der Kampf zwischen Geist und Sinnen, Körper und Seele ab. In diesem Kampf der Sinne, der auf dem Kampffeld des Tierkreises ausgefochten wird, greifen die Planeteneinflüsse ein, die die Verwirrung und Disharmonie noch steigern und den Menschen dahin bringen, sich als ein zusammengesetztes Wesen zu empfinden – und nicht als eine Bewußtseinseinheit mit verschiedenen Ausdrucksformen.

Der Durchschnittsmensch

Bei der gewöhnlichen analytischen Ausdeutung des Horoskops finden wir, daß das darstellende Subjekt oft völlig unfähig ist, sich selbst als Ganzes zu sehen, das eine Synthese darstellt. In der Mehrzahl der Fälle geben der Aszendent, der Geburtsgebieter, die Sonne und der Mond ein brauchbares Bild vom Wesen des Menschen und genügen zur Synthese, vielleicht unter Berücksichtigung einiger Marseinflüsse. Nur sehr wenige reagieren auf die positive Seite des Saturneinflusses; gewöhnlich ist sein schmerzlicher, sorgenbringender und selbstischer Einfluß, der Enttäuschungen und Hindernisse mit sich bringt, alles, was man empfindet.

Das Genie

Man vergleiche das Horoskop eines Durchschnittsmenschen und das eines Genies, mag nun seine Stärke in der Erkenntnis, im Gefühl oder im Handeln liegen. In beiden sind dieselben Schwingungen lebendig; wenn auch die Stellungen der Planeten, der Zeichen und die Aspekte grundverschieden sein mögen, so sind die Einflüsse bei beiden doch dem Wesen nach identisch. Die höchste Stufe, die der Durchschnittsmensch erreichen kann, ist eine vollständige Analyse der verschiedenen auf ihn wirkenden Einflüsse. Die niederste Stufe, auf der das Genie beginnt, ist die Synthese des Ganzen dieser Kräfte in sich selbst. »Der Weise beherrscht seine Sterne.« Er beherrscht sie in der Tat dadurch, daß er ihre Schwingungen in sich umformt und harmonisiert und ständig die gröberen materiellen Formen ausscheidet, um sein Bewußtsein nur durch die feineren Formen wirken zu lassen.

Der Meister
Kein Meister der Erkenntnis ist an die zwölf Häuser seines Horoskops gebunden; er kann über alle hinausschreiten. Er ist nicht gebunden durch die Zeichen des Tierkreises und ihre Formen der Materie; auch durch die Planeteneinflüsse ist er nicht beschränkt. Als Meister ist er eins mit dem Ganzen. Er sieht in allem die Offenbarungen des Einen Lebens. In einer Welt scheinbarer Vereinzelung weiß er doch, daß jede getrennte Einheit ein Integral des Ganzen ist.

Der Weise
Der Weise beherrscht seine Sterne, indem er mit ihnen in der Welt zusammenwirkt, indem er sie als wohltätige Kräfte zur Erfüllung des Schicksals erkennt und ihre Einflüsse mit anderen teilt.

Der Segen der Astrologie fließt aus diesem Wissen um die Einheit und aus dem Glauben, daß wir Gottes Kinder sind und ein göttliches Erbteil in uns tragen. Der Fluch der Astrologie ist die Beschränkung, an die wir uns binden, wenn wir unser Horoskop als getrennt vom Horoskop der Welt ansehen; die Folge ist, daß wir ihres Segens nicht teilhaftig werden, der nur denen erwächst, die das Eine Selbst in allen Dingen sehen.

So wie die Schildkröte ihre Glieder einzieht, so auch der Yogi, der sich und seine Sinne von den sinnlichen Objekten zurückzieht – dann wird seine Erkenntnis sicher. »Bhagavad Gita«

Das Spiel von Geburt und Tod

Heilige Bücher verkünden die Wahrheit:
Jedes Menschenleben ist der Vergangenheit Frucht und Ernte.
Unrecht vergangener Tage zeugt Sorge und Weh,
Gutes bringt Segen und Glück.

Was man gesäet, das wird man auch ernten. Seht jene Felder!
Sesam wurde aus Sesam, Korn aus Korn.
In Stille und Dunkelheit wuchs es.
So reift auch des Menschen Schicksal.

Er kommt zu ernten, was er einstmals gesät hat,
Wie Sesam und Korn, seine einstige Saat.
Manch giftige Pflanze, viel Unkraut bedrückt ihn
Und lastet auf weher Erde.

Beginnt er seine Arbeit recht, reißt er des Unkrauts Wurzeln aus,
Und pflanzt er gute Reiser ein an ihrer Statt, so wird der Boden
Fruchtbar, schön und rein,
Und reich die wohlverdiente Ernte sein.

Wenn er im Leben wohl erkannt, woher der Kummer stammt,
Geduldig ihn erträgt und einzulösen sich bemüht
Die Riesenschuld von Unrecht der Vergangenheit,
Durch Liebe stets und Wahrheit;

Dann hinterläßt er sterbend, als sein Lebenswerk,
Ein ausgeglichen Buch, in dem das Schlechte tot und nichtig,
Das Gute aber ewig machtvoll und lebendig ist
Und hundertfältig Frucht nun bringen kann.

»Licht Asiens«

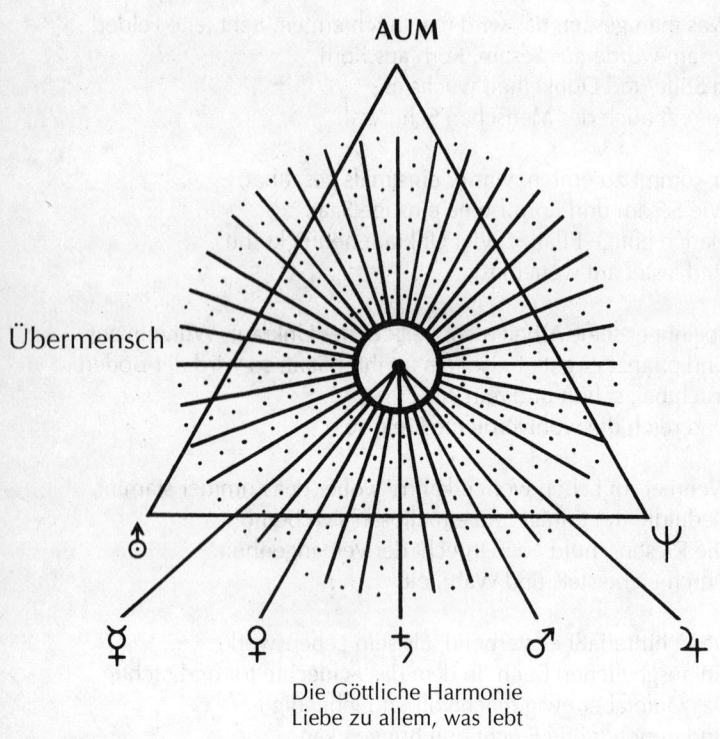

AUM

Übermensch

Die Göttliche Harmonie
Liebe zu allem, was lebt

Anmerkungen

EINLEITUNG
1 Siehe »Bhagavad Gita«, Kapitel I.
2 Vergleiche »Die entschleierte Isis« von H. P. Blavatsky.
3 Eine ausführliche Interpretation der Gunas findet man in Kapitel XIV der »Bhagavad Gita«.

KAPITEL 1
4 Persönlichkeit und Individualität und ihr gegenseitiges Verhältnis innerhalb der siebenfachen Konstitution des Menschen sind ausführlich dargestellt in dem Buch »Der sieben Prinzipien« von A. Besant. Die sieben Prinzipien und die sieben Planeten stehen in der Symbolsprache für dasselbe.
5 Vergleiche hierzu »Die Chakras« von C. W. Leadbeater, Verlag Hermann Bauer.
6 Die esoterische Bedeutung des »Vaterunser« ist in dem Werk »Die Weltanschauung der Rosenkreuzer« von Max Heindel erläutert.

KAPITEL 2
7 Die exoterische und esoterische Deutung eines Horoskops kann widersprüchlich ausfallen. Es empfiehlt sich, beide Deutungen in eine Synthese zu bringen.
8 Man studiere hierzu die »Kosmogenesis« im Band I der »Geheimlehre« von H. P. Blavatsky sowie »Eine Abhandlung über Kosmisches Feuer« von Alice A. Bailey, Lucis Verlag, Genf.
9 »Vom Standpunkt späterer Erkenntnis ist dieser Gedanke zu modifizieren, aber die erlangte Einsicht kann hier noch nicht verständlich gemacht werden.« (Anmerkung Alan Leo) Inzwischen ist der behandelte Gegenstand durch die Werke von Alice A. Bailey dargestellt worden. Insbesondere sind in diesem Zusammenhang interessant das »Kosmische Feuer« und die »Esoterische Astrologie«, beide von A. A. Bailey, Lucis Verlag, Genf.

KAPITEL 3
10 Dem Interessierten seien auch hier die Werke von A. A. Bailey empfohlen, da das, was Alan Leo zu seiner Zeit teilweise noch sehr unklar und vage ausgedrückt hat, hier vollständig und klar

formuliert ist. Es gibt fünf Bände von den »Abhandlungen über die Sieben Strahlen«. Besonders Band I ist eine gute und umfassende Einführung in die Lehre von den Sieben Strahlen. Band III, die »Esoterische Astrologie«, ist besonders für Astrologen von Interesse. Dieses Buch kann jedoch erst verstanden werden, wenn Band I gelesen wurde.

11 Man vergleiche hierzu die Diagramme und Erläuterungen in dem Werk von C. W. Leadbeater: »Der sichtbare und der unsichtbare Mensch«, Bauer Verlag, Freiburg.

12 Über Uranus – Sonne heißt es in der »Geheimlehre«, Bd. I, S. 126: »Die sieben, Adityas genannten Söhne sind, kosmisch oder astronomisch, die sieben Planeten; und daß die Sonne aus ihrer Zahl ausgeschlossen ist, zeigt klar, daß die Inder einen siebten Planeten gekannt haben, ohne ihn Uranus zu nennen.« – In einer Fußnote hierzu heißt es: »Die Geheimlehre lehrt, daß die Sonne ein zentraler Stern und kein Planet ist. Dennoch kannten und verehrten die Alten sieben große Götter ausschließlich der Sonne und der Erde. Was war dieser ‹Gott des Geheimnisses›, den sie außer acht ließen? Natürlich nicht Uranus, der erst 1781 von Herschel entdeckt wurde. Aber konnte er nicht unter einem anderen Namen bekannt sein? – Ragon sagt: ‹Nachdem die okkulten Wissenschaften durch astronomische Berechnungen erfahren hatten, daß die Zahl der Planeten sieben sein müsse, wurden die Alten dahin geführt, die Sonne in die Tonleiter der himmlischen Harmonien einzufügen und sie den leeren Platz einnehmen zu lassen. So schrieben sie jedesmal, wenn sie eine Einwirkung bemerkten, die keinem der bekannten sechs Planeten entsprach, dieselbe der Sonne zu. Der Irrtum scheint bedeutend, er war es aber nicht in den praktischen Resultaten, wenn die Astrologen den Uranus durch die Sonne ersetzten . . .› (Maconerie Occulte, S. 447) Die Benennung der Wochentage ist auch falsch. ‹Der Sonn-tag sollte Uranus-tag (Urani dies, Urandi) sein›, fügt der gelehrte Schriftsteller hinzu.«

13 Uranus, Merkur und Venus entsprechen: Geist (Atma), Geistseele (Buddhi) und menschliche Seele (Manas). Saturn bezeichnet das menschliche Ich, das die Brücke zwischen dem ewigen (monadischen) und zeitlichen (persönlichen) Teil des Menschen ist.

14 Franz Hartmann setzt in »Mysterien und Symbole« den Jupiter als oberstes Prinzip »Atma« ein und weist auf die Beziehung zur menschlichen Aura hin. Folgende Zeichnung erläutert seine Darstellung:

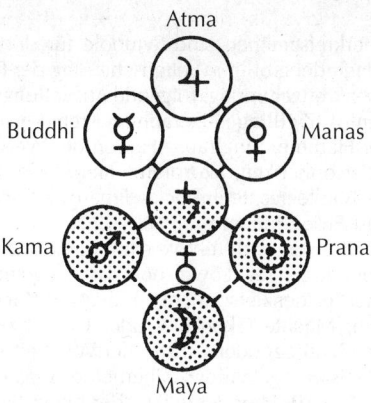

Atma

Buddhi   Manas

Kama   Prana

Maya

♃ Atma (Aura), ☿ Buddhi, ♀ Buddhi-Manas, ♄ Kama-Manas, ♂ Kama, ☉ Prana, ☽ Ätherkörper (Linga), ☿ der »achte« Planet (Erde), dessen äußeren Ausdruck der vergängliche irdische Körper ist.

KAPITEL 4

15 Siehe »Studien zur Bhagavad Gita« von The Dreamer, 1.–3. Folge. Deutsche Übersetzung von A. v. Ulrich.

16 Siehe Abbildungen und Erläuterungen in dem Werk von Besant und Leadbeater: »Der sichtbare und der unsichtbare Mensch«, Verlag Hermann Bauer, Freiburg.

17 Siehe »Lehrbuch der altindischen Astrologie« von Mihira, Urania Verlag, Sauerlach (zum Zeitpunkt der Drucklegung vergriffen). Neueren Datums und auf einem weit höheren Niveau ist das Buch »Spirituelle Astrologie« von E. Krishnamacharya, WTT e.V., Hamburg. Zu beziehen über den Verlag Hier & Jetzt.

18 Die Erforschung der einzelnen Tierkreisgrade ist seit Alan Leo erheblich fortgeschritten. Dane Rudhyar hat in »Astrologie der Persönlichkeit« und weit ausführlicher in »Astrologischer Tierkreis und Bewußtsein« (beide Hugendubel Verlag, München) die 360 Grade des Tierkreises behandelt. Beide Bücher sind sehr zu empfehlen.

KAPITEL 5

19 Über die Stufen der Einweihung unterrichtet »Die Stimme der Stille« von H. P. Blavatsky sowie die Bücher von A. A. Bailey, insbesondere »Initiation, Menschliche und Solare Einweihung«, sowie »Die Strahlen und die Einweihungen«, beide Lucis Verlag, Genf.

KAPITEL 6

20 Die zwölf Tierkreiszeichen sind Symbole für die zwölf Hierarchien. Max Heindel gibt in »Weltanschauung der Rosenkreuzer« (S. 221), Rosenkreuzer Verlag, folgende Aufstellung: »Widder und Stier – namenlos, Zwillinge – Seraphim, Krebs – Cherubim, Löwe – Herren der Flamme, Jungfrau – Herren der Weisheit, Waage – Herren der Persönlichkeit, Skorpion – Herren der Form, Schütze – Herren des Intellektes, Steinbock – Erzengel, Fische – Urgeister (Monaden der Erden-Menschheit).«

Libra gibt in »Kosmos und Mikrokosmos« eine andere Einteilung: »Engel (Krebs), Erzengel (Löwe) oder Archangeloi, Arcai (Jungfrau) oder Geister der Persönlichkeit, Exusiai (Waage) oder Geister der Form, Mächte (Skorpion) oder Geister der Bewegung, Herrschaften (Schütze) oder Geister der Weisheit, Throne (Steinbock) oder Geister des Willens, Cherubine (Wassermann), Serafine (Fische). Die 10. Hierarchie (Widder bildet die gesamte Entwicklungswoge der Menschheit in ihrer Urwesenheit (Monade). Die 11. und 12. Hierarchie (Stier und Zwillinge) entwickeln sich in den beiden nächsten Manvantaras der Erde.

21 Der Mentalkörper bildet den menschlichen Intellekt, der von den europäischen Denkern als »Geist« bezeichnet wird. Das Prinzip des Geistes ist in Wirklichkeit Atma (Jupiter), Buddhi (Merkur) und Manas (Venus). Das Manas-Prinzip bildet den eigentlichen Menschen, und es wird in das höhere und niedere Manas eingeteilt. Der Mentalkörper wird aus dem Bewußtsein des niederen Manas gebildet.

22 Das höhere, spirituelle Denken gehört dem Bewußtsein des höheren Manas an, dem Kausalkörper oder Ego, dem höheren Ich oder Selbst. Man findet in der Literatur für dieses Prinzip die verschiedensten Bezeichnungen.

KAPITEL 8

23 Die drei Dreiecke zeigen auch den Ätherkörper (pranisch) mit physischem Körper, den Astralkörper (psychisch) und den Mentalkörper.

24 König Georg V. von England ist geboren am 3. 6. 1865, 1.18 Uhr in London.

25 Unter Selbst ist hier die Individualität, das höhere Ich oder Ego zu verstehen, unter Nicht-Selbst die Persönlichkeit. Die gegenseitigen Beziehungen, die Ausdrucksmöglichkeiten des Egos in der Persönlichkeit, sind durch die Aspekte angezeigt.

26 Vergleiche »Die okkulte Chemie« von Leadbeater und Besant. (Vergriffen)

KAPITEL 9

27 Unter Mentalebene ist hier die Devachan-Ebene zu verstehen. Sie teilt sich in die eigentliche mentale Ebene mit den vier Unterteilungen und die kausale Ebene mit drei Abstufungen.

KAPITEL 10

28 Die Tabelle 10 wird erst verständlich, wenn man die Farben der Aura in dem Werk »Der sichtbare und der unsichtbare Mensch« und »Gedankenformen« von C. W. Leadbeater studiert. Beide Bücher schaffen Klarheit über die Bedeutung der Hauptfarben und ihrer Unterteilungen.

29 Der Begriff »Anthakarana« wird ausdrücklich erklärt in den Werken von A. A. Bailey.

KAPITEL 12

30 Siehe »Die Philosophie der Bhagavad Gita« von Subba Row.

KAPITEL 13

31 Man hat errechnet, daß Erde, Venus und Mars in 23 892 Jahren eine Zahl Revolutionen abschließen, nach der die Reihe ihrer Aspekte zur Sonne und untereinander von neuem beginnt. Schließt man Jupiter ein, so muß man die Periode mit 5 multiplizieren; nimmt man auch Uranus dazu, mit 3, und bei allen Planeten (Merkur, Venus, Erde, Mars, Jupiter, Saturn, Uranus und Neptun) mit 90. So kann sich die volle Reihe möglicher Planetenaspekte erst nach Verlauf von ca. zwei Millionen Jahren wiederholen. (Nach der Entdeckung Plutos ist die Anzahl der Jahre noch sehr viel größer.)

KAPITEL 14

32 »Die Geheimlehre« von H. P. Blavatsky sagt in Strophe IV, Schloka 3: »Aus der Herrlichkeit des Lichtes, das aus dem ewig Dunkeln strahlte, entsprangen im Weltenraume die wiedererwachenden Intelligenzen (Dhyan-Chohans); die Eine aus dem Ei, die Sechs und die Fünf, dann die Drei, die Eine, die Vier, die Fünf, die zweimal Sieben, die Gesamtsumme, und diese sind: Die Essenzen, die Flammen, die Elemente, die Baumeister, die Zahlen, das Formlose, das Verkörperte und die Kraft des Gottesmenschen, welche die Gesamtsumme ist. Und aus dem Gottmenschen strahlten aus die Gestalten, die Funken, die heiligen Tiere und die Botschafter der heiligen Väter (Patriarchen oder Pitris) im Innern der heiligen Vier.«

Franz Hartmann schribt in dem »Kurzgefaßten Grundriß der Geheimlehre von H. P. Blavatsky« (S. 36–38) erläuternd zu diesen Strophen: »Die heilige Zahlenlehre für sich allein würde ein ganzes Lebensalter zu ihrem Studium nötig haben, und auf ihrem Verständnis beruht die Erkenntnis der tiefsten Geheimnisse . . . Die Devas, Pitris, Rishis, Suras, Asuras, Daityas und Adityas, Danavas, Gandharvas usw. haben korrespondierende Namen in der Kabbala der Juden und werden in der christlichen Lehre als Throne, Herrschaften, Tugenden, Cherubim und Seraphim, Engel und Erzengel, Dämonen usw. bezeichnet. Die ‹heiligen Tiere› aber beziehen sich auf das Geheimnis der zwölf Zeichen des Tierkreises.«

33 Die lunaren Pitris sind die Mond-Vorfahren, die Wesenheiten der dritten oder »Mond-Periode« der Erde. Franz Hartmann sagt im »Kurzgefaßten Grundriß der Geheimlehre« (S. 129): »Die Pitars oder Pitris (Väter) sind die Göttersöhne oder Söhne des Lichtes, die Erzeuger der Menschen. Nur der himmlische Adam war als Ebenbild Gottes geschaffen, der irdische Adam ist aus dem ‹Staub der Erde› gemacht.«
Ausführliche Informationen über die lunaren und solaren Pitris finden sich in dem Werk »Kosmisches Feuer« von A. A. Bailey.«

KAPITEL 16

34 Die von Alan Leo erwähnte Okkulte Astrologie wird heute als Spirituelle Astrologie bezeichnet. Diese Geheimlehre der »Astrologie des wahren Menschen« ist erstmals durch E. Krishnamacharyas Buch »Spirituelle Astrologie« zugänglich geworden.

35 Die »Umkehrung der Sphären« ist der Vorgang der Wiedergeburt, das Beschreiten des Pfades. (Siehe H. P. Blavatsky »Die Stimme der Stille«.)

KAPITEL 21

36 Man kann das an den Buchstaben a, b, c illustrieren, die die drei Faktoren der Dreiheit und verschiedene Typen darstellen sollen, in denen je einer der drei Faktoren überwiegt. Es sind sieben Permutationen möglich: Abc, Acb, Bac, Bca, Cab, Cba und schließlich Abc, worin alle gleicherweise in Gleichgewicht und Harmonie ruhen.

KAPITEL 22

37 Die Zahl 5040 ist vielleicht bedeutsam. Es wurde in Kapitel 4 gesagt, daß der indische Astrologe den kleinsten Teil eines Zeichens, den Bruchteil einer Sekunde, als »eine in den Boden oder Äther des Kosmos ausgestreute Saat« betrachtet. Nimmt man diesen Bruchteil als ein Hundertstel Bogensekunde an (0,1«), dann wäre ein voller »Satz« solcher »Saaten« 50 Gradminuten und 40 Grad-

sekunden (50'40«). Das ist aber der genaue Fortschritt der jährlichen Präzession, um den sich der Zeichen-Tierkreis gegenüber dem Sternbilder-Tierkreis verschiebt.

KAPITEL 23

38 Ein gutes Buch zu diesem Thema ist: »Augenblicksastrologie« von Hjelmborg/Kirsebom, Astrodata, Zürich; sowie »Stundenastrologie« von Karen M. Hamaker-Zondag, Hugendubel Verlag, München.

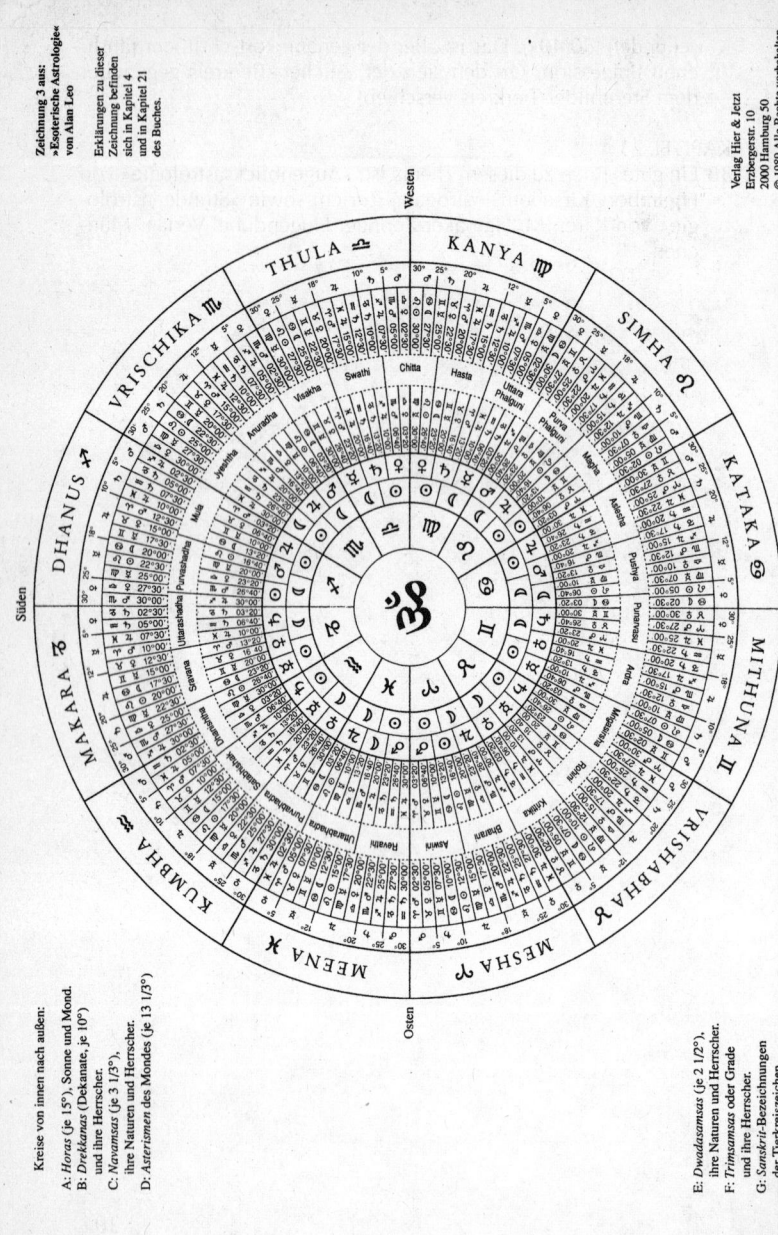

Zeichnung 3 aus:
»Esoterische Astrologie«
von Alan Leo

Erklärungen zu dieser
Zeichnung befinden
sich in Kapitel 4
und in Kapitel 21
des Buches.

Verlag Hier & Jetzt
Erzbergerstr. 10
2000 Hamburg 50
© 1989 Alle Rechte vorbehalten

Kreise von innen nach außen:

A: *Horas* (je 15°), Sonne und Mond.

B: *Drekkanas* (Dekanate, je 10°)
und ihre Herrscher.

C: *Navamsas* (je 3 1/3°),
ihre Naturen und Herrscher.

D: *Asterismen des Mondes* (je 13 1/3°)

E: *Dwadasamsas* (je 2 1/2°),
ihre Naturen und Herrscher.

F: *Trimsamsas* oder Grade
und ihre Herrscher.

G: *Sanskrit*-Bezeichnungen
der Tierkreiszeichen.

Süden

Westen

Osten

THULA ♎
KANYA ♍
VRISCHIKA ♏
SIMHA ♌
DHANUS ♐
KATAKA ♋
MAKARA ♑
MITHUNA ♊
KUMBHA ♒
VRISHABHA ♉
MEENA ♓
MESHA ♈